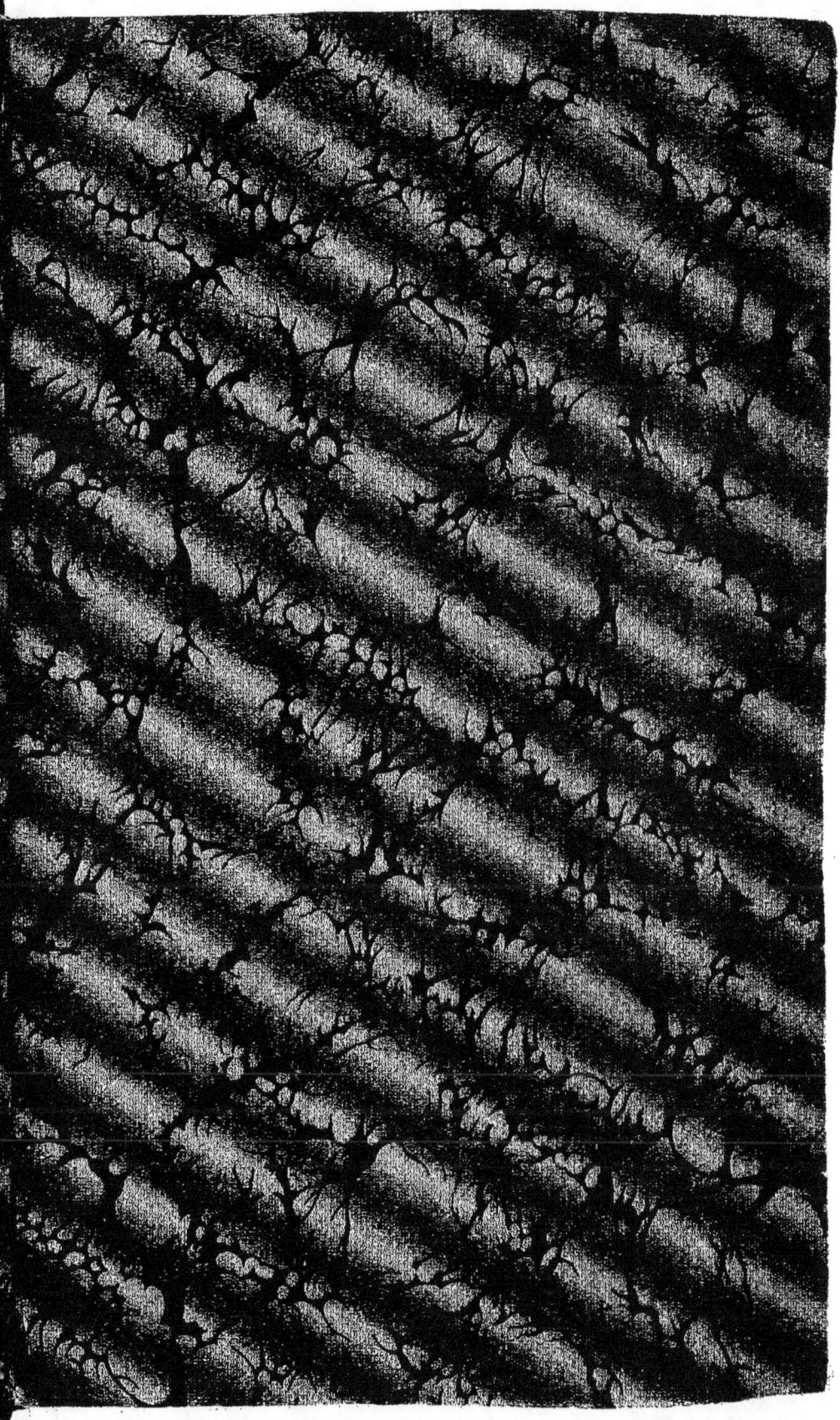

M.

CATALOGUE
DES LIVRES
DE LA BIBLIOTHEQUE
DE FEU
M. LE DUC DE LA VALLIERE.

TOME SIXIEME,
OU
SECONDE PARTIE
TOME TROISIEME.

CATALOGUE
DES LIVRES
DE LA BIBLIOTHEQUE
DE FEU
M. LE DUC DE LA VALLIERE.
SECONDE PARTIE,
Disposée par Jean-Luc Nyon l'aîné.

Contenant une très-grande quantité de Livres anciens & modernes, nationaux & étrangers, imprimés en différentes langues, dont la réunion forme des collections presque complètes dans tous les genres, & principalement dans la classe des Sciences & Arts, de la Poésie en général & de l'Art dramatique, des Romans, de l'Histoire, &c. dont la Vente se fera dans les premiers jours du mois de Décembre 1784.

TOME TROISIEME.

BELLES-LETTRES.

A PARIS,
Chez Nyon l'aîné, Libraire, rue du Jardinet.
M. DCC. LXXXIV.

TABLE
DES DIVISIONS DU TOME TROISIEME.

BELLES-LETTRES.

Histoire des Belles-Lettres, page 1

GRAMMAIRIENS.

Traités préliminaires sur l'origine, l'étude & la connoissance des langues, 2

LANGUES ORIENTALES.

Traités sur ces langues, Alphabets, Dictionnaires, 4

LANGUE HÉBRAÏQUE.

Traités sur cette langue, Alphabets, Grammaires, Dictionnaires, 5

LANGUES CHALDÉENNE ET SYRIAQUE, 7

LANGUE ARABE.

Traités sur cette langue, Grammaires, Dictionnaires, ibid.

LANGUES ETHIOPIENNE ou de l'ABYSSINIE, PERSIENNE, COPTE ou ÉGYPTIENNE, ARMÉNIENNE & TURQUE, 8

LANGUE GRECQUE.

Différents Traités sur cette langue, 9
Grammaires & Ouvrages qui y ont rapport, 10
Dictionnaires, 12

LANGUE LATINE.

Des causes de la langue Latine, de son origine, de ses progrès, de ses diffé-

TABLE DES DIVISIONS

rents âges, & de la maniere de l'enseigner & de l'apprendre, page 13
Grammairiens Latins anciens, 15
Grammairiens Latins modernes, & différents Traités sur cette langue, 16
Dictionnaires purement latins, & en différentes langues, 18

LANGUE ITALIENNE.

Traités de son origine & de son antiquité, & comparaison de cette langue avec les autres, 20
Traités de la langue Italienne en général, 21
Grammaires Italiennes, écrites en Italien & en différentes langues, 23
Traités sur différentes parties grammaticales de la langue Italienne, 25
Observations & remarques sur la langue Italienne, & sur quelques-uns de ses principaux Auteurs, 27
Dictionnaires purement Italiens & en différentes langues, 29

LANGUE FRANÇOISE.

De son origine & de son excellence, & comparaison de cette langue avec les autres, 32
Grammaires purement Françoises, & en différentes langues, 33
Traités sur différentes parties grammaticales, 35
Observations diverses, remarques, & Dictionnaires étymologiques & du vieux langage, 37
Dictionnaires seulement François, 38
Dictionnaires des Rimes, des Arts & Burlesques, 39
Dictionnaires François-Latins, 40

Recueil d'Ecrits concernant les démêlés entre Furetierre & l'Académie Françoise, page 42

Langue Espagnole.
Différents Traités, Grammaires & Dictionnaires, 43

Langue Allemande.
Grammaires & Dictionnaires, 44

Langue Flamande.
Dictionnaires, 45

Langue Angloise.
Grammaires & Dictionnaires, ibid.

Langues Islandoise, *au* Gothique-Runique, Chinoise, Malaïque, Caraïbe et de Palmyre, 46

RHÉTEURS ET ORATEURS.

Rhéteurs et Orateurs Grecs.
Rhéteurs, 48
Orateurs, 49

Rhéteurs et Orateurs Latins.
Rhéteurs anciens, 52
Orateurs anciens, 54
Rhéteurs & Orateurs modernes, 56

Rhéteurs et Orateurs François.
Rhéteurs, 62
Orateurs.
  Collections de Discours & Panégyriques des Saints, 64
  Félicitations, Compliments, Panégyriques, 65
  Oraisons Funebres, 68
  Discours prononcés dans les Académies, 74

Rhéteurs et Orateurs Italiens.
Rhéteurs, 75

TABLE DES DIVISIONS

Orateurs Italiens.
 Collections des Discours & Ouvrages des
  Orateurs, page 77
 Discours imprimés séparément, 79
 Oraisons Funebres, 81

ORATEURS RUSSES, 83

ROMANS.

Traités sur les Romans, leur origine & leur
 défense, ibid.

ROMANS GRECS, ibid.
ROMANS LATINS, 87
ROMANS FRANÇOIS.
 Romans de Chevalerie, 90
 Romans de Charlemagne, des douze Pairs
  de France, des neuf Preux, des Ama-
  dis, &c. 93
 Aventures amoureuses sous des noms empruntés de la Fable, 95
 Aventures amoureuses sous des noms de
  l'histoire Grecque, 98
 Aventures amoureuses sous des noms de
  l'histoire Romaine, 103
 Aventures amoureuses, &c. relatives à
  l'histoire de France, 105
 Aventures amoureuses, &c. relatives à
  l'histoire de France, sous des noms propres, par ordre alphabétique, 107
 Aventures amoureuses, &c. sous des noms
  de l'histoire d'Espagne, 116
 Aventures amoureuses, &c. sous des noms
  tirés de l'histoire d'Italie, rangés par
  ordre alphabétique, 120
 Aventures amoureuses, &c. sous des noms
  tirés de l'histoire d'Allemagne, de Flandres & de Hollande, rangés par ordre
  alphabétique, 122

DU TOME TROISIEME.

Aventures amoureuses, &c. sous des noms tirés de l'histoire des Pays du Nord, page 123
Aventures amoureuses, &c. sous des noms tirés de l'histoire d'Angleterre, rangés par ordre alphabétique, 127
Aventures amoureuses, &c. sous des noms tirés de l'histoire des Pays hors de l'Europe, 130
Aventures singulieres, & Romans Philosophiques & Moraux, sous des noms propres, par ordre alphabétique, 140
Aventures singulieres, & Romans Philosophiques & Moraux, sous diverses dénominations, par ordre alphabétique, 175
Romans Philosophiques & Physiques, 191
Romans moraux, ou Histoire des Passions, des Vertus & des Vices, 195
Romans Philosophiques & moraux en forme de Lettres, par ordre alphabétique, 205
Nouvelles, 212
Contes Moraux, 223
Contes des Fées, & autres Contes merveilleux, 229
Voyages imaginaires & Songes, 238
Romans Mystiques ou de spiritualité, par ordre alphabétique, 243
Romans allégoriques, 250
Romans comiques, 251
Romans satyriques, 255
Collections de Romans, 257

ROMANS ESPAGNOLS.

Romans de Chevalerie, de la Table-Ronde & des Amadis, 264
Romans de Chevalerie, de Charlemagne, des douze Pairs & de la Chevalerie errante, 267
Aventures amoureuses sous des noms em-

TABLE DES DIVISIONS

    pruntés de la Fable, page 270
Aventures amoureuses sous des noms empruntés de l'Histoire, ibid.
Aventures amoureuses sous des noms imaginaires, par ordre alphabétique, 271
Aventures amoureuses sous diverses dénominations, 274
Romans moraux, ibid.
Nouvelles & Contes, 275
Voyages imaginaires & Songes, 279
Romans comiques & satyriques, ibid.

ROMANS ITALIENS.

Romans de Chevalerie, 281
Aventures amoureuses sous des noms empruntés de la Fable, 282
Aventures amoureuses sous des noms empruntés de l'Histoire sacrée & profane, 283
Aventures amoureuses sous des noms imaginaires, par ordre alphabétique, 284
Aventures amoureuses sous diverses dénominations, par ordre alphabétique, 287
Romans Philosophiques, Moraux, &c. 290
Nouvelles & Contes, 292
Voyages imaginaires & Songes, 299
Romans comiques & satyriques, ibid.

ROMANS ALLEMANDS. 301

ROMANS ANGLOIS.

Romans relatifs à l'Histoire, 303
Aventures singulières, & Romans philosophiques & moraux, sous des noms propres, par ordre alphabétique, 304
Aventures singulières, & Romans philosophiques & moraux, sous diverses dénominations, par ordre alphabétique, 309
Romans philosophiques & moraux, en forme de Lettres, 311

DU TOME TROISIEME.

Contes & Voyages imaginaires, page 312
Romans allégoriques, comiques & satyriques, 313

FACÉTIES, PIECES BURLESQUES.

Facéties, Pieces burlesques en Latin, 314
Facéties, Pieces burlesques en François, 315
Facéties & Pieces burlesques, en Espagnol & en Italien, 320
Dissertations plaisantes & badines, ou Ouvrages badins sur toutes sortes de matieres, 325

PHILOLOGIE.

TRAITÉS DES ÉTUDES.

Introduction à l'étude de la littérature, 330
De la maniere d'étudier & d'enseigner, 332
Des Académies, des Gens de Lettres, &c. 334
Traités de la Philologie, Encyclopédie, Polymathie, 336

CRITIQUES.

Traités sur la Critique, 342
Critiques anciens, ibid.
Critiques modernes.
  Critiques Latins, 343
  Critiques François, 345
    Ouvrages périodiques, François, critiques & littéraires, 349
  Critiques Hollandois & Suisses, 359
  Critiques Italiens, 365
  Critiques Allemands, 367
  Critiques Anglois, 369

OUVRAGES DIVERS DE PHILOLOGIE.

Satyres, invectives, 370
Éloges, Apologies, Défenses, Allégories, 372

TABLE DES DIVISIONS, &c.

Hiéroglyphes, Symboles, Emblêmes, Devises, Énigmes,	page 372
Ouvrages Grecs & Latins,	373
Ouvrages François,	376
Ouvrages Italiens, &c.	378
Apophthegmes, Adages, Proverbes, Sentences, &c.	
Arabes, Persans & Grecs,	382
Latins,	383
François,	384
Italiens & Espagnols,	386
Bons Mots & Livres en ana,	387

POLYGRAPHES.

Orientaux & Grecs,	394
Latins,	ibid.
François,	403
Espagnols, &c.	417
Italiens,	418
Allemands, &c.	426
Anglois,	ibid.

DIALOGUES ET ENTRETIENS.

Grecs & Latins,	427
François,	428
Espagnols & Italiens,	433
Allemands & Anglois,	437

EPISTOLAIRES.

Traités du style Epistolaire,	ibid.
Lettres en Grec,	439
Auteurs Latins anciens,	440
Auteurs Latins modernes,	443
Collections de Lettres en Latin,	449
Lettres en François,	ibid.
Lettres en Espagnol & en Italien,	456
Lettres en Allemand & en Anglois,	462
ADDITIONS,	463

Fin de la Table des divisions du Tome troisieme.

CATALOGUE

CATALOGUE
DES LIVRES
DE LA BIBLIOTHEQUE
DE FEU M. LE DUC
DE LA VALLIERE.

SECONDE PARTIE.

BELLES-LETTRES.

HISTOIRE DES BELLES-LETTRES.

7400 Essais sur l'histoire des Belles-Lettres, des sciences & des arts, par JUVENEL DE CARLENCAS. Lyon, Duplain, 1740 & 1744, 2 vol. in-12. v. f.

7401 Les mêmes, avec des augmentations. Lyon, Duplain, 1757, 4 vol. in-8. v. m.

7402 Considérations sur l'origine & le progrès des Belles-Lettres chez les Romains, & les causes de

Tome III. A

BELLES-LETTRES.

leur décadence, par l'Abbé LE MOINE D'ORGIVAL. Amsterd. Wetstein, 1750, in-12. mar. r.

GRAMMAIRIENS.

Traités préliminaires sur l'Origine, l'Etude & la Connoissance des Langues.

7403 Problema della parola humana, dove si ricerca se l'uso della parola possa essere vn ritrovato dell' huomo, ò pure se si debba ricorrere ad un principio infuso da Dio nell'anima humana. *Venetia*, Pontio Bernardone, 1683, *in*-12. *cart.*

7404 Théorie nouvelle de la parole & des langues, par LE BLAN. *Paris*, Mérigot, 1750, *in*-12. *v. m.*

7405 Histoire naturelle de la parole, *ou précis de l'origine du langage & de la grammaire universelle, extrait du monde primitif,* par M. COURT DE GEBELIN. *Paris*, Boudet, 1776, *in*-8. *fig. v. f. d. s. t.*

7406 Institution des sourds & muets, par la voye des signes méthodiques ; ouvrage qui contient le projet d'une langue universelle, par l'entremise des signes naturels assujettis à une méthode, (par M. l'Abbé DE L'EPÉE.) *Paris*, Nyon l'aîné, 1776, 2 part. 1 *vol. in*-12. *v. m.*

7407 Cours élémentaire d'éducation des sourds & muets, par M. l'Abbé DESCHAMPS, Chapelain de l'Eglise d'Orléans ; suivi d'une dissertation sur la parole, traduite du latin de Jean-Conrad AMMAN, Médecin d'Amsterd. par M. BEAUVAIS DE PRÉAU, Docteur en Médecine à Orléans. *Paris*, les Freres Debure, 1779, *in*-12. *fig. v. m.*

7408 Elémens primitifs des langues, découverts par la comparaison des racines de l'hébreu avec celles du grec, du latin & du franç., par M. BERGIER. *Paris*, Brocas & Humblot, 1764, *in*-12. *v. m.*

7409 Essai synthétique sur l'origine & la formation des langues, (par M. COPINEAU.) *Paris*, Ruault, 1774, *in*-8. *v. f. d. s. t.*

GRAMMAIRIENS.

7410 Recherches curieuses sur la diversité des langues & des religions, par toutes les principales parties du monde, par Ed. BRERewood, trad. en franç. par J. DE LA MONTAGNE. *Paris*, de Varennes, 1640, *in-8*.

7411 Sopra la lingua primitiva, e sopra la confusione de' linguaggi sotto Babele, lezione accademica di Giuseppe-Maria TANZINI, Fiorentino. *Roma*, Nicolo e Marco Pagliarini, 1742, *in-8*.

7412 De ratione communi omnium linguarum & literarum commentarius Theod. BIBLIANDRI, cui adnixa est compendiaria explicatio doctrinæ rectè beatèque vivendi, & religionis omnium gentium ac populorum. *Tiguri*, Christoph. Froich, 1548, *in-4*.

7413 Thresor de l'histoire des langues de cet Univers, par Cl. DURET. *Cologne*, Berjon, 1613, *in-4*.

7414 Traitez des langues estrangeres, de leurs alphabets & des chiffres, par François COLLETET. *Paris*, Promé, 1660, *in-4*.

7415 Observations sur seize des principales langues de l'Europe, première partie du premier volume; & exercices de traductions de diverses langues. *langue angl. Paris*, Mérigot le jeune, 1779, 2 v. *in-8*.

7416 Godofr. Guilielmi LEIBNITII, collectanea etymologica illustrationi linguarum, veterum celticæ, germanicæ, gallicæ, aliarumque inservientia, cum præfatione Jo. Georgii ECCARDI. *Hanoveræ*, Nic. Foersterus, 1717, 2 *vol. in-8*.

7417 La méchanique des langues, & l'art de les enseigner, par PLUCHE. *Paris*, veuve Estienne, 1751, *in-12*.

7418 Bibliotheque grammaticale abrégée, ou nouveaux Mémoires sur la parole & sur l'écriture, contenant: 1°. Une théorie des grammaires particulieres & de la grammaire générale, d'après un seul principe; 2°. Les premiers élémens de la philologie déduits de la grammaire; 3°. Des observations sur la langue

A 2

BELLES-LETTRES.

philosophique & différentes vues pour y parvenir; 4°. L'art de suppléer à la langue philosophique, avec quelques stratagêmes par le moyen desquels on peut se servir de toutes les langues étrangères, anciennes ou modernes, sans se donner la peine de les apprendre; 5°. Une méthode pour apprendre avec facilité & machinalement toutes sortes de langues; 6°. Un précis de philosophie grammaticale; 7°. Un essai sur la logomancie, *ou* l'art de connoître les hommes par leurs discours, & les nations par leurs idiômes; 8°. Des conjectures sur la prosodie, par M. Changeux. *Paris*, la Combe, 1773, *in* 8. *v. f. d. s. tr.*

Langues Orientales.

Traités sur ces Langues, Alphabets, Dictionnaires.

7419 Henrici a Porta Cuneatis, Ord. Prædic. & linguarum orientalium Professoris, de linguarum orient. ad omne doctrinæ genus præstantia, accedunt exercitationes duæ, in quarum prima invocatio Sanctorum adversùs Theodoricum Hackspanium; in altera, purgatorii veritas adversùs eumdem Hackspanium, Josephum Binghamum, Isaacum Beausobrium, aliosque ex prisca Patrum & Ecclesiarum traditione Sac. Scripturæ documentis apprimè consona, atque ex Judæorum etiam consensione vindicatur, asseritur. *Mediolani*, hæredes Jos. Agnelli, 1758, *in*-4. *v. m.*

7420 Exercitationes de lingua primæva, ejusque appendicibus, in quibus multa S. Scripturæ loca, diversæ in linguis mutationes, multiplices nummorum Israëlitarum & Samaritanorum species, atque variæ Veterum consuetudines exponuntur, auctore Stephano Morino, ling. orient. Profess. *Ultrajecti*, Guilhelmus Broedelet, 1694, *in*-4. *v. m.*

7421 Linguarum Orientalium, hebraicæ, rabinicæ, samaritanæ, syriacæ, grecæ, arabicæ, turcicæ, ar-

GRAMMAIRIENS. 5

menicæ, Alphabeta. *Parif.*, Antonius Vitray, 1636, petit *in-*4. *v. f. d. f. tr.*

7422 Joh. BUXTORFII, grammaticæ chaldaïcæ & fyriacæ libri III, quorum primus vocum fingularum proprietatem declarat; fecundus conjunctarum rationem oftendit; tertius praxeos chaldaïcæ & fyriacæ exempla varia & luculenta continet, ex Daniele, Onkelo, Jonathane, ex Targum Hierofolymitano, Talmud Babylonico & Hierofol. ex Zohar, & verfione novi Teftam. Syra; cum facili vocabulorum difficilium explicatione grammatica, & pravorum ad veram linguæ analogiam collatione; inferta quoque paffim eft dialectus Talmudica & Rabbinica. *Bafileæ*, Conradus Waldkirchius, 1615, *in-*8. *v. m.*

7423 Ejufdem, lexicon hebraïcum & chaldaïcum vocum omnium quæ in facris Bibliis extant. *Bafileæ*, Epifcopius, 1735, *in-*8. *v. m.*

7424 Lexicon chaldaïcum & fyriacum, quo voces omnes tam primitivæ quàm derivativæ, quotquot in facrorum vet. Teftamenti librorum reperiuntur, accuratè & methodicè difpofitæ, & fideliter explicatæ, defcribuntur, collectum à Joh. BUXTORFIO jun. *Bafileæ*, le Roy, 1622, *in-*4. *v. f.*

LANGUE HÉBRAÏQUE.

Traités fur cette Langue, Alphabets, Grammaires, Dictionnaires.

7425 De antiquis litteris Hebræorum & Græcorum libellus, Joan. Bap. BIANCONI. *Bononiæ*, Colli, 1748, *in-*4. *v. éc.*

7426 Jo. Gottfr. HAUPTMANNI, Lyc. Gerani Rectoris, hiftoria linguæ hebrææ primis lineis defcripta. *Lipfiæ*, Jo. Samuel Heinfius, 1751, *in-*8. *v. f.*

7427 Origines Hebrææ, *five* hebrææ linguæ antiquiffima natura & indoles, ex Arabiæ penetralibus revocata ab Alberto SCHULTENS, editio altera, cui

A 3

BELLES-LETTRES.

adjectum opusculum de defectibus hodiernis linguæ hebr. *Lugduni-Batavorum*, Samuel & Joan. Luchtmans, 1761, *in-4. v. f. d. f. t.*

7428 Hebraïcum alphabetum Gil. GENEBRARDI, fidelius quàm antea typis expressum, canones pronuntiationis omnes de litteris, punctis, regulis orthographiæ, accentuum tono & numeris brevissimè & facillimè complectens; adjectus est decalogus characteribus hebraïcis & latinis. *Parisiis*, Mart. Juvenis, 1564, *in-8. cart.*

7429 Grammaticæ hebrææ rudimenta, concinnata à Joanne BOUGET. *Romæ*, 1717, *in-8. v. f.*

7430 Grammatica hebraïca à punctis aliisque inventis massorethicis libera, auctore Francisco MASCLEF. *Parisiis*, Ballard, 1743, 2 *vol. in-12. v. m.*

7431 Matthæi HILLERI, SS. Theol. græcæque & orient. ling. Professoris publici, institutiones linguæ sanctæ, adjecto earumdem compendio tironibus accommodato. *Tubingæ*, Jo. Georgius Cotta, 1760, 1 tom. 2 vol. *in-8. v. m.*

7432 Thomæ BOSTON, Ecclesiæ Atricensis apud Scotos Pastoris, tractatus stigmologicus, hebræo-biblicus, quo accentuum Hebræorum, in explananda S. Scriptura usus exponitur, cum præfatione Davidis MILLII. *Ultrajectinæ*, Hermannus & Joannes Besseling, 1750, *in-4. v. ec. d. f. t.*

7433 Johannis LEUSDENI, de dialectis N. T. singulatim de ejus hebraïsmis, libellus singularis, denuò edidit Johan. Frider. FISCHERUS. *Lipsiæ*, vidua B. Gasp. Fritschii, 1754, *in-8. v. m.*

7434 Arca Noe, thesaurus linguæ sanctæ novus, D. Marco MARINO, Brixiano, auctore. *Venetiis*, Johannes Degara, 1593, 2 *vol. in-fol. vel.*

7435 Thesaurus linguæ sanctæ, sive concordantiæ lexicon hebræo-latino-biblicum, unà cum concordantiis hebraïcis, à Gulielmo ROBERTSON. *Londini*, Roycroft, 1686, *in-4. v. br.*

7436 Lexicon novum hebræo-latinum, compositum

GRAMMAIRIENS.

per modum indicis hebraici, primò à ROBERTSONO conscriptum, sed latinitate donatum, atque adauctum à Joan. LEUSDEN. *Ultraj.*, Halma, 1687, *in*-8. *v. f.*

7437 Merici CASAUBONI, IS. F., de quatuor linguis commentario, (nempe de linguâ hebraïcâ, anglicâ veter. sive saxonicâ & germanicâ.) *Londini*, J. Flesher, 1650, *in*-8. *v. m. d. s. t.*

* Premiere édit. rare. Voyez Vogtius, page 177, & David Clément, tome VI, page 356.

LANGUES CHALDÉENNE ET SYRIAQUE.

7438 Chaldeæ seu æthiopicæ linguæ institutiones, (chald. & latinè) per Ach. VENERIUM. *Romæ*, typis Congr. de propag. fide, 1630, *in*-8. *v. f. d. s. t.*

7439 Jo. Dav. MICHAELIS, grammatica chaldaïca. *Gottingæ*, Jo. Christ. Dieterich, 1771, *in*-8. *v. f.*

7440 Schola syriaca, una cum synopsi chaldaïca, & dissertatione de litteris & lingua Samaritanorum, auctore Johanne LEUSDEN, linguæ sanctæ in Academia Ultrajectina Professore, editio secunda, (syriacè & latinè.) *Ultrajecti*, Gregorius à Poolsum, 1672, *in*-8. *v. m.*

LANGUE ARABE.

Traités sur cette Langue, Grammaires, Dictionnaires.

7441 Olav. CELSII, historia linguæ arabicæ. *Upsaliæ*, (absque anno) *in*-8. *v. m.*

7442 Grammatica arabica, dicta Gjarumia, & libellus centum regentium cum versione latina & commentariis Thomæ ERPENII. *Leidæ*, ex Typographiâ Erpenianâ, 1617, *in*-4. *v. f. d. s. t.*

7443 Thomæ ERPENII, grammatica arabica cum fabulis LOKMANI, &c. accedunt excerpta anthologiæ veterum Arabiæ Poëtarum, quæ inscribitur Hamasa abi Zemmam ex mss. Biblioth. Academ. Batavæ edita, conversa & notis illustrata ab Alb. SCHULTENS, præfatio imaginariam linguam, scrip-

BELLES-LETTRES.

tionem & lineam sanctam Judæorum confutat; editio secunda. *Lugduni-Batavorum*, Sam. & Joan. Luchtmans, 1767, *in-4. v. f. d. f. t.*

7444 Grammatica arabica Maronitarum, in libros quinque divisa, authoribus Gabriele SIONITA & Joanne HESRONITA, nunc primùm in lucem edita. *Lutetiæ*, Hieron. Blageart, 1616, *in-4. v. f. d. f. t.*

7445 Fabrica linguæ arabicæ, cum interpretatione latina & italica, accomodata ad usum linguæ vulgaris & scripturalis, authore P. F. Dominico GERMANO. *Romæ*, 1639, *in-fol. v. f. d. f. t.*

7446 Thesaurus linguæ arabicæ quem Antonius GIGGEIUS ex monumentis Arabum manuscriptis & impressis Bibliothecæ Ambrosianæ eruit, concinnavit, latini juris fecit. *Mediolani*, Ramellatus, 1632, 4 *vol. in-fol. v. br.*

7447 Proverbia arabica, (arabicè) ab anonymo quodam arabe collectæ & explicatæ, cum interpretatione latinâ & scholiis Josephi SCALIGERI, Julii Cæsaris Filii, & Thomæ ERPENII. *Leidæ*, in Officinâ Raphelingianâ, 1614, *in-4. vél.*

LANGUES ETHIOPIENNE OU DE L'ABYSSINIE, PERSIENNE, COPTE OU EGYPTIENNE, ARMÉNIENE ET TURQUE.

7448 Alphabetum æthiopicum, *sive Abyssinum*, cum Oratione dominicali, Salutatione angelicâ, Symbolo fidei & præceptis Decalogi, latinâ linguâ compositis, & charactere æthiopico impressis. *Romæ*, typis Sac. Congr. de propag. fide, 1631, *in-8. cart.*

7449 Jobi LUDOLFI, grammatica æthiopica. *Francofurti ad Mœnum*, Zunnerus, 1702, *in-fol. v. f.*

7450 Rudimenta linguæ persicæ, authore Ludovico DE DIEU; accedunt duo priora capita Geneseos, ex persica translatione Jac. TAWUSI. *Lugd. Batavorum*, ex Officinâ Elzevirianâ, 1639, *in-4. v. f. d. f. t.*

7451 Athanasii KIRCHERI Prodromus coptus sive

GRAMMAIRIENS.

ægyptiacus, in quo cùm linguæ coptæ five ægyptyacæ quondam pharaonicæ, origo, ætas, viciffitudo, tùm hieroglyphicæ literaturæ inftauratio, exhibentur. *Romæ*, Congregat. de propag. fide, 1636, *in-*4. *baz.*

7452 Joh. Joachimi SCHRODERI, thefaurus linguæ armenicæ, antiquæ & hodiernæ, cum varia praxeos materia, (armenicè & latinè.) *Amftelodami*, anno æræ Chr. 1711, Armenorum 1160, *in-*4. *v. m.*

7453 Inftitutionum linguæ turcicæ libri IV, authore Hieronymo MEGISERO, 1612, *in-*8. *v. m.*

7454 Grammaire turque, (par le P. HOLDERMAN.) *Conftantinople*, 1730, *in-*4. *v. f.*

LANGUE GRECQUE.

Différens Traités fur cette Langue.

7455 Pauli VINDINGII ver græcum, five differtationes tres, de variis linguæ græcæ fcriptoribus. *Hafniæ*, Joh. Phil. Bockenhoffer, 1693, 1699 & 1705, *in-*4. *v. f.*

7456 Hiftoria græcarum & latinarum literarum, Jo. REINOLDII differtatio accedit ab HERODOTO; vita Homeri græcè. *Etonæ*, Pote, 1752, *in-*4. *v. m. fil.*

7457 Laur. Ingewaldi ELINGII, Hiftoria græcæ linguæ, cum præfatione Adami RECHENBERGII. *Lipfiæ*, Gleditfch, 1691, *in-*8. *v. f.*

7458 PHRYNICHI, eclogæ nominum & verborum atticorum, cum verfione latina Petri-Johannis NUNNESII, & ejufdem ac Davidis HOESCHELII notis: ut & notis Jofephi SCALIGERI, in Phrynicum & Nunnefii notas; curante Joanne Cornelio DE PAUW, qui notas quoque fuas addidit. *Trajecti ad Rhenum*, Joannes Evelt, 1739, *in-*4. *v. f. d. f. t.*

7459 Erotemata CHRYSOLORÆ, (græcè). *Argentorati*, Joannes Knoblouch, 1516, *in-*4. *v. f. d. f. t.*

Sine ciffris & reclam. typis nitidis.

BELLES-LETTRES.

7460 Georgii SIMLER, Vuimpinensis, observationes de arte grammatica. De literis græcis ac diphtongis, &c. quemadmodum ad nos veniant. Abbreuiationes quibus frequentissimè græci utuntur. Erotemata GUARINI ex CHRYSOLORÆ libello majusculo, cum interpretatione latina. Isagogicum, sive introductorium in literas græcas. *Tubingæ*, Thomas-Anshelmus Badensis, 1512, *in-4. v. f. d. s. t.*

7461 Introductio in linguam græcam, auctore Jo. Ern. Imm. VALCHIO, editio secunda auctior. *Jenæ*, vidua J. R. Croeckeri, 1772, *in-8. cart.*

7462 Græcæ linguæ erotemata, ita prolixa absolutaque, brevitate, facilique, ac perspicuo ordine tractata, ut quod seu desiderent præterea in præceptis, seu conquerantur etiam de præceptorum obscuritate aut difficultate linguæ græcæ studiosi adolescentes, amplius vix habeant; ab autore postremùm diligenter recognita, cum præfatione Philippi MELANCHTHONIS, &c. à Michaele NEANDRO, Soraviense. *Basileæ*, Joannes Oporinus, 1565, 1 tom. 2 vol. *in-8. v. f. d. s. t.*

* La préface de Néander, qui est à la tête de cette édition, est très-curieuse & très-estimée.

Grammaires, & Ouvrages qui y ont rapport.

7463 Omniboni LEONICENI utriusque linguæ Oratoris præstantiss. grammatices erudimenta, (ad calcem....) impressum *Vicentiæ*, per Magistrum Henricum de Sancto Urso, anno salutis M. D. VI., die VII Julii, *in-4. v. f. d. s. t.*

* Editio rara, Maittairio incognita. Vide pag. 13 & 531, tome II. Indicis.

Long. lin. typis rotundis, sine cifris & reclam. lit. sed signaturis & Typog. insigni ad calcem.

L'Editeur de cet ouvrage s'est nommé Auteur de l'Epitre dédic. qu'il y a mise à la fin. Il l'a adressée à ses Ecoliers, en voici le sommaire :

Franciscus-Vitalis Bodianus Fraçantianus, ejus Scholasticis Ἐυπάτριν.

GRAMMAIRIENS.

7464 Theodori GAZÆ, Thessalonicensis, grammaticæ institutionis liber primus, sic translatus per ERASMUM, Roterodamum, ac titulis & annotatiunculis explanatus, ut citra negocium & percipi queat & teneri. Idem græcæ, pro iis qui jam aliquantulùm profecerunt. Colloquiorum familiarium incerto autore libellus græcè & latinè, nunquam antehac typis excusus. *Basileæ*, Joannes Frobenius, 1516, *in-*4. *v. f. d. s. t.*

7465 Elémens de la langue grecque, suivis de la première partie du nouveau choix des Fables d'ESOPE, avec des notes où tous les mots sont expliqués & rappellés aux élémens & à leur racine ou origine primitive, en sorte que rien ne peut arrêter les plus jeunes commençans, par M. LE ROI, Professeur de Rhétorique en l'Université de Paris, *Paris*, Barbou, 1773, *in-*8. *v. f. d. sur t.*

7466 Epitome græcæ palæographiæ & de recta græci sermonis pronuntiatione dissertatio, auctore R. P. D. Gregorio PLACENTINO, Hieromonacho Cryptoferratensi Ordinis S. Basilii Magni. *Romæ*, Jo. Maria Salvioni, 1735, *in-*4. (fig. en bois) *v. f.*

7467 Sylloge scriptorum qui de pronuntiatione linguæ græcæ, vera & recta, commentaria reliquerunt, videlicet, Adolphi MEKERCHI, Theod. BEZÆ, Jac. CERATINI, Henr. STEPHANI, Des. ERASMI, STEPHANI, Veritoniensis Episcopi, Joan. CHECI, Thom. SMITH, Greg. MARTINII, & Erasmi SCHMIDT, quibus accedunt Sigeberti HAVERCAMPI dissertatio de literarum græcarum varia, in antiquis præsertim nummis & marmoribus scriptura & forma, & Guill. POSTELLI libellus de Phœnicum literis, seu de prisco latinæ & græcæ linguæ charactere ejusque origine & usu. *Lug. Bat.* 1736 & 1740, 2 vol. *in-*8. fig. *v. f.*

7468 Thomæ-Stanislai VELASTI, dissertatio de literarum græcarum pronuntiatione, *Romæ*, Monaldini, 1751, *in-*4. *v. f. d. s. t.*

7469 Le Jardin des Racines grecques, mises en vers françois, (par Lancelot). Paris, le Petit, 1657, in-12. v. f. d. f. tr.

7470 Le même, avec un traité des prépositions & autres particules indéclinables, & un recueil alphabétique des mots françois tirez de la langue grecque, soit par allusion, soit par étymologie, quatrieme édition, reveue & corrigée de nouveau. Par. veuve de Cl. Thiboust, 1682, in-12. v. f. d. f. t.

7471 Le même, nouvelle édition, revue & corrigée. Paris, Colas, 1774, in-12. v. f. d. f. t.

7472 Gregorius, Corinthi Metropolita, de dialectis, e codicibus mss. emendavit & notis illustravit Gisbertus Koen, Jctus. Accedunt grammatici Leidensis & Meermanniani de dialectis opuscula, ab iis quæ sub Joannis grammatici nomine vulgò circumferuntur, longè diversa, (græcè). Lugduni-Batavorum, Petrus van-der Eyk, 1766, in-8. vél.

7473 Francisci Vigeri, de præcipuis græcæ dictionis idiotismis libellus, illustravit, perpetuis animadversionibus & quamplurimis idiotismis auxit Henricus Hoogeveen, editio tertia, multis partibus auctior. Lugduni-Batavorum, Petrus van-der Eyk, 1766, in-8. v. m.

7474 Claudii Salmasii, commentarius de Hellenistica, controversiam de lingua hellenistica decidens, & plenissimè pertractans originem & dialectos græcæ linguæ. Lugd.-Batav. Elzevir, 1643, in-8. v. f. d. f. t.

7475 Ejusdem, funus linguæ hellenisticæ; sive confutatio exercitationis de Hellenistis & lingua hellenisticâ. Lugduni-Bat. Maire, 1643, in-8. v. f.

Dictionnaires grecs.

7476 Valerii Harpocrationis, Dictionarium in decem rhetores, græcè, Philippus Jacobus Maussacus supplevit & emendavit; additæ sunt notæ & dissertatio critica, in qua de auctore & de hoc

GRAMMAIRIENS. 13

scribendi genere diligenter disputatur. *Parisiis*, Cl. Morellus, 1614, *in*-4. *m. r.*

7477 Ejusdem, liber de vocibus, cum notis Jacobi GRONOVII; accedunt diatribe Henrici STEPHANI ad locos Isocrateos, notæ & animadversiones Henr. VALESII in Harpocrationem & Maussaci notas. *Lugd. Batav.* Haaring, 1696, *in*-4. *baz.*

7478 Commentarii linguæ græcæ, Guilliel. BUDÆO auctore, ab eodem accuratè recogniti, atque ampliùs tertia parte aucti. *Parisiis*, Rob. Steph., 1548, *in-fol. v. f. d. s. t.*

7479 Thesaurus linguæ græcæ, in epitomen redactus, & alphabeticè secundùm Constantini methodum & Schrevelii reseratus, studio & industria Guliel. ROBERTSON. *Cantabrigiæ*, Hayes, 1676, *in*-4. *v. m.*

7480 Novum Lexicon græcum etymologicum & reale, cui pro basi substratæ sunt concordantiæ & elucidationes Homericæ & Pindaricæ, collegit & digessit Christianus-Tobias DAMM. *Berolini*, Christianus-Fridericus Vossius, 1765, *in*-4. *v. m.*

LANGUE LATINE.

Des causes de la Langue latine, de son Origine, de ses Progrès, de ses différents âges; & de la maniere de l'enseigner & de l'apprendre.

7481 Franc. SANCTII, Brocensis, Minerva, seu de causis linguæ latinæ commentarius, cui inserta sunt, uncis inclusa, quæ addidit Gasp. SCIOPPIUS, & subjectæ suis paginis notæ Jac. PERIZONII, editio quinta, à prioribus longè correctior. *Amstel.* Janss. Waesbergii, 1733, *in*-8. *v. b.*

7482 Frid. TAUBMANNI, human. litter. Professoris, dissertatio de lingua latina, cum epeisodio in veteramentarium poetarum sutorem; accessit quæstio utrùm præstet extempore, an cogitate versus facere.

Vitebergæ, Paulus Helwichius, 1606, *in-8. cart.*

7483 Jo. Georgii WALCHII, historia critica linguæ latinæ. *Lipsiæ*, Gleditschius, 1716, *in-8. v. br.*

7484 Eadem, multis accessionibus aucta. *Lipsiæ*, Gleditschius, 1761, *in-8. v. f.*

7485 De linguæ latinæ in Germania per XVII sæcula amplius satis, ab ipso tempore quo Romanorum arma & commercia nonnullum ejus usum intulerunt (intulerunt) ad nostram usque ætatem commentarii, auctore Jacobo BURCKHARD, Sulzbaco-Palatino. *Hanoveræ*, Nic. Foerster, 1713, *in-8. v. f.*

7486 Joh. Nicolai FUNCCII Marburgensis, de origine latinæ linguæ tractatus, quo Germaniæ ceu matri primos Italiæ incolas, ac proin Romanos, suum & genus & linguam debere, ex utriusque gentis antiquitatibus & ipsâ populorum migratione demonstratur. *Giessæ & Francofurti*, vid. Joh. Reinh. Vulpii & Eb. Henr. Lammers, 1720. == Ejusdem, de pueritia latinæ linguæ tractatus, quo priscus sermonis Romani, ad usque bellum Punicum secundum, examinatur status, & diversa veteris Latii monumenta illustrantur. *Marburgi Cattorum*, Phil. Casimirus Mullerus, 1720. == Ejusdem, de adolescentia latinæ linguæ tractatus, quo juvenilis & crescens ejus in variis scientiis vigor & fata, indè à bello Punico secundo, usque ad Ciceronis ætatem, demonstrantur. *Marburgi Cattorum*, Phil. Casimirus Mullerus, 1723, *in-4. cart.*

7487 Ejusdem, de virili ætate latinæ linguæ tractatus, quo maximus cum robore vigor & gloria sermonis romani, à temporibus L. Corn. Sullæ & Ciceronis, ad Octaviani Cæsaris Augusti obitum, demonstratur. *Marburgi Cattorum*, Phil. Casim. Mullerus, 1727 & 1730, 2 part. 1 vol. *in-4. cart.*

7488 Ejusdem, de imminenti latinæ linguæ senectute tractatus, quo decrescens romani sermonis robur & fata, ab excessu Cæsaris Octaviani Augusti ad pricipatum usque Hadriani Imperatoris describuntur, & notatu maxime digna historiæ litterariæ monumenta illustrantur. *Marburgi Cattorum*, Phil. Casim. Mullerus, 1736, *in-4. cart.*

7489 Ejusdem, de vegeta latinæ linguæ senectute commentarius, quo decrescens ejus linguæ dignitas atque fata, ab excessu Trajani, usque ad principatum Honorii Imperatoris, & Romam a Gothis anno post Christum natum CCCCX, expugnatam, describuntur, & notatu maxime digna historiæ literariæ monumenta illustrantur. *Marburgi Cattorum*, Phil. Casimirus Mullerus, 1744, *in-4. cart.*

7490 M. Antonii SABELLICI, de latinæ linguæ reparatione dialogus, accessit etiam dissertatio de periodis litterarum. *Neapoli Nemetum*, Joha. Carolus Unckelius, 1617, *in-8. cart.*

7491 Methodus nova docendi ac edistendi primam Despauterii grammatices partem, per L. COUVAY, *in-4. fig. vel.*

Grammairiens latins anciens.

7492 M. Terentii VARRONIS opera quæ supersunt, in lib. de lingua latina conjectanea Jos. SCALIGERI, in lib. de re rustica notæ ejusdem, alia in eundem Scriptorem, TURNEBII, VICTORII, Henr. STEPH. 1581. = Ad M. Ter. Varronis assertiones analogiæ sermonis latini, appendix Henr. STEPHANI, item Julii Cæsaris SCALIGERI de eadem disputatio. *Par.* Henr. Steph., 1581, *in-8. v. f.*

7493 PRISCIANI grammatici libri omnes, videlicet: de octo partibus orationis libri XVI, de earumdem constructione libri II, de duodecim primis Æneidis librorum carminibus, de accentibus, de ponderibus & mensuris, de præexercitamentis rhetoricæ ex Hermogene, de versibus comicis; RUFINI, de metris comicis & oratoriis numeris libri, editio recognita studio DONATI, Veronensis. *Venetiis*, Aldus, 1527, *in-4. v. m.*

BELLES-LETTRES.

7494 P. Rutilii Lupi, de figuris sententiarum & elocutionis libri II, recensuit & annotationes adjecit David Rhunkenius; accedunt Aquilæ Romani, & Julii Rufiniani de eodem argumento libri. *Lugduni-Batavorum*, Luchtmans, 1768, *in*-8. *v. f. d. f. tr.*

7495 Varia Grammaticorum scripta. *Tubingæ*, Ulrichus Morhardus, 1537, *in*-4. *v. f. d. f. t.*

Contenta in hoc Volumine :

Marii Victorini, de ortographia & ratione carminum, libri IV.
Servii Honorati, de pedibus versuum libellus.
Eutichii, auditoris Prisciani, de discernendis verborum conjugationibus.
Servii Marii Honorati, de syllabarum quantitate.

7496 Joan. Sulp. Verulani grammatica, *in*-4. *cart.*

Typis *de fomme* dictis, sine titulo, reclamantibus, ciffris, signaturis, registro, 83 folia complectens.

Grammairiens latins modernes, & différens Traités sur cette Langue.

7497 De elegantiis terminorum ex Laurentio Valla & quorumdam aliorum, secundùm ordinem alphabeti breviter collectis. *Parrhisius*, Nicol. Debarra, 1499, *in*-4. *goth. cart.*

Typis vulgo *de fomme* dictis, sine reclamantibus, ciffris, registro, 22 folia.

7498 Laurentius Valla, de lingua latina. *Parrhis.* Dionisius Ronce, 1501. = Philippi Beroaldi, orationes & carmina. *Parrhisius*, Dionisius Ronce, 1499, *in*-4. *cart.*

Typis rotundis, sine titulo, reclamantibus, ciffris.

7499 Francesco Priscianese, Fiorentino, de primi principij della lingua latina, overo il Priscianello, nuovamente con somma diligenza corretto, & di nuovo ristampato. *Venetia*, Giovanni Bariletto, 1569, *in*-8. *v. f.*

7500

GRAMMAIRIENS.

7500 Osservationi intorno alle bellezze della lingua latina, di F. Angelo ROCCA da Camerino, nelle quali principalmente si tratta, dell'imitatione, dell' epistole, de' luoghi occolti, della lingua latina, & si scuoprono molti segreti di queste materie. *Venetia*, 1576, *in-8. v. m.*

7501 De causis amissarum quarundam latinæ linguæ radicum uti & multarum vocum derivatarum, Christiani DAUMII, de latinæ linguæ analogia & usu commentationes. *Cygneæ*, Melchior Gompnerus, 1642, *in-8. cart.*

7502 De la traduction, *ou* regles pour apprendre à traduire la langue latine en la langue françoise, par DE L'ESTANG. *Paris*, le Mire, 1660, *in-8. v. f. d. f. tr.*

7503 Essai de la langue latine & de la françoise, *ou* un combat entre l'une & l'autre, par la traduction des Satyres de Boileau en vers latins, & de celles de Juvenal en vers françois, par D. T. M. *Toulouse*, 1677, *in-8. v. m.*

7504 L'essence de la grammaire latine, par Thomas AYMONET. *Par.* de Bats, 1664, *in-12.* (en vers) *v. m.*

7505 Gasparis SCIOPPII grammatica philosophica, primùm à Petro SCAVENIO, plurimis in locis è schedis ipsius Auctoris insigniter aucta, & præfatione de veteris ac novæ grammaticæ latinæ origine, dignitate & usu ornata, cui alia Marquardi GUDII præfixa, cum annotationibus Tobiæ GUTBERLETH. *Franekeræ*, Franciscus Halma, 1704, *in-8. v. éc.*

7506 Les racines de la langue latine, mises en vers françois par FOURMONT. *Paris*, le Mercier, 1706, *in-12. v. br.*

7507 Christophori CELLARII orthographia latina, ex vetustis monvmentis, hoc est nvmmis, marmoribvs tabvlis, membranis, vetervmqve Grammaticorvm placitis, necnon recentivm ingeniorvm cvris excerpta, digesta novisqve observationibvs illvstrata, edit. quinta. *Jenæ*, Jo. Felix Bielkius, 1729, *in-8. cart.*

Tome III. B

7508 Eadem, quam denuo recensuit, emendavit, observationibus LONGOLII in priorem partem & HEUMANNI ineditis, tum Heusingeri SCHURZ-FLEISCHII, suisque auxit, & CORTII disputationes de usu orthographiæ cum orthographia Norisiana typis repetendas curavit Theoph. Christophorus HARLES, cum præfatione Christ. Adolphi KLOTZII. *Altenburgi, ex Officina Richteria*, 1768, 2 *tom.* 1 *vol. in*-8. *v. f. d. f. t.*

7509 L'anatomie de la langue latine, par M. LE BEL. *Paris*, Panckoucke, 1764, *in*-12. *v. f. d. f. t.*

7510 L'art des langues, *ou* essai sur la véritable maniere d'apprendre les langues, & spécialement la langue latine. *Paris*, L. Cellot, 1777, *in*-12. *v. m.*

Dictionnaires purement latins, & en différentes Langues.

7511 Nic. PEROTI Cornucopia, *sive commentarii linguæ latinæ. Mediolani*, Leonardus Vegius, 1512, *in-fol. v. f. d. f. t.*

7512 Cornucopiæ, *sive linguæ latinæ commentarii*; diligentissimè recogniti, atque ex archetypo emendati; index copiosissimus dictionum omnium, quæ in hisce Sypontini commentariis, libris de lingua latina & de analogia M. Terentii Varronis, undeviginti librorum fragmentis Sexti Pompeii Festi, in compendiis Nonii Marcelli de proprietate sermonum continentur; sic enim hoc indice omnia comprehensa sunt, ut quæcunque quærantur dictiones, historiæ, fabulæ, instituta, inventores rerum, mores, proverbia, remedia morborum inveniri facillimè possint. Ejusdem SYPONTINI libellus, quo Plinii epistola ad Titum Vespasianum corrigitur. Cornelii VITELII in eum ipsum Sypontini libellum annotationes. M. Terentii VARRONIS de lingua latina libri quartus, quintus, sextus. Ejusdem de analogia libri tres. Sexti Pompeii FESTI, undeviginti librorum fragmenta. NONII MARCELLI compendia, in quibus tertia feré pars addita est, non ante impressa, idque labore & diligentia jucundi nostri Veronensis, qui in Gallia Nonium cum antiquis contulit exemplaribus, addita prætereà est longa dissertatio de generibus. Huc accedunt castigationes in hunc ipsum Nonium non contemnendæ, obiterque in Varronem & Festum ex veterum codicum fide, Michaelis BENTINI opera. *Venetiis*, Aldus & Andreas Asulanus, 1527, *in-fol. v. m. d. s. t.*

7513 Christiani FALSTERI supplementum linguæ latinæ, *sive* observationes ad Lexicon Fabro-Cellarianum, (edit. noviss. Lips. A. 1710,) cujus mille aliquot lacunæ ex Auctoribus aureæ, argenteæ & æneæ ætatis, supplentur, adjectis passim notis criticis & philologicis, cum præfatione Severini LINTRUPII, P. P. Hafniensis. *Flemburgi*, Balthazar Otto Bosseckius, 1717, *in-8. cart.*

7514 Ambrosius CALEPINUS, (*seu* ejusdem dictionum latinarum & græcarum, quæ in veteribus Scriptoribus reperiuntur interpretatio,) *Hagenoæ*, Thomas-Anselmus Badensis, 1521, *in-fol. cart.*

7515 Vocabolario delle voci latine dichiarate con l'italiane scelte da' migliori Scrittori, per il Sig. Girolamo RUSCELLI, nelquale si vede quanta sia la felice copia della lingua italiana, & quanto possa ciascun studioso più agevolmente nell'una, & l'altra lingua con questo essercitarsi, ché con qualunque altro sin qui stampato hora primieramente da Pasqualino REGISELMO posto in luce. *Venetia*, gli heredi di Valerio Bonello, 1588, *in-4. vél.*

7516 Dictionarium latinum & gallicum, ad Scriptorum latinorum intelligentiam, collegit, digessit ac nostro vernaculo reddidit P. DANETIUS, in usum Delphini. *Parisiis*, Thiboust, 1696, *in-4. v. f.*

7517 Vocabulaire universel, latin-françois, contenant les mots de la latinité des différens siècles, à l'exception de ceux qui sont analogues à la langue françoise, avec un vocabulaire françois-latin des mots qui sont le plus d'usage dans la langue latine, (par CHOMPRÉ.) *Paris*, H. L. Guerin & L. F. de la Tour, (Nyon l'aîné) 1754, *in-8. v. f. d. f. t.*

7518 Lexicon latino-belgicum novum, post multiplices variorum labores auctius & exactius proditum à Samuele PITISCO, nunc in hâc tertiâ editione à variis mendis purgatum, & plusquàm sex mille vocabulis & locutionibus ditatum, curâ & studio Arn. Henr. WESTERHOVII. *Dordraci*, Joan. van Braam, 1738, *2 vol. in-4. v. m.*

LANGUE ITALIENNE.

Traités de son Origine & de son Antiquité, & comparaison de cette Langue avec les autres.

7519 Il Gello, di Pier-Francesco GIAMBULLARI, (cioè ragionamenti della prima & antica origine della Toscana, & particularmente della lingua fiorentina.) *Fiorenza*, il Doni, 1546, *in-4. v. f.*

7520 Origine della lingua fiorentina, altrimenti il Gello del medesimo. *Fiorenza*, Lorenzo Torrentino, 1549, *in-8. v. m.*

7521 Pier. Franc. GIAMBULLARI, de la lingua che si parla in firenze, & uno dialogo di Giova-Batista GELLI, sopra la difficultà dello ordinare detta lingua. *Firenze*, (1551) *in-8. vél.*

7522 Trattato della vera origine e del processo, e nome della nostra lingua, scritto in vulgar sanese, per Celso CITTADINI, con un altro breve trattatello de gli articoli, e di alcune particelle dulla sudetta lingua. *Venetia*, Gio. Battista Ciotti, 1601, *in-8. v. f. d. f. t.*

7523 Le origini della volgar toscana favella, per lo medesimo. *Siena*, Salv. Marchetti, 1604, *in-8. v. m.*

7524 Le medesime, rivedute e riformate da lui stesso. *Siena*, Ercole Gori, 1628, *in-8. v. f.*

7525 Octavii FERRARII, origines linguæ italicæ. Pa-

GRAMMAIRIENS.

tavii, Petrus-Maria Frambotti, 1676, *in-fol. vel.*

7526 Le origini della lingua italiana compilate dal Egidio MENAGIO, Francese, colla giunta de modi di dire italiani, raccolti e dichiarati dal medesimo. *Geneva*, Giovanni-Ant. Chouet, 1685, *in-fol. v. br.*

7527 Il Filofilo, dialogo d'un Accademico dell' Anca, in risposta alla dieta de' Fiumi dell' Accademico oscuro. *Luca*, Pellegrino Frediani, 1712, *in-4. vel.*

7528 Discorso del Ascanio PERSIO, intorno alla conformità della lingua italiana, con le più nobili antiche lingue, & principalmente con la greca. *Venetia*, Gio Battista Ciotti, 1592, *in-8. cart.*

7529 Angeli MONOSINII floris italicæ linguæ, libri novem; quinque de congruentia florentini, *sive* etrusci sermonis cum græco, romanoque, ubi, præter dictiones, phraseis ac syntaxin, conferuntur plus mille proverbia, & explicantur. In quatuor ultimis, enodatæ sunt pro uberiori copia ad tres adagiorum chiliades. *Venetiis*, Jo. Guerilius, 1604, *in-4. v. m.*

7530 L'Anticrusca overo il Paragone dell' italiana lingua, nel qual si mostra chiaramente che l'antica sia inculta e rozza, è la moderna regolata e gentile, di Paolo BENI. *Padoua*, Battista Martini, 1613, *in-4. baz.*

7531 Il medesimo. *Padoua*, Bat. Martini, 1613, *in-4. vel.*

7532 Risposta d'Orlando PESCETTI, all'*Anticrusca* del Sig. D. Paolo Beni. *Verona*, Angelo Tamo, 1613, *in-4. vel.*

7533 Il cavalcanti overo la difesa dell' *Anticrusca*, di Michel Angelo FONTE. *Padova*, Francesco Bolzetta, 1614, *in-4. vel.*

Traités de la Langue italienne en général.

7534 Lettera di Alesf. CITOLINI in difesa de la lingua volgare. *Vinegia*, Francesco Marcolino da Forli, 1540, *in-4. v. f. d. s. t.*

7535 La medesima in difesa della lingua volgare, e

i luoghi del medesimo, con una lettera di Girolamo Ruscelli al Mutio, in difesa dell'uso delle Signorie. *Vinegia*, al Segno del Pozzo, 1551, *in*-8. *vél.*

7536 Carlo Lenzoni, in difesa della lingua fiorentina & di Dante con le regole da far bella & numerosa la prosa, per Cosmo Bartoli. *Fiorenza*, 1556, *in*-4. *v. f. d. s. t.*

7537 Le prose, di P. Bembo, nelle quali si ragiona della volgar lingua, di nuovo aggiunta le postille nel margine, e reviste da Lod. Dolce. *Vinegia*, Gab. Giolito di Ferrarii, 1561, *in*-12. *vél.*

7538 L'Hercolano, dialogo di Benedetto Varchi, nel qual si ragiona e generalmente delle lingue, & in particolare della toscana, e della fiorentina, composto da lui sulla occasione della disputa occorsa tra'l Commendator Caro, e Ludovico Castelvettro, nuovamente stampato. *Fiorenza*, Filippo Giunti e Fratelli, 1570, *in*-4. *v. f. d. s. t.*

7539 Il medesimo. *Vinetia*, Filippo Giunti e Fratelli, 1580, *in*-4. *baz.*

7540 Quattro libri della lingua thoscana, di M. Bernardino Tomitano, ove si prova la philosophia esser necessaria al perfetto Oratore & Poeta, con due libri nuovamente aggionti, de i precetti richiesti à lo scriuere, & parlar con eloquenza. *Padova*, Marc-Ant. Olmo, 1570, *in*-8. *vél.*

L'Editeur de ce livre est Innocente Olmo. Cette édition est la premiere; elle a été imprimée par Lorenzo Pasquali, à Padoue en 1569.

7541 De commentarii della lingua italiana, del Sig. Girolamo Ruscelli, libri sette, ne quali con felicita, & copiosamente si tratta tutto quello che alla vera & perfetta notitia di detta lingua s'appartiene, hora posti in luce da Vincenzo Ruscelli. *Venetia*, Damian Zenaro, 1602, *in*-4. *vél.*

7542 Battaglie di Hieron. Mutio, Giustinopolitano, in diffesa della lingua italiana, con alcune lettere al Cesano & al Cavalcanti, al Renato Trivultio

GRAMMAIRIENS.

& al Domenico Veniero, col quale in particolare discorre sopra il corbaccio, con un trattato intitolato la Varchina, dove si corregono con molte belle ragioni, non pochi errori del Varchi, del Castelvetro & del Ruscelli, & alcune annotationi sopra il Petrarca. *Vinegia*, Pietro Dusinelli, 1582, *in-8. vél.*

7543 Gemme della lingua volgar & latina, rinchiuse in cinque dialoghi, di Alberto BISSA, ne quali si recitano dotte locutioni, & modi eloquenti di parlare, usati da più illustri Auttori dell' una, & l'altra lingua, & vi segne il secondo volume delle sue lettere famigliari. *Milano*, Pacifico Pontio, 1585, *in-4. vél.*

7544 Trattato della lingua, di Giac. PERGAMINI, nel quale con una piena e distinta instruttione si dichiarano tutte le regole, & i fondamenti della favella italiana. *Venetia*, B. Giunta, 1613, *in-8. vél.*

7545 Della lingua toscana, di Benedetto BUOMMATTEI, libri due, impressione terza. *Firenze*, Zanobi Pignoni, 1643, *in-4. vél.*

7546 Li medesimi, impressione quarta, coll' aggiunta d'un suo discorso non più stampato, d'alcune note, e della vita dell'Autore. *Firenza*, Jac. Giuducci, e Santi Franchi, 1714, *in-4. baz.*

7547 Li medesimi, impressione quinta, rivista e corretta dagli Accademici della Crusca. *Firenze*, nella Stamperia Imperiale, 1760, *in-4. v. m.*

Grammaires Italiennes, écrites en Italien & en différentes Langues.

7548 Regole grammaticale della volgar lingua, di Francesco FORTUNIO, (1517) *in-8. vél.*

7549 Le medesime, nuovamente reviste, & con somma diligentia corrette. (*Vinegia*) Aldo, 1545, *in-8. v. f.*

7550 Le medesime. (*Vinegia*) Figliuoli di Aldo, 1552, *in-8. v. m.*

7551 Institutioni gramaticali volgari & latine, a facilissima intelligenza ridotte da Oratio TOSCANELLA.

ns dichiarate per tutto, dove e stato necessario, con piena chiazezza dal Medesimo. *Vinegia*, Gabriel Giolito de Ferrarii, 1568, in-8. vél.

7552 Le medesime, nuovamente ristampate, & dal Medesimo reviste. *Vinegia*, Gabriel Giolito de Ferrari, 1568, in-8. v. m.

7553 L'oracolo della lingua latina, di D. Marc-Ant. MAZZONE da Miglionico, nuovamente ristampato & corretto. *Venetia*, P. Bertano, 1611, in-8. v. f.

7554 L'oracolo della lingua d'Italia, di Diodato FRANZONI, in cui si conciliano alcune diverse opinioni de Scrittori italiani, e si danno molti ammaestramenti per scrivere e pronunciare correttamente. *Bologna*, Giacomo Monti, 1641, in-4. vél.

7555 Principii della lingua latina praticati in Firenze nell'Accademia degli Suiluppati. *Roma*, Domenico Marciani, 1643, in-12. vél.

7556 Lumi della lingua italiana, diffusi da regole abbreviate e sessanta dubbi esaminati per lo fuggitivo Academ. indomito, (Agostino LAMPOGNANI.) *Bologna*, Carlo Zenero, 1652, in-12. vél.

7557 Il torto e il diritto del non si puo dato in giudicio sopra molte regole della lingua italiana, esaminato da Ferrante LONGOBARDI, seconda editione accresciuta dall' Autore. *Venetia*, Paolo Baglioni, 1658, in-12. v. f.

7558 Il medesimo, terza edizione accresciuta dall' Autore, *Roma*, Varese, 1668, in-12. vél.

7559 L'art d'apprendre parfaitement la langue italienne, par l'Abbé BENCIRECHI. *Vienne*, Schulz, 1764, in-8. v. m.

7560 Leçons hebdomadaires de la langue italienne, à l'usage des Dames, suivies de deux vocabulaires, d'un recueil des synonimes françois de l'Abbé GIRARD, appliqués à cette langue; d'un discours sur les lettres familieres; & d'un précis des regles de la versification italienne, par le même. *Paris*, veuve Ravenel, 1772, in-12. v. éc.

GRAMMAIRIENS.

7561 Abrégé de la langue toscane, & choix de poésies italiennes, par M. PALOMBA. *Paris*, Briasson, 1768, 3 *vol. in*-8. *v. m.*

7562 Elémens de la langue italienne, par M. DE LANNOY, *Paris*, Fétil, 1778, *in*-12. *v. m.*

Traités sur différentes Parties grammaticales de la Langue italienne.

7563 Epistola del TRISSINO, de le lettere nuovamente aggiunte ne la lingua italiana = risposta alla medesima epistola, *Fiorenza*, *in*-4. *vel.*

7564 De le Lettere nuovamente aggiunte libro di Adriano FRANCI da Siena, *intitolato* il Polito. *Roma*, Lodovico Vicentino, & Lautitio Perugino, sine anno, *in*-4. *cart.*

7565 Discacciamento de le nuove lettere, inutilmente aggiunte ne la lingua toscana. *Roma*, Lodovico Vincentino, & Lautitio Perugino, 1524. = Risposta alla epistola del Trissino, delle lettere nuovamente aggiunte alla lingua volgar fiorentina. *Fiorenza.* = De le lettere nuovamente aggiunte libro di Adriano FRANCI, *intitolato* : il Polito. *Roma*, Lodovico Vicentino, & Lautitio Perugino, *in*-4. *v. f.*

7566 Il Thesoro della volgar lingua, del fra Reginaldo ACCETTO, dell'ordine de Predicatori, dove appieno si tratta del orthographia, e di quanto ad un' ottimo scrittore s'appartiene. *Napoli*, Giuseppe Cacchi, 1572, *in*-4. *vél.*

7567 Giunta fatta al ragionamento de gli articoli & de verbi, di Pietro BEMBO. *Modona*, gli heredi di Cornelio Gadaldino, 1563, *in*-4. *v. f. d. s. t.*

7568 Concetti di Hieronimo GARIMBERTO, & de più autori, raccolti da lui, per scrivere familiarmente, hora la seconda volta da l'autore revisti, & in molti luochi ampliati. *Venetia*, Vincenzo Valgrisi, al segno d'Erasmo, 1553, *in*-8. *v. f.*

BELLES-LETTRES.

7569 Li medesimi, di nuovo con somma diligenza corretti & ristampati. *Vinegia*, Gabriel Giolito de Ferrari, 1563, *in*-12. *v. f. d. s. t.*

7570 Discorso del signor Giulio OTTONELLI, sopra l'abuso del dire sua santita, sua maesta, sua altezza senza nominare il papa, l'imperatore, il principe, con le difese della Gierusalemme liberata del signor Torq. Tasso, dall'oppositioni de gli academici della Crusca. *Ferrara*, Giulio Vassalini, 1586, *in*-8. *vél.*

7571 Eleganze insieme con la copia della lingua toscana e latina, scielte da Aldo MANUTIO. *Venetia*, Aldo, 1558, *in*-8. *v. f. d. s. tr.*

7572 Modi affigurati e voci scelte & eleganti della volgar lingua, con un discorso sopra mutamenti e diversi ornamenti dell' Ariosto, di Lodov. DOLCE. *Venetia*, Gio Battista & Marchio Sessa fratelli, 1564, *in*-8. *vel.*

7573 Fondamenti del parlar thoscano, di Rinaldo CORSO, non prima veduti, corretti & accresciuti. *Vinetia*, (senza anno) *in*-8. *vel.*

7574 Li medesimi. *Vinegia*, Comin da Trino di Monferrato, 1549, *in*-8. *cart.*

7575 Regole della thoscana lingua, di Vinc. MENNI, Perugino, con un breve modo di comporre varie sorti di rime. *Perugia*, Andrea Bresciano, 1568, *in*-8. *cart.*

7576 Avertimenti sopra le regole toscane, con la formatione de verbi, variation delle voci, di Nic. TANI. *Vineg.* Giovita Rapario, 1550, *in*-8. *cart.*

7577 Compendio d'avvertimenti di ben parlare volgare, correttamente scrivere, e comporre lettere di negocio, e complimenti, diviso in tre parti; autore Battista CECI, nobile d'Urbino. *Venetia*, nella Stamperia Salicata, 1618, *in*-4. *vél.*

7578 Li medesimi, seconda impressione. *Venetia*, Ghirardo & Iseppo Imberti fratelli, 1623, *in*-8. *vel.*

7579 Della lingua punica presentemente usata da

GRAMMAIRIENS. 27

Maltefi, &c. overo nuovi documenti, li quali poffono fervire di lume all'antica lingua etrufca; ftefi in due differtazioni, &c. dal canonico Gio-Pietro-Francefco AGIUS DE SOLDANIS. *Roma*, Gregorio Roifecco, 1750, *in-8. v. m.*

* Il y a à la fin une Grammaire & un Diction. maltois, par le même.

7580 La medefima. *Roma*, Generofo Salomoni, 1750, *in-8. v. m.*

Obfervations & Remarques fur la Langue Italienne, & fur quelques-uns de fes principaux Auteurs.

7581 Le tre Fontane, di Nicolo LIBURNIO, in tre libri divife, fopra la grammatica, & eloquenza di Dante, Petrarcha & Boccaccio. *Vinegia*, Marchio Seffa, 1534, *in-8. cart.*

7582 Tre Difcorfi di Girolamo RUSCELLI, à Lodovico Dolce; l'uno, intorno ad Decamerone del Boccaccio; l'altro, all'offervationi della lingua volgare, & il terzo, alla tradottione dell' Ovidio. *Venet.* Plinio-Pietra Santa, 1553, *in-4. v. f. d. f. t.*

7583 Le offervationi grammaticali e poetiche della lingua italiana, del MATTEO, Conte di San-Martino e di Vifche. *Roma*, Valerio Dorico, e Luigi fratelli, 1555, *in-8. v. f.*

7584 Le offervationi nella volgar lingua, di Lod. DOLCE, divife in quatro libri, dal medefimo ricorrette & ampliate, quarta editione. *Vinegia*, Gab. Giolito de Ferrari e fratelli, 1556, *in-12. vél.*

7585 I quattro libri delle medefime offervationi, di nuovo da lui medefimo ricoretti, & ampliati, con le apoftille, fefta editione. *Vinegia*, Gabriel Giolito de Ferrari, 1560, *in-8. v. f. d. f. t.*

7586 Le offervationi della lingua volgare, di diverfi huomini illuftri; cioè BEMBO, GABRIELLO, Fortunio ACERISIO, & di altri fcrittori, nelle quali fi contengono utiliffime cofe per coloro che fcri-

BELLES-LETTRES.

vono i concetti loro. *Venetia*, Francesco Sansovino, 1562, *in-8. vél.*

✠ 7587 Dechiaratione di Vincentio BEROALDI, sopra tutte le voci proprie che si contengono nel Constante, di Francesco Bolognetti. *Bologna*, Alessandro Benaci, 1570, *in-4. v. f. d. s. t.*

✠ 7588 Annotationi & discorsi sopra alcuni luoghi del Decameron, di M. Giovanni Bocacci, fatte dalli deputati da loro Altezze Serenissime, sopra la correttione di esso Boccaccio, stampato l'anno M. D. LXXIII. *Fiorenza*, i Giunti, 1574, *in-4. vel.*

7589 Gli avvertimenti della lingua sopra il Decamerone del Cavalier Lionardo SALVIATI, ne' quali si discorre partitamente dell' opere, e del pregio di forse cento prosatori del miglior tempo, che non sono in istampa, de' cui esempli, quasi infiniti, è pieno il volume; oltr'acio si risponde à certi mordaci scrittori, e alcuni sofistichi autori si ribattono, e si ragiona dello stile, che s'usa da' più lodati, (senza anno) *in-4. v. f.*

✠ 7590 Li medesimi. *Venetia*, 1584, *in-4. v. m. d. f. t.*

✠ 7591 Li medesimi. *Venetia*, Domenico & Gio-Bat. Guerra fratelli, 1584 — 1586, 2 *vol. in-4. v. b.*

✠ 7592 Compendio d'utilissime osservationi nella lingua volgare, di Gio.-Andrea SALICI di Como, (cioè ortografia volgare,) aggiunta l'ortografia latina d'Aldo MANUCCIO. *Vineg.* Alt. Salicato, 1607, *in-8. vel.*

✠ 7593 Osservazioni sopra la lingua volgare, con la dichiarazione delle men note e piu importanti voci ; aggiungesi appresso un trattato dell'ortografia , o sia modo di distinguere le parti del periodo, & in fine la grammatica volgare, per sapere in tal favella parlare, e scrivere correttamente, opere postume del D. Pio ROSSI, da Piacenza, Generale della Congregazione de Monaci di S. Gieronimo in Italia. *Piacenza*, Gio Bazachi, 1677, *in-4. vél.*

✠ 7594 Delle osservazioni della lingua italiana, del

GRAMMAIRIENS. 29

Cinonio, Accademico Filergita, con l'aggiunta delle annotazioni del Aleſſandro Baldraccani. *Forli*, Gioſeffo Selva, 1685; *Ferrara*, Giuſeppe Gironi, 1644, 2 *vol. in-*8. *v. m.*

Dictionnaires purement italiens, & en différentes Langues.

7595 Vocabolario, grammatica, & ortographia de la lingua volgare d'Alberto Acharisio da Cento, con i ſpoſitioni di molti luoghi di Dante, del Petrarca, & del Boccaccio. *Cento*, in caſa de l'auttore, 1543, *in-*4. *v. f. d. ſ. tr.*

7596 Le Ricchezze della lingua volgare, di Franceſco Alunno, da Ferrara, ſopra il Boccaccio, novamente riſtampate, e con diligenza ricorrette & molto ampliate dallo iſteſſo autore, con le dechiarationi, regole & oſſervationi delle voci & dell' altre particelle, & con le annotationi della varietà de teſti antichi & moderni; & il tutto collocato ai luoghi loro ſecondo l'ordine dell' alphabeto: inſieme col Boccaccio, nel quale ſono ſegnate le carte co i numeri corriſpondenti all'opera per più commodità de ſtudioſi. *Vinegia*, Figliuoli di Aldo, 1551, *in-fol. v. f. d. ſ. t.*

2 Col. typis italicis, ſed nitidiſſimis.

7597 Le medeſime. *Vinegia*, Paulo Gherardo, 1557, *in-*4. *vél.*

7598 Della Fabrica del Mondo, di Franc. Alunno, da Ferrara, libri x, ne' quali ſi contengono le voci di Dante, del Petrarca, del Boccaccio, del Bembo, & d'altri buoni autori, mediante le quali ſcribendo ſi poſſono eſprimere con facilità & eloquenza tutti i concetti dell'huomo di qualumque coſa creata, di nuovo riſtampati, corretti & ampliati di più di 1500 vocaboli, coſi latini come volgari, tratti da diverſi buoni & approvati ſcrittori, con una dichiaratione di molte voci che mancavano nell' altre impressioni, aggiunta à beneficio de gli studiosi della lingua volgare, & con le particelle della medesima nostra lingua. *Venetia*, Jac. Sansovino il Giovane, 1570, *in-fol. vél.*

7599 Thesoro della lingua toscana, nel quale con auttorità dé più approvati scrittori copiosamente s'insegnano le più eleganti maniere di esprimer ogni concetto, & sono confrontate per lo più con le frasi latine, scielte da più dotti & puri auttori del signor Gio-Stefano da MONTEMERLO, Gentilhuomo di Tortona. *Venetia*, Giacomo-Ant. Somascho, 1594, *in-fol. vel.*

7600 Vocabolario degli ACCADEMICI DELLA CRUSCA, in questa terza impressione nuovamente corretto, e copiosamente accresciuto, *Firenze*, nella Stamperia dell' Accademia della Crusca, 1691, 3 *vol. in-fol. vel.*

Les pages de cette édit. sont entourées d'un double filet.

7601 Annotazioni sopra il *Vocabolario degli Accademici della Crusca*, opera postuma di Alessandro TASSONI Mondonese, riscontrata con molti testi à penna, aggiuntavi una lettera intorno à questa, ed altre opere del TASSONI. *Venegia*, Marino Rossetti, 1698, *in-fol. vel.*

7602 Annotazioni sopra il *Vocabolario degli Accademici della Crusca*, opera posthuma di Alessand. TASSONI, aggiuntavi una lettera intorno à questa, ed altre opere del Tassoni. *Venezia*, Marino Rossetti, 1698, *in-fol. bas.*

7603 Vocabolario portatile, per aggevolare la lettura de gli autori italiani, ed in specie di Dante. *Par.* Prault, 1768, *in-12. v. éc. d. s. t.*

7604 Prontuario di voci volgari & latine copiosissimo, per imparare con somma brevità & facilità à scriver latino, con la citatione succinta delle voci, & locutioni d'autori famosi, da quali sono tratte, opera nuovamente posta in luce da M. Oratio

GRAMMAIRIENS. 31

Toscanella. *Venetia*, Vincenzo Valgrifi, 1565, in-4. *v. m.*

7605 Dictionnaire italien, latin & françois, par l'Abbé Annibal Antonini. *Paris*, Prault, 1743. 2 vol. in-4. *v. m.*

7606 Le même. *Lyon*, Duplain, 1760, 2 *v.* in-4. *v. m.*

7607 Dictionnaire italien & françois, par Veneroni, revu par Charles Placardi. *Paris*, Defpilly, 1769, 2 vol. in-4. *v. m.*

7608 Nouveau Dictionnaire fr. ital. & it. fr. compofé fur les Dictionnaires de l'Académie de France & de la Crufca, enrichi de tous les termes propres des fciences & des arts, par M. l'Abbé François Alberti. *Marfeille*, Mofly, 1771—1772, 2 vol. in-4. *v. f. d. f. t.*

7609 L'Efprit des langues françoifes & italiennes, ou Dictionnaire abrégé de l'Académie de la Crufca. *Paris*, Coftard, 1775, in-8. *v. m.*

7610 Operetta nel quale fi contengono proverbii, fententie, detti & modi di ragionare, che oggi da tutto huomo nel commune parlar d'italia fi ufano. *in-8. v. f.*

7611 Proverbii di Meffer Antonio Comazano in facetie, di novo riftampati, con tre proverbii affiunti, e dui dialoghi novi in difputa, hyftoriati, e nuovamente corretti. *Vinetia*, Franc. Bindoni, & Mapheo Pafini comp. 1538, in-8. *fig. v. f. d. f. t.*

7612 Opera quale contiene le diece Tauole de proverbi, fententie, detti, & modi di parlare, che oggi di da tutt' uomo nel comun parlare d'italia fi ufano, molto utili & neceffarii à tutti quelli gentili fpiriti, che di copiofo, & ornatamente ragionare procaciano. *Turino*, Martino Craccoto, & foi compagni, 1535, in-8. (2 colon.) *fig. v. m.*

7613 Copia delle parole, fcritta per Giovanni Marinello, ove fi moftra una nuova arte di divenire il più copiofo, & eloquente dicitore nella lingua volgare, che peraventura alcun rhetore in altra infegnaffe giamai, & infieme di trovare infiniti luoghi topici, utili molto à fpeculare, difputare, orare, & à tutte altre maniere fimiglianti, con modi di fare difcrittioni; appreffo quefte cofe s'aggiugne un grandiffimo numero di voci dette finomine tolte dalla feconda parte di quefta opera, & perordine fcritta, con tutti gli epitheti cofi convenienti à nomi, come à verbi, & ad averbi, diftefamente pofti per formare parole. *Venetia*, Vincenzo Valgrifi, 1562, 2 *vol. in-*4. *v. f. d. f. t.*

7614 Il memoriale della lingua, del fignor Giacomo PERGAMINO, da Foffombrone, eftratto dalle fcritture de' migliori, e più nobili autori antichi, ridotto in ordine d'alfabeto, e divifo in due parti, opera, per la copia delle voci, dell'offervationi, & de' documenti, ch'in effa fi contengono, neceffaria non folo à fegretarii, à profatori, & à poeti, ma à ciafcuno che defideri di fcriver regolatamente, & oltre à ciò, utiliffima à gli ftranieri, per poter apprender con facilità, e con regola, la purità della favella italiana. *Venetia*, Gio-Batta Ciotti Senefe, 1602, 2 *part.* 1 *vol. in-fol. vel.*

LANGUE FRANÇOISE.

De fon Origine & de fon Excellence, & Comparaifon de cette Langue avec les autres.

7615 Recueil de l'origine de la langue & poéfie françoifes, ryme & romans; plus, les noms & fommaires des œuvres de CXXVII Poëtes François, vivans avant 1300, par Cl. FAUCHET. *Par.* Patiffon, 1581, *in-*4. *v. m.*

7616 Deffenfe & illuftration de la langue françoife, avec l'Olive, & quelques autres poéfies, par I. D. B. A., (Joachim DU BELLAY). *Paris,* l'Angelier, 1549, *in-*8. *v. f.*

7617 Défenfe de la langue françoife, pour l'infcription de l'arc de Triomphe, par François CHARPENTIER. *Paris,* Barbin, 1676, *in-*12. *v. f. d. f. t.*

7618

GRAMMAIRIENS. 33

7618 De l'excellence de la langue françoise, par le même. *Par.* veuve Billaine, 1683, 2 *v. in*-12. *v. f.*

7619 Joachimi PERIONII, dialogi de linguæ gallicæ origine, ejusque cum græcâ cognatione. *Par.* Nivelle, 1555, *in*-8. *v. f. d. f. t.*

7620 Traité de la conformité du langage françois avec le grec, avec une préface remontrant quelque partie du désordre & abus qui se commet aujourd'hui en l'usage de la langue françoise, dans lequel sont descouverts quelques secrets tant de la langue grecque que de la françoise, par Henry ESTIENNE. *Paris,* Dupuis, 1569, *in*-8. *v. f.*

Grammaires purement françoises, & en différentes Langues.

7621 Grammaire générale & raisonnée, (par Ant. ARNAULD & autres, de Port-Royal,) avec des remarques, (par Charles DUCLOS,) & des réflexions sur les fondemens de l'art de parler, par l'Abbé FROMANT. *Paris,* 1768, 2 vol. *in*-12. *v. f.*

7622 Grammaire générale, par M. BEAUZÉE. *Paris,* Barbou, 1767, 2 *vol. in*-8. *v. m.*

7623 Traité de la Grammaire françoise. *Paris,* R. Estienne, 1569, *in*-8. *v. f. d. f. t.*

7624 Grammaire françoise sur un nouveau plan, ou Traité philosophique & pratique de poésie, par le Pere BUFFIER. *Par.* le Clerc, 1728, *in*-12. *v. f. d. f. t.*

7625 Suite de la même. *Paris,* le Clerc, 1728, *in*-12. *v. br.*

7626 Principes généraux & raisonnés de la Grammaire françoise, avec des observations sur l'orthographe, les accents, la ponctuation & la prononciation, & un abrégé des regles de la versification françoise, par RESTAUT, nouvelle édition, corrigée & augmentée. *Paris,* le Gras, 1732, *in*-12. *v. m.*

7627 Les mêmes. *Par.* Lottin jeune. 1767, *in*-12. *v. m.*

Tome III. C

BELLES-LETTRES.

7628 Les mêmes, onzieme édition, corrigée très-exactement, & augmentée de la vie de l'Auteur. Paris, Lottin le jeune, 1774, in-12. v. f. d. s. t.

7629 Abrégé des mêmes, cinquieme édition, revue & augmentée par l'Auteur. Paris, J. H. Butard, 1760, in-12. v. m.

7630 Le même, nouvelle édition, beaucoup plus correcte que les précédentes. Paris, Lottin, 1768, in-12. v. f. d. s. t.

Double à vendre.

7631 Les vrais principes de la langue françoise, par l'Abbé GIRARD. Paris, le Breton, 1747, 2 vol. in-12. v. f.

7632 Grammaire françoise philosophique, ou Traité complet sur la physique, sur la métaphysique, & sur la rhétorique du langage, par M. D'AÇARQ. Paris, Moreau, 1760 & 1761, 2 parties, 1 vol. in-12. v. m.

7633 Principes généraux & particuliers de la langue françoise, confirmés par des exemples tirés des bons Auteurs, avec les moyens de simplifier notre ortographe, des remarques sur les lettres, la prononciation, la prosodie, les accents, la ponctuation, l'ortographe, & un abrégé de la versification françoise, par M. DE WAILLY, septieme édition, revue & considérablement augmentée. Paris, J. Barbou, 1773, in-12. v. f.

7634 Grammaire des Dames, où l'on trouvera des principes sûrs & faciles pour apprendre à ortographier correctement la langue françoise, avec les moyens de connoître les expressions provinciales, de les éviter, & de prévenir, chez les jeunes Demoiselles, l'habitude d'une prononciation vicieuse, par M. DE P***. Paris, Lottin l'aîné, 1777, in-8. v. m.

7635 Grammaire françoise simplifiée, ou Traité d'ortographe, avec des notes sur la prononciation & la syntaxe, des observations critiques, & un nouvel

GRAMMAIRIENS.

essai de prosodie, par M. DOMERGUE. *Lyon*, chez l'Auteur, 1778, *in-12. v. m.*

7636 Institutio linguæ gallicæ, præceptis brevissimis suoque ordini restitutis comprehensa, à Franc. DE FENNE. *Lugd.-Batavorum*, Boutesteyn, 1686, *in-12. v. f. d. f. t.*

7637 Grammaire triglotte, *ou* nouvelle méthode pour faciliter l'intelligence des lang. fr. lat. & allem. contenant des regles claires & faciles pour bien décliner & conjuguer dans les trois langues, avec des remarques sur la syntaxe, propres à lever les difficultés qui ont coutume d'arrêter les commençans. On y a joint des dialogues sur différens sujets, en françois, en latin & en allemand, avec la lettre d'un pere à son fils en l'envoyant à l'Université, écrite en allemand par M. GELLERT, & traduite en françois par M. HUBER. *Mayence*, Jean-Benjamin Waillandt, 1777, *in-8. v. m.*

Traités sur différentes parties grammaticales de la Langue françoise.

7638 Nouveau syllabaire ingénieux, composé des Fables d'Ésope, tirées du labyrinthe de Versailles, auxquelles on a joint le sens moral, avec figures en bois, par Louis LACROIX, *Paris*, Lottin, 1754, *in-8. v. f. d. f. t.*

7639 Les vrais principes de la lecture, de l'orthographe & de la prononciation françoises, de feu M. VIARD, revus & augmentés par M. LUNEAU DE BOISJERMAIN. *Paris*, Delalain, 1773, *2 parties 1 vol. in-8. v. f. d. f. tr.*

7640 Les mêmes, augmentés. *Paris*, Durand, 1778, *3 part. 1 vol. in-8. v. m.*

7641 Syllabaire prosodique, *ou* la vraie prononciation françoise, réduite en principes courts, & à la portée des enfans, pour leur apprendre facilement à lire, à bien prononcer & à bien orthographier en peu de tems. *Bouillon*, Soc. Typ. 1777, *in-12. v. m.*

BELLES-LETTRES.

7642 Traité de la profodie françoife, par l'Abbé D'OLIVET. Paris, Barbou, 1767, in-12. v. m.

7643 Traité de la prononciation de la langue françoife, ou effai d'obfervations fur les vices de modulation reprochés fi fouvent aux Provinces gafconnes, avec des remarques fur les nouveaux changemens que l'ufage général de la Cour & de Paris a faits en ce fiecle aux regles de nos Grammairiens; auquel on a joint une confulte grammaticale fur la nature de l'accent profodique, avec la réponfe de M. de Voltaire, par M. L***. Bordeaux, Jean Chappuis, 1768, in-12. v. m.

7644 Récréations litterales & myftérieufes, où font curieufement eftalez les principes & l'importance de la nouvelle orthographe, par Ant. DOBERT. Lyon, de Maffo, 1650, in-8. v. éc.

7645 Principes généraux & raifonnés de l'orthographe franç. avec des remarques fur la prononciation, par DOUCHET. Paris, veuve Robinot, 1762, in-8. v. m.

7646 Synonimes françois, leurs fignifications, & le choix qu'il en faut faire pour parler avec juftefle, par l'Abbé GIRARD. Paris, veuve d'Houry, 1740, in-12. v. f.

7647 Dictionnaire des fynonimes françois, (par le P. DE LIVOY, Barnabite.) Paris, Saillant, 1767, in-8. v. m.

7648 Dictionnaire des mots homonymes de la langue françoife, c'eft-à-dire dont la prononciation eft la même, & la fignification différente, avec la quantité fur les principales fyllabes de chaque mot, pour marquer la durée de leur prononciation, prouvée par des exemples agréables, tirée des Auteurs & des Poëtes latins & françois, tant anciens que modernes, par M. HURTAUT, Maître de Penfion de l'Univerfité de Paris. Paris, Phil. D. Langlois, 1775, in-12. v. m.

7649 Les épithetes de DE LA PORTE. Paris, Buon, 1571, in-8. v. f. d. f. t.

GRAMMAIRIENS.

7650 Les épithetes françoises, rangées sous leurs substantifs, par le R. P. Daire, Célestin. *Lyon*, Pierre Bruyset-Ponthus, 1759, *in-8. v. m.*

7651 Recherches sur le style, par le Marquis Beccaria. *Paris*, Molini, 1771, *in-8. v. f.*

7652 Principes de style, *ou* observations sur l'art d'écrire, recueillies des meilleurs Auteurs. *Paris*, les Freres Estienne, 1779, *in-12. v. m.*

7653 Origines de quelques coutumes anciennes & de plusieurs façons de parler triviales, par De Brieux. *Caen*, Cavelier, 1672, *in-12. v. f. d. s. t.*

7654 Le livre jaune, contenant quelques conversations sur les logomachies, c'est-à-dire, sur les disputes de mots, double entente, faux sens, &c. des termes que l'on employe dans les discours & dans les écrits. *Bâle*, 1748, *in-8. v. m.*

7655 Dictionnaire néologique, (par l'Abbé Des Fontaines.) *Amsterd.* le Cene, 1728, *in-12. v. f.*

CONTENANT

Eloge historique de Pantalon Phœbus. — Relation de ce qui s'est passé au sujet de la reception de Christ. Mathanasius à l'Acad. Franç. — Pantalo Phébeana, *ou* mém. observ. & anecd. au sujet de Pantalon Phébus. — Lettres d'un Rat calotin, à Citron Barbet, au sujet de l'histoire des Chats, par M. de Moncrif.

7656 Dictionnaire des Richesses de la langue françoise, & du néologisme qui s'y est introduit. *Paris*, Saugrain, 1770, *in-8. v. m.*

Observations diverses & remarques sur la Langue françoise, & Dictionnaires étymologiques, & du vieux langage.

7657 Remarques sur la langue françoise, par De Vaugelas. *Paris*, Courbé, 1647, *in-4. v. f.*

7658 Les mêmes. *Paris*, 1678, *in-12. v. br.*

7659 Les mêmes, avec des notes de Patru & Thom. Corneille. *Paris*, Didot, 1738, 3 *v. in-12. v. f.*

7660 Observations de Menage sur la langue franç. *Paris*, Barbin, 1672 & 1676, 2 *vol. in-12. v. f.*

BELLES-LETTRES.

7661 Remarques nouvelles sur la langue françoise, par B. J. (BOUHOURS.) *Paris*, Cramoisy, 1675, *in*-4. *v. f. d. f. t.*

7662 Entretiens sur la langue françoise, par DE TEMPLERY. *Paris*, Jouvenel, 1697, *in*-12. *v. br.*

7663 Dictionnaire étymologique de la langue françoise, par Gilles MENAGE, revu & augmenté par A. F. JAULT. *Paris*, Briasson, 1750, 2 *v. in-f. v. br.*

7664 Dictionnaire du vieux langage françois, par LACOMBE. *Paris*, Panckoucke, 1766 & 1767, 2 vol. *in*-8. *v. m.*

7665 Dictionnaire de la langue romane, ou du vieux langage françois, par le même, *Paris*, Saillant, 1768, *in*-8. *v. m.*

7666 Dictionnaire roman, walon, celtique & tudesque, pour servir à l'intelligence des anciennes loix & contrats, des chartes, rescripts, titres, actes, diplomes & autres monumens, tant ecclésiastiques que civils & historiques, écrits en langue romance ou langue françoise ancienne, par un Religieux Bénédictin de la Congrég. de S. Vannes. *Bouillon*, Soc. Typ. 1777, *in*-4. *v. m.*

Dictionnaires seulement françois.

7667 Thrésor de la langue françoise, tant ancienne que moderne, par Jean NICOT. *Paris*, Douceur, 1606, *in-fol. v. f.*

7668 Dictionnaire de l'ACADÉMIE FRANÇOISE. Par. Coignard, 1740, 2 *vol. in-fol. v. m.*

7669 Le même. *Paris*, Brunet, 1762, 2 *v. in-f. v. m.*

7670 Nouveau Dictionnaire françois, par P. RICHELET. *Cologne*, (Lyon) 1694, 2 *tom.* 1 *v. in*-4. *v. f.*

7671 Dictionnaire portatif de la langue françoise, extrait du grand Dictionnaire de Pierre RICHELET, contenant tous les mots usités, leur genre & leur définition, avec les différentes acceptions dans lesquelles ils sont employés au sens propre & au figuré; nouvelle édition, entièrement refondue &

GRAMMAIRIENS.

considérablement augmentée par M. DE WAILLY. Lyon, Jean-Marie Bruyset, pére & fils, 1775, 2 vol. in-8. v. m.

7672 Manuel lexique, ou Dictionnaire portatif des mots françois, dont la signification n'est pas familiere à tout le monde, (par l'Abbé PRÉVÔT.) Paris, Didot, 1755, 2 vol. in-8. v. m.

7673 Deux lettres de M. MIDY, à M. Panckoucke, sur le grand Vocabulaire françois. Amsterd. (Rouen) 1767 & 1768, in-8. v. m.

7674 Dictionnaire grammatical de la langue franç. par M. FERAND. Par. Vincent, 1768, 2 v. in-8. v. m.

7675 Dictionnaire de l'élocution franç. par DEMANDRE. Paris, Lacombe, 1769, 2 vol. in-8. v. m.

7676 Le même, sous le titre de Dictionnaire portatif des regles de la langue françoise. Paris, Costard, 1770, 2 vol. in-8. v. f.

Dictionnaires des Rimes, des Arts & burlesques.

7677 Le Dictionnaire des rimes françoises, avec deux traités, l'un des conjugaisons franç. l'autre de l'ortographe franç.; plus un amas d'épithetes recueilli des Œuvres de Guill. de Salluste, Seign. DU BARTAS. (Geneve) Vignon, 1596, in-8. cart.

7678 Le même. Geneve, Berjon, 1624, in-8. cart.

7679 Nouveau Dictionnaire de rimes, par P. RICHELET. Paris, Billaine, 1667, in-12. v. f. d. s. t.

7680 Le même. Paris, Delaulne, 1692, in-12. v. br.

7681 Le même, revu & augm. par BERTHELIN. Paris, Poirion, 1751, 1 tom. 2 vol. in-8. v. m.

7682 Dictionnaire des Arts & Sciences, par M. D. C. (Thom. CORNEILLE) de l'Académie Françoise, Paris, Jean-Bapt. Coignard, 1694, 2 tom. 1 vol. in-fol. gr. pap. v. f.

7683 Curiosités françoises pour supplém. aux Dictionnaires, ou Recueil de plusieurs belles propriétés, avec une infinité de proverbes & quolibets, pour l'explication de toutes sortes de livres, par Antoine

BELLES-LETTRES.

OUDIN. *Paris, de Sommaville, 1640, in-8. v. f. d. s. t.*

7684 Le grand Dictionnaire des Prétieuses, *ou la* clef de la langue des Ruelles, par Ant. BAUDEAU, Sieur DE SOMAIZE. *Paris*, Loyson, 1660. = Les véritables Prétieuses, Comédie. *Par.* Ribou, 1660. = Les Prétieuses Ridicules, Comédie en vers, par SOMAIZE. *Paris*, Ribou, 1660. = Le procès des Prétieuses, en vers burlesques, Comédie, par le même. *Paris*, Loyson, 1660, *in-12. v. f.*

7685 Le jargon, *ou* langage de l'argot, reformé comme il est à présent en usage parmi les bons pauvres, tiré & recueilli des plus fameux Argotiers de ce tems, composé par un Pilliere de Boutanche, qui maquille et molanche en la vergne de Tours, augmenté dans le Dictionnaire des mots les plus substantifs de l'argot, (par Olivier MEREAU.) *Troyes*, veuve Jacq. Oudot, *in-12. v. f.*

7686 Dictionnaire des proverbes françois & des façons de parler comiques, burlesques & familieres, &c. avec l'explication & les étymologies les plus avérées, P. J. P. D. L. N. D. L. E. F., (par Joseph PANCKOUCKE, de Lille, natif de Lille en Flandre.) *Paris*, Savoye, 1749, *in-8. v. m.*

7687 Le même, *Paris*, Savoye, 1758, *in-8. baz.*

7688 Le porte-feuille du R. F. GILLET, ci-devant soi-disant Jésuite, *ou* petit Dictionnaire dans lequel on n'a mis que des choses essentielles, pour servir de supplément aux gros Diction. qui renferment tant d'inutilités. *Madrid*, (*Paris*) 1767, *in-12. baz.*

7689 Le même, seconde édition, considérablement augmentée, dans laquelle on a ajouté l'entrée triomphante du P. G. aux Enfers, suivie de son retour sur la terre. *Madrid*, (*Par.*) 1769, *in-12. v. m.*

Dictionnaires françois-latins.

7690 Dictionnaire françois-latin, auquel les mots françois, avec les manieres d'user d'iceulx, sont tournez en latin, corrigé & augmenté par Jehan

GRAMMAIRIENS.

THIERRY : plus, un traicté d'aulcuns mots appartenants à la Vénérie, pris du second livre de la Philologie de BUDE ; aussi y a aucuns mots & manieres de parler appartenans à la fauconnerie ou volerie, *Paris*, Jeh. Macé, 1564, *in-fol. v. f.*

7691 Essais d'un Dictionnaire universel, contenant généralement tous les mots françois, tant vieux que modernes, & les termes de toutes les sciences & des arts, recueillis par Ant. FURETIERE, *Amsterd.* des Bordes, 1685, *in-12. v. f.*

7692 Dictionnaire universel, par le même, augmenté par BASNAGE DE BEAUVAL. *La Haye*, Leers, 1701, 3 *vol. in-fol. v. f.*

7693 Remarques critiques sur le *Dictionnaire universel*, publié par Basnage de Beauval, & Huet, Ministre réformé ; & réponse aux *Réflexions de le Clerc*, par les Auteurs du Journal de Trévoux. *Paris*, Boudot, 1702, *in-12. v. f. d. s. t.*

7694 Le même Diction. universel, franç. & latin, contenant la signification & la définition tant des mots de l'une & de l'autre langue, avec leurs différens usages, que des termes propres de chaque état & de chaque profession, avec des remarques d'érudition & de critique (par les Jésuites), connu vulgairement sous le nom de Trévoux. *Paris*, veuve Gandouin , 1752, 7 *vol. in-fol. v. m.*

7695 Dictionnaire franç. & latin, par Pierre DANET. *Paris*, veuve Thiboust, 1700, *in-4. v. f.*

7696 Dictionnaire universel, françois-latin, tiré des meilleurs Auteurs, par le P. LE BRUN. *Paris*, Barbou, 1770, *in-4. v. f.*

7697 Dictionnaire universel, franç. latin, par M. M. LALLEMANT. *Paris*, Barbou, 1768, *in-8. v. m.*

7698 Miroir de l'art & de la nature, en franç. latin & allemand, qui représente par des planches presque tous les Ouvrages de l'art & de la nature, des sciences & des métiers, par Janius DE FRANCQUEVILLE. *Paris*, 1691, *in-8. fig. v. m.*

BELLES-LETTRES.

Recueil d'Ecrits concernant les démélés entre Furetiere & l'Académie Françoise.

7699 Trois factums pour Antoine FURETIERE, contre quelques-uns de l'Académie Franç. *Amsterd. des Bordes*, 1685 *& suiv.* = Plan & dessein du Poëme allégorique & tragico-burlesque, intitulé: *les Couches de l'Académie*, par le même. *Amsterd. Brunel*, 1687, *in-12. v. br.*

7700 Troisieme factum pour Antoine FURETIERE. = Les Couches de l'Académie, ou Poëme allégorique & burlesque. = Les preuves par écrit des faits contenus au procès de Furetiere & de l'Acad. Franç. *Amsterd. (Paris)* 1688, *in-12. v. f.*

7701 Recueil des pieces du Sieur Furetiere & de MM. de l'Académie Franç. *Paris*, 1686, *in-12. v. f.*

7702 Apothéose du Dictionnaire de l'Académie & son expulsion de la Région céleste; ouvrage contenant cinquante remarques critiques sur ce Dictionnaire, auxquelles on en a joint cinquante autres sur divers célebres Auteurs, (attribuées à RICHELET.) *La Haye, Leers*; 1696, *in-12. v. f. d. f. t.*

7703 Réponse à une critique satyrique intitulée : *Apothéose du Dictionn. de l'Acad.* par M. MALLEMANT DE MESSANGE. *Paris, Ballard, in-12. v. f. d. f. t.*

7704 L'enterrement du Dictionnaire de l'Académie, ou réfutation de la *Réponse du Sieur Mallemant de Méssange*; & deux cens quinze remarques critiques, tant sur l'épître & la préface, que sur les trois premieres lettres du Dictionnaire, A, B, C. *Paris*, 1697, *in-12. v. f. d. f. t.*

7705 Discours sur le sujet des conférences futures de l'Académie Franç., (concernant son Dictionnaire) *sans frontispice*, *in-4. cart.*

Dictionnaires & Traités de différens Patois françois.

7706 Mémoire sur la langue celtique, contenant, 1°. l'histoire de cette langue; 2°. une description

GRAMMAIRIENS.

étymologique des villes, rivieres, montagnes, forêts, curiosités naturelles des Gaules, de la meilleure partie de l'Espagne & de l'Italie, de la Grande-Bretagne, dont les Gaulois ont été les premiers habitans; 3°. un Dictionnaire celtique, par M. BULLET, Professeur Royal de l'Université de Besançon. *Besançon*, Cl. Jos. Daclin, 1754 & 1770, 3 vol. in-fol. v. m.

7707 Dictionn. françois-celtique, *ou françois-breton*, par le P. F. Grégoire DE ROSTRENEN, Capucin, *Rennes*, Jul. Vatar, 1732, *in-4. v. f. d. s. t.*

7708 Dictionnaire de la langue bretonne, avec l'explication de plusieurs passages de l'Ecriture Sainte, & des Auteurs profanes, avec l'étymologie de plusieurs mots des autres langues, par D. L. LE PELLETIER, Bénédictin. *Paris*, Fr. Delaguette, 1752, *in-f. v. m.*

7709 Dictionnaire françois-breton ou françois-celtique, enrichi de thêmes, par M. L'A***. *Paris*, Babuty fils, 1756, *in-8. v. m.*

7710 Dictionnaire languedocien-françois, *ou choix des mots languedociens les plus difficiles à rendre en françois, contenant un recueil des principales fautes que commettent dans la diction & dans la prononciation françoise les habitans des provinces méridionales du Royaume, connus à Paris sous le nom de gascons, avec un petit traité de prononciation & de prosodie languedocienne*, par M. l'Abbé de S***. *Nismes*, Mich. Gaude, 1756, *in-8. v. m.*

7711 Essai sur le patois lorrain des environs du comté du Ban-de-la-Roche, fief royal d'Alsace, par le sieur OBERLIN. *Strasbourg*, Jean-Fred. Stein, 1775, *in-8. v. m.*

LANGUE ESPAGNOLE.

Différens Traités, Grammaires & Dictionnaires.

7712 Del origen, y principio della lingua castellana ò romance que oi se usa en Espana, por

BELLES-LETTRES.

Bern. ALDRETE. *Roma*, Carlo Wlhetto, 1606, *in*-4. *v. f. d. f. t.*

7712 * Grammaire nouvelle, espagnole & françoise, par François SOBRINO, nouvelle édition, revue & corrigée par une personne fort versée dans les deux langues. *Lyon*, Pierre Bruyset-Ponthus, 1772, *in*-12. *v. m.*

7713 Ortographia de la lengua castellana. *Madrid*, Ramirez, 1754, *in*-8. *v. éc.*

7714 Dictionnaire nouveau des langues françoise & espagnole, par François SOBRINO. *Bruxelles*, Foppens, 1705, 2 *tom.* 1 *vol. in*-4. *v. b.*

7715 Diccionario trilingue del castellano, bascuence, y latin, por el Padre-Manuel DE LARRAMENDI, de la Comp. de Jesus. *San-Sebastian*, Bartholomè Riesgo y Montero, 1745, 2 *vol. in-fol. v. f. d. f. t.*

LANGUE ALLEMANDE.

Grammaires & Dictionnaires.

7716 Novæ grammaticæ ungaricæ succinta methodo comprehensæ, & perspicuis exemplis illustratæ, libri duo, autore Alberto MOLNAR Szenciensi. *Hanoviæ*, Thomas Villerianus, 1610, *in*-8. *cart.*

7717 Le parfait guidon de la langue allemande, par Mat. CRAMER. *Nuremberg*, Endter, 1687, *in*-8. *v. f.*

7718 L'art de parler allemand, par C. LEOPOLDS, seconde édition, revue & corrigée. *Vienne*, J. P. Kraus, 1745, 2 *tom.* 1 *vol. in*-8. *v. m.*

7719 Le Maître allemand, *ou* nouvelle grammaire allemande, méthodique & raisonnée, formée sur le modele des meilleurs Auteurs de nos jours; & principalement sur celui du Professeur. GOTTSCHED. *Strasbourg*, Amand Konig, 1753, *in*-8. *v. m.*

7720 Christiani-Gottlob HALTAUS, Glossarium germanicum medii ævi. *Lipsiæ*, Gleditschius, 1758, 2 *vol. in-fol. v. f. d. f. t.*

7721 Dictionnaire françois-allemand-latin, par Na-

GRAMMAIRIENS.

thanael DUEZ. *Amsterdam*, Elzevir, 1664, 2 *vol. in*-4. *v. f.*

7722 Nouveau Dictionnaire allem.-fr. & fr.-allem. à l'usage des deux nations, nouv. éd. considérablement corrigée & augmentée. *Strasbourg*, Amand Konig, 1774, 2 *vol. in*-4. *v. f. d. f. t.*

LANGUE FLAMANDE.

Dictionnaires.

7723 Dictionnaire portatif françois-hollandois. *Amst.* van Eyl, 1760, *in*-8. *v. f.*

7724 Dictionnaire portatif flamand & françois, par Pierre MARIN. *Amst.* van Eyl, 1761, *in*-8. *v. f.*

LANGUE ANGLOISE.

Grammaires & Dictionnaires.

7725 An Analysis of the french orthography: or the true principles of the french pronunciation, exhibited in several easy and comprehensive schemes and tables, the brachygraphy of the french verbs, by the Chevalier DE SAUSEUIL. *London*, Edward and Ch. Dilly, 1772, 2 *vol. in*-4. *v. f.*

7726 Elémens de la langue angloise, *ou* Méthode pratique pour apprendre facilement cette langue, par M. SIRET. *Par.* Ruault, 1773, *in*-8. *v. f. d. f. t.*

7727 Méthode aisée pour prononcer & parler correctement la langue angloise, sans le secours d'aucun maître, par J. A. DUMAY. *Paris*, Mérigot l'aîné, 1774, *in*-8. *v. f. d. f. t.*

7728 Les Elémens de la langue angloise & françoise, développés, en forme de dialogues, où la prononciation est enseignée, & où la juste mesure de chaque syllabe est déterminée, nouvelle édition, revue, corrigée, & enrichie de plusieurs nouvelles regles & remarques, *Paris*, Pissot, 1779, *in*-12. *v. m.*

7729 Dictionnaire des particules angloises, précédé d'une grammaire raisonnée, ouvrage dans lequel toutes les difficultés de la langue sont applanies, & où l'on trouvera tous les moyens de l'entendre & de l'écrire en peu de tems, le tout rapporté à l'usage, par M. L. F. *Paris*, Piffot, 1774, *in-8. v. f. d. f. t.*

☩ 7730 Etymologicon linguæ anglicanæ, auctore Steph. SKINNER. *Londini*, Roycroft, 1671, *in-fol. v. f.*

☩ 7731 Dictionnaire royal, anglois & françois, & françois & anglois, par A. BOYER. *Londres*, Brotherton, 1752, 2 vol. *in-4. v. m.*

☩ 7732 Le même, en abrégé, avec des accents pour faciliter aux étrangers la prononciation de la langue angloise, douzieme édition, soigneusement corrigée, & enrichie de nouvelles augmentations. *Lyon*, J. M. Bruyfet, 1768, 2 vol. *in-8. v. m.*

☩ 7733 Nouveau Dictionnaire françois-anglois & anglois-françois, contenant la signification des mots, avec leurs différens usages, les constructions, idiômes, façons de parler particulieres, & les proverbes usités dans l'une & l'autre langue; les termes les plus ordinaires des sciences, arts & métiers, le tout recueilli des meilleurs Auteurs Anglois & François, par Louis CHAMBAUD, corrigé & considérablement augmenté par J. B. ROBINET. *Amst.*, Arkftée & Merkus, 1776, 2 vol. *in-4. v. m.*

LANGUE ISLANDOISE OU GOTHIQUE-RUNIQUE, CHINOISE, MALAÏQUE, CARAÏBE, ET DE PALMYRE.

☩ 7734 Gloffarium fuiogothicum, in quo tam hodierno ufu frequentata vocabula, quàm in legum patriarum tabulis aliifque medii ævi fcriptis obvia explicantur, & ex dialectis cognatis moefo-gothica, anglo-faxonica, alemannica, iflandica, cæterifque gothicæ & celticæ originis illuftrantur, auctore J. JHRE. *Upfaliæ*, typis Edmannianis, 1769, 2 vol. *in-fol. v. f. d. f. t.*

N. B. Il y a du papier blanc entre chaque feuillet.

GRAMMAIRIENS.

7735 Meditationes finicæ, in quibus : 1°. confideratur linguæ philofophicæ atque univerfalis natura qualis effe, aut debeat, aut poffit; 2°. lingua Sinarum mandarinica, tum in hieroglyphis, tum in monofyllabis fuis, ea mente inventa ac talis effe oftenditur; 3°. datur eorumdem hieroglyphorum, ac monofyllaborum, atque inde, characterum linguæ finicæ omnium, quamvis innumerabilium & lectio, & intellectio, feu ars legendi & intelligendi tota, qualis Pekimi ab ipfis doctoribus Sinis traditur; 4°. idque omne progreffu à libris merè europæis, (de Sinâ tamen) ad libros merè finicos, facto..... authore Stephano FOURMONT, in Regio Francorum Collegio Arabicæ Linguæ Profeffore Regio. *Lutetiæ Parifiorum*, Mufier le pere, 1737, *in-f. v. f.*

7736 Linguæ Sinarum mandarinicæ hieroglyphicæ grammatica duplex, latinè, & cum characteribus Sinenfium; item, finicorum Regiæ Bibliothecæ librorum catalogus, denuò, cum notitiis amplioribus & charactere finico, editus ab eodem, &c. *Lutetiæ Parifiorum*, H. L. Guerin, &c. 1742, *in-fol. v. f.*

7737 Lettre de Pekin, fur le génie de la langue chinoife, & la nature de leur écriture fymbolique, comparée avec celle des anciens Egyptiens, en réponfe à celle de la Société Royale des Sciences de Londres fur le même fujet : on y a joint l'extrait de deux ouvrages nouveaux de M. de Guignes, de l'Académie des Infcriptions & Belles-Lettres de Paris, relatifs aux mêmes matieres; & lettres fur les caracteres chinois, par un Pere de la Compag. de Jefus, Miffionnaire à Pekin, (M. AMIOT.) *Bruxell*. J. L. Boubers, 1773, *in-4. fig. v. f. d. f. t.*

7738 Dictionarium malaïco-latinum & latino-malaïcum, operâ & ftudio Davidis HAEX. *Romæ*, typis Sac. Cong. de propag. fide, 1631, *in-4. v. f. d. f. t.*

7739 Dictionnaire caraïbe-françois, compofé par le R. P. RAYMOND, Breton. *Auxerre*, Bouquet, 1665, *in-8. v. f.*

7739 * Réflexions sur l'alphabet & sur la langue dont on se servoit autrefois à Palmyre, par M. l'Abbé Barthelemy. *Paris*, H. L. Guerin & L. F. de la Tour, 1754, *in-4. v. m.*

RHÉTEURS ET ORATEURS GRECS.

Rhéteurs.

7739 ** Tradott. antica de la rettorica d'Aristotile, nuovamente trovata. *Padoua*, Giacomo Fabriano, (1548.) *in-8. vél.*

7740 Rettorica & poetica d'Aristotile, tradotte di greco in lingua vulgare fiorentina, da Bern. Segni. *Firenze*, Lorenzo Torrentino, 1549, *in-4. vél.*

7741 Rettorica d'Aristotile, fatta in lingua toscana dal Commendatore Annibal Caro. *Venetia*, al segno della Salamandra, 1570, *in-4. vél.*

7742 I tre libri della retorica d'Aristotele, tradorti in lingua volgare, da M. Alessandro Piccolomini. *Venetia*, Francesco de' Franceschi Sanese, 1571, *in-4. v. f.*

7743 Copiosissima parafrase, di Alessandro Piccolomini, nel primo (e secondo) libro della retorica d'Aristotele. *Venetia*, per Giovanni Varisco, 1565, e Gio Franc. Camotio, 1569, 2 *v. in-4. vél.*

7744 Piena & larga parafrase, di M. Alessandro Piccolomini, nel terzo libro della retorica d'Aristotelle. *Venetia*, Giouanni Varisco & Compagni, 1572, *in-4. vél.*

7745 Introdutione di Jason de Nores, ridotta poi in alcune tavole sopra i tre libri della rhetorica di Aristotile. *Venetia*, Paolo Megietti, 1578, *in-4. vél.*

7746 Petri Victorii commentarii in tres libros Aristotelis, de arte dicendi. *Florentiæ*, Junctæ, 1579, *in-fol. mar. verd.*

7747 Demetrio Falereo della locuzione, volgatizzato da Pier. Segni, Accademico della Crusca detto l'Agghiacciato, con postille al testo, ed esempli toscani,

RHÉTEURS ET ORATEURS.

Toscani, conformati à greci. *Firenze*, Cosimo Giunti, 1603, *in-4. vel.*

7748 Il medesimo, tradotto dal greco in toscano da Marcello ADRIANI, dato la prima volta alla luce. *Firenze*, Gaetano Albizzini, 1738, *in-8. baf.*

7749 Le idee, overo forme della oratione da HER-MOGENE, considerate & ridotte in questa lingua per Giulio Camillo DELMINIO, Friueano, à queste s'aggiunge l'artificio della bucolica di VIRGILIO spiegato dal detto Giulio Camillo, opere novamente mandate in luce da Gio Domenico SALOMONI. *Udine*, Gio. Battista Natolini, 1594, *in 4. vel.*

7750 APHTHONII Sophistæ, progymnasmata partim à Rod. AGRICOLA, partim à Joh. Maria CATANÆO, latinitate donata, cum scholiis R. LORICHII. *Amst. Elzevir*, 1642, *in-12. v. m.*

7751 Eadem. *Amsterod.* Ludovicus Elzevir, 1665, *in-12. v. f. d. f. t.*

7752 Rhetores selecti, videlicet, DEMETRIUS Phalereus, de elocutione; TIBERIUS, Rhetor, de schematibus Demosthenis; Anonymus Sophista, de Rhetorica; SEVERI Alexandrini ethopœiæ, græcè & latinè; Demetrium emendavit, reliquos è manuscriptis edidit & latinè vertit, omnes notis illustravit Thomas GALE. *Oxonii*, è Theatro Sheld. 1676, *in-8. v. f. d. f. t.*

7753 Sommarii di varie Retoriche, greche, latine & volgari (d'ARISTOTILE, CICERONE, DELMINIO, QUINTILIANO, HERMOGENE, DEMETRIO Falereo) distintamente ordinati in uno, da Gabriele ZINANO. *Reggio*, Hercol. Bartholi, 1590, *in-8. v.m.*

Orateurs Grecs.

7754 ISOCRATIS orationes & epistolæ, (græcè) cum latina interpretatione Hieronimi WOLFII, ab ipso postremùm recognita, editio postrema, mendis quibus priores scatebant repurgata, factâ diligenti cum variis tum græcis tum latinis exemplaribus

Tome III. D

collatione. *Genevæ*, Samuel Chouët, 1651, 1 tom. 2 *vol. in-8. cart.*

7755 Panegyrica oratio, Helenæ laudatio & Busiridis item laudatio, tres ex orationibus Isocratis selectissimæ, (græcè) cum latina interpretatione Hieronymi Wolfii, quibus accessit nunc primum difficultatum de partibus orationis græcæ, de syntaxi, & de accentibus explanatio. *Lutetiæ-Paris.* Franc. Pelicanus, 1633, *in-8. cart.*

7756 Tutte le orazioni d'Isocrate, trad. in lingua italiana da P. Carrario. *Venetia*, Mic. Tramezzino, 1555, *in-8. vél.*

7757 Oratione d'Isocrate à Demonico, trad. da Madonna Chiara Matraini. *Fiorenza*, Lorenzo Torrentino, 1556, *in-8. vél.*

7758 Demosthenis opera, (græcè.) *Lutetiæ*, Joan. Benenatus, 1570, *in-fol. v. f. d. s. t.*

7759 Œuvres complettes de Demosthene & d'Eschine, traduites en franç. avec des remarques sur les harangues & plaidoyers de ces deux Orateurs, & des notes critiques & grammaticales en latin, sur le texte grec, accompagnées d'un discours préliminaire sur l'éloquence & autres objets intéressans; d'un traité de la jurisdiction & des loix d'Athenes; d'un précis historique sur la constitution de la Grece, sur le Gouvernement d'Athenes, & sur la vie de Philippe, &c. par M. l'Abbé Auger. *Paris*, Lacombe, 1777, 4 tom. 5 vol. *in-8. v. f. d. s. t.*

7760 Demosthenis selectæ orationes, (græcè) ad cod. mss. recensuit, textum, scholiasten & versionem plurimis in locis castigavit, notis insuper illustravit, Ric. Mounteney, præfiguntur huic editioni observationes in commentarios vulgò Ulpianeos. *Cantabrigiæ*, Cornelius Crownfield, 1731, *in-8. v. m.*

7761 Harangues de Demosthene, trad. avec des remarques, par Tourreil. *Paris*, Dezallier, 1691, *in-8. v. br.*

RHÉTEURS ET ORATEURS.

7762 Cinque orationi di Demosthene, & una di Eschine, tradotte di lingua greca in italiana, secondo la verità de' sentimenti. *Venetia*, Aldus, 1557, *in-8. vél.*

7763 Philippiques de Demosthene, avec des remarques par Tourreil. *Paris*, Claude Barbin, 1701, *in-4. mar. r.*

7764 Philippiques de Demosthene & Catilinaires de Cicéron, trad. par l'Abbé d'Olivet, sixieme édition, revue avec soin. *Paris*, Barbou, 1771, *in-12. v. f. d. s. t.*

7765 Le undici Filippiche di Demosthene, con una lettera di Filippo à gl' Atheniesi, dichiarate in lingua toscana per Felice Figliucci. *Roma*, Vinc. Valgrisi, 1550, *in-8. vél.*

7766 Le Filippiche di Demostene, con sue osservazioni, e prefazione istorica scritte dal francese nel volgare italiano dall' Abbate Felletti. *Venezia*, Steffano Monti, 1715, *in-8. v. f. d. s. t.*

7767 Harangues d'Eschine & de Demosthene, sur la Couronne, trad. du grec par M. l'Abbé Millot. *Lyon*, Duplain, 1764, *in-12. v. m.*

7768 Due orationi, l'una di Eschine contra di Tesifonte, l'altra di Demosthene à sua difesa, di greco in volgare nuovamente tradotte per un Gentilhuomo Firentino. *Vinegia*, Figliuoli di Aldo, 1554, *in-8. v. f.*

7769 Dionis Chrysostomi orationes LXXX, (græcè & latinè) cum vetustis codicibus collatæ, Photii excerptis, Synesiique censura illustratæ, ex interpretatione Thomæ Nageorgi, recognita & emendata Fed. Morelli opera, cum Is. Casauboni diatriba, & ejusdem Morelli scholiis animadv. & conjectaneis. *Lutetiæ*, Cl. Morellus, 1604, *in-fol. gr. pap. v. f.*

7770 Oratorum veterum orationes, Æschinis, Lysiæ, Andocidis, Isæi, Dinarchi, Antiphontis, Lycurgi, Herodis & aliorum, græcè,

52   BELLES-LETTRES.

cum interpretatione lat. quarundam, edente Henr. Stephano. *Parisiis*, Henr. Steph. 1575, *in-fol. v. f. d. f. t.* (Editio nitida & præstans.)

7771 Oratorum græcorum, (Demosthenis, Eschinis, Dinarchi, Lysiæ, Isæi, Antiphontis, Lesbonactis, Herodis Attici, Antisthenis, Alcidamentis, Gorgiæ,) quæ supersunt monumenta ingenii, è bonis libris à se emendata, materia critica, commentariis integris, Hieron. Wolfii, Jo. Taylori, Jerem. Marklandi, aliorum & suis, edidit Joan. Jacobus Reiske. *Lipsiæ*, W. G. Sommerus, 1770 & 1775, 12 *v. in-8. v. f. d. f. t.*

Latins anciens.

Rhéteurs.

7772 M. Tullii Ciceronis Rhetoricorum libri IV, ad Herennium. Item, de Inventione, libri duo. *Parisiis*, Simon Colinæus, 1541, *in-8. v. f. d. f. t.*

7773 La Rhétorique de Cicéron, ou le dialogue de l'Orateur, trad. en franç. *Paris*, Thierry, 1673, *in-12. v. f. d. f. t.*

7774 Rhetorica di Marco Tullio Cicerone, tradotta di latino in lingua toscana, per Ant. Brucioli, e di novo ristampata. *Venetia*, Gabriel Jolito di Ferrarii, 1542, *in-8. vel.*

7775 La medesima, ridotta in alberi, con tanto ordine, & con essempi cosi chiari & ben collocati, che ciascuno potrà da se con mirabile facilità apprenderla, da M. Oratio Toscanella, posta in luce, di nuovo ristampata, con miglioramenti. *Vinegia*, Lodovico Avanzi, 1566, *in-4. v. f.*

7776 Rettorica volgare Ciceroniana di Fr. Galeoto Guidotti. *Bolog.* gli HH. del Dozza, 1658, *in-12. vel.*

7777 Esaminatione sopra la ritorica à Caio Herennio, fatta per Lodovico Castelvetri. *Modana*, And. e Girolamo Eredi del Cassiani, 1653, *in-4. vel.*

RHÉTEURS ET ORATEURS. 53

7778 Traduction du traité de l'Orateur de Cicéron, par l'Abbé Colin. *Par.* Debure, 1737, *in*-12. *v. f.* — Double à vendre

7779 Il dialogo del Oratore di Cicerone, trad. per Lod. Dolce. *Vinegia*, Gabriel Giolito de Ferrari, 1547, *in*-8. *vél.*

7780 Adr. Turnebi, Philosophiæ Professoris Regii, explicatio loci Ciceroniani, in quo tractantur Joci, libro II de Orat., editio secunda. *Lutetiæ*, Federicus Morellus, 1594, *in*-8. *v. f. d. s. t.*

7781 Il dialogo della partitione oratoria di Marco Tullio Cicerone, tirato in tavole da Oratio Toscanella. *Vinegia*, Giol. de Ferrari, 1568, *in*-4. *vél.*

7782 Retorica di Brunetto Latini, in volgar fiorentino. *Roma*, Valerio Dorico & Luigi Fratelli, 1546, *in*-4. *cart.*

Ce livre est une version du premier Livre de Cicéron, *de Inventione*.

7783 M. Fabii Quintiliani institutiones oratoriæ, ac declamationes, cujus cujus sint, summa accuratione & doctissimorum judicio, ex codicum veterum collatione recognitæ, quibus addi possunt impressi in utrasque commentarii : & Petri Mosellani in septem institutionum libros annotationes saneque literatæ. (*Parisiis*) Jodocus-Badius Ascensius & Joannes Roigny, 1533, *in-fol. cart.*

7784 Ejusdem institutionum oratoriarum libri duodecim, accesserunt declamationes, cum Turnebi, Camerarii, Parei, Gronovii & aliorum notis. *Lugduni-Batavorum*, Hackius, 1665, 2 vol. *in*-8. *v. f. d. s. t.* — Double à vendre

7785 Quintilien de l'institution de l'Orateur, trad. par l'Abbé Gedoyn. *Par.* Dupuis, 1718, *in*-4. *v. f.* — Double à vendre

7786 La même traduction. *Paris*, Bailly, 1769 & 1770, 4 vol. *in*-12. *v. m.*

7787 L'institutioni oratorie di Marco Fabio Quintiliano, Retore famosissimo, tradotte da Oratio Toscanella. *Vinegia*, Gabriel Giolito de Ferrari, 1566, *in*-4. *vél.*

D 3

54 BELLES-LETTRES.

7788 Gulielmi PHILANDRI, Castilionei, castigationes in institutiones M. Fab. QUINTILIANI. *Lugduni*, Gryphius, 1535, *in*-8. *v. f. d. f. t.*

7789 Dissertatio de antiquis QUINTILIANI editionibus, autore Michaele MAITTAIRIO, *sans frontisp.* (1719) *in*-4. *cart.*

Double à vendre 7790 Antiqui Rhetores latini, recognovit, & notis auxit Claudius CAPPERONNERIUS. *Argentorati*, Bauerus, 1756, *in*-4. *v. m.*

Orateurs latins anciens.

7791 M. Tullii CICERONIS opera omnia, cum GRUTERI & selectis variorum notis, accurante C. SCHREVELIO. *Amstelodami*, Ludov. & Dan. Elzevirii, 1661, 4 *tom.* 2 *vol. in*-4. *v. br.*

D. ch. à vendre 7792 Œuvres de CICÉRON, de la trad. de DU RYER, *Paris*, 1670, 12 *vol. in*-12. *v. br.*

double changé à vendre 7793 Ejusdem CICERONIS orationes ex recensione J. G. GRÆVII, cum ejusdem animadversionibus & notis integris Franc. HOTTOMANNI, Dion. LAMBINI, Fulvii URSINI, Pauli MANUTII, ac selectis aliorum, ut & Q. ASCONIO PEDIANO, & anonymo Scholiaste. *Amst.* Blaeu, 1699, 3 *tom.* 6 *vol. in*-8. *vél.*

7794 Orationi di M. T. CICERONE, di latine fatte italiane divise per i generi in giudiciali, deliberative e dimostrative, ● le annotationi. *Vinegia*, 1556, 3 *vol. in*-8. *vel.*

7795 Le medesime, tradotte da' Lodouico DOLCE, con la vita dell'Autore, e un breve discorso in materia di rhetorica. *Vinegia*, Gab. Giolito de Ferrari, 1562, 3 *vol. in*-4. *v. f.*

7798 Filippica seconda di M. T. C. tradotta in volgare per Giov. Tiviano. Venetia. 1598. in-8°.

7796 Le Filippiche di Marco T. CICERONE, contra Marco Antonio, fatte volgari per Girolamo RAGAZZONI. *Vinegia*, Paolo Manutio, 1556, *in*-4. *v. f. d. f. t.*

7797 I sette libri di Marco Tullio CICERONE, contra Gaio Verre, trad. dal latino nella lingua volgare,

RHÉTEURS ET ORATEURS. 55

da Giof. Tramezzino. *Venetia*, Michele Tramezzino, 1554, *in-*8. *vél.*

7798 Oraifons choifies de Cicéron, traduction revue par M. de Wailly, avec le latin à côté, fur l'édition de M. l'Abbé Lallemand, & avec des notes. *Paris*, J. Barbou, 1772, 3 *vol. in-*12. *v. f. d. f. tr.*

7799 Marci Tullii Ciceronis fragmenta, cum And. Patricii Srriceconis adnotationibus ex fecunda edit. *Venetiis*, Jordanus Ziletus, 1565, *in-*4. *v. f.*

7800 P. Victorii explicationes fuarum in Ciceronem caftigationum. *Lugduni*, Seb. Gryphius, 1552, *in-*8. *v. f. d. f. t.*

7801 Joach. Camerarii in Ciceronem annotationes. = Scholia Pauli Manutii, quibus Ciceronis philofophia partim corrigitur, partim explicatur. = Hier. Ferrarii emendationes in Philippicas Ciceronis. *Lugd.* Seb. Gryphius, 1552, *in-*8. *v. f. d. f. t.*

7802 Penfées de Cicéron, par l'Abbé d'Olivet. *Paris*, Coignard, 1744, *in-*12. *v. f.*

7803 Les mêmes. *Paris*, Barbou, 1764, *in-*12. *v. m.*

7804 Sebaftiani Corradi quæftura, partes duæ, quarum altera de Ciceronis vita & libris, item de cæteris Ciceronibus agit, altera Ciceronis libros permultis locis emendat, nunquam antea extra Italiam edita à Jo. Aug. Ernesti. *Lipfiæ*, Joan. Wendlerus, 1754, *in-*8. *v. f. d. f. t.*

7805 Hiftoire de Cicéron, tirée de fes écrits & des monumens de fon fiecle, trad. de l'angl. de Middleton, par l'Abbé Prévôt. *Paris*, Didot, 1743, 4 *vol. in-*12. *v. f.*

7806 Hiftoire de Cicéron, avec des remarques hift. & critiques, par Morabin. *Paris*, Didot le jeune, 1765, 2 *vol. in-*4. *v. m.*

7807 Les controverfes de Seneque, Pere de Seneque le Philofophe, par de Lesfargues. *Paris*, Ant. de Sommaville, 1656, *in-fol. v. br.*

D 4

7808 C. PLINII Panegyricus Trajano dictus, cum annotationibus antehac ineditis Dom. BAUDII, iis accedunt commentarius Justi LIPSII, integræ notæ Joan. LIVINÆI, Jani GRUTERI, Conradi RITTERSHUSII, ac selectæ variorum. *Lugduni-Batav.* Hackius, 1675, *in-8. v. f. d. f. tr.*

7809 Panégyrique de Trajan, par PLINE le jeune, de la traduction de l'Abbé ESPRIT. *Paris*, le Petit, 1677, *in-12. v. br.*

7810 Panegyrici veteres, interpretatione & notis illustravit Jacobus DE LA BAUNE, Soc. Jesu, ad usum Delphini. *Parisiis*, Simon Benard, 1676, *in-4. v. br.*

LATINS MODERNES.

Rhéteurs & Orateurs.

7811 Nicolai BERALDI Aurelii dialogus, quo rationes quædam explicantur, quibus dicendi ex tempore facultas parari potest, deque ipsa dicendi ex tempore facultate. *Lugduni*, Sebastian. Gryphius, 1534, *in-8. mar. r.*

7812 Censura animi ingrati, lucubratio Caroli PASCHALII, Regii in Sacro Consistorio Consiliarii; ejusdem de optimo genere elocutionis, scriptio antehac edita, nunc emendatior, & christianæ preces. *Genevæ*, Stephanus Gamonetus, 1620, *in-8. v. m.*

7813 Christophori LONGOLII orationes duæ, pro defensione sua, ab læsa majestatis crimine, oratio una ad Luteranos, ejusdem epistolæ; Epistolarum BEMBI & SADOLETI liber. (*Par.*) Jod. Badius Ascensius, 1526, *in-8. v. f. d. f. t.*

7814 Miscella elogiorum, acclamationum, allocutionum, conclamationum, epitaphiorum & inscriptionum, auctore Laurentio PIGNORIO, Patavino, Jo. Baptista MARTINIO, collectore. *Patavii*, apud Impr. Camerales, 1626, *in-4. cart.*

7815 Liberatæ Saxoniæ, auspiciis ductuque Gustavi magni & Saxoniæ electoris, fuso fugatoque in agro

RHÉTEURS ET ORATEURS. 57

Lipfienſi, 1631, VII Id. Septemb. Cæſareano exercitu, ſolenne iteratò celebratum ab A. BUCHNERO, Poëſ. & Eloquentiæ Profeſſ. in Wittenb. Acad. (oratio gratulatoria). *Lugd. Batav.* Jac. Mareus, 1634. = Memoria luctuoſa Guſtavi-Adolphi magni, Suecorum &c. Regis, qui pro religione, patria, & Germaniæ libertate fortiſſimè pugnans, occubuit in prælio Lutzenſi, VI Nov. 1632, celebrata Stockolmiæ, anno 1634, à Gab. DE LA GARDIE. *Holmiæ*, Heinricus Cæſar, 1635. = Gabrielis DE LA GARDIE, oratiuncula de Academia Ubſalienſi, quam recitavit Ubſaliæ in collegio Guſtaviano, anno 1635, cùm publicè profeſſorum diſciplinæ ſe traderet. *Ubſaliæ*, Eſchillus Matthiæ, 1635. = Everriculum diſcordiæ, ſive pacis quærimonia novantiqua elegiaco ſchemate adornata, à Theocrito GRATIANO, 1634. = Caſparis BARLÆI Briſacum capta, (verſibus) ſive panegyris dicta Bernhardo, principi Saxoniæ, &c. & in Germania ſummo præfecto. *Amſt.* Joh. & Corn. Blaeu, 1639. = Luſus poeticus de origine Amſtelodamenſis Reipublicæ, & de victoria navali fœderatæ Belgicæ ductu Martini-Heriberti Trompii, Franciſci VOSSII Carmen. *Amſt.* J. & Corn. Blaeu, 1640, *in fol. cart.*

7816 Joh. Georgii GRÆVII, orationes quas Ultrajecti habuit. *Lugd.-Batav.* J. du Vivier, 1717, *in-8. v. br.*

7817 Joannis Burchardi MENCKENII orationes academicæ, maximam partem literariæ, edidit & præfatus eſt Fridericus Otto MENCKENIUS, Jo. Burch. fil. *Lipſiæ*, Jo. Chr. Martini, 1734, *in-8. v. f.*

7818 Oratio de ſententia Chriſtianiſſimi Regis, ſcripta ad univerſos viros, & ſacri imperii ordines Spiræ conventum agentes. *Pariſiis*, Robert. Stephanus, 1544, *in-4. cart.*

7819 Eadem. *Pariſiis*, Robertus Stephanus, 1544, *in-4. v. f. d. ſ. t.*

Il y a encore cinq autres pieces dans ce Volume, ſavoir;

BELLES-LETTRES.

I. Adv. Jacobi Omphalii maledicta. II. La verfion franç. de la piece qui eft à la tête du vol. III. La verfion franç. de celle contre Omphalius. IV. Refponfe à une Epiftre envoyée de Spire. V. Aultre Epiftre des chofes faictes puis quatre ans en l'Europe.

7820 Oraifon efcripte fuyvant l'intention du Roy trèschretien, à tous les eftas du Sainct-Empire, affemblez en la ville de Spire. *Paris*, Robert Eftienne, 1544, *in*-4. *cart.*

7821 Ad S. D. N. Alexandrum VI, Pontificem Maximum, Petri de VICENTIA, Epifc. Cefenn. Relatio habita coram S. fua in confiftorio fecreto fup. falfis brevibus apticis confectis, per Bartholomeum Floridum, tunc Archiepifcopum Cufentinum, ac ejufdem D. N. Pape Secretarium. *Romæ*, Eucharius Silber aliàs Franck, 1497. ⹀ Bulla in cena Domini, (circà 1499) *in*-4. *cart.*

7822 Oratio qua oftenditur quale effe deberet Collegium Profefforum Regiorum, ut fit perfectum atque abfolutum, ab Henrico MONANTHOLIO. *Lutetiæ*, Morellus, 1595, *in*-8. *v. f. d. f. t.*

7823 Cafparis-Urfini VELII, oratio habita in Alba Regali, die Coronationis Ferdinandi, Ungariæ Boemiæque Regis, &c. anno 1527, 3 non. Novemb. *Bafileæ*, Jo. Hervagius, 1528, *in*-4. *cart.*

7824 De Bibliotheca Ducali Saxoniæ, præfertim qua fuit Schurzfleifchiana fidei fuæ commiffa, gratias agit Jo.-Matthias GESNERUS. *Vinariæ*, typis Mombachianis, 1723, *in*-4. *cart.*

7825 Georgii ducis in OSSOLIN Poloniæ Cancellarii, orationes habitæ apud Summum Pontificem, Imperatorem, Reges, Principes ac Venetam Rempublicam, cùm nomine Sigifmundi III, & Uladiflai IV nomine, publicas legationes obiret. *Dantifci*, Georg. Forfterus, 1647, *in*-4. *v. f. d. f. t.*

7826 Panegyrica meditatio ad pfalmum cxliv, dicta Mauritio princ. affertori ordinib. fœderatar. provinciar. patribus patriæ, ob res feliciter geftas, anno

RHÉTEURS ET ORATEURS.

1602, cum servata Ostenda, capta Gravia, exercitu hostium fracto & dissipato, gaudium, gloria, securitas firmior Patriæ communi partæ fuêre. *Arnhemii Geldriæ*, J. Janssonius, 1603, *in*-8. *v. m.*

7827 Harangue panegyrique à l'honneur de Christine, Reyne de Suede, trad. du latin de J. Freinshemius, par Jonas Hambræus. *Paris*, P. des Hayes, 1655, *in*-24. *v. m.*

7828 Varia Opuscula Funebria. *Romæ*, 1519, *in*-4. *v. f. d. s. t.*

Ce titre est factice; le vol. sur lequel on le lit, est composé de différentes Oraisons funebres & autres pieces imprimées en différens lieux & en différentes années. Il contient: Raphaelis Brandolini Lippi junioris oratio de obitu Guill. Perrerii, Romæ habita, anno 1500. *Romæ*, Joan. Beplinus. ═ Oratio Ant. Geraldi, in obitum Ferdinandi Regis, & Helisabet, Reginæ Hispaniæ, habita Romæ, anno 1486. ═ Oratio Ant. Lullii, habita Romæ, in funere Card. Matisconensis, anno 1484. ═ Oratio in funere Frider. III, Romanorum Imperatoris, Viennæ habita, per Bernh. Perger. ═ Leonelli, Episc. Concordiensis, oratio habita Romæ in funere Innocentii Papæ VIII, anno 1492. ═ Oratio in funere Card. Spoletani. ═ Orat. funebris habita Romæ in exequiis Gasparis de Silinon, anno 1517. ═ Oratio in funere Leonardi de Robore, habita à Francisco, Episc. Cauriensi. ═ Oratio funebris, per Johan. Ant., Episcopum, in exequiis Card. Tornacensis, habita Romæ, anno 1483. ═ Sexti Ruffi, de historia romana libellus. *Romæ*, Eucharius Silber, aliàs Franck, 1491. ═ Sibegnii, Episc. Modrusiensis, de Corvatiæ desolatione oratio, habita Romæ, 1516. ═ Memoratu apprime digna in adventu Caroli, Francorum Regis, in Italiam, per Jo. Franc. Arcuantem, Sutrinum Jureconf. & Hieron. Amphionium Arcuantem, filium, (prosa & versibus.) *Romæ*, Steph. Guillereti & Hercules Nani Consortii, 1514. ═ Christoph. Longolii, perduellionis rei defensio. *Romæ*, Steph. Guillereti, 1519.

7829 Oratio Jo.-Jacobi Crotti, Jureconsulti Cremonensis, qua deflet Nicolaum Lucatuz, oratorem facundissimum. *Papiæ*, per Jac. de Burgo Franco, Magnifico D. Augustino Galarato urbis prætore existente, anno salutiferi partus, M. D. XVIII. XVIII, Calendas Martii, *in*-4. *goth. cart.*

7830 Claudii MARLETI, Divionensis, orationes duæ, Valentiæ habitæ, una in laudem divi Sebastiani, altera in funere generosissimi adolescentis, Antonii Palmerii, ex tempore recitata. *Lugduni*, Seb. Gryphius Germ. 1528, *in-4. cart.*

7831 In obitum incomparabilis Margaritæ, illustrissimæ Navarrorum Reginæ, oratio funebris, per Carolum SANCTOMARTHANUM, ejusdem Reginæ (dum illa viveret) apud Alenconienses consiliarium, & supplicum libellorum magistrum, accessere eruditorum aliquot virorum ejusdem reginæ epitaphia. *Parif.* Reginaldus Calderius, & Claudius ejus filius, 1550, *in-4. cart.*

7832 Orationes duæ funebres Jo. SAMBUCI, Turnaviensis Pannonii, cum doctissimorum ætatis nostræ virorum epistolis, ejusdem argumenti, atque epigrammatis græcis & latinis. *Parif.* Ægidius Gorbinus, 1561, *in-8. v. f. d. f. t.*

7833 Orazione di Gio. Batt. ADRIANI, fatta in latino all'essequie di Cosimo de Medici, Gran-Duce di Toscana, recitata nell' anno 1574, e tradotta in Fior. da Marcello suo figliuolo. *Fiorenza*, Giunti, 1574. ═ Orazione di Franc. VENTURI, fatte nell' essequio di Henrico quarto, Re di Francia, tradotta dalla latina lingua nella fiorentina. *Firenze*, Cosimo Giunti, 1610. ═ Orazione fatta nella Academia Fiorentina in lode di Cosimo Medici, Gran-Duce di Toscana, da Baccio BALDINI, suo proto Medico. *Firenze*, Bartolomeo Sermartelli, 1574, *in-4. vel.*

7834 Jac. CAHAGNESII, Cadomensis Medicinæ Professoris Regii, de morte Joannis Ruxelii, oratio funebris, habita Cadomi, die 7 Oct. 1586. *Cadomi*, Jacobus le Bas, 1586. ═ Le tombeau du même, en vers latins & françois, par le même. *Caen*, J. le Bas, 1586, *in-4. v. m. l. r.*

7835 Danielis HEINSII, in obitum Josephi Scaligeri, orationes duæ; accedunt epicidia ejusdem & alio-

RHÉTEURS ET ORATEURS.

rum : effigies item ac monumentum Scaligeri, & principum Veronensium æri incisa. *Antuerpiæ*, Raphelingius, 1609, *in*-4. *cart.*

7836 Thomæ BARTHOLINI oratio in obitum nobilissimi viri Johannis Mulenii, Georgii fil. publicè in Academia Hafniensi, 16 Sept. dicta. *Hafniæ*, Matthias Godicchenius, 1669, *in*-4. *v. f.*

7837 Nardini DALMATE oratio de utilitate scolastica in Pamiarum civitate habita ; ejusdem sylva in urbis Tolosæ laudem, (*sans date, goth.*) *in* 4. *cart.*

7838 Marcelli VIRGILII, de militiæ laudibus oratio Florentiæ dicta apud inclytam Basileam. *Basileæ*, Jo. Frobenius, 1518, *in*-4. *v. f. d. s. t.*

7839 Joannis PORTESII oratio de laudibus Medicinæ, habita Lutetiæ in Schola Medicorum, 1548. *Parisiis*, Martinus juvenis, 1550, *in*-8. *v. f. d. s. t.*

7840 Richardi MEAD, Med. Doct. Londin. oratio anniversaria Harveiana, in theatro Regii Medicorum Londinensium Collegii habita, anno 1723 ; adjecta est dissertatio de nummis quibusdam à Smyrnæis in Medicorum honorem percussis. Ex Officinâ Boutesteiniana, 1725, *in* 8. *fig. v. m.*

7841 Caroli LINNÆI, Med. & Botanic., oratio de telluris habitabilis incremento, & Andreæ Celsii Astron. Prof. Reg. oratio de mutationibus generalioribus quæ in superficie corporum cœlestium contingunt. *Lugduni-Batav.* Cornelius Haak, 1744, *in*-8. *v. f. d. s. t.*

7842 De origine, caussis, typo & ceremoniis illius ritûs, qui vulgo in scholis depositio appellatur, oratio Johannis DINCKELII, additum est judicium Martini Lutheri, de hoc ritu. (*Francof.*, in officinâ Paltheriana, 1607,) *in*-8. *cart.*

7843 Joan. Hild. WITHOFII oratio de Thelchinibus, antiquissimo totius terrarum orbis populo, accedunt emendationes quorundam deploratissimorum Callimachi & Catulli locorum, quæ huic orationi ansam dederunt. *Duisburgi ad Rhenum*, Joannes Ovenius, 1737, *in*-4. *v. f.*

7844 F. PARENTII oratio de regia professione sua, habita, die xx Decembris, in aula Cameracensi, quæ inter alia de animæ ratione ex philosophorum veterum sententiâ nonnulla disseruit, & cui etiam brevis in quosdam διαβόλȣς epistola præmissa. Par. Steph. Prevosteau, 1595, *in*-8. *v. f. d. f. t.*

7845 Scipionis CARTEROMACHI, Pistoriensis, oratio de laudibus literarum græcarum. *Basileæ*, Joannes Frobenius, 1517, *in*-4. *v. f. d. f. t.* (frontispice gravé en bois.)

7846 Jul. Cæs. SCALIGERI, adversùs Desid. Erasmum orationes duæ, eloquentiæ romanæ vindices, unà cum ejusdem epistolis & opusculis, quibus accedunt problemata Gelliana. *Tolosæ*, Bosc, 1621, *in*-4. *v. f.*

7847 Oraison de Pierre PASCHAL, prononcée au Sénat de Venise, contre les meurtriers de l'Archidiacre de Mauleon, trad. de latin en françois par DURBAN ; France, par prosopopée, à la République de Venise, par le même. *Paris*, Vascosan, 1549, *in*-8. *v. f. d. f. t.*

FRANÇOIS.

Rhéteurs.

7848 Réflexions académiques sur les Orateurs & sur les Poëtes, par DE SAINTE-GARDE. *Paris*, Remy, 1676, *in*-12. *mar. r.*

7849 Cy ensuit le grant & vray art de pleine rethorique, par P. FABRI, par lequel ung chascun en le lisant pourra facilement composer & faire toutes descriptions tant en prose qu'en rithme, *Rouen*, Gruel, 1521, *in*-4. *goth. v. m.*

7850 Le même. *Paris*, Janot, 1534, *in*-8. *got. v. m.*

7851 Le même. *Paris*, Sertenas, 1539, *in*-8. *got. v. b.*

7852 Rhetorique françoise d'Antoine FOUQUELIN de Chauny, augmentée. *Paris*, Wechel, 1557, *in*-8. *v. f. d. f. tr.*

RHÉTEURS ET ORATEURS.

7853 L'Art de parler, (par le P. LAMY,) Paris, Pralard, 1676, in-12. v. f. d. s. t.

7854 L'Art de bien parler & de bien écrire en franç. par M. BEAUVAIS. Par. Valade, 1773, in-12. v. f. d. s. t.

7855 L'Art de parler, réduit en principes, ou Préceptes abrégés de rhétorique, avec des exemples choisis, pour former l'esprit & le cœur de la jeunesse de l'un & de l'autre sexe. Paris, veuve Savoye, 1777, in-12. v. m.

7856 Précis des loix du goût, ou Rhétorique raisonnée. Paris, Laporte, 1777, in-12. v. m.

7857 Lettre critique sur l'éloquence & sur la poésie. Caen, Godes, 1703, in-12. v. br.

7858 Dialogues sur l'éloquence, par Fr. DE SALIGNAC DE LA MOTTE DE FÉNÉLON. Paris, Estienne, 1718, in-12. v. br.

7859 Réflexions sur la rhétorique & sur la poétique; dialogues sur l'éloquence, par le même. Amsterd. Bernard, 1730, 4 vol. in-12. v. f. d. s. t.

7860 Le Triomphe de l'éloquence, par Mad. DE GOMEZ. Paris, Leclerc, 1730, in-12. v. f. d. s. t.

7861 Les Beaux Arts réduits à un même principe, par l'Abbé BATTEUX. Par. Durand, 1746, in-8. v. f.

7862 Théorie des sentimens agréables, par L'EVÊQUE DE POUILLY. Paris, David jeune, 1749, in-8. v. m.

7863 L'Art Oratoire, réduit en exemples, par DE GERARD DE BENAT. Marseille, Mossy, 1760, 4 vol. in-12. v. m.

7864 Essai sur le Beau, par le P. ANDRÉ. Paris, Ganeau, 1763, 2 part. 1 vol. in-12. v. m.

7865 Recherches philos. sur l'origine des idées que nous avons du beau & du sublime, traduites de l'ang. de BURKE, par l'Abbé D. F. Paris, Hochereau, 1765, 2 vol. in-8. v. m.

7866 De l'éloquence du Barreau, par M. GIN. Paris, Hérissant, 1767, in-12. v. m.

7867 Accessoire au Parnasse, ou nouvelle Méthode

pour former l'esprit & le goût. *Paris*, Lesclapart, 1769, *in*-12. *v. m.*

7868 L'Art de peindre à l'esprit, par D. SENSARIC, seconde édit. revue & corrigée par M. DE WAILLY. *Paris*, Lottin l'aîné, 1770, 3 vol. *in*-8. *v. m.*

7869 Essai sur le récit, ou entretiens sur la maniere de raconter, par M. l'Abbé BERARDIER DE BATAUT, ancien Professeur d'Eloquence en l'Université de Paris. *Paris*, Ch. P. Berton, 1776, *in*-12. *v. f.*

7870 Essai sur l'éloquence de la chaire, seconde édit. revue, corrigée & considérablement augm. par M. l'Abbé DE BESPLAS. *Paris*, freres Debure, 1778, *in*-12. *v. m.*

7871 Considérations philosophiques sur l'action de l'Orateur, précédées de recherches sur la mémoire. *Caen*, J. Manoury fils aîné, 1775, *in*-8. *v. f. d. f. t.*

Orateurs François.

Collections de Discours & Panégyriques des Saints.

7872 Œuvres de TOURREIL. *Paris*, Mich. Brunet, 1721, 4 vol. *in*-12. *v. br.*

7873 Discours choisis sur divers sujets de Religion & de littérature, par M. l'Abbé MAURY. *Paris*, Lejay, 1777, *in*-12. *v. m.*

7874 Paradoxes, ce sont propos contre la commune opinion debattus, en forme de déclamations forenses, pour exerciter les jeunes esprits en causes difficiles, par J. DUVAL, revus & corrig. pour la seconde fois. *Paris*, Ch. Estienne, 1554, *in*-8. *v. f.*

7875 Les mêmes, sous le titre de Déclamations paradoxes, revues & enrich. d'annot. *Paris*, J. Micard, 1603, *in*-12. *cart.*

7876 Panégyriques, sermons, harangues & autres pieces d'éloquence, par DE LA PARISIERE, Evêq. de Nismes. *Paris*, Gissey, 1740, 2 vol. *in*-12. *v. f.*

7877 Œuvres de M. Edme MONGIN, Evêque & Seigneur de Bazas, conten. ses sermons, panégyr. oraisons

RHÉTEURS ET ORATEURS.

oraisons funebres, mandemens & pieces académiq. Paris, Cl. Fr. Simon, 1745, *in-4. gr. pap. m. r. l. r.*

7878 Œuvres de M. DE NESMOND, Archevêque de Toulouse. Paris, Durand, 1754, *in-12. v. m.*

7879 Panégyrique de S. Louis, prononcé le 25 Août 1772, par M. l'Abbé MAURY. Paris, Le Jay, 1772, *in-8. gr. pap. v. m.*

7880 Autre, par M. DE GÉRY, Chanoine régulier, de la Cong. de France. Châlons, Seneuze, 1777, *in-4. br.*

Félicitations, Complimens & Panégyriques.

7881 Panégyrique, ou oraison de louange, au Roy Charles VIIII, (par LOYS LE CARON.) Paris, Robert Estienne, 1566, *in-8. v. f. d. s. t.*

7882 Eloge de Louis XII, Pere du Peuple, par M. l'Abbé CORDIER de Saint-Firmin. Paris, Valleyre l'aîné, 1778, *in-8. v. m.*

7883 Eloge historique de Henri IV, Roi de France & de Navarre, par M. L. B. D. N. P. Paris, Lacombe, 1776, *in-8. cart.*

7884 Panégyrique à Monseigneur le Comte de Harcourt, de ses victoires d'Italie. Paris, Pierre Menard, 1643, *in-4. cart.*

7885 L'Advocat chrétien, adressé à l'Archev. d'Ambrun, Evêque de Metz, Ministre d'Estat du Roy Très-Chrestien, (au sujet de la harangue qu'il a faite au Roy, (Louis XIV) à son passage vers l'Alsace le 30 Juillet 1673.) Strasbourg, 1674, *in-12. v. f. d. s. t.*

7886 Panégyriques & harangues à la louange du Roy, prononcez dans l'Académie Françoise en diverses occasions. Paris, Pierre le Petit, 1680, *in-8. v. br.*

7887 Panégyrique du Roy, où les expéditions mémorables de Sa Majesté se trouvent pleinement autorisées par l'exemple des Héros de l'Ecriture, par BASTIDE. Paris, 1692, *in-12. v. f.*

7888 Panégyrique du Roy, par le P. And. Fr. DE TOURNON, Capuc. Par. Muguet, 1693, *in-12. v. f. d. s. t.*

Tome III. E

BELLES-LETTRES.

7889 Discours à la louange de Louis XV & de Louis XVI, fondé à Perpignan, & prononcé tous les ans par le Recteur. (*Paris*) 1778, *in-4. cart.*

☦ 7890 Eloge de Louis le Bien-Aimé, lu à Besançon, par M. l'Abbé TALBERT. *Besançon*, Fantet, 1775, *in-8. cart.*

☦ 7891 Eloge de Monseigneur le Dauphin, Pere de Louis XVI. *Paris*, Moutard, 1779, *in-8. v. m.*

☦ 7892 Eloge de Philippe d'Orléans, Régent pendant la minorité de Louis XV, discours qui a remporté le prix de l'Académie de Ville-Franche en Beaujolois en 1777, par M. l'Abbé TALBERT, Chanoine de Besançon. *Besançon*, Charmet, *in-8. v. m.*

☦ 7893 Eloge de Nicolas de Catinat, Maréchal de France, discours qui a obtenu le second accessit au jugement de l'Académie Françoise en 1775, par M. l'Abbé D'ESPAGNAC. *Paris*, Demonville, 1775, *in-8. cart.*

7894 Eloge de Suger, Abbé de S. Denis, premier Ministre sous les regnes de Louis-le-Gros & de Louis-le-Jeune, & Régent du Royaume, (devise, *nihil appetere jactatione.*) *Amsterdam*, (*Paris*) 1779, *in-8. v. m.*

☦ 7895 Suger, Moine de S. Denis, (son éloge.) (*Paris*,) 1779, *in-8. v. m.*

☦ 7896 Eloge historique du Cardinal d'Amboise, Archevêque de Rouen, premier Ministre de Louis XII, par M. l'Abbé TALBERT. *Besançon*, Charmet, 1777, *in-8. v. m.*

☦ 7897 Eloge de Michel de l'Hôpital, Chancelier de France, discours qui a remporté le prix de l'Académie Françoise en 1777, par l'Abbé REMY. *Paris*, Demonville, 1777, *in-8. v. m.*

☦ 7898 Autre, (par M. GUIBERT. *Amsterd.*) 1777, *in-8. v. f. d. s. t.*

☦ 7899 Autre, par M. DOIGNI. *Paris*, Demonville, 1777, *in-8. v. m.*

☦ 7900 Collection de divers éloges publiés à l'occasion

RHÉTEURS ET ORATEURS. 67

du prix proposé par l'Académie Françoise en 1777, pour le meilleur éloge du Chancelier de l'Hospital. *Paris*, (*Neufchâtel*) 1778, *in-12. v. f. d. f. tr.* (Ce volume contient quatre éloges.)

7901 Eloge de Socrate, prononcé dans une Société de Philanthropes. *Yverdon*, Société Typographique, 1777, *in-8. v. m.*

7902 Eloge de Pierre Pithou, célebre Jurisconsulte du seizieme siecle, lu en 1777, dans une assemblée d'Avocats, par M. l'Abbé BRIQUET DE LAVAUX, Avocat au Parlem. *Paris*, 1778, *in-8. v. m.*

7903 Eloge de Richard Méad, *Paris*, Clément, 1755, *in-12. v. f. d. f. t.*

7904 Eloge historique de M. Quesnay, par M. le Comte d'A***, (d'Abon.) *Paris*, Didot, 1775, *in-8. v. f. d. f. t.*

7905 Eloge historique de Théophile de Bordeu, par M. ROUSSEL, Médecin de l'Université de Montpellier. *Paris*, Ruault, 1778, *in-8. v. m.*

7906 Eloge historique d'Albert DE HALLER, Médecin du Roi de la Grande-Bretagne, &c. avec un catalogue complet de ses œuvres, par un Anonyme, *Geneve*, Isaac Bardin, 1778, *in-8. v. m.*

7907 Autre, lu dans une assemblée publique de la Société économique de Berne, en 1778, par M. V. B. TSCHARNER, trad. de l'allem. *Berne*, Soc. Typog. 1778, *in-8. v. m.*

7908 Eloge de Gui du Faur de Pibrac, discours qui a remporté le prix, au jugement de l'Académie des Jeux-Floraux, à Toulouse en 1778, par M. l'Abbé CALVEL. *Paris*, Mérigot le jeune, 1778, *in-8. v. m.*

7909 Eloge de la Fontaine, ouvrage qui a remporté le prix, au jugement de l'Académie de Marseille, le 25 d'Août 1774, par M. DE CHAMFORT. *Paris*, Ruault, 1774, *in-8. cart.*

7910 Autre, qui a concouru pour le prix de l'Académie de Marseille, en 1774, par M. DE LA HARPE. *Paris*, Lacombe, 1774, *in-8. cart.*

E 2

68 BELLES-LETTRES.

7911 Eloge de M. de Voltaire, par M. PALISSOT. Paris, Jean-François Baſtien, 1778, in-8. v. f. d. ſ. t.

7912 Eloge de Madame la Marquiſe de Sévigné, qui a remporté le prix à l'Académie de Marſeille en l'année 1777, (par Madame la Préſidente BRISSON.) Paris, veuve Méquignon & fils, 1778, in-12. v. m.

7913 Eloge de Nicolas Sahlgren, par M. l'Abbé DU VAL PYRAU, in-4. br.

Oraiſons funebres.

7914 Oraiſon funebre du Pape Clément XIV, (Ganganelli) prononcée par M. l'Abbé Simon MATTZELL, ancien Membre de la Société de Jeſus, à Fribourg en Suiſſe, le 15 Novembre 1774, traduite de l'allemand ſur l'original imprimé par M. de Fontallard. Paris, veuve Deſaint, 1775, in-4. v. f. d. ſ. t.

7915 Oraiſon funebre pour l'Eveſque de Bazas, prononcée le 24 Novembre 1645, par Ant. GODEAU, Eveſque de Graſſe. Rouen, Louys du Meſnil le jeune, 1646. = Ordonnance de l'Eveſque de Bazas, touchant l'eſtabliſſement d'un ſéminaire dans ſa maiſon épiſcopale, pour eſprouver & préparer ceux qui doivent eſtre admis aux ſaints ordres. Rouen, Louys du Meſnil le jeune, 1646, in-8. v. m.

7916 Oraiſon funebre du Cardinal de Fleury, Miniſtre d'Etat, par le R. P. DE NEUVILLE, de la Compagnie de Jeſus. Paris, J. Bapt. Coignard, 1743, in-4. gr. pap. mar. noir.

7917 La même. Paris, Coignard, 1743, in-12. v. m.

7918 Oraiſon funebre de Charles Ant. de la RocheAymon, Archev. de Reims, par Meſſ. Pierre-Joſ. PERREAU, Evêque de Tricomie. Reims, P. N. A. Pierard, 1778, in-4. br.

7919 Les deux ſermons funebres ès obſéques & enterrement du Roy Henri deuxieme de ce nom, faicts & prononcez par Jérôme DE LA ROVERE, eſleu Eveſque de Tholon, l'un à Noſtre-Dame de Paris,

RHÉTEURS ET ORATEURS.

l'aultre à Sainct-Denis en France. *Paris*, Robert Estienne, 1559, *in-*4. *cart.*

7920 Discours funebre sur le trépas de Henry-le-Grand, par le Sieur DE CHAULMONT. *Paris*, Chevalier, 1610, *in-*8. *v. s.*

7921 Discours des funérailles de Henry-le-Grand, Roy de France & de Navarre, faictes par Monseigneur DE TOURNON, en sa ville les 28, 29, 30 Juillet 1610; ensemble l'oraison funebre dite au mesme lieu, par le R. P. Jean ARNOUX, de la Compagnie de Jesus. *Tournon*, Claude Michel, 1610, *in-*4. *v. s.*

7922 Discours funebre sur la mort de Henry-le-Grand, par P. FÉNOLLIER, Evêq. de Montpellier. *Paris*, Thierry, 1610, *in-*8. *v. m.*

7923 Recueil d'oraisons funebres de Henry-le-Grand, en latin & en françois. *Paris*, Chevalier, 1611, *in-*8. *v. f. d. s. t.*

7924 Autre recueil, par G. DUPEYRAT. *Paris*, Rob. Estienne, 1611, *in-*8. *v. s.*

7925 Discours funebre, panégyriq. & hist. sur la vie & vertus, la maladie & la mort de Louys-le-Juste, par Ch. Franç. D'ABRA DE RACONIS, Evêque de Lavaur. *Paris*, Talon, 1643, *in-*8. *vél.*

7926 Oraison funebre de Louis XV, prononcée dans l'Eglise de Notre-Dame de Paris, par M. DE LA LUZERNE, Evêque de Langres. *Paris*, Guill. Desprez, 1774, *in-*4. *cart.*

7927 Descript. du catafalque & du cénotaphe érigés dans l'Eglise de Paris, le 7 Septembre 1774, pour Louis XV. *Paris*, P. R. C. Ballard, 1774, *in-*4. *cart.*

7928 Oraison funebre de Louis XV, prononcée dans l'Eglise de Saint Denis, le 27 Juillet 1774, par Messire Jean-Bapt.-Charles-Marie DE BEAUVAIS, Evêque de Senez. *Paris*, Guillaume Desprez, 1774, *in-*4. *cart.*

7929 Autre, prononcée dans la Chapelle du Louvre, le 30 Juillet 1774, par M. l'Abbé DE BOISMONT,

BELLES-LETTRES.

de l'Académie Françoife. *Paris*, Demonville, 1774, *in-*4. *cart.*

7930 Autre, prononcée dans la Chapelle de l'Ecole Royale-Militaire, le 27 Septembre 1774, par M. Mathias PONCET DE LA RIVIERE, ancien Evêque de Troyes. *Paris*, Guill. Defprez, 1774, *in-*4. *cart.*

7931 Autre, prononcée au College Royal, par M. Jean-François VAUVILLIERS. *Paris*, Phil. D. Pierres, 1774, *in-*4. *cart.*

7932 Autre, prononcée le 10 Juin 1774, dans l'Eglife de S. Martin d'Epernay, par M. DE GERY, Chanoine regulier de la Congrég. de France. *Paris*, Ph. D. Pierres, 1774, *in-*4. *cart.*

7933 Autre, prononcée dans l'Eglife de Lyon, le 15 Juillet 1774, par M. l'Abbé DE MARNESIA. *Lyon*, Aimé de la Roche, 1774, *in-*4. *cart.*

7934 Autre, prononcée au fervice fait dans l'Eglife de l'Hôpital-Général de la Charité de Lyon, le 3 Août 1774, par M. CORRÉARD. *Lyon*, Etienne Rufand, 1774, *in-*4. *cart.*

7935 Autre, prononcée dans l'Eglife cathédrale de Nevers, le 5 Août 1774, par M. l'Abbé DE MOUCHET de Villedieu, Doyen de ladite Eglife. *Paris*, Mich. Lambert, 1774, *in-*4. *cart.*

7936 Autre, prononcée dans l'Eglife cathédrale d'Orléans, le 2 Août 1774, par M. DE LA FOSSE, Chanoine de ladite Eglife. *Orléans*, Couret de Villeneuve fils, 1774, *in-*8. *cart.*

7937 Autre, prononcée à Provins, le 21 Juin 1774, par M. l'Abbé ROYER. Par. Gogué, 1774, *in-*4. *cart.*

7938 Autre, prononcée à Soiffons, le 18 Août 1774, par M. l'Abbé GUYOT. *Soiffons*, Waroquier, 1774, *in-*4. *cart.*

7939 Autre, prononcée par M. LA COUR, Chanoine de Toul, au fervice folemnel que MM. les Officiers-Municipaux de ladite ville y ont fait célébrer le 22 Juin 1774. *Toul*, Jofeph Carez, 1774, *in-*4. *cart.*

RHÉTEURS ET ORATEURS. 71

7940 Oraison panégyrique pleine de consolation, pour Claude de Lorraine, Duc de Guyse, par F. Pierre Doré, avec la doulce musique Davidique ouye au Cantiq. 125, *In convertendo Dominus*; item, un remede salutaire contre les scrupules de conscience, par le même. *Paris, de Brouлly, 1550, in-8. mar. bl.*

7941 L'oraison funebre déclarative des gestes, mœurs, vie & trépas de Claude de Lorraine, Duc de Guyse, & d'Aumalle, Pair de France, &c. par Maistre Claude Guilliauld, Docteur en Théologie. *Paris, Dallier, 1550, in-8. v. f. d. f. t.*

7942 Oraison funebre de François de Lorraine, Duc de Guyse, faite à Rome par Julius Pogianus, en latin & en françois. *Reims, de Foigny, 1563, in-16. r'. f. d. f. t.*

7943 Les tombeaux & discours des faits & déplorable mort du Prince Claude de Lorraine, Duc d'Aumale, grand Veneur de France, occis ès guerres civiles, meuës pour le fait de la religion depuis l'an 1562 jusqu'à présent, par J. Helvis de Beauvoisis. *Paris, Dupré, 1568, in-8. m. r.*

7944 Oraison funebre d'Eustache de Conflans, Vicomte d'Auchy, par F. M. Poncet. *Paris, Sonnius, 1574, in-8. v. m.*

7945 Oraison & harangue funebre à l'imitation des Anciens, pour deux Chevaliers, l'un le Seigneur du Biés, Maréchal de France, l'autre le Seigneur de Vervin, Jacq. de Coucy son gendre, Gouverneurs de Boulogne, en mémoire de leurs héroiques vertus & témoignage de leur innocence, faicte au jour que la déclaration d'icelle fut publiée, de l'ordonnance du Roi, par Frere Jean Falvel. *Paris, Jean de Lastre, 1578, in-4. cart.*

7946 Sermon funebre aux cérémonies de la sépulture de Charles de Lorraine, Duc de Mayenne, (par le P. Gontel, Jésuite.) *Paris, Chappelet, 1612, in-8. v. f. d. f. t.*

E 4

7947 Le bouclier d'honneur où sont représentés les beaux faits de Louis de Berton, Seigneur de Crillon, par François BENING, Jésuite, avec quelques vers sur le même. *Avignon*, Bramereau, 1616, *in-8. v. f.*

7948 Le même. *Paris*, Desprez, 1759, *in-12. v. m.*

7949 Oraison funebre du Maréchal de Schomberg, par Pierre DE BERTIER. *Tolose*, Colomiez, 1633, *in-8. v. m.*

7950 Oraison funebre du Prince Louis d'Orléans, Duc d'Orléans, premier Prince du Sang, par le P. BERNARD, Chanoine régulier. *Paris*, P. G. Simon, 1752. = Oraison funebre de Madame Anne-Henriette de France, par M. Matthias PONCET DE LA RIVIERE. *Paris*, Guillaume Desprez, 1752, *in-4. gr. pap. d'Holl. mar. noir.*

7951 Oraison funebre de Louis-Nic.-Victor de Félix, Comte du Muy, Maréchal de France, Ministre de la Guerre, prononcée aux Invalides le 24 Avril 1776, par Messire Jean-Bapt.-Ch.-Marie DE BEAUVAIS, Evêq. de Senez. *Paris*, le Jay, 1776, *in-12. cart.*

7952 Autre. *Paris*, Imprimerie Royale, 1776, *in-4. gr. pap. cart.*

7953 Discours prononcé par ordre du Magistrat de Strasbourg, à l'occasion de la translation du corps de M. le Maréchal de Saxe dans l'Eglise de Saint Thomas, le 20 Août 1777, par Jean-Laurent BLESSIG. *Strasbourg*, Bauer & Treuttel, *in-4. v. m.*

7954 Eloge funebre de Madame Gabrielle de Bourbon, Duchesse de la Valette, prononcé à Metz, compris en trois discours, par R. P. Charles HERSENT. *Paris*, Blaise, 1627, *in-8. v. f. d. f. t.*

7955 Oraison funebre de Messire François Olivier, Chancelier de France. *Paris*, Vascosan, 1561, *in-8. v. f. d. f. tr.*

7956 Eloge funebre de Jean-Claude, Marquis de Nerestamg. *Lyon*, Jean-Aymé Candy, 1639. == Le sacrifice de Cœur du même, fait à Dieu & à la Vierge dans l'Eglise de la Bénisson-Dieu, en

RHÉTEURS ET ORATEURS.

ses funérailles le 26 de Janvier l'an 1640, par F. Chérubin DE MARCIGNY, Mineur Recollect. *Lyon*, Jean-Aymé Candy, 1640, *in-4. cart.*

7957 Discours funebre sur le trespas de M. Nicolas Lefebvre, Précepteur de Louys XIII, Roy de France, par un Religieux Feuillentin, son ami. *Paris*, Jean de Heuqueville, 1612, *in-8. v. f. d. s. t.*

7958 Histoire de Fierabras, *ou* apokolokintose, déd. à la mémoire de M. Raoul Poisson, Sieur de la Chapelle, &c. *sans nom de Ville ni d'Imprimeur*, 1609, *in-8. v. m.*

7959 Oraison funebre de Madame Tiquet, critique de l'Oraison funebre par le P. C. réponse à la critiq. *sans nom de Ville, ni date*, *in-8. v. f.*

7960 Oraison funebre de Christophe Scheling, Maître Tailleur de Paris. *Paris*, 1761, *in-12. cart.*

7961 Eloge funebre & historique de M. Maître Nicodême Pantaleon Tire-Point, Maître & Marchand Tailleur d'habits, &c. prononcé par Boniface Prêt-à-Boire, son premier Garçon & Associé, 1776, *in-8. cart.*

7962 Oraisons funebres & tombeaux composés par Cl. DE MORENNE, Evêque de Séez, avec les Poésies diverses du même, tant en franç. qu'en lat. *Paris*, Bertault, 1605, *in-8. mar. r.*

7963 Les mêmes, édit. différente. *Paris*, Bertault, 1605. = Cantiques spirituels & poëmes divers, tant franç. que latins, composez par le même. *Par.* Bertault, 1605, *in-8. cart.*

7964 Recueil des Oraisons funebres prononcées par Jules MASCARON. *Par.* Desaint, 1745, *in-12. v. m.*

7965 Recueil d'Oraisons funebres, par J. B. BOSSUET, *Paris*, Cramoisy, 1672, *in-12. v. f. d. s. t.*

7966 Recueil des Oraisons funebres, par le même. *Paris*, Desaint & Saillant, 1762, *in-12. v. m.*

7967 Oraisons funebres, par Esprit FLÉCHIER. *Par.* du Puis, 1699, 2 *vol. in-12. v. br.*

7968 Recueil des Oraisons funebres de M. MA-

BELLES-LETTRES.

BOUL, ancien Evêque d'Aleth. *Paris*, Vincent, 1748, *in-*12. *v. m.*

7969 Dictionnaire des caractères & portraits tirés des Oraisons funebres qui ont paru depuis 1530 jusques en 1777, avec le nom des personnes, celui des Orateurs, leurs qualités & l'année, par M. ROLAND. *Paris*, Gogué, 1777, 2 *vol. in-*8. *v. m.*

Discours prononcés dans les Académies.

7970 Recueil des harangues, par Messieurs de l'Académie Françoise, dans leurs réceptions & en d'autres occasions, depuis l'establissement de l'Académie jusqu'à présent. *Paris*, Jean-B. Coignard, 1714, 3 *vol. in-*12. *v. br.*

7971 Pieces d'éloquence qui ont remporté le prix de l'Académie Françoise, depuis 1671 jusqu'en 1771. *Paris*, Regnard, 1766 & 1774, 4 *vol. in-*12. *v. m.*

7972 Discours prononcés dans l'Académie Françoise à la réception de M. le Duc DE NIVERNOIS, DE MARIVAUX, de M. SEGUIER, de M. DU COETLOSQUET, de l'Abbé BATTEUX, de l'Abbé TRUBLET, de SAURIN, de M. le Prince Louis DE ROHAN, Coadjuteur de Strasbourg, avec les réponses faites à ces discours. *Paris*, J.-B. Coignard & Brunet, 1743 & suiv. *in-*4. *v. f. d. s. t.*

7973 Discours prononcé par M. GRESSET, dans la séance publique de l'Académie Françoise, le 4 Août 1774, nouv. édit. augmentée, & précédée d'une lettre de M. Gresset. *Amiens*, veuve Godart, 1774, *in-*8. *v. m.*

7974 Discours qui a remporté le prix à l'Académie de Dijon, sur cette question, *si le rétablissement des sciences & des arts a contribué à épurer les sciences & les mœurs*, par J. J. ROUSSEAU. *Geneve*, (Paris) *in-*8. *v. m.*

7975 L'Amour du Peuple pour le Prince, discours prononcé à l'ouverture de l'Assemblée tenue à Reims, pour l'élection des Offic. Municip. 1751, *in-*8. *m. b.*

RHÉTEURS ET ORATEURS. 75

7976 Eloges & Discours philosophiques qui ont concouru pour les prix de l'Académie Françoise, & de plusieurs autres Académies, par (M. Mercier). *Amsterdam*, E. van Harrevelt, 1775, *in-*8. *v. f. d. s. t.*

7977 Discours prononcé à la séance publique de l'Académie de Rouen, par M. Cochin, en 1777. *Paris*, L. Cellot, 1779, *in-*12. *br.*

7978 Eloges lus dans les séances publiques de l'Académie Françoise, par M. d'Alembert, Secrétaire Perpétuel de cette Académie. *Paris*, Panckoucke, 1779, *in-*12. *v. m.*

7979 Nouveaux discours académiques, par M. L. ** de l'O***. *Nismes*, Gaude, 1769, *in-*8. *v. m.*

CONTENANT

Eloge de la Magistrature; — de Gassendi. — Oraison funebre de Marie Lezinska, Reine de France. — Eloge de P. Corneille. — Quelles sont les sources de la décadence du goût.

7980 Discours académiques sur divers sujets, par M. l'Abbé Millot. *Lyon*, F. Duplain, 1760, *in-*8. *v. m.*

7981 Eloge de la paix, ouvrage d'éloquence & de politique, enrichi de textes de l'écriture, & de notes historiques & chronologiques touchant les dernieres guerres depuis 1700, par M. l'Abbé de la Baume. *Paris*, Rollin fils, 1736, *in-*4. *cart.*

ITALIENS.

Rhéteurs.

7982 L'Oratore, di Giovanmaria Nemo. *Vinetia*, Gio. de Farri & fratelli, 1545, *in-*4. *vel.* (Memo)

7983 L'Arte oratoria, secondo i modi della lingua volgare, di Franc. Sansovino, divisa in tre libri, ne quale si ragiona tutto quello che all' artificio appartiene, cosi del poeta come dell'oratore, con l'autorita de i nostri scrittori. *Vinegia*, Giov. dal Griffo & fratelli, 1546, *in-*8. *vél.*

7984 La Retorica, di Bartol. CAVALCANTI, Gentilhuomo Fiorentino, divisa in sette libri: dove si contiene tutto quello che appartiene all'arte oratoria, con le postille di Pio PORTINATIO, Giureconf. *Pesaro*, Bart. Cesano, 1559, *in-4. v. f. d. f. t.*

7985 La medesima, in questa terza editione, di nuovo dall' istesso autore revista, & in molti luoghi accresciuta. *Vinegia*, Gab. Gio. de Ferrari, 1560, *in-f. vél.*

7986 La medesima, nuovamente ristampata, & corretta. *Venetia*, Cam. Franceschini, 1578, *in-4. vél.*

7987 Il Fiore della retorica, di Girolamo MASCHER, Mantouano, in quattro libri; ne' quali si comprendono i precetti utili e necessarii à ciacun buon' oratore, e massimamente di palazzo, secondo l'uso de' moderni tempi. *Vinegia*, Giovanni Bariletto, 1560, *in-8. vel.*

7988 Della Retorica, dieci dialoghi di Franc. PATRITIO, nelli quali si favella, dell'arte oratoria con ragioni repugnanti all'openione, che intorno à quella hebbero gli antichi scrittori. *Venetia*, Francesco Senese, 1562, *in-4. v. m.*

7989 Della Rhetorica, di Giason DENORES, lib. tre, ne' quali, oltra i precetti dell'arte, si contengono vinti orationi tradotte dé più famosi & illustri philosophi & oratori, con gli argomenti loro, discorsi, tavole & nuote, ove si potra facilmente vedere l'osservatione & l'essecutione di tutto l'artificio oratorio. *Venetia*, P. Megletto, 1584, *in-4. vel.*

7990 De gli autori del ben parlare, per secolari e religiosi opere diverse. *Venetia*, nella Salicata, 1643, 8 *vol. in-4. vel.*

7991 Il Predicatore, di F. Francesco PANIGAROLA, minore osservante, vescovo d'Asti, overo prarafrase, commento, e discorsi intorno al libro dell' elocutione di DEMETRIO Falereo, ove vengono i precetti, e gli essempi, del dire, che già furono dati à greci, ridotti chiaramente alla pratica del ben parlare in prose italiane, e la vana elocutione de gli autori profani accommodata alla sacra eloquenza de' nostri dicitori, e scrittori ecclesiastici. *Venetia*, Bernardo Giunti, 1609. 2 part. 1 vol. in-4. v. m.

Orateurs Italiens.

Collections des Discours & Ouvrages des Orateurs.

7992 Orationi diverse di diversi rari ingegni. *Vinegia*, 1546, in-8. cart.

Il y a dans ce livre six Oraisons qui servent à l'histoire de divers Etats d'Italie.

7993 Oratione di Alberto LOLLIO, Ferrarese, recitata da lui nell' academia de i signori elevati, *Fiorenza*, 1552. = Orationi di Piero RECUPERATI, & Lorenzo GIACOMINI, nel reddere, e pigliare il Consolato della loro Academia. *Firenza*, Giunti, 1566. = Oratione d'Attilio CORSI, in lode del Rev. Carlantonio dal Pozzo, Arcivescovo di Pisa, recitata da lui nell'anno 1607. *Firenze*, Giunti, 1608. = Oratione funerale di Franc. SERDONATI, delle lodi del Signor Franc. Orsino. *Firenze*, Filippo Giunti, 1593, in-4. vel.

7994 Oratione di Claudio Tolomei, Ambasciator di Siena, recitata dinanzi ad Henrico II, Re di Francia. *Vinegia*, per Franc. Marcolini. = Oratione d'ISOCRATE à Demonico Figliuolo d'Ipponico, circa à l'essertation de costumi, che si convengono à tutti i nobilissimi Giovanni, di latino in volgare tradotta da Madonna Chiara MATRAINI, Gentildonna Lucchese. *Fiorenza*, Lorenzo Torrentino, 1556, in-8. cart.

7995 Quattro Orationi di Bartolom. SPATHAPHORA, di Moncata, Gentil'huomo Venetiano; l'una in morte di Marc'-Antonio Trivisano, l'altra nella creatione del Francesco Veniero, Principe di Venetia, & una in difesa della servitù, l'altra in difesa della discordia. *Ven.* Plinio Pietrasanta, 1554, in-4. v. f.

7996 Orationi militari raccolte, per M. REMIGIO

78   BELLES-LETTRES.

Fiorentino, da tutti gli hiftorici greci e latini, antichi e moderni, con gli argomenti, che dichiarano l'occafioni, per le quali elle furono fatte, con gli effetti, in quefta feconda editione, che elle fecero ne gli animi di coloro che l'afcoltarono, dove fommariamente fi toccano l'hiftorie di tutti i tempi, con l'aggiunta di molti hiftorici, & orationi non impreffe nella prima, dal medefimo autore diligentemente corrette. *Vinegia.* G. Giolito de Ferrari, 1560, *in-*4. *mar. rouge.*

7997 Orationi in materia civile e criminale, tratte da gli hiftorici greci e latini, antichi e moderni, raccolte e tradotte per M. REMIGIO Fiorentino, con gli argomenti à ciafcuna oratione, per maggiore intelligenza di quanto fi contiene in effe, e con gli effetti che feguirono da dette orationi, nelle quali, oltre alla cognitione dell' hiftorie, s'ha notitia di governi di ftati, e di republiche, d'accufare e difender rei, e di molte altre cofe utili à ciafcuno, ch'attende alla vita civile. *Vinegia*, Gabr. Giolito de Ferrari, 1561, *in-*4. *mar. r.*

7998 Delle Orationi di M. Alberto LOLLIO, Gentilhuomo Ferrarefe, volume primo, aggiuntavi una lettera del medefimo in laude della villa. *Ferrara*, Valente Panizza, 1563, *in-*4. *v. m.*
Il y a dans ce volume treize Oraifons.

7999 Orationi volgarmente fcritte da molti huomini illuftri de tempi noftri, raccolte, rivedute & corrette par Francefco SANSOVINO. *Venetia*, Franc. Rampazetto, 1562, 2 *part.* 1 *vol. in-*4. *vel.*

8000 Le medefime, con un trattato dell'arte oratoria della lingua volgare del medefimo Sanfovino. *Venetia*, Jac. Sanfovino, 1569, 2 *part.* 1 *v. in-*4. *vel.*

8001 Le medefime, *Venetia*, al Segno della Luna, 1575, 2 *part.* 1 *vol. in-*4. *vel.*

8002 Lettere & Orationi del Cardinale BESSARIONE, tradotte in lingua italiana, da PIGAFETTA, nelle quali efforta i Principi d'Italia alla lega, & à pren-

RHÉTEURS ET ORATEURS.

dere la guerra contra il Turco. *Venetia*, Comin da Trino di Monferrato, 1573, *in-4. v. m.*

8003 Il primo libro, delle orazzioni (XIV) del Cavalier Lionardo SALVIATI, nuovamente raccolte. *Firenze*, Giunti, 1575, *in-4. vél.*

8004 Orationi e discorsi di Laurenzo Giac. TEBALDUCCI MALESPINI. *Fiorenza*, Sermatelli, 1597, *in-4. v. f. d. f. t.*

8005 Tre Orationi del S. Celso CITTADINI Sanese, deputato à legger publicamente nello studio di Siena la toscana favella. *Siena*, Salvestro Marchetti, 1603, *in-8. v. m.*

8006 Harangues ou Discours académiques de Jean-Baptiste MANZINI, trad. par SCUDERY. *Paris*, Aug. Courbé, 1644, *in-8. v. m.*

8007 Elogi accademici della societa de gli Spensierati di Rossano, descritti da D. Giacinto GIMMA, promotor perpetuo della medesima, publicati da Gaetano TREMIGLIOZZI, Consiglier-Promotoriale, colle memorie storiche della societa, stessa aggiunte dal medesimo. *Napoli*, Carlo Troile, 1703, 2 *vol. in-4. fig. baf.*

8008 Orazioni di Accademici Gelati di Bologna. *Bologna*, Lelio dalla Volpe, 1753, *in-4. baz.*

Discours imprimés séparément.

8009 Oratione de la pace, di Claudio TOLOMEI. *Roma*, Antonio Blado Asolano, 1534, *in-4. vél.*

8010 Orazione di Giovanni della CASA, scritta à Carlo-Quinto, Imperatore, intorno alla restituzione della citta di Piacenza. *in-8. v. f.*

8011 Oratione di CARLO V, Imperadore de Romani, da S. Ces. Maestà recitata, nella dieta di Brusselle à gli ordini & Principi di Fiandra, in eleggere il Re Filippo suo figlivolo, principe di quel paese, & oratione di Monf. D'ARRAS, primo Consigliere di Cesare, recitata nella medesima dieta nella elettione del Re don Filippo. *Florentiæ*, 1556, *in-4. cart.*

BELLES-LETTRES.

☩ 8012 Delle lodi della poesia d'Omero & di Virgilio, oratione composta dall' Andrea MENECHINI. *Vinegia*, Gab. Giolito de Ferrari, 1572, *in-4. cart.*

☩ 8013 Discorso di Girolamo CATENA, fatto nell' Academia de gl' affidati, sopra la traduttione delle scienze, & d'altre faculta. *Venetia*, Franc. Ziletti, 1581, *in-8. cart.*

☩ 8014 Oratione del signor Gio-Georgio BOGGIANO, & ragionamento del R. P. Giulio NEGRONE, della Compagnia di Giesu, recitate nella coronatione del sig. Luca Grimaldo, Duce della Republic. di Genova, & poesie varie. *Genova*, Giuseppe Pavoni, 1605. = Oratione del medesimo BOGGIANO, recitata nel senato, nel assontione al governo de' cinque nuovi governatori. *Genova*, Gius. Pavoni, 1605, *in-4. vel.*

☩ 8015 Orazione d'Attilio CORSI, in lode di Carlantonio dal Pozzo, Arcivescovo di Pisa, recitata da lui medesimo nel accademia Fiorentina, l'anno 1607. *Firenze*, Giunti, 1608, *in-4. cart.*

☩ 8016 Il Letterato buon cittadino discorso filosofico e politico, di principe don Luigi Gonzaga di CASTIGLIONE, colle note dell'abate Luigi GODARD. *Roma*, Benedetto Francesi, 1776, *petit in-fol. papier d'Holl. bas.*

☩ 8017 Discorso fatto in tempo di Republica da M. Alessandro PICCOLOMINI, di Siena, per le veglianti discordie de suoi cittadini, il M. D. XLIII. *Pisa*, Gio-Paolo Giovannelli, e figlio, 1765, *in-4. cart.*

☩ 8018 Il Leon Coronato, alla maestà della Republica Veneta, Panegirico di Luigi MANZINI. *Venetia*, Sarzina, 1633, *in-4. cart.*

☩ 8019 Il Caduceo Panegirico all'altezza Serenissima di Maurizio, Princ. e Card. di Savoja, da L. MANZINI. *Bologna*, Clem. Ferroni, 1635, *in-4. fig. cart.*

☩ 8020 Panegirico alla maestà christianissima di Luigi XIV, Re di Francia e di Navarra, detto da Carlo DATI. *Firenze*, all' insegna della stella, 1669, *in-4. v. m.*

Oraisons

RHÉTEURS ET ORATEURS.

Oraisons funebres.

8021 Oratione funebre, di Bened. VARCHI, sopra la morte di Cardinal Bembo. *Firenze*, 1547, *in-8. cart.*

8022 Orazione funerale, sopra la morte del Stefano Colonna da Palestrina, fatta & recitata dal medesimo. *Firenze*, 1548, *in-8. cart.*

8023 Delle lodi dell' Infante Isabella di Savoia, Principessa di Modona, oratione del P. Luigi ALBRICI, Piacentino, della Compagnia di Giesu, recitata da lui nelle solenni esequie celebrate à S. A. dal serenissimo Cesare d'Este, Duca di Modona, &c. à 6 di Novembre 1626. *Modona*, Giulian Cassiani, 1626. = All' altezze de' Principi Alfonso, & Fr. d'Este, nella morte dell' Infante d'Isabella di Savoia, canzone del Col. Gio-Battista RONCHI. *Modona*, Giulian Cassiani, 1626, (in versi). = Al Principe Alfonso d'Este, canzone del Cavalier Don Fulvio TESTI. *Modona*, Giul. Cassiani, 1626, (in versi) *in-4. cart.*

8024 Esequie di Luigi cattolico re delle Spagne celebrate in Firenze nella chiesa di S. Maria novella de' PP. Predicatori, anno M. D. CC. XXIV, dal P. Fr. Salvatore ASCANIO, del medesimo ordine, descritte da Nicolo Marcello VENUTI. *Firenze*, li Tartini, e Franchi, 1724, *fig*. = Delle lodi del medesimo re, orazione del Conte Camillo Ant. BOCCADIFERRO, Patrizio Bolognese, recitata publicamente dall'autore nelle sue esequie. *Firenze*, li Tartini, e Franchi, 1724, *in-fol. v. f. d. f. tr.*

8025 Seconda e terza oratione di Lionardo SALVIATI, nella morte dello S. Don Garzia de Medici. *Firenze*, i Giunti, 1562—1563, *in-4. cart.*

8026 Orazione funerale di Lionardo SALVIATI, nel esequie del seren. Cosimo Medici, Gran-Duca di Toscana, celebrate nell'anno 1570 in Pisa. *Firenze*, Bartolomeo Sermartelli, 1574, *in-4. cart.*

8027 Orazione di Benedetto BUOMMATTEI, fatta

Tome III. F

in morte del sereniss. Don Ferdinando Medici, Gran Duca terzo di Toscana. *Fiorenza*, Gio-Antonio Caneo, 1609. = Orazione di Francesco BOCCHI, sopra le lodi di Henrico IV, Re di Francia. *Fiorenza*, Bartolomeo Sermartelli, 1610. = Oratione funerale di Vincenzio PANCIATICHI, da lui recitata nell' essequie annuale del Gran-Duca Cosimo. *Fiorenza*, Filippo Giunti, 1598. = Orazione funenerale, di frate Giovanni DALLE ARMI, minore osservante, in morte, e sopra il corpo di Francesco Panigarola, vescovo d'Asti. *Fiorenza*, Giovan-Ant. Testa, 1595, *in-4. vel.*

8028 Orazione di Cosimo MINERBETTI, in lode di Cosimo III, Gran-Duca di Toscana, fatta nelle sue essequie anno 1620. *Firenze*, Pietro Cecconcelli, 1621. = Oratione in lode del Principe di Piombino, D. Belissario Aragona Appiano, di Lodovico LANDINI. *Siena*, Bodetti, 1626. = Oratione di Scipione AMMIRATO, nella morte di Filippo secondo, Re di Spagna. *Fiorenza*, Filippo Giunti, 1598, *in-4. vel.*

8029 Orazione funerale fatta nell'Accademia Fiorentina, da Benedetto VARCHI, sopra la morte della signora Maria Salviata de' Medici, madre del signor Duca di Firenze, con un sermone fatto alla croce & recitato il Venerdi Santo nella Compagnia di S. Domenico l'anno M. D. XLIX. *Firenze*, 1549, *in-8. carton.*

8030 Orazione funerale del Lionardo SALVIATI, delle lodi di Pier Vettori, Senatore, e Accademico Fiorentino, recitata in Firenze, il di 27 di Gennaio 1585, nel consolato di Giovam-Batista di Giovanmaria Deti. *Firenze*, Filippo e Jac. Giunti, 1585, *in-4. cart.*

8031 Delle lodi di Piero degli Angeli da Barga, Orazione di Francesco SANLEOLINI, Fiorentino, recitata nell'Accademia della Crusca. *Firenze*, Gi. Marescotti, 1597, *in-4. vel.*

ROMANS.

8032 In morte di Raffaello Gherardi, orazione d'Agoſtino COLTELLINI, con alcune poeſie nel medeſimo ſugetto. *Fior.*, Maſſi e Landi, 1638, *in-4. cart.*

8033 Delle lodi del commendatore Caſſiano dal Pozzo Orazione di Carlo DATI. *Firenze*, all' Inſegna della Stella, 1664, *in-4. vel.*

RUSSES.

8034 Diſcours prononcé dans l'Académie de Saint-Peterſbourg en 1776, par M. DE DOMASCHNEFF, trad. du ruſſe en franç. *Paris*, 1778, (avec une très-belle gravure) *in-4. gr. pap. d'Hol. broc.*

ROMANS.

Traités ſur les Romans, leur Origine & leur Défenſe.

8035 I Romanzi di M. Giov. Batt. PIGNA, ne quali della poeſia & della vita dell'Arioſto ſi tratta. *Vinegia*, Valgriſi, 1554, *in-4. vél.*

8036 Traité de l'origine des romans, par M. HUET. *Paris*, (Amſterd.) 1693, *in-12. v. f. d. ſ. t.*

8037 Le même, avec une lettre touchant Honoré d'Urfé. *Paris*, Mariette, 1711, *in-12. v. f. d. ſ. t.*

8038 Entretiens ſur les romans, ouvrage moral & critique dans lequel on traite de l'origine des romans & de leurs différentes eſpeces, tant par rapport à l'eſprit, que par rapport au cœur, par l'Abbé J***, (JAQUIN.) *Par.* Ducheſne, 1755, *in-12. m. r.*

8039 L'Orateur incognu pour les romans, (ſans frontiſpice) *in-8. cart.*

8040 Lettres amuſantes & critiques ſur les romans en général, anglois & franç. tant anciens que modernes, par DE LA NEUVILLE de Montador. *Paris*, Giſſey, 1743, 2 tom. 1 vol. *in-12. mar. r.*

ROMANS GRECS.

8041 Les affections de divers Amans, faictes & raſſemblées par PARTHENIUS de Nicée, & les narrations d'amour de PLUTARQUE, mises en franç. par Jeh. FOURNIER de Montauban, 1743, in-8. pap. d'Holl. mar. r.

8042 Du vray & parfait amour, écrit en grec par ATHENAGORAS, Philosophe Athénien, contenant les amours honestes de Théogenes & de Charide, de Phérécides & de Mélangenie, trad. par FUMÉE, Sieur de Génillé. Paris, Guillemot, 1612, in-12. v. f.

8043 Les amours pastorales de Daphnis & de Chloé, écrisptes en grec par LONGUS, (trad. par J. AMYOT.) Paris, Vincent Sertenas, 1559, in-8. v. br.

8044 La même traduct. sous le titre de Histoire des pastorales & bocageres amours de Daphnis & de Chloé. Paris, du Breuil, 1596, in-12. v. f. d. s. t.

8045 La même traduct. sous le titre des Amours pastorales de Daphnis & de Chloé, nouvelle édition. Paris, héritiers de Cramoisy, 1716, in-12. fig. v. br.

8046 La même traduct. (Paris) 1731, in-8. fig. v. f. d. f. tr.

8047 Les amours de Daphnis & Chloé, trad. du grec de LONGUS, par Pierre MARCASSUS. Paris, du Bray, 1626, in-8. mar. r.

8048 HELIODORI Æthiopicorum libri X, (græcè & lat.) ad fidem mss. ab Hieronymo COMMELINO emendati, multis in locis aucti, ejusdemque notis illustrati; accessit huic editioni sententiarum ex hoc opusculo collectarum series. Lugduni, vidua Ant. de Harsy, 1611, in-8. v. f. d. f. t.

8049 L'histoire æthiopique de HÉLIODORUS, contenant dix livres des loyales & pudiques amours de Théagenes, Thessalien, & Chariclea, Æthiopienne, (traduite par Jacques AMYOT.) Paris, Sertenas, 1547, in-fol. v. br.

8050 La même traduction. Paris, Groulleau, 1559, in-fol. v. f.

8051 Les amours de Théagene & Chariclée, histoire éthiopique d'HÉLIODORE, trad. du grec par Jean DE MONTLYARD, & corrigée par Henry D'AUDI-

ROMANS GRECS. 85

GUIER, avec les figures gravées par Mich. LASNE. Paris, Sam. Thibouſt, 1628, in-8. vel.

8052 Les amours d'Abrocome & d'Anthia, hiſtoire épheſienne, trad. de XENOPHON, par M. J***. 1748, in-12. fig. v. m.

8053 Les épheſiaques de XENOPHON, Epheſien, ou les amours d'Anthie & d'Abrocomas, trad. en franç. Paris, 1736, in-12. v. m.

8054 Di SENOFONTE efeſio degli amori di Abrocome e d'Anthia libri V, tradotti da A. M. SALVINI. Londra, Giov. Pickard, 1723, in-12. v. f.

8055 Achillis TATII, de Clitophontis & Leucippes amoribus, libri VIII, græcè & latinè, ex verſione (L. Annibalis CRUCEII) & cum notis Cl. SALMASII. Lugd. Batav. Hegerus, 1640, in-12. v. f.

8056 Les amours de Clitophon & de Leucippe, eſcris jadis en grec par Achilles STATIUS, Alexandrin, & en lat. par L. Annibal (CRUCEIUS) trad. en franç. par B. (BELLEFORESTS) Comingeois. Paris, l'Huillier, 1568, in-8. mar. r.

8057 La même traduct. Paris, Borel, 1575, in-8. v. f. d. ſ. tr.

8058 Les mêmes, trad. par A. REMY. Paris, Billaine, 1625, in-8. v. m.

8059 Les mêmes, trad. par J. B. (Jean BAUDOIN.) Paris, Fevrier, 1635, in-8. fig. v. m.

8060 Les quatre derniers Livres des Propos amoureux, contenant le diſcours des amours & mariage du Seigneur Clitophant & de Damoiſelle Leucippe, (traduit du grec d'Achilles TATIUS, par Jacques DE ROCHEMAURE.) Lyon, Marchant, 1556, in-16. mar. r.

8061 Achille TATIO, Aleſſandrino, dell' amore di Leucippe & di Clitophonte, nuovamente tradotto dalla lingua greca. Venetia, Domenico Cavalcalovo, 1563, in-8. vél.

8062 Achille TAZIO, Alleſſandrino, dell' amore di Clitofonte e Leucippe, tradotto di lingua greca

F 3

86 BELLES-LETTRES.

in toscana da Francesco-Angelo COCCIO, con aggiunta di sommarii à ogni libro, (libri VIII.) Fiorenza, Filippo Giunti, 1598, in-8. baz.

8063 Les amours de Rhodante & Dosiclès, trad. du grec de Théod. PRODROMUS. Par. 1746, in-12. baz.

8064 Imitation du roman grec de Théodore PRODROMUS, par DE BEAUCHAMPS. (Par.) 1746, in-8. v. mar. d. s. t.

8065 EUSTATHII de Ismeniæ & Ismenes amoribus, libri XI, Gilbertus GAULMINUS primus græcè edidit, & latinè vertit. Lutet. Paris. Drouart, 1618, in-8. v. f. d. s. t.

8066 Les amours d'Ismenius, composez par EUSTATIUS, trad. du grec en franç. par Jean LOUVEAU. Lyon, Rouille, 1559, in-12. baz.

8067 Les amours d'Ismene & de la chaste Ismine, trad. du grec d'EUSTATIUS, par Hyer. D'AVOST. Paris, Bonfons, 1582, in-16. v. f. d. s. t.

8068 Ismene & Ismenie, traduit par COLLETET. Paris, de Sommaville, 1637, in-8. v. f.

8069 Gli amori d'Ismenio composti per EUSTATHIO, Philosopho, & di greco tradotti per Lelio CARANI. Fiorenza, Lorenzo Torrentino, 1550, in-8. v. éc.

8070 Les travaux d'Aristée & d'Amarille, dans Salamine, composés en grec par THÉOPHRASTE, & trad. en franç. par MÉLIDOR. Paris, Piterson, 1619, in-12. v. f.

8071 Les amours de Carite & de Polydore, roman trad. du grec. Paris, 1760, in-8. v. m.

8072 Histoire des amours de Chéreas & de Callirrhoé, trad. du grec de CARITON, (par M. LARCHER.) Paris, Ganeau, 1763, 2 tom. 1 vol. in 8. v. m.

8073 Les aventures de Chærée & de Callirrhoé, trad. du grec par M. FALLET. Paris, Costard, 1775, in-8. fig. gr. pap. v. f. d. s. t.

8074 Di CARITONE Afrodisieo, de' racconti amorosi di Cherea & di Callirroe, libri otto, tradotti dal greco, 1752, in-4. baz.

ROMANS GRECS.

8075 Dinias & Dercillide, trad. du grec d'Antonius Diogenes, & poésies diverses, 1745. in-12. v. m.

8076 Les Céramiques, ou les aventures de Nicias & d'Antiope, par M. DE S. S. Londres, (Par.) 1760, 2 vol. in-12. v. m.

8077 Histoire du voyage que fist Cyrus à l'encontre du Roy de Perse Artaxerses son frere, par Claude DE SEYSSEL, translaté de grec en vulgaire, diligemment reveu & corrigé sur l'exempl. de XENOPHON, Grec. Paris, Galliot du Pré, 1529, in-fol. mar.

8078 Les voyages de Cyrus, avec un discours sur la mythologie, par RAMSAY. Paris, Quillau, 1727, 2 vol. in-8. v. f.

8079 Entretiens sur les Voyages de Cyrus. Nancy, Nicolai, 1728, in-8. v. f.

8080 Suite de la nouvelle Cyropédie, ou réflexions de Cyrus sur ses voyages, (ouvrage de la Princesse DE CONTY, du Duc D'EGUILLON, de l'Abbé DE GRÉCOUR, de M. D'AGENOIS & d'un P. de l'Oratoire.) Amst. (Rouen) 1728. ⟹ Lettres critiq. sur les Voyages de Cyrus. Paris, Rollin, 1728, in-12. v. f.

8081 Le repos de Cyrus, ou l'Histoire de sa vie, depuis sa seizieme jusqu'à sa quarantieme année, par M. l'Abbé PERNETTI. Paris, Briasson, 1732, in-8. gr. pap. fig. v. f.

8082 Les faveurs du sommeil, histoire trad. d'un fragment grec D'ARISTENETE. Londres, (Paris) 1746. in-12. v. m.

8083 Le triomphe de l'Amitié, trad. du grec par Mademoiselle DE ***. Paris, Bauche, 1751, 2 vol. in-12. v. m.

8084 Mysis & Glaucé, poëme trad. du grec. Geneve, (Par.) 1748, in-12. v. m.

ROMANS LATINS.

8085 Luc. APULÉE, de l'Asne doré, XI livres, trad. par J. LOUVEAU. Lyon, Rigaud, 1580, in-16. fig. v. f.

88 BELLES-LETTRES.

8086 La même traduction. *Paris*, Bonfons, 1586, *in*-16. *fig. v. f. d. s. t.*

8087 Les Métamorphoses, *ou* l'Asne d'or, de L. APULÉE, trad. par J. DE MONTLYARD, avec les figures gravées par Crip. DE PAS. *Paris*, Thiboust, 1623, *in*-8. *v. br.*

8088 Les Métamorphoses, *ou* l'Asne d'or d'APULÉE, & du démon de Socrate, trad. en franç. *Paris*, Brunet, 1707, 2 *vol. in*-12. *fig. v. m.*

8089 Les mêmes. *Paris*, Desventes, 1770, 2 *vol. in*-12. *fig. v. m.*

8090 APULEIO, dell'Asino d'oro, tradotto per Agnolo FIRENZUOLA, Fiorentino. *Vinegia*, Gabriel-Gio. de Ferrari, 1550, *in*-12. *v. f. d. s. t.*

8091 La medesima tradott., di nuovo ricorretta, e ristampata. *Firenze*, i Giunti, 1603, *in*-8. *vel.*

8092 L'Asino d'oro, di Lucio APULEIO, trad. dal Pompeo VIZANI. *Venetia*, Santo-Grillo, 1616, *in*-8. *v. f.* (avec fig. en bois.)

8093 Les Amours de Psiché & de Cupidon, trad. d'APULÉE. *Par.* de Luyne, 1695, *in*-12. *v. f.*

8094 Les Avantures d'Apollonius de Tyr, par le Br** (LE BRUN.) *Paris*, Ribou, 1710, *in*-12. *v. b.*

8095 Les sept Sages de Rome, (tirés du latin de Dom JEHANS, Moine de l'Abbaye de Haute-Selve.) *Geneve*, 1494, *in*-*fol. goth.* (fig. en bois) *v. m.*

(*A la fin.*) Cy finist le présent liure des sept Sages de Rome, imprimé à Geneue, l'an M. CCCC. XCIIII, le XXI jour de Jullet. Dieu en soit loué. Amen.

Lettres *de somme*, sans réclames, chiffres, registre, avec des figures gravées en bois insérées dans le texte, 51 feuillets.

8096 Les sept Saiges de Romme, Histoire d'Honcianus, Empereur, & de son filz unique nommé Dyoclécian, lequel il remit aux sept Saiges de Rome pour l'instruire en bonnes mœurs & sciences. Comment l'Emperiere sa mere alla de vie à trespas, & aussi comment l'Empereur se remaria à la fille du Roi de Castille, & vesquirent longuement ensemble

ROMANS LATINS. 89

sans avoir enfans, dont ils estoient fort doulens, & comme elle sçeut que l'Empereur avoit un fils, lequel il avoit commis à sept maistres pour le nourrir & apprendre pour succeder à l'Empire après lui. *Lyon*, Jean d'Ogerolles, 1577, *in-8. v. br. d. s. t.*

8097 Ludus septem Sapientum, de astrei Regii adolescentis educatione, periculis, liberatione, insigni exemplorum amœnitate, iconumque elegantia illustratus. *Franc. ad Mœnum*, Feyrabent, *in-8. fig. v. f.*

8098 Li compassionevoli awenimenti di Erasto, opera dotta & morale di greco tradotta in volgare, di nuovo corretta & ristamp. *Ven.* 1582, *in-12. v. m.*

8099 I medesimi, novamente ristampati. *Venetia* Giov. Alberti, 1599, *in-8. v. f.*

8100 Histoire pitoyable du Prince Erastus, fils de Dioclétien, Empereur de Rome, contenant exemples & notables discours, trad. d'italien en franç. *Paris*, Nicolas Bonfons, 1587, *in-16. v. m.*

8101 Histoire du Prince Erastus, fils de l'Empereur Dioclétien, trad. par le Chevalier DE MAILLY. *Paris*, Pierre Witte, 1709, *in-12. v. br.*

8102 Historia lastimera del Principe Erasto, hijo del Emperador Diocletiano, en la qual se contienen mucos exemplos notables, y discursos no menos recreativos, que provechosos y necessarios, traduzida de italiano en espagnol, por Pedro HURTADO DE LA VERA. *En Anvers*, Herederos de Juan Stelsio, 1573, *in-12. v. f. d. s. tr.*

8103 EUPHORMIONIS, Lusinini, sive Joannis BARCLAII, Satyricon bipartitum, cui adjecta sunt præcipua ejusdem Barclaii opera. I. Apologia pro se. II. Icon, sive imago animorum. III. Alitophili sive veritatis lachrymæ. *Rothomagi*, Joannes de la Mare, 1628, *in-8. v. f. d. s. t.*

Inserta est fronti hujus exemplaris clavis, nomina ignota passim in Euphormione occurrentia, referans & exponens, alibi excusa, 10 pag. continens.

Editio rara ob Alitophili lacrymas.

90 BELLES-LETTRES.

8104 Alitophili veritatis lacrymæ, siue Evphormionis Lusinini continuatio, authore Cl.-Bart. MORISETO, in-12. v. f. d. s. 1.

8105 L'œil clairvoyant d'EUPHORMION dans les actions des hommes, & de son regne parmi les plus grands & signalés de la Cour, Satyre composée par Jean BARCLAY, & trad. par M. NAU, Avocat en Parl. Paris, Ant. Estoct, 1626, in-8. mar. r.

8106 Le même, sous le titre de la Satyre d'EUPHORMION, composée par Jean BARCLAY, & trad. en françois, avec des observations, par Jean BERAULT. Paris, Jean Guignard, 1640, in-8. v. m.

8107 Le même, sous le titre de la Vie & avantures d'EUPHORMION, écrites sur de nouveaux mémoires, par S. S. S. J. P. R. V. L. E. R. E. Amst. Fr. l'Honoré, 1733, 3 tom. 1 vol. in-12. v. br.

8108 L'Argenis de Jean BARCLAY, trad. nouvelle, (par Pierre DU RYER,) enrichie de figures. Par. Nic. Buon, 1623, 2 vol. in-8. fig. v. f.

8109 La même, (traduite ou plutôt extraite,) par L. P. D. L. Par. P. Prault, 1728, 2 vol. in-12. v. f.

8110 La même, trad. nouvelle, par l'Abbé JOSSE, Chartres, N. Besnard, 1732, 3 vol. in-12. v. b.

8111 La même, trad. libre & abrégée, par M. SAVIN. Paris, Delalain, 1771, 2 vol. in-12. v. m.

8112 Les Amours de Poliarque & d'Argenis, de J. BARCLAY, mis en françois par Pierre DE MARCASSUS. Paris, N. Buon, 1622, 3 vol. in-8. v. b.

8113 Histoire de Poliarque & d'Argenis, abrégée du latin de Jean BARCLAY, par F. N. COEFFETEAU, avec le promenoir de la Reyne à Compiegne. Paris, Samuel Thiboust, 1624, in-12. cart.

ROMANS FRANÇOIS.

Romans de Chevalerie.

8114 Le roman de Florent & Lyon, enfans de l'Emp. de Rome, (Octavien.) Troyes, sans date, in-8. fig. v. f.

ROMANS FRANÇOIS.

8115 L'histoire des trois Freres, Princes de Constantinople, (Rosidor, Palmenio & de Clarian de Grece,) par DE LOGEAS. *Paris*, Billaine, 1632, *in-8. v. f. d. s. t.*

× 8116 Le romant de la belle Héleine de Constantinople, mere de S. Martin de Tours, & de S. Brice son frere. *Paris*, Bonfons, 1586, *in-4. mar. r.*

× 8117 Histoire des merveilleux faits du preux & vaillant Chevalier Artus de Bretagne, avec fig. grav. en bois. *Paris*, Bonfons, 1584, *in-4. v. m.*

8118 La vita di Merlino, con le sue profetie, ristampate & corette, le quali tratta delle cose che hanno a venire. *Vinegia*, Barthol. Imperatore, 1554, *in-8. v. f. d. s. tr.*

8119 Histoire merveilleuse & notable de trois excellens & très-renommez fils de Roys, à savoir de France, d'Angleterre & d'Ecosse, (Philippe, David & Aufroy) qui firent de grandes proesses pour la défence de la Foy chrestienne, au secours du Roy de Sicile. *Lyon*, Ben. Rigaud, 1579, *in-8. m. bl.*

× 8120 Histoire de très-noble & chevaleureux Prince Gerard, Comte de Nevers & de Rhétel, & d'Eurient de Savoye, sa mye, avec des notes, par GUEULETTE. *Paris*, Ravenel, 1727, *in-8. mar. r.*

8121 Histoire du noble, preux & vaillant Chevalier Guillaume de Palerne & de la belle Mélior, lequel Guill. de Palerne, fut fils du Roi de Cecille, & par merveilleuse adventure devint vacher, & finalement fut Empereur de Rome, sous la conduite d'un loupgarou, fils du Roy d'Espaigne. *Rouen*, Coste, *sans date, in-4. v. f.*

8122 Les faits & proesses du noble & vaillant Hercules. *Troyes*, Oudot, 1612, *in-8. v. m.*

× 8123 L'histoire & plaisante cronique du Petit Jehan de Saintré, de la jeune Dame des belles Cousines, avecques deux histoires de Floridan & de la belle Ellinde, & l'extrait des Chroniques de Flandres, ouvrage enrichi de notes, d'une préface sur l'origine

BELLES-LETTRES.

de la chevalerie & des anciens tournois, & d'un avertissement pour l'intelligence de l'histoire, (par GUEULETTE.) *Paris*, Bienvenu, 1724, 3 *vol. in-*12. *v. br.*

8124 L'histoire des nobles & vaillans Chevaliers Milles & Amis. *Rouen*, Coste, *in*-4. *sans date*, *v. m.*

8125 Théâtre d'histoire, où avec les grands proüesses & aventures étranges du noble & vertueux Chevalier Polimentes, Prince d'Arsine, se représentent au vrai plusieurs occurences fort rares & merveilleuses, tant de paix que de guerre, arrivées de son tems, par Phil. DE BELLEVILLE. *Bruxelles*, Velpius, 1613, *in*-4. *fig. v. f.*

8126 Bibliotheque bleue, ou recueil d'hist. singulieres & naïves. *Paris*, Lacombe, 1769, 2 *vol. in-*8. *v. f.*

CONTENANT

Histoire de Robert le Diable; de Richard sans peur; de Jean Calais; de Fortunatus & de ses Enfans; de Pierre de Provence & de la belle Maguelonne.

8127 La même, entierement refondue & considérablement augmentée. *Paris*, Costard, 1775 & 1776, 2 *vol. in*-8. *gr. pap. fig. v. f. d. s. t.*

Contenant les mêmes Histoires que la précédente édition.

8128 La terrible & merveilleuse vie de Robert le Diable. *Rouen*, *in*-8. *v. m.*

8129 Histoire du redouté Prince Richard sans peur, Duc de Normandie, & par sa proesse, Roy d'Angleterre, fils de Robert, surnommé le Diable. *Paris*, Bonfons, *sans date*, *in*-4. *v. m.*

8130 Histoire de Jean de Calais, par M. ***. *Bruxell.* Fricx, 1738, *in*-12. *v. f.*

8131 L'histoire du noble & vaillant Chevalier Pierre de Provence & de la belle Maguelonne. *Lyon*, Didier, 1625, *in*-8. *mar. r.*

ROMANS FRANÇOIS.

Romans de Charlemagne, des douze Pairs de France, des neuf Preux, des Amadis, &c.

8132 La conqueste du grand Charlemaigne, Roy de France & des Espaignes, avec les faicts & gestes des douze Pais de France, & du grand Fierabras, & le combat faict par luy contre le petit Olivier, qui le vainquit, & des trois Freres qui firent les neuf espées, dont Fierabras en avoit trois pour combattre contre ses ennemys. *Paris, Bonsons, sans date.* in-4. *fig. en bois, v. m.*

8133 L'histoire des quatre fils Aymon, très-nobles & vaillans Chevaliers, avec figures gravées en bois, *Troyes, Oudot, sans date*, in-4. *pap.*

8134 Les quatre fils Aymon, avec fig. grav. en bois. *Lyon, Rigaud,* 1583, in-4. *mar. r.*

8135 Les prouesses & vaillances du redouté Mabrian, lequel fut Roy de Jérusalem, semblablement les faicts & gestes des quatre fils Aymon, & de leur cousin Maugis, translatez du vieil langage en vulgaire françois, avec fig. grav. en bois. *Troyes, Oudot,* 1625, in-4. *v. f.*

8136 Les prouesses & faicts du très-preux, noble & vaillant Chevalier Huon de Bourdeaux, Pair de France. *Lyon, Rigaud,* 1586, in-4. *fig. en bois, v. f.*

8137 Les mêmes. *Troyes, Oudot,* 1634, in-4. *v. éc.*

8138 Histoire des nobles prouesses & vaillances de Galien restauré, fils du noble Olivier le Marquis, & de la belle Jaqueline, fille du Roy Hugon, Empereur de Constantinople, avec fig. grav. en bois. *Troyes, Oudot,* 1622, in-4. *v. br.*

8139 Oger le Dannois, Duc de Dannemarche, l'un des douze Pairs de France, lequel, avec ayde de Charlemaigne, chassa les Payens hors de Rome, & remist le Pape en son siege, avec fig. grav. en bois. *Paris, Bonsons,* 1583, in-4. *mar. r.*

8140 Histoire du preux & vaillant Chevalier Meurvin, fils d'Oger le Danois, lequel par sa prouesse conquist

BELLES-LETTRES.

Hierusalem, Babylone & plusieurs autres Royaumes sur les Infidelles, avec figures grav. en bois. *Paris, Bonfons, sans date, in-4. v. br.*

8141 Histoire de la fleur des batailles Doolin de Mayence, contenant ses merveilleuses prouesses faictes sur le Roy Dannemont & sur le Roy de Saxonne, pour lors Infideles & Turcs, par Charlemaigne, Doolin & Guérin de Montglaive, avec fig. grav. en bois. *Paris, Bonfons, sans date, in-4. mar. r.*

8142 L'histoire des deux nobles & vaillans Chevaliers Valentin & Orson, enfans de l'Empereur de Grece, & nepveus de Pépin, Roy de France, contenant les gestes & proesses d'iceux contre les Sarrazins, avec figures gravées en bois. *Rouen, Costé, sans date, in-4. v. m.*

8143 La même. *Troyes, Oudot, 1723, in-4. v. f.*

8144 Historia dei due nobilissimi & valorosi fratelli Valentino & Orsone, figliuoli del magno Imperatore di Costantinopoli, & nepoti del Re Pipino, nella quale si contengono molti & varii soggetti d'arme & d'amore, tradotta nuovamente di lingua francese in italiana. *Venetia, Vincenzo Valgrisi, 1558. in-8. baz.*

8145 L'histoire de Maugis d'Aygremont & de Vivian son frere, en laquelle est contenu comment ledit Maugis enchanta le diable Rouart, & occist le serpent qui gardoit la roche, par laquelle chose il conquist le bon cheval Bayard, & le géant Sorgalant. *Paris, Bonfons, 1584, in-4. v. m.*

8146 Le roman de Jean de Paris, Roy de France. *La Rochelle, de Gouy, sans date, in-8. v. m.*

8147 Le même. *Paris, Velut, 1600, in-4. fig. en bois, v. f.*

8148 Le même. *Troyes, Oudot, 1613, in-8. fig. v. m.*

8149 Amadis de Gaule, de Pierre MARCASSUS, liv. I. *Paris, Rocolet, 1629, in-8. mar. r.*

ROMANS FRANÇOIS.

Aventures amoureuses sous des noms empruntés de la Fable.

8150 Les Amours des Dieux, par DE LA SERRE. Paris, Gurereau, 1626, 1 tom. 2 vol. in-8. fig. v. m.

CONTENANT

Les amours de Cupidon & de Psyché; du Soleil & de Clytie; de Jupiter & de Danaé; de Jupiter & d'Io; de Jupiter & Calisto; de Neptune & d'Amphitrite; d'Orphée & d'Eurydice.

8151 Les Amours des Déesses, par PUGET DE LA SERRE. Paris, Rocolet, 1633, in-8. m. r. fig.

CONTENANT

Les amours de Diane & Hypolite; de l'Aurore & Céphale; de la Lune & Endymion; de Venus & Adonis; de Narcisse.

8152 Adonis, imitation en prose du huitieme chant de l'Adone du Cav. Marin, intitulé: *i Trastulli ou les vrais Plaisirs*. Paris, Musier fils, 1775, in-8. fig. v. f. d. s. t.

8153 Alcide, par P. A. D. Paris, Besongne, 1647, 2 vol. in-8. v. f.

8154 L'Antiope, par GUERIN. Paris, Sommaville 1644, 2 part. 4 vol. in-8. v. f.

8155 Le Tableau de la Grace, (Phyllis à Demophoon; Ariadne après avoir été abandonnée par Thesée, & au moment que Bacchus en devient amoureux.) Par. Mat. Guillemot, 1607, in-12. v. m.

8156 L'Aristée, du sieur DE SAINTE-SUZANNE. Par. Bourdin, 1629, in-8. v. m.

8157 Les Avantures de Calliope, par L. B. (LE BRUN.) Paris, Holtz, 1720, in-12. v. b.

8158 La Diane des Bois, par DE PREFONTAINE. Rouen, Caillové, 1632, in-8. mar. r.

8159 La Diane déguisée, par DE LANSIRE. Paris, Denain, 1647, in-8. v. f.

8160 La Diane Françoise, de DU VERDIER. Paris, Sommaville, 1624, in-8. mar. r.

96 BELLES-LETTRES.

8161 Histoire d'Echo & de Narcisse, par le Comte ALEXANDRE C. D. M. *Leyde*, (*Paris*), 1730, *in*-12. *mar. r.*

8162 Endimion, par GOMBAULT. *Paris*, Buon, 1626, *in*-8. *fig. v. f. d. f. tr.*

8163 Les soupirs d'Euridice aux champs Elisées. *Paris*, Costard, 1770, *in*-8. *v. m.*

8164 Les larmes de Floride essuyées par Minerve, par MOUSÉ. *Paris*, Boulanger, 1627, *in*-12. *v. m.*

8165 Histoire du ravissement d'Hélene, & sujet de la guerre de Troyes, par J. B. F. *Rouen*, le Vilain, 1615, *in*-12. *m. r.*

8166 Le rétablissement de Troyes, avec lequel, parmi les hasards des armes, se voyent les amours d'Æsionne, ses jalousies, désespoir, espérances, changemens & passions que les succès balancent par la vertu, par BEROALDE DE VERVILLE. *Tours*, Molin, 1597, *in*-12. *v. m.*

8167 Les amours d'Æsionne, où se voyent les hasards des armes, les jalousies, désespoirs, espérances, changemens & passions que les succès balancent par la vertu, par le même, *Paris*, Guillemot, 1598, *in*-12. *v. f.*

8168 Hylas & Phila, (en 9 chants.) *Paris*, Knapen fils, 1780, *in*-12. *v. f. d. f. tr.*

8169 Iphis & Aglaé. *Par*. Merlin, 1768, 2 *v. in*-12. *baz.*

8170 Histoire d'Iris, par M. C. (POISSON.) *la Haye*, Roguet, 1746, *in*-12. *v. m.*

8171 Le Juppiter de Candie, par G. de T. *Paris*, l'Angelier, 1604. = Tableau de la mendicité, *in*-12. *v. br.*

8172 Diverses affections de Minerve, par D'AUDIGUIER. *Paris*, Guillemot, 1625, *in*-8. *v. m.*

8173 L'Histoire de Narcisse, par D. L. H. *Paris*, Cellier, 1703, *in*-12. *m. r.*

8174 La Monophile, ou Orphée triomphant de l'amour. *Lyon*, Rigaud, 1597, *in*-16. *v. m.*

8175 Artifices de la Court, *ou* amours d'Orphée & d'Amaranthe,

ROMANS FRANÇOIS.

d'Amaranthe, par DE LA SERRE. *Paris*, Collet, 1632, *in-*12. *mar. r.*

8176 Opuscule d'un Auteur Egyptien, contenant l'histoire d'Orphée, par le Chevalier DE MOUHY, *Londres*, (*Par.*) 1752, *in-*12. *m. r.*

8177 Les amours de Pâris & d'Œnone, par GUY de Tours. *Tours*, Molin, 1602, *in-*12. *pap.*

8178 Le Jugement de Pâris. *Paris*, Guillemot, 1608, *in-*12. *v. m.*

8179 Le Jugement de Pâris, & le ravissement d'Helene, avec ses amours, par DE LA SERRE. *Paris*, du-Bray, 1617, *in-*12. *pap.*

8180 Avantures de Periphas, descendant de Cécrops, par PUGET DE S. PIERRE. *Paris*, Dufour, 1761, 2 *part.* 1 *vol. in-*12. *v. m.*

8181 Pigmalion, *ou la statue animée. Londres*, Harding, 1741, *in-*12. *v. m.*

8182 Les amours de Psiché & de Cupidon, par DE LA FONTAINE. *Paris*, Barbin, 1669, *in-*8. *v. m.*

8183 La nouvelle Psiché, par Madame ***. *Paris*, Mazieres, 1711, *in-*12. *v. m.*

8184 Le roman céleste des amours du Soleil & de la Lune, par F. SERVIEN. *Paris*, de Sommaville, 1650, *in-*4. *mar. r. d. s. t.*

8185 La vallée de Tempé. *La Haye*, (*Par.*) 1747, *in-*12. *v. m.*

8186 Les vrais plaisirs, *ou les amours de Vénus & d'Adonis*, (par FRERON.) *Paphos*, (*Paris*). 1748, *in-*12. *v. m.*

8187 Les mêmes, 1751, *in-*8. *v. m.*

8188 L'Uranie de Lucidor, par F. CHADIRAC. *Bourdeaux*, Vernoy, 1615, *in-*12. *v. f.*

8189 L'Uranie du sieur DE MONTAGATHE. *Paris*, Fouet, 1625, *in-*8. *mar. r.*

Tome III. G

BELLES-LETTRES.

Aventures amoureuses sous des noms de l'Histoire Grecque.

8190 Histoire de la galanterie des Anciens, par DE VAUMORIERE. *Paris*, le Monnier, 1671, 2 tom. 1 *vol in*-12. *mar. r.*

8191 Les illustres infortunés, *ou* Avantures galantes des plus grands Héros de l'antiquité. *Cologne*, Marteau, 1695, *in*-12. *v. f.*

8192 Histoire secrette des femmes galantes de l'antiquité, par DUBOIS. *Amst.* (*Par.*) 1745, 6 vol. *in*-12. *v. m.*

CONTENANT

Io, Prêtresse de Junon d'Argos. Narcisse & Echo. Télégones & Io. Isis & Osyris. Dio ou Cérès, Reine de Sicile. L'enlèvement de Perséphone. Cybelle, Princesse de Phrygie. Apollon & Daphné. Cybelle, Atys & Marsias. Vénus, Courtisane Cyprienne. Thestor, Théonoë & Leucippe. Caractere d'Alcide ou d'Hercule. Vénus & Adonis. Téléphe & Parthenopée. Ariane, fille de Minos. Thésée. Médée, Sémiramis, femme de Ninus. Atergate, Reine & Déesse de Syrie. Zamès. Zariadrès & Odatis. Dorisse, veuve de Polydecte, Roi de Lacédémone. Lycurgue. Calciope. Le jeune Ninus & Eriphile. Tarpeia. Rhéa Silvia. Callythie, Prêtresse de Junon Messenienne. Epébole & Callythie. Pasiphile, Courtisane de Milet. L'anneau de Gygès. Archidamie, Prêtresse de Cérès de Lacédémone. Le Prince Gorgus. Dorique, sous Psammis, Roi d'Egypte. Charaxe & Dorique. Sapho. Sapho & Phaon. Géganie, sous le vieux Tarquin. Phya, sous Pisistrate, tyran d'Athénes. Rhodope, esclave Thracienne. Phédime, sous Cambyse. La Princesse Aristone, Darius, Hypotaspide, Phédime & le Prince Smerdis. Nitétis, fille d'Apriès, ancien Roi d'Egypte & Sylosonte, frere de Polycrate, tyran de Samos. Léæna, Courtisane d'Athénes. Tullie, fille de Servius-Tullius. Percale, sous Cléomene & Démarate, Rois de Lacédémone. Cléomene & Démarate, & Percale, fille de Chilon. Anytis, fille de Darius Hystaspide. Gygée & Métiochus. Artemise, I. Reine d'Halicarnasse. Artemise, Thémistocle, Aristide & Stésilie.

8193 Les amours & les armes des Princes de Grece, par DUVERDIER. *Paris*, Loyson, 1627, *in*-8. *v. m.*

ROMANS FRANÇOIS.

8194 Annales galantes de Grece, par Mme DE VILLE-DIEU. *Paris*, Barbin, 1687, 2 *vol. in-*12. *v. f.*

8195 Les belles Grecques, *ou* l'histoire des plus fameuses Courtisannes de la Grece, par Madame DURAND. *Paris*, Saugrain, 1712, *in-*12. *v. br.*
CONTENANT
Rhodope. Aspasie. Laïs. Lamia. Dialogues des Galantes modernes.

8196 Le Prince ennemi du Tyran, histoire grecque, où se voyent les vertus d'un grand Prince, les crimes d'un tyran, la force de l'Amour & la puissance de la haine, par D. B. G. *Paris*, Gobert, 1646, 1 *tom.* 2 *vol. in-*8. *v. m.*

8197 Agiatis, Reine de Sparte, *ou* les guerres civiles des Lacédémoniens, sous les Rois Agis & Léonidas, par Pierre DORTIGUES DE VAUMORIERE. *Paris*, de Luyne, 1685, 2 *vol. in-*12. *v. f. d. s. t.*

8198 Agiatis, par M. l'Abbé DUVAL-PYRAU. *Yverdon*, Soc. Litt. & Typog. 1778, *in-*8. *v. f. d. s. t.*

8199 Aihcrappih, histoire grecque. (*Par.*) 1748, *in-*12. *v. m.*

8200 Le songe d'Alcibiade. *La Haye*, Rogissart, 1736, *in-*12. *mar. r.*

8201 Les amours d'Antiocus, Prince de Syrie, & de la Reine Stratonique, par LE FEBVRE. *Amsterd.* 1679, *in-*12. *mar. r.*

8202 Anecdotes grecques, *ou* aventures secretes d'Aridée, trad. d'un mss. grec, par M. ***. *Paris*, veuve Guillaume, 1731, *in-*12. *v. br.*

8203 Les travaux d'Aristée & d'Amarille dans Salamine & dans Lutesce, par DE CURY & DE VOUTÉ. *Paris*, Boullanger & Guillemot, 1624, *in-*12. *v. f.*

8204 Voyages & aventures d'Aristée & de Télasie, par DU CASTRE D'AUVIGNY. *La Haye*, (*Par.*) 1731, 2 *vol. in-*12. *v. m.*

8205 Aristide, par M. l'Abbé DUVAL-PYRAU. *Yverdon*, Soc. Typogr. 1777, *in-*8. *v. m.*

8206 Histoire des deux Aspasies, femmes illustres de

BELLES-LETTRES.

la Grece, avec des remarques historiques & critiques, par M. le Comte DE BIEVRE, Amsterd. J. Wetstein, 1737, in-12. v. m.

8207 Les amours de Calisthene & d'Aristoclie, hist. grecque. La Haye, (Par.) 1753, in-12. v. m.

8208 Carmante, histoire grecque, par Mademoiselle DESJARDINS, (depuis Madame DE VILLEDIEU.) Paris, Barbin, 1668, 2 vol. in-8. mar. r.

8209 Cassandre, par DE COSTES DE LA CALPRENEDE. Paris, Sommaville, 1642, 10 vol. in-8. v. m.

8210 Cassandre, rédigé par le Marquis DE SURGÈRES. Paris, du Mesnil, 1752, 3 vol. in-12. v. m.

8211 Cléopatre, par LA CALPRENEDE. Paris, Jolly, 1663, 12 tom. 23 vol. in-8. v. m.

8212 Abrégé de la même, par J. C. Paris, Jolly, 1668, 3 vol. in-12. v. f. d. f. t.

8213 Artamene, ou le grand Cyrus, par DE SCUDERY. Paris, Courbé, 1650, 10 tom. 30 vol. in-8. v. m.

8214 Les familles de Darius & d'Hidarne, ou Statira & Amestris, hist. persane. Paris, Dehansy, 1770, 2 tom. 1 vol. in-12. v. m.

8215 Histoire de Laïs, Courtisanne grecque, avec des anecdotes sur quelques Philosophes de son tems. Paris, Jorry, 1756, in-12. mar. r.

8216 Les amours de Laïs, histoire grecque, par M. DE J. ****. Paris, Cuissart, 1765, in-12. v. m.

8217 Lilia, ou histoire de Cartage, par Madame L***. Amsterd. (Par.) 1736, in-12. v. m.

8218 Les aventures de Léonidas & de Sophronie, par L. A. Abbé DE CASTERA. Paris, le Febvre, 1722, in-12. mar. r.

8219 Lycoris, ou la Courtisanne grecq., par M. BRET. Amsterd. (Par.) 1746, 2 part. 1 vol. in-12. baz.

8220 Mitridate. Paris, Quinet, 1648—1651, 2 tom. 4 vol. in-8. v. br.

8221 Le Phasma, ou l'apparition, cont. les aventures de Néoclès, fils de Thémistocle, trad. par POINSINET DE SIVRY. Par. 1772, in-12. v. f. d. f. t.

ROMANS FRANÇOIS.

8222 Les aventures de Néoptoleme, fils d'Achille, par CHANSIERGES. *Par.* Robustel, 1718, *in*-12. *v. br.*

8223 Les mêmes. *La Haye*, Moetjens, 1719, *in*-12. *v. m.*

8224 La fidélité couronnée, *ou* l'hist. de Parmenide, Prince de Macédoine, par LE COQ-MADELEINE. *Bruxell.* Claudinot, 1706, *in*-12. *mar. r.*

8225 L'Erocaligenesie, *ou* la naissance d'un bel amour, sous les noms de Patrocle & Philomelle, par L. J. D. M. *Paris*, Robinot, 1602, *in*-12. *v. br.*

8226 Les galanteries amoureuses de la Cour de Grece, *ou* les amours de Pindare & de Corinne. *Paris*, Ribou, 1676, 2 *vol. in*-12. *v. m.*

8227 La vie, les amours & les combats de Polynice, par DE LA FAYE. *Paris*, Buon, 1617, *in*-8. *v. m.*

8228 Psaphion, *ou* la Courtisanne de Smirne. *Lond.* (*Par.*) 1748, *in*-12. *v. m.*

8229 Les aventures de Pirrhus, par M. DE F***. *Paris*, Pillot, 1771, 2 part. 1 vol. *in*-12. *v. m.*

8230 Rodogune, *ou* l'histoire du grand Antiochus, par D'AIGNE D'IFFREMONT. *Paris*, Loyson, 1668, 1 tom. 2 vol. *in*-8. *v. m.*

8231 La même. *Paris*, Loyson, 1669, *in*-8. *v. m.*

8232 Anecdotes politiques & galantes de Samos & de Lacédémone. *La Haye*, (*Paris*) 1744, 2 part. 1 vol. *in*-12. *v. br.*

8233 Les mêmes. *Amst.* l'Honoré, 1732, *in*-12. *v. m.*

8234 L'histoire & les amours de Sapho de Mytilene, avec une lettre qui contient des réflexions sur les accusations formées contre ses mœurs. *Paris*, Musier, 1724, *in*-12. *v. br.*

8235 Les mêmes. *La Haye*, (*Par.*) 1743, *in*-12. *v. m.*

8236 La Sybile de Perse, du Sieur DU VERDIER. *Paris*, Sommaville, 1632, *in*-8. *v. f.*

8237 Les aventures de Télémaque, par François DE SALIGNAC DE LA MOTTE DE FÉNELON. *Paris*, Estienne, 1717, 2 vol. *in*-12. fig. *v. f.*

8238 Estampes des aventures de Télémaque, gravées d'après les dessins de Charles MONNET, Peintre,

G 3

par J. B. Tilliard. *Paris*, 1773, 6 cayers de 6 estampes chacun, *in*-4. *gr. pap. broch.*

8239 Le avventure di Telemaco, figliuolo d'Ulisse, composte dal Francesco di Salignac della Motte Fenelon, Arcivescovo di Cambrai, nuova edizione, riveduta e corretta sopra il manoscritto originale dall'Autore, ora accresciuta di annotazioni morali, politiche e istoriche, e d'un discorso della poesia epica, opera tradotta dal linguaggio francese ne l'italiano. *Venezia*, Pietro Savioni, 1768, 2 vol. *in*-12. *v. f. d. f. t.*

8240 Le medesime, con varie annotazioni mitologiche, e geografiche, e coll' aggiunta delle avventure d'Aristone, nuova traduzione dal francese, (libri XXIV.) *Napoli*, Gio. Gravier, 1768, *in*-8. *v. m.*

8241 Suite de Télémaque, *ou les aventures d'Aristonoüs*, *sans nom de Ville, ni date*, *in*-12. *v. m.*

8242 Critique générale des aventures de Télémaque. *Cologne*, (Rouen) 1700, *in*-12. *v. f.*

8243 Critique de la premiere & deuxieme suite du Tome second des aventures de Télémaque. *Cologne*, 1701, *in*-12. *v. m.*

8244 La Télémacomanie, *ou la censure & critique des aventures de Télémaque*. *Eleuterople*, (Par.) 1700, *in*-12. *v. m.*

8245 Critique d'un livre intitulé: *La Télémacomanie*. *Amsterd.* Marret, 1706, *in*-12. *v. f.*

8246 Télémaque travesti, par de Marivaux. *Amst.* Ryckhoff, 1736, 2 vol. *in*-12. *mar. r.*

8247 L'amitié scythe, *ou histoire secrette de la conjuration de Thébes*. *Paris*, Vente, 1767, *in*-12. *v. m.*

8248 Les aventures & amours d'Ulysse avec la Déesse Calypso. *Amsterd.* (Rouen) 1709, *in*-12. *v. f. d. f. t.*

8249 Aventures d'Ulysse dans l'isle d'Ææa, par M. M***, (M. Mamin.) *Paris*, Bauche, 1752, 2 part. 1 vol. *in*-12. *v. m.*

ROMANS FRANÇOIS.

Aventures amoureuses sous des noms de l'Histoire Romaine.

8250 L'Amour voilé découvert, histoire romaine, *Cologne*, Pielat, 1675, in-12. mar. r.

8251 L'Ariane, par DESMARETS. *Paris*, Guillemot, 1639, in-4. fig. v. br.

8252 Ariovifte, histoire romaine, par Mademoiselle DE LA ROCHE-GUILHEN. *Paris*, Barbin, 1674, 4 vol. in-12. v. br.

8253 Le même. *La Haye*, Troyel, 1697, in-12. m. r.

8254 Bélisaire, par M. MARMONTEL. *Paris*, Merlin, 1767, in-8. fig. pap. double, mar. r.

8255 Réfutation de Bélisaire & de ses oracles, J. J. Rousseau & Voltaire. *Basle, (Paris*, Boudet,) 1768, in-12. baz.

8256 Examen du *Bélisaire de M. Marmontel. Paris*, H. C. de Hansy le jeune, 1777, cinq cahiers, 1 vol. in-8. v. m.

8256 * Philémon, ou Entretiens sur divers sujets intéressans de morale : *L'anti-Bélisaire*, par M. DE S. H***. *Paris*, Charles-Pierre Berton, 1778, in-12. v. m.

8257 Bérénice, (par DE SEGRAIS.) *Paris*, 1648 & 1650, 4 vol. in-8. v. br.

8258 Rome galante, ou histoire secrete sous les regnes de Jules César & d'Auguste, par L. C. D. M. (le Chevalier DE MAILLY.) *Paris*, Guignard, 1696, 2 tom. 1 vol. in-12. v. f.

8259 La même, *sous le titre des amours des Empereurs Romains Jules-César & Auguste. Amsterdam*, 1701, in-12. mar. r.

8260 Les aventures de Jules-César & de Murcie dans les Gaules, *ou le modele de l'amour parfait. Paris*, Coignard, 1695. = Instr. pour Gens de qualité qui entrent dans le monde, en forme de lettres. in-12. mar. r.

G 4

BELLES-LETTRES.

8261 Clélie, histoire romaine, par de SCUDERY. Paris, Courbé, 1660, 10 vol. in-8. v. f. d. s. t.

8262 Cléopatre humiliée, & la réponse de César. Avignon, J. Piot, 1640, in-8. v. m.

8263 Les amans illustres, ou la nouvelle Cléopatre, par Mad. D***. Paris, Dehansy, 1769, 3 vol. in-12. v. m.

8264 Hermiogène, par CHEVREAU. Paris, Courbé, 1648 & 1650, 2 vol. in-8. mar. r.

8265 Le Poëte Courtisan, ou les intrigues d'Horace à la Cour d'Auguste. Par. Ribou, 1704, in-12. v. m.

8266 Le même. La Haye, Husson, 1705, in-12. v. m.

8267 Les amours d'Horace. Cologne, Marteau, 1728, in-12. v. f.

8268 Junie, ou les sentimens romains, par DE P. Paris, Coignard, 1695, in-12. v. f.

8269 L'histoire des pensées, ou les amours de Marc-Antoine. Paris, Loyson, 1677, in-12. v. m.

8270 Les amours de Néron, par Madame DE LA ROCHEGUILHEN. la Haye, Troyel, 1695, in-12. v. f.

8271 Les mêmes. La Haye, Swart, 1713, in-12. v. m.

8272 Anecdotes galantes & tragiques de la Cour de Néron, Paris, Huart, 1735, in-12. v. m. d. s. t.

8273 Le grand Scipion, par DE VAUMORIERE. Par. Courbé, 1656 & 1662, 4 vol. in-8. v. m.

8274 Les amours de Tibulle & Catulle, par DE LA CHAPELLE. Paris, Delaulne, 1713 & 1725, 5 vol. in-12. fig. v. m. d. s. t. & v. f.

8275 Histoire de Tullie, fille de Cicéron, par une Dame illustre. Paris, Prault, 1726, in-12. v. m.

8276 Tucia, Vestale, nouvelle historique. Paris, Grou, 1722, in-12. mar. r.

8277 Anecdotes, ou histoire secrette des Vestales. Paris, Cavelier, 1700, in-12. v. f. d. s. tr.

ROMANS FRANÇOIS.

Aventures amoureuses, &c. relatives à l'Histoire de France.

8278 Galanteries des Rois de France, depuis le commencement de la Monarchie, par Henri SAUVAL, avec des figures gravées par Bern. PICART. *Amst.* 1738, 2 vol. *in-*12. *v. m.*

8279 Mémoires secrets de M. L. D. D. O., ou les aventures comiques de plusieurs grands Princes de la Cour de France, par Madame D'AULNOY. *Paris*, Brédou, 1696, *in-*12. *mar. r.*

8280 Mémoires historiques & secrets concernant les amours des Rois de France. *Paris*, (*Amsterd.*) 1739, *in-*12. *v. m.*

Ce volume contient en outre, Réflex. hist. sur la mort de Henri-le-Grand. == Thrésors des Rois de France.

8281 Intrigues amoureuses de la Cour de France. *Cologne*, le Grand, 1695, *in-*12. *mar. r.*

8282 Intrigues galantes de la Cour de France, depuis le commencement de la Monarchie, jusqu'à présent. *Cologne*, Marteau, 1695, 2 vol. *in-*8. *v. br.*

8283 Gli amorosi intrichi della Corte di Francia, portati dall' idioma francese nell' italiano, dal Dottore G. B. B. *Colonia & Hamb.*, 1688, *in-*12. *parch.*

8284 Annales de la Cour & de Paris, pour les années 1697 & 1698. *Cologne*, Marteau, 1739, 2 vol. *in-*12. *v. f.*

8285 Le berceau de la France. *La Haye*, (*Par.*) 1744, 3 part. 1 vol. *in-*12. *v. m.*

8286 Les nouvelles françoises, où se trouvent les divers effects de l'amour & de la fortune. *Paris*, Billaine, 1623, *in-*8. *v. m.*

CONTENANT

Le Pauvre généreux. Les mal mariez. La Sœur jalouse. Les trois Amans. La recognoissance d'un Fils.

8287 Les nouvelles françoises, *ou les divertissemens*

de la Princeffe Aurelie, par DE SEGRAIS. *Paris*, Sommaville, 1657, 2 *vol. in*-8. *v. f.*

CONTENANT

Eugénie, *ou* la force du deftin. Adélaïde, Comteffe de Rouffillon. Honorine. Mathilde. Aronde. Floridon.

8288 Le Décaméron françois, par M. D'USSIEUX. *Paris*, C. J. P. Coftard, (Nyon l'aîné) 1772 & *fuiv.* 2 *vol. in*-8. *fig. gr. pap. v. f. d. f. t.*

CONTENANT

Henriette & Luci, *ou* les Amies rivales, nouvelle écoffoife. === Jeanne Gray, anecdote angloife. === Berthold, Prince de Moravie, anecdote hiftorique. === Clémence d'Entragues, *ou* le Siege d'Aubigny, anecd. franç. ===Elizene, anecdote ottomane. === Les Princes d'Arménie, nouvelle. === Jean fans peur, Duc de Bourgogne, nouvelle franç. === Raymond & Mariane, nouvelle portugaife. === Roger & Victor de Sabran, nouvelle françoife. === Thélaïre, nouvelle mexiquaine.

8289 Nouvelles françoifes, par le même. *Paris*, Brunet, 1775, *in*-8. *fig. v. f. d. f. t.*

CONTENANT

Françoife de Foix, Comteffe de Châteaubrilland. Louis de Bourbon, Prince de Condé. Angélique de Limeuil. Les deux Sophies.

8290 Les illuftres Françoifes. *La Haye*. (Par.) 1748, 4 *vol. in*-12. *v. m.*

8291 L'illuftre Parifienne, par PRÉCHAC. *Paris*, de Varennes, 1679 & 1690, 2 *vol. in*-12. *v. f.*

8292 La même. *Paris*, Witte, 1714, *in*-12. *v. m.*

8293 Les intrigues parifiennes & provinciales. *Paris*, Bienfait, 1700, *in*-12. *v. m.*

8294 Les lutins du château de Kernofi, par la Comteffe DE M***, (MURAT.) *Paris*, le Febvre, 1710, *in*-12. *v. m.*

8295 Annales amufantes, *ou* Mémoires pour fervir à l'Hiftoire des amufemens de la Nation. *Paris*, 1742, *in*-12. *v. m.*

8296 Exploits militaires & galants des Officiers de

ROMANS FRANÇOIS.

l'armée de France en Allemagne. *Amsterd.* (*Par.*) 1742, *in-*12. *v. m.*

8297 Les petites nouvelles parisiennes. *Colog.* (*Par.*) 1750, *in-*18. *mar. r.*

8298 La Champenoise. *Amst.* (*Par.*) 1759, *in-*12. *v. m.*

8299 Histoire des Galligènes, *ou* mémoires de Duncan. *Paris*, veuve Durand, 1765, *in-*12. *v. m.*

8300 La Capitale des Gaules, *ou* la nouvelle Babylone. *La Haye*, (*Geneve*,) 1759, 2 *vol. in-*12. *v. f.*

8301 L'anti-Babylone, *ou* réponse à l'Auteur de *la Capitale des Gaules*. *Lond.* (*Par.*) 1759, *in-*12. *v. f.*

8302 Les astuces de Paris, anecdotes parisiennes, dans lesquelles on voit les ruses que les intriguans & certaines jolies femmes mettent communément en usage pour tromper les gens simples & les étrangers, par M. N***. *Paris*, Cailleau, 1775, *in-*12. *v. m.*

8303 L'ombre errante, rêve historique, qui embrasse tout ce qui s'est passé d'intéressant depuis Pharamond jusqu'à Louis XVI, 1777, 2 *vol. in-*12. *v. f. d. s. t.*

8304 Les anecdotes françoises, par M. MAYER. *Paris*, veuve Duchesne, 1779, prem. part. *in-*8. *br.*

CONTENANT
Lucette. Les Epoux comme il y en a.

Aventures amoureuses, &c. relatives à l'Histoire de France, sous des noms propres, par ordre alphabétique.

8305 Les amours d'Abailard & d'Héloïse. *Amsterd.* (*Rouen*) 1696, *in-*12. *cart.*

8306 Le Philosophe amoureux, contenant une dissertation sur la vie de P. Abailard & celle d'Héloïse, avec leurs intrigues amoureuses, & plusieurs lettres d'Héloïse à Abailard, & les réponses du même à cette Belle. *Au Paraclet*, 1697, *in-*12. *v. f.*

8307 Adélaïde de Champagne. *Paris*, Barbin, 1680, 4 *vol. in-*12 *mar. r.*

8308 Histoire d'Adélaïs, Reine de Bourgogne. *Paris*, (*Rouen*) 1685, *in-*12. *v. m.*

108　BELLES-LETTRES.

8309 Le Duc d'Alançon. *Paris*, du Chemin, 1680, in-12. v. f. d. f. t.

8310 Agnès, Princesse de Bourgogne, nouvelle. Colog. (Rouen) 1678, in-12. mar. r.

8311 La Comtesse d'Alibre, ou le cri du sentiment, anecdote françoise, par M. LOAISEL DE TRÉOGATE. *Paris*, Belin, 1779, in-8. v. f. d. f. t.

8312 Alix de France, nouvelle historique. Amsterd. Roger, 1712, in-12. mar. r.

8313 Mémoires de Pierre-François Prodéz de Beragrem, Marquis d'Almacheu, contenant ses voyages & tout ce qui lui est arrivé de plus remarquable dans sa vie, écrits par lui-même. Amst. le Jeune, 1677, 2 tom. 1 vol. in-12. v. m.

8314 Les mêmes. (Rouen) 1678, 3 v. in-12. v. f. d. f. t.

8315 Le Comte d'Amboise, par Mademoiselle Catherine BERNARD. *Paris*, Barbin, 1689, 2 vol. in-12. v. f. d. f. t.

8316 Histoire celtique, où, sous les noms d'Amindoris & de Celanire, sont comprises les principales actions de nos Rois, & les diverses fortunes de la Gaule & de la France, par LA TOUR HOTMAN. *Paris*, Guillemot, 1634, in-8. m. bl.

8317 Anne de Bretagne, sans date, in-12. v. b.

8318 L'amour sans foiblesse, Anne de Bretagne & Almanzaris, Par. Barbin, 1671, 2 t. 3 v. in-12. v. f.

8319 Le Prince de Longueville & Anne de Bretagne, nouvelles, par DE L'ESCOUVEL. *Paris*, Guignard, 1697, in-12. v. f. d. f. t.

8320 Les amusemens de la Princesse Atilde. *Paris*, Osmont, 1697, 2 vol. in-12. v. b.

8321 Mémoires du Comte d'Aubigny, Maréchal de France, par M. D. M. ***. *La Haye*, (Paris) 1746, in-12. v. m.

8322 Histoire de Madame de Bagneux, (ou Junonie,) 1675, in-12. v. f.

8323 La même. *Paris*, de Luynes, 1696, in-12. v. f.

ROMANS FRANÇOIS. 109

8324 Histoire de la Marquise de Banneville. *Paris*, d'Houry, 1723, *in*-12. *m. r.*

8325 Histoire de la Comtesse des Barres, par l'Abbé DE CHOISY. *Bruxelles*, (Par.) 1736, *in*-12. *v. m.*

8326 L'Infortuné Provençal, *ou Mémoires du Chevalier de Belicourt. Avignon*, 1755, *in*-12. *m. r.*

8327 Turlubleu, histoire grecque, tirée du manuscrit gris-de-lin trouvé dans les cendres de Troyes, *Amsterd.* (Par.) 1745, *in*-12. *v. m.*
C'est l'Hist. de M. Bonier, sous le nom de Ctesiphon.

8328 Le Maréchal de Boucicault, nouvelle historique, (par Jean-Bapt. NÉE, de la Rochelle,) *Paris*, Mouchet, 1714, *in*-12. *v. f. d. s. t.*

8329 Histoire secrette du Connétable de Bourbon, par Nic. BAUDOT DE JUILLY. *Paris*, de Luyne, 1696, *in*-12. *v. f. d. s. tr.*

8330 Histoire secrette de Bourgogne, (par Mademoiselle DE LA FORCE.) *Paris*, Benard, 1694, 2 *vol. in*-12. *v. br.*

8331 Histoire amoureuse & tragique des Princesses de Bourgogne. *La Haye*, (Rouen) 1720, 2 *v. in*-12. *v. f.*

8332 Les désordres de l'amour, *ou les étourderies du Chevalier des Brieres, mémoires secrets*, contenant des anecdotes historiques sur les campagnes de Louis XIV & de Louis XV, par M. DE LA PLACE. *Paris*, Cailleau, 1768, 2 *t.* 1 *v. in*-12. *v. m.*

8333 Anecdote galante, *ou Histoire secrette de Catherine de Bourbon, Duchesse de Bar, & sœur d'Henry IV, Roi de France, avec les intrigues de la Cour durant les regnes d'Henry III & de Henry IV*, par Mademoiselle DE LA FORCE. *Nancy*, 1703, *in*-12. *v. f. d. s. t.*

8334 La Foire de Beaucaire. *Amsterdam*, Marret, 1708, *in*-12. *v. m.*

CONTENANT

Histoire du Marquis de Chalante. Hist. de Riberac & de Mademoiselle d'Elbiac. Histoire de Madame de Verdezi, Thalès de Milet.

BELLES-LETTRES.

8335 L'avare puni, *ou le don généreux du Comte de Champagne, nouvelle historique,* (en vers.) *Paris, Prault, pere,* 1734, *in-*8. *v. f. d. f. t.*

8336 Mémoires secrets de la Cour de Charles VII, Roi de France, par Madame D*** (DURAND,) *Paris, Ribou,* 1700, 2 *vol. in-*12. *v. m.*

8337 Les mêmes. *Amsterdam, Wetstein,* 1735, 2 *tom.* 1 *vol. in-*8. *v. f.*

8338 Les amours du Marquis de Charmonde & de Mademoiselle de Grange, par DE CATALDE. *Bruselles, Grieck,* 1697, *in-*12. *m. r.*

8339 La Comtesse de Châteaubriant, *ou les effets de la jalousie. Paris, Guillain,* 1695, *in-*12. *m. r.*

8340 Les mêmes, *sous le titre d'Intrigues amoureuses de François premier, ou Histoire tragique de la Comtesse de Châteaubriand. Amsterdam,* (*Rouen*) 1695, *in-*12. *m. r.*

8341 Histoire véritable de la Duchesse de Châtillon. *Cologne,* (*Rouen*) 1699, *in-*12. *v. b.*

8342 La même. *Cologne, Marteau,* 1712, *in-*12. *v. f.*

8343 Le Marquis de Chavigny, par BOURSAULT. *Paris, Martin,* 1670, *in-*12. *v. f.*

8344 Anecdotes de la Cour de Childeric, Roi de France, par HAMILTON. *Paris, Prault,* 1736, *in-*12. *v. m.*

8345 Chriserionte de Gaule, *histoire mémorable,* par DE SONAN. *Lyon, Vincent,* 1620, *in-*8. *m. r.*

8346 Mémoires du Comte de Claize, par DE CATALDE. *Amst.* 1738, *in-*12. *v. f. d. f. t.*

8347 La Princesse de Clevès, (par François VI, Duc DE LA ROCHEFOUCAULT, Madame DE LA FAYETTE & SEGRAIS.) *Paris, Barbin,* 1678, 4 *vol. in-*12. *v. m.*

8348 Lettres à Madame la Marquise ***, sur le sujet de la *Princesse de Cleves,* par DE VALINCOURT. *Paris, Cramoisy,* 1678, *in-*12. *v. f. d. f. t.*

8349 Conversations sur la *Critique de la Princesse de*

ROMANS FRANÇOIS.

Cleves, par l'Abbé DE CHARNES. *Paris*, Barbin, 1679, *in-*12. *v. f. d. f. t.*

8350 Le Prince de Condé, (Louis I.) par BOURSAULT. *Paris*, Guignard, 1675, *in-*12. *v. br.*

8351 Le même. *Paris*, le Breton, 1739, *in-*12. *baz.*

8352 Le triomphe de la Déeffe Monas, ou l'hift. du portrait de Madame la Princeffe de Conti, fille du Roi. *Amfterd.* Duval, 1698, *in-*12. *v. m.*

8353 Notabile & famofa hiftoria de i felici amori del Delfino di Francia, & di Angelina Loria, nobile Siciliana, nuovamente ritrovata, & dall'antica lingua normanna tradotta nella italiana, da Giulio Filoteo di AMADEO, Siciliano. *Venetia*, Lucio Spineda, 1609, *in-*8. *v. f. d. f. t.*

8354 La querelle des Dieux, fur la groffeffe de Madame la Dauphine, par PRÉCHAC. *Paris*, veuve Padeloup, 1682, *in-*12. *cart.*

8355 Diane de Caftro, (par P. Dan. HUET, Evêq. d'Avranches.) *Paris*, Couftellier, 1728, *in-*12. *v. m.*

8356 Diane de France, nouvelle hiftorique, par Pierre DORTIGUE, Sieur DE VAUMORIERE. *Paris*, de Luyne, 1675, *in-*12. *v. m.*

8357 Le Comte de Dunois, par la Comteffe DE MURAT. *Paris*, Barbin, 1671, *in-*12. *v. f.*

8358 Edele de Ponthieu. *Par.* Mufier, 1723, *in-*12. *m. r.*

8359 L'Héritiere de Guyenne, *ou l'hiftoire d'Eléonor*, fille de Guillaume, dernier Duc de Guyenne, femme de Louis VII, Roi de France, & enfuite de Henry II, Roi d'Angleterre. *Roterd.* (*Par.*) 1691, 3 *part.* 1 *vol. in-*12. *mar. r.*

8360 La Ducheffe d'Eftramene. *Paris*, Blageart, 1682, 2 *vol. in-*12. *v. f. d. f. tr.*

8361 La même. *Lyon*, Amaulry, 1682, 2 *v. in-*12. *m. r.*

8362 Hiftoire du Comte d'Oxfort & de Milady d'Herby, d'Euftache de Saint-Pierre & de Béatrix de Guines, au fiege de Calais, fous le regne de Philippe de Valois, par Madame DE GOMEZ. *La Haye*, Gallois, 1738, *in-*12. *mar. r.*

BELLES-LETTRES.

8363 Faramond, *ou* l'histoire de France, par GAULTIER DE COSTES DE LA CALPRENEDE & Pierre DORTIGUE DE VAUMORIÈRE. *Paris*, de Sommaville, 1661, 12 *vol. in-*8. *v. f. d. f. t.*

8364 Le même, rédigé par le Marquis DE SURGERES. *Par.* Bauche, 1753, 4 *vol. in-*12. *pap. d'Holl. m. r.*

8365 La pompe funèbre de l'Auteur de Faramond. *Paris*, Bienfaict, 1663, *in-*12. *v. f.*

8366 Histoire du Maréchal-Duc de la Feuillade, 1713, *in-*12. *v. f.*

8367 L'esprit familier de Trianon, *ou* l'apparition de la Duchesse de Fontange, contenant les secrets de ses amours, les particularités de son emprisonnement & de sa mort. *Amsterd.* 1695, *in-*12. *v. f.*

8368 Anecdotes de la Cour de François I, par Mademoiselle DE LUSSAN. *Londres*, (*Par.*) 1748, 3 *vol. in-*12. *v. m.*

8369 Frédégonde & Brunéaut, roman historique, par M. MONVEL. *Paris*, veuve Duchesne, 1775, *in-*8. *gr. pap. v. f. d. f. t.*

8370 Gaston de Foix, par M. D. V***. *Constantinop.* (*Par.*) 1741, 2 *vol. in-*12. *v. m.*

8371 Histoire de la Comtesse de Gondez, par Mademoiselle DE LUSSAN. *Paris*, Pepie, 1725, 2 *vol. in-*12. *v. f.*

8372 La retraite de la Marquise de Gozanne, par D. L. B. *Paris*, Ganeau, 1734, 2 *vol. in-*12. *m. r.*

8373 L'histoire & les amours du Duc de Guyse, surnommé le Balafré, par DE BRIE. *Paris*, Cramoisy, 1695, *in-*12. *v. m.*

8374 La même. *Paris*, Barbin, 1714, *in-*12. *v. f.*

8375 Annales galantes de la Cour de Henry II, par Mademoiselle DE LUSSAN. *Amsterd.* (*Par.*) 1749, 2 *vol. in-*12. *mar. r.*

8376 Mademoiselle de Jarnac. *Paris*, Barbin, 1685, 3 *vol. in-*12 *v. m. d. f. t.*

8377 Histoire de Jean de Bourbon, Prince de Carency, par

ROMANS FRANÇOIS.

par Madame d'Aulnoy. *La Haye*, (Rouen) 1704, *in*-12. *v. br.*

8378 Anecdotes de la Cour de Dom Jean, Roi de Navarre. *Amst.* (*Par.*) 1744, *in*-12. *v. m.*

8379 De Langres & Juliette d'Este, anecd. franç. *Paris*, Deschamps, 1771, *in*-12. *fig. v. f.*

8380 Les amours de la belle du Luc, où est démontrée la vengeance de l'amour envers ceux qui médisent de l'honneur des Dames, par J. P. de Gontier. *Lyon*, Huguetan, 1625, *in*-16. *mar. r.*

8381 Histoire des amours du Maréchal Duc de Luxembourg. *Cologne*, (Rouen) 1694, *in*-12. *v. br.*

8382 Histoire de Madame de Luz, anecdote du regne de Henry IV, par Duclos. *La Haye*, (Paris) 1741, *in*-12. *v. m.*

8383 L'amour à la mode, ou le Duc du Maine, par Madame D***. *Cologne*, Marteau, 1716, *in*-12. *m. r.*

8384 Histoire de Marguerite de Valois, Reine de Navarre, Sœur de François I, par Mademoiselle Rose-Charlotte de Caumont de la Force. *Par.* Fournier, 1720, 4 *vol. in*-12. *v. br.*

8385 Histoire secrette de Marie de Bourgogne. *Lyon*, Baritel, 1694, 2 *tom.* 1 *vol. in*-12. *mar. r.*

8386 L'Heureux esclave, ou les aventures du Sieur de la Martiniere, nouvelle, par de Bremond. *La Haye*, (Paris) 1708, *in*-12. *fig. v. f.*

8387 La même. *Paris*, Witte, 1726, *in*-12. *fig. v. f.*

8388 Les mémoires de la vie du Comte de ***, avant sa retraite, contenant diverses aventures qui peuvent servir d'instruction à ceux qui ont à vivre dans le monde, rédigés par Ch. de Saint-Denis de Saint-Evremont. (ouvrage composé par l'Abbé de Villiers.) *Paris*, Brunet, 1696, 2 *vol. in*-12. *v. m.*

8389 Mérouée, fils de France, nouvelle historique, par M. N. F. M. *Paris*, Loyson, 1678, *in*-12. *v. f.*

8390 Le même. *Lyon*, Demen, 1678, *in*-12. *m. r.*

8391 L'Héroïne Mousquetaire, histoire véritable de

Tome III. H

BELLES-LETTRES.

Christine, Comtesse de Meyrac, par DE PRECHAC. Amst. (Rouen) 1722, in-12. fig. v. f. d. f. t.

8392 Les actions héroïques de la Comtesse de Montfort, Duchesse de Bretagne. Paris, Mazuel, 1697, in-12. v. f. d. f. t.

8393 Anne de Montmorency, Connétable de France, nouvelle historique, par LESCOUVEL. Paris, Guignard, 1697, in-12. v. br.

8394 La Princesse de Montpensier, (par Mademoiselle DE LA VERGNE, depuis Comtesse DE LA FAYETTE, & Jean Renaud DE SEGRAIS.) Paris, Jolly, 1662, in-8. v. m.

8395 La même. Paris, Musier, 1723, in-12. v. br.

8396 Histoire de Madame de Muci, par Mademoiselle D***. Amst. (Par.) 1731, in-12. v. m.

8397 Les apparences trompeuses, ou les amours du Duc de Némours & de la Marquise de Poyanne. Sans nom de Ville, 1715, in-12. v. f. d. f. t.

8398 Nicole de Beauvais, ou l'amour vaincu par la reconnoissance, par Madame ROBERT. Paris, Desaint, 1767, 2 vol. in-8. v. m.

8399 Orasie, par MEZERAY, avec la conclusion, attribuée à Mademoiselle DE SÉNECTAIRE. Paris, Quinet, 1646, 4 vol. in-8. v. f.

8400 Le Duc d'Orléans, histoire galante. Paris, Barbin, 1676, in-12. mar. r.

8401 La relation de l'Isle imaginaire, & l'histoire de la Princesse de Paphlagonie, par Mademoiselle DE MONTPENSIER, (M. DE SEGRAIS.) Sans nom de Ville, 1659, in-8. v. br.

8402 Anecdotes de la Cour de Philippe-Auguste, par Mademoiselle DE LUSSAN. Paris, veuve Pissot, 1738, 6 vol. in-12. v. m.

8403 Histoire amoureuse de Pierre-le-Long & de sa très-honorée Dame Blanche Bazu (par M. DE SAUVIGNY.) Londres, (Paris) 1765, in-12. fig. v. m.

8404 La Princesse de Portien. Paris, Beugnié, 1703, in-12. v. br.

ROMANS FRANÇOIS. 115

8405 La Pucelle d'Orléans, restituée par BEROALDE DE VERVILLE. *Par.* Guillemot, 1599, *in-12. baz.*

8406 Le Chevalier de R***, anecdote du siege de Tournay. *Tournay,* 1745, *in-12. baz.*

8407 Mémoire du Chevalier de Ravanne, Page de Son Altesse le Duc Régent, & Mousquetaire. *Liege,* 1740, 2 *vol. in-12. v. m.*

8408 Les mémoires de la vie de Madame de Ravezan. *Paris,* Barbin, 1677, 4 *part.* 1 *vol. in-12. m. bl.*

8409 Les adventures héroïques & amoureuses du Comte Raymond de Toulouse & de Dom Roderic de Vivar, par le S⁺ LOUBAISSIN DE LA MARQUE. *Paris,* du Bray, 1619, 2 *part.* 1 *vol. in-8. v. m.*

8410 Le prince infortuné, *ou* histoire du Chevalier de Rohan, par GATIEN DE COURTILZ. *Amsterd.* (*Par.*) 1713, *in-12. v. f.*

8411 Histoire de Rosalie d'Auffen, Princesse de Bretagne. *La Haye,* (Paris) 1746, *in-12. v. éc.*

8412 La chasse au loup de Monseigneur le Dauphin, ou la rencontre du Comte du Rourre dans les plaines d'Anet. *Cologne,* Marteau, 1695, *in-12. v. f.*

8413 Mémoires de Madame de Saldaigne, par M. D. V***. *Lond.* (*Par.*) 1745, *in-12. v. éc.*

8414 Histoire de Mademoiselle de Salens, par Madame***. *La Haye* (*Par.*) 1740, 2 *vol. in-12. v. m.*

8415 Sennemours & Rosalie de Civraye, histoire françoise. *Paris,* Delalain, 1773, 3 *part.* 1 *vol. in-12. v. f. d. s. t.*

8416 La Sibyle Gauloise, *ou* la France telle qu'elle fut, telle qu'elle est, & telle, à-peu-près, qu'elle pourra être; ouvrage traduit du Celte, & suivi d'un commentaire, par M. DE LA DIXMERIE. *Paris,* Valleyre, 1775, *in-8. v. f. d. s. t.*

8417 Le siege de Calais, par la Marquise DE TENCIN. *La Haye,* (*Par.*) 1739, 2 *tom.* 1 *vol. in-12. v. f.*

8418 Le Comte de Soissons, nouvelle galante. *Colog.* le Jeune, 1706, *in-12. mar. r.*

8419 Les aventures galantes du Chevalier de Thémi-

H 2

116   BELLES-LETTRES.

cour, par Madame D***. *Paris*, Ribou, 1701, *in-12. mar. r.*

8420 Le Comte de Tiliedate, par Madame la Marquise DE P***. *Par.*, Gissey, 1703, *in-12. v. f. d. s. t.*

8421 Amours de Mademoiselle de Tournon, par Madame DE VILLEDIEU. *Amst.* 1696, *in-12. m. r.*

8422 Valmore, anecdote françoise, par M. LOAISEL DE TRÉOGATE. *Paris*, Moutard, 1776, *in-8. v. f. d. s. t.*

8423 La Comtesse de Vergi, par M. L. C. D. V. *Paris*, Musier, 1722, *in-12. mar. r.*

8424 La Comtesse de Vergi & Raoul de Coucy, époux & amans fideles. *Paris*, du Four, 1766, 2 *part.* 1 *vol. in-12. v. m.*

Aventures amoureuses, &c. sous des noms de l'Histoire d'Espagne.

8425 L'amant oisif, hist. espagnole. *Paris*, Barbin, 1671, 3 *vol. in-12. v. f.*

CONTENANT

D. Gomez. D. Raymond. Dona Eugenia. Dona Montalva. Dona Roxas. D. Pedre. Dona Gonsalve. Le Marquis de Montalvan. Le Baron de Bracamonta. Dona Gelasire. D. Emmanuel. Le Marq. de Masarcantara. Dona Hermosa. Jgnès. D. Fernando. Dona Yolante. D. Garcie & D. Bernardo. Dona Olympia. D. Alburtio. D. Martin. D. Perès & D. Ribura. Dona Eléonora. Dona Panaphiel. Lindamire. Dona Salazar. Dona Beatrix. Dona Theresa de Sara. D. Gonsalo. Aventures de D. Sebastien de Veragas. Le Comte de Falinsperk. Marcelly.

8425* Le même. *Paris*, Cochart, 1673, *in-12. v. m.*

8426 Ne pas croire ce qu'on voit, histoire espagnole. *Paris*, Barbin, 1672, *in-12. v. m.*

8427 Les apparences trompeuses, *ou* ne pas croire ce qu'on voit, histoire espagnole. *Amst.* le Cene, 1718, *in-12. v. f.*

8428 Nouvelles espagnoles, par Madame D'AULNOY. *Paris*, Barbin, 1692, 2 *vol. in-12. v. f.*

CONTENANT

Histoire du Marquis de Lemos & de Dona Eléonor de

ROMANS FRANÇOIS.

Monteleon. Dona Eugenie de Saint-Angelo. Le Marq. de Leyva. Dona Camille d'Arellano. Ortenfe de Ventimille. Hift. du Marq. de Manfera & de Dona Therefe de Caftro, avec les lettres de cette derniere.

8429 Hiftoire de Mademoifelle de ***, nouvelle efpagnole. *La Haye,* (Par.) 1746, *in-*12. *v. m.*

8430 Le Diable amoureux, nouvelle efpagnole. *Naples,* (Par.) 1772, *in-*8. *fig. v. m.*

8431 Agnès de Caftro, nouvelle portugaife, par Mademoifelle ******. *Amfterd.* Savouret, 1688, *in-*12. *v. f. d. f. t.*

8432 Anecdotes de la Cour d'Alphonfe XIe du nom, Roi de Caftille, par Madame DE V***. *Paris,* Hochereau, 1756, 2 *vol. in-*12. *mar. r.*

8433 Dom Alvare, nouvelle allégorique. *Cologne,* 1691, *in-*12. *mar. r.*

8434 Hiftoire efpagnole, *ou Don Amador de Cardone. Paris,* Ofmont, 1672, *in-*12. *v. br.*

8435 Aurore & Phœbus, hiftoire efpagnole. *Paris* Morin, 1733, *in-*12. *mar. r.*

8436 Le Batard de Navarre, nouvelles hiftoriques, par PRECHAC. *Paris,* 1683, *in-*12. *v f. d. f. t.*

8437 Aventures de Bella & de Dom M. ***, nouvelle efpagnole, par le Marquis D'ARGENS. *La Haye,* (Par.) 1751, 2 *part.* 1 *vol. in-*12. *mar. r.*

8438 Mémoires du Marquis de Benavidès, par M. le Chevalier DE MOUHY. *Paris,* Jorry, 1754, 7 *part.* 3 *vol. in-*12. *mar. r.*

8439 Dom Carlos, nouvelle hiftorique, par Céfar VICHARD DE SAINT-RÉAL. *Amft.* 1672, *in-*12. *v. f.*

8440 Dom Henrique de Caftro, *ou la conquefte des Indes. Paris,* de Luyne, 1684, 2 *vol. in-*12. *v. m.*

8441 L'innocence & le véritable amour de Chymene, 1638, *in-*12. *v. b.*

8442 La vie de Chimene Spinelli, par le Chevalier DE MOUHI. *Paris,* Ribou, 1738, 2 *vol. in-*12. *v. m.*

118 BELLES-LETTRES.

8443 Daumalinde, Reine de Lusitanie. *Par* Courbé, 1681, *in*-12. *v. f.*

8444 L'Egyptienne, *ou* les amours de D. Juan de Carcame & de Dona Constance d'Azevedo. *Bruxelles*, de Smedt, 1706, *in*-12. *mar. r.*

8445 Histoire nouvelle de la Cour d'Espagne, par Madame D'AULNOY. *La Haye*, Alberts, 1692, *in*-12. *v. f. d. f. t.*

8446 Le voyage de la Reine d'Espagne, par PRÉCHAC, *Paris*, Guillain, 1690, 2 t. 1 v. *in*-12. *v. m.*

8447 Relation du voyage d'Espagne, par Madame D'AULNOY. *Par.* Barbin, 1699, 3 *vol. in*-12. *v. b.*

8448 Le Solitaire espagnol, *ou* mémoires de D. Verasque de Figueroas, par le Sieur P. B. *Leyde*, Vander. Aa, 1738 & 1740, 2 *vol. in*-8. *v. f.*

8449 Germaine de Foix, Reine d'Espagne, nouvelle hist. par Nic. BAUDOT DE JUILLY. *Amsterd.* 1700, *in*-12. *v. br.*

8450 La même, *Paris*, de Luyne, 1701; *in*-12. *m. bl.*

8451 Histoire secrete de la conqueste de Grenade, par Madame DE GOMEZ. *Paris*, Prault, 1723, *in*-12. *v. m.*

8452 La même. *Paris*, Morin, 1729, *in*-12. *v. br.*

8453 Les galanteries grenadines, par Madame DE VILLEDIEU. *Par.* Barbin, 1673, 2 *vol. in*-12. *v. f.*

8454 L'ambitieuse Grenadine, par PRÉCHAC. *Paris*, 1678, *in*-12. *mar. r.*

8455 Histoire secrette des amours de Henry IV, Roi de Castille, surnommé l'impuissant. *La Haye*, van Dole, 1695, *in*-12. *mar. r.*

8456 La même. *La Haye*, Mathieu Roguet, 1736, *in*-12. *v. m.*

8457 Hiacinte, *où* le Marquis de Celtas Dirorgo. *Amst.* des Bordes, 1731, 2 *vol. in*-12. *mar. r.*

8458 Histoire du Marquis de *** & d'Eléonore, nouvelle espagnole. *Paris*, veuve de Bienvenu, 1740, 2 *vol. in*-12. *v. m.*

Nota. Au haut de chaque page le titre porte: *Hyacinte.*

ROMANS FRANÇOIS.

8459 Inès de Cordoue, nouvelle espagnole, par Mademoiselle BERNARD. *Paris*, Jouvenel, 1696, *in-*12. *v. f. d. s. t.*

8460 Mémoires & aventures de Dom Inigo de Pascarilla, (par l'Abbé LAMBERT.) *Paris*, Duchesne, 1764, *in-*12. *v. f. d. s. t.*

8461 Histoire de Dom Juan de Portugal, fils de D. Pedre & d'Inès de Castro. *Paris*, Pissot, 1724, *in-*12. *v. f. d. s. t.*

8462 Histoire secrete du Connetable de Lune, Favori & premier Ministre de Jean II, Roi de Castille & de Léon, où l'on voit un détail des intrigues de cette Cour & des révolutions arrivées depuis son élévation jusqu'à sa mort funeste. *Amsterd.* (*Par.*) 1730, *in-*12. *v. f.*

8463 Mathilde (d'Aguilar,) par Mademoiselle DE SCUDERY. *Paris*, Martin, 1667, *in-*8. *v. m.*

8464 L'écueil des amans, ou les amours de D. Pedro Gonsalve de Mendosse & de Dona Juana de Cisneros, par le Chevalier B**r. *Bruxelles*, de Backer, 1710, *in-*12. *mar. r.*

8465 Dom Pelage, *ou l'entrée des Maures en Espagne*, par DE JUVENEL. *Paris*, Macé, 1744, 2 *vol. in-*8. *mar. r.*

8466 Les aventures portugaises. *Bragance*, (*Par.*) 1756, 2 *part.* 1 *vol. in-*12. *mar. r.*

8467 Raymond, Comte de Barcelonne, nouvelle galante. *Amst.* Duval, 1698, *in-*12. *v. m.*

8468 Aventures de Dom Ramire Roxas & de Dona Léonor de Mendoce, tirées de l'espagnol, par Madame L. G. D. R. (LA GRANGE DE RICHEBOURG.) *Paris*, Cailleau, 1737, 2 *vol. in-*12. *v. m.*

8469 Aventures de Don Antonio de Riga, Comte de Saint-Vincent. *Amst.* Uytwerf, 1744, *in-*12. *baz.*

8470 Dom Sebastien, Roi de Portugal. *Paris*, Barbin, 1679, 3 *vol. in-*12. *v. br.*

8471 Le même. *Lyon*, Amaulry, 1679, 3 *part.* 1 *vol. in-*12. *mar. r.*

H 4

8472 Dona Vrraca, Reine de Castille & de Léon, par Madame D. L. Z. E. B. Q. *La Haye (Par.)* 1750, in-12. *mar. r.*

Aventures amoureuses, &c. sous des noms tirés de l'Histoire d'Italie, rangés par ordre alphabétique.

8473 Adélaïde de Messine. *Amst. (Rouen)* 1722, in-12. *fig. v. br.*

8474 Adélaïde de Messine, nouvelle historique, galante & trag. *Amst. (Par.)* 1742, in-12. *fig. v. f.*

8475 L'amour en fureur, *ou* les excès de la jalousie italienne. *La Haye, (Par.)* 1742, in-12. *v. m.*

8476 Histoire des amours de Valérie & du noble Vénitien Barbarigo, par J. GALLI DE BIBIENA. *Lauzanne, Bousquet,* 1741, in-12. *v. m.*

8477 Béralde, Prince de Savoye. *Paris, Barbin,* 1672, 2 tom. 1 vol. in-12. *v. f.*

8478 Aventures de Dom Antonio de Buffalis. *La Haye, Neaulme,* 1722, in-12. *fig. mar. r.*

8479 La Duchesse de Capoüe, nouvelle italienne. *Par. Prault,* 1732, in-12. *mar. r.*

8480 La Catanoise, *ou* histoire secrete des mouvemens arrivez au Royaume de Naples, sous la Reine Jeanne I, attribuée à l'Abbé Nic. LENGLET DU FRESNOY. *Paris, Gandouin,* 1731, in-12. *v. br.*

8481 Les amours de Cornelie & d'Alphonse d'Est, Duc de Ferrare. *Liege, Broncart,* 1706, in-12. *m. r.*

8482 Dominique & Séraphin, histoire corse, par un Officier François. *Lond. (Par.)* 1768, in-12. *v. m.*

8483 Les amours du Chevalier Dutel & de Dona Clémentina, 1716, in-12. *v. m.*

8484 Frédéric de Sicile, par PRADON. *Paris, Ribou,* 1680, 3 vol. in-12. *mar. r.*

8485 Les aventures de l'infortuné Florentin, *ou* l'histoire de Marco-Mario Brufalini, avec fig. *Amst. Mortier,* 1729, 2 tom. 1 vol. in-12. *v. éc. fil. d'or.*

ROMANS FRANÇOIS. 121

8486 Les mêmes, avec la guinguette du petit Gentilly, *Amst.* Mortier, 1730, 2 *vol. in*-12. *fig. v. m.*

8487 Le fortuné Florentin, *ou* mémoires du Comte della Vallé, par le Marquis D'ARGENS. *La Haye,* Gallois, 1737, 3 *part.* 1 *vol. in*-12. *mar. r.*

8488 Histoire du Comte de Genevois & de Mademoiselle Danjou. *Paris,* Barbin, 1680, *in*-12. *v. f. d. s. t.*

N. B. Ce Comte de Genevois fut le second fils d'Amé VIII, Duc de Savoye, qui vivoit au commencement du XVe siecle. (Lenglet du Fresnoy, *Orig. des Rom. tome II, page* 109.)

8489 L'illustre Genoise, par DE PRÉCHAC. *Paris,* Blageart, 1685, *in*-12. *v. m.*

8490 Les amours de Charles de Gonzague, Duc de Mantoue, & de Marguerite, Comtesse de Rovere, trad. de l'ital. de Giulio CAPOCODA. (*Amsterd.*) 1666, *in*-12. *v. f.*

8491 La Princesse de Gonsague, roman historique. *La Haye,* (Par.) 1756, *in*-12. *mar. r.*

8492 L'heureux Chanoine de Rome, nouvelle galante, *ou* la résurrection prédestinée, par C. M. D. R. *Sans nom de Ville,* 1707, *in*-12. *mar. r.*

8493 Les amours de la belle Junie, *ou* les sentimens Romains, par Madame DE P***. *Paris,* Brunet, 1698, *in*-12. *v. f. d. s. t.*

8494 La Duchesse de Médo, nouvelle historique & galante. *Par.* Quinet, 1692, 2 *v. in*-12. *v. f. d. s. t.*

8495 La Duchesse de Milan, par PRECHAC. *Paris,* Osmont, 1682, *in*-12. *v. f. d. s. t.*

8496 La Princesse de Montférat, nouvelle, contenant son hist. & les amours du Comte de Saluces, par DE BREMOND. *Amst.* Wolfgang, 1676, *in*-12. *m. r.*

8497 Histoire de la Princesse de Montférat. *Londres,* (Par.) 1749, *in*-12. *v. m.*

8498 Le Napolitain, *ou* le défenseur de sa maîtresse, par DE GERMONT. *Paris,* Blageart, 1682, *in*-12. *mar. r.*

BELLES-LETTRES.

8499 Le même. *Paris*, Guérout, 1690, *in*-12. *v. f.*

8500 Le Peintre italien, *ou* le tableau de sa vie, accompagné de plusieurs autres, (1766) *in*-12. *v. m.*

8501 Les amours d'Olympe & de Birene, par A. DE NERVEZE. *Paris*, du Breuil, 1599, *in*-12. *pap.*

8502 La vie d'Olympe, *ou* les aventures de la Marquise de ***. *Utrecht*, Neaulme, 1741, 6 *part.* 3 *vol. in*-12. *mar. r.*

8503 Le Comte Roger, Souverain de la Calabre ultérieure, par L. L. B. *Amst.* (*Par.*) 1678, *in*-12. *v. m.*

8504 Histoire de la Comtesse de Savoye. = Hist. du Comte d'Eu. 1726, *in*-12. *mar. r.*

8505 Le Prince Fédéric de Sicile, par Mademoiselle B***. *Paris*, Guillain, 1690, 3 *vol. in*-12. *v. f.*

8506 La vertueuse Sicilienne, *ou* mémoires de la Marquise d'Albelini. *La Haye*, van Cleef, 1743, 2 *part.* 1 *vol. in*-12. *baz.*

8507 Les amans de Siennes, où les femmes font mieux l'amour que les veuves & les filles, par François DE LOUVENCOURT, Seigneur de Vauchelles. *Leyde*, Haaring, 1706, *in*-8. *v. m.*

8508 Thérésa, histoire italienne, (par M. D'ARNAUD,) *La Haye*, (*Par.*) 1745, *in*-12. *baz.*

8509 Le bal de Venise, nouvelle. *Avignon*, Girard, 1751, *in*-12. *v. m.*

8510 La noble Venitienne, *ou* le jeu de la bassette, par PRECHAC. *Paris*, Barbin, 1679, *in*-12. *v. b. d. f. tr.*

8511 Yolande de Sicile, par le même. *Lyon*, Amaulry, 1678, 2 *part.* 1 *vol. in*-12. *mar. r.*

Aventures amoureuses, &c. sous des noms tirés de l'Histoire d'Allemagne, de Flandres & de Hollande, rangés par ordre alphabétique.

8512 Mémoires de Madame de Barneveldt. *Paris*, Gandouin, 1732, 2 *vol. in*-12. *v. f.*

8513 Bérenger, Comte de la Marck. *Paris*, Quinet, 1645, 4 *vol. in*-8. *v. m.*

ROMANS FRANÇOIS. 123

8514 Histoire des Princesses de Bohême, par Madame***. *La Haye*, (*Par.*) 1749, 2 v. *in*-12. *v. éc.*

8515 Le roman de la Cour de Bruxelles, *ou les aventures des plus braves Cavaliers qui furent jamais, & des plus belles Dames du monde*, par PUGET DE LA SERRE. *Spa*, Tournay, 1628, *in*-8. *v. m.*

8516 Histoire & amours du Prince Charles & de l'Imp. Douairiere. *Cologne*, Ravell, 1676, *in*-12. *cart.*

8517 Abrégé de la vie & des amours de Charles-Louis, Électeur Palatin. *Heidelb.* 1691, *in*-12. *m. r.*

8518 La Flandre galante. *Cologne*, Marteau, 2 part. 1 vol. *in*-12. *v. m.*

8519 Ravissemens de l'Hélene d'Amsterdam, contenant des accidens étranges tant d'amour que de la fortune, arrivez à une Demoiselle d'Amsterdam en plusieurs endroits du monde, & principalement en Turquie, où elle a été esclave; avec fig. *Amsterd.* Hoorn, 1683, *in*-12. *v. m.*

8520 L'Elena Olandese rapita, ò sia istoria d'una Dama d'Amsterdam, nella quale si narrano varii accidenti d'amore e di fortuna, occorsisi in diverse parti del mondo e massimamente in Turchia, dove ella e stata schiava, trasportata dal francese. *Venetia*, Steffano Curti, 1687, *in*-12. *cart.*

8521 Histoires facétieuses & morales, & histoires tragiques de notre tems arrivées en Hollande, recueillies par J. N. D. P. (PARIVAL.) *Leyden*, Vaguenaer, 1663, *in*-12. *v. br.*

8522 L'Aventurier Hollandois; avec fig. *Amsterd.* Uytwerf, 1729, 2 *vol. in*-12. *mar. r.*

8523 Le même. *Amsterd.* Harrevelt, 1767, 2 *vol. in*-12. *fig. v. m.*

8524 La belle Hollandoise. *Lyon*, Guerrier, 1679, *in*-12. *mar. r.*

8525 L'Héroïne incomparable de notre siecle, représentée au naturel dans la belle Hollandoise, par Mademoiselle S*. *La Haye*, Duré, 1713, *in*-8. *v. f.*

8526 La même. *La Haye*, Duré, 1714, *in*-12. *v. f. d. f. t.*

124 BELLES-LETTRES.

8527 L'infortunée Hollandoise, *ou* mémoires de Madame de Belfont. *La Haye*, Gallois, 1739, 2 vol. *in*-12. *mar. r.*

8528 L'Hollandois raisonnable, *ou* sort digne d'envie, par SAINT-QUENAIN. *Amsterd.* veuve de Coup, 1741, 3 vol. *in*-12. *v. m.*

8529 Jacqueline de Baviere, Comtesse de Haynault, par Mademoiselle DE LA ROCHE-GUILHEN. *Amst.* Marret, 1707, *in*-12. *v. m.*

8530 L'illustre Malheureuse, *ou* la Comtesse de Janissanta. *Amst.* (*Paris*) 1722, 2 vol. *in*-12. *v. f.*

8531 La Comtesse d'Isembourg. *Paris*, Barbin, 1678, *in*-12. *v. br.*

8532 Dom Juan d'Autriche, nouvelle historique. *Par.* Quinet, 1678, *in*-12. *mar. r.*

8533 Les beaux jours de la Haye. *Londres*, du Jardin, 1709, *in*-12. *v. m.*

8534 Annales galantes de Lorraine, année 1668. *Cologne*, Marteau, 1682, *in*-12. *v. f.*

8535 Lydéric, premier Forestier de Flandre, *ou* philosophie morale de la victoire de nos passions, par le R. P. Jean DAUXIRON, Jésuite. *Lyon*, Larjet, 1633, *in*-8. *mar. r. d. s. t.*

8536 Histoire de Lydéric, premier Comte de Flandre, par L. C. D. V. *Paris*, Didot, 1737, 2 vol. *in*-12. *v. f.*

8537 Histoire tragique de Pandolphe, Roi de Bohême, & de Cellaria sa femme, ensemble les amours de Doraste & de Faunia. *Paris*, veuve de Courbé, 1722, *in*-12. *fig. v. f.*

8538 La Princesse de Phaltzbourg, nouvelle historique & galante. *Cologne*, Marteau, 1706, *in*-12. *v. m.*

8539 La Saxe galante. *Amst.* (*Paris*) 1735, 2 vol. *in*-12. *v. f.*

8540 Aventures de la Comtesse de Strasbourg & de sa fille, par l'Auteur des Mémoires du C. D. R. *La Haye*, (*Rouen*) 1716, *in*-12. *baz.*

8541 Les mêmes. *Amst.* Steenhouwer, 1718, *in*-8. *v. f.*

ROMANS FRANÇOIS. 125

8542 La belle Allemande, *ou* les galanteries de Thérèse. *Amst.* (*Paris*) 1745, *in-12. v. b.*

8543 Le Tolédan, *ou* Don Juan d'Autriche, fils naturel de Charles V. *Paris, de Luyne,* 1649—1655, *5 vol. in-8. v. f. d. s. t.*

8544 Le Pétrone allemand, sur les suites funestes & tragiques des intrigues amoureuses de la Cour de Vienne. *Cologne,* (*Paris*) 1706, *in-12. v. f.*

8545 Journal amoureux de la Cour de Vienne. *Colog. Marteau,* 1711, *in-12. mar. r.*

8546 Histoires galantes de la Cour de Vienne. *Leypsik,* (*Paris*) 1750, *in-12. v. m.*

8547 Le Comte d'Ulfeld, nouvelle historique, par ROUSSEAU DE LA VALLETTE. *Paris, Barbin,* 1678, *2 vol. in-12. v. f.*

8548 Histoire amoureuse & badine du Congrès & de la Ville d'Utrecht. *Liege, le Doux, sans date, in-12. v. m.*

Aventures amoureuses, &c. sous des noms tirés de l'Histoire des Pays du Nord.

8549 Casimir, Roi de Pologne, par L. D. V. R. *Paris, Barbin,* 1679, *in-12. v. f.*

8550 Le même. *Amst.* 1680, *in-12. mar. r.*

8551 Le Polémire, *ou* l'illustre Polonois. *Paris, David,* 1646, *in-8. v. m.*

8552 Le beau Polonois, par PRECHAC. *Paris, Mauger,* 1681, *in-12. mar. r.*

8553 Le même. *Lyon, Amaulry,* 1681, *in-12. v. f.*

8554 Venda, Reine de Pologne, par A. T. *La Haye,* (*Rouen*) 1705, *in-12. mar. r.*

8555 Gustave Vasa, histoire de Suede, par Mademoiselle DE CAUMONT DE LA FORCE. *Lyon, Benard,* 1698, *2 vol. in-12. v. b.*

8556 Mémoires des intrigues politiques & galantes de la Reine Christine de Suede & de sa Cour, depuis son abdication & pendant son séjour à Rome. *Liege,* (*Rouen*) 1710, *2 vol. in-12. v. f. d. s. t.*

BELLES-LETTRES.

8557 Mémoires hist. de la Comtesse de Marienberg. *Amst.* (*Paris*) 1751, *in*-12. *v. m.*

8558 La Comtesse Suédoise. *Berlin*, Schutze, 1754, 2 *tom.* 1 *vol. in*-12. *mar. r.*

8559 Henri, Duc des Vendales, histoire véritable, avec un extrait des histoires tragiques de Bandel, et contenant des circonstances sur l'origine de ces Peuples, par Mad. D. (DURAND.) *Paris*, Prault, 1714, *in*-12. *v. br.*

8560 Le Comte de Tekely, par PRECHAC. *la Haye*, Bulderen, 1686, *in*-12. *v. m.*

8561 Le même. *Lyon*, Amaulry, 1686, *in*-12. *v. f. d. f. t.*

8562 Ildegerte, Reine de Norvége, *ou* l'amour magnanime, par M. D*** , (LE NOBLE.) *Paris*, de Luyne, 1694, *in*-12. *m. r.*

8563 Ildegerta, Regina di Norvegia, overo li magnanimi amori, novella historica. *Berlino*, Rogeri, 1696, 2 *part.* 1 *vol. in*-12. *vél.*

8564 Mémoires d'une Reine infortunée, (Caroline Mathilde,) entremêlés de lettres, (écrites par elle-même), à plusieurs de ses parentes & amies illustres, sur plusieurs sujets & en différentes occasions, traduits de l'anglois. *Londres*, J. Bew, 1776, *in*-12. *v. f. d. f. t.*

8565 La Princesse Laponoise, hist. gal. & littéraire, & l'Impatient, opéra-comique, en prose & en vers. *Londres*, (*Par.*) 1738, *in*-12. *v. b.*

8566 Histoire de l'origine du Prince Menzikov, & de Don Alvar Del-Sol. *Amst.*, le Cene, 1728, *in*-12. *mar. rouge.*

8567 Mémoires d'Azema, contenant diverses anecdotes des regnes de Pierre-le-Grand, Empereur de Russie, & de l'Impératrice Catherine son épouse, par M. C... D... *Amsterd.* (*Par.*) 1764, 2 *part.* 1 *vol. in*-12. *v. m.*

8568 Le Czar Demetrius, par DE LA ROCHELLE. *la Haye*, van Dole, 1716, *in*-12. *v. f.*

ROMANS FRANÇOIS.

Aventures amoureuses, &c. sous des noms tirés de l'Histoire d'Angleterre, rangés par ordre alphabétique.

8569 Choix de tableaux tirés de diverses galeries angloises, par M. BERQUIN. Paris, Saillant & Nyon, 1775, in-8. v. f. d. s. t.

8570 Alfrede, Reyne d'Angleterre, Paris, Loyson, 1678, in-12. m. r.

8571 Milord d'Amby, histoire Angloise, par Madame BECCARY. Paris, Guaugueri, 1778, 2 vol. in-12. v. f. d. s. t.

8572 Nouvelles de la Reine d'Angleterre. Lyon, Amaulry, 1680, 2 vol. in-12. m. r.

8573 La Princesse d'Angleterre, ou la Duchesse Reyne. Amsterd. 1677, 2 tom. 1 vol. in-12. m. r.

8574 Mémoires de la Cour d'Angleterre, par Madame D. (D'AULNOY.) Paris, Barbin, 1695, 2 tom. 1 vol. in-12. v. f.

8575 Les amours d'une belle Angloise, ou la vie & les aventures de la jeune Olinde. Cologne (Rouen) (sans nom d'Imp.) 1697, in-12. cart.

8576 Les galanteries angloises, par le Chevalier de R. C. D. S. La Haye, van Dole, 1700, in-12. m. r.

8577 Les illustres Angloises. La Haye, Beauregard 1735, 3 part. 1 vol. in-12. v. m.

8578 Premier & second voyages de Mylord de *** à Paris, contenant la quinzaine angloise, & le retour de Mylord dans cette Capitale après sa majorité, par le Chev. R***. Yverdon, Soc. lit. typ. 1777, 3 vol. in-12. v. f. d. s. t.

8579 Histoire de Catherine de France, Reyne d'Angl. Lyon, Guillimin, 1696, in-12. v. m.

8580 Les amours du Comte de Clare. Amst. (Par.) 1700, in-12. v. f. d. s. t.

8581 La Religieuse intéressée & amoureuse, avec l'histoire du Comte de Clare. Cologne, (Paris) 1715, in-12. m. r.

8582 Le Doyen de Killerine, histoire morale, com-

128 BELLES-LETTRES.

posée sur les mémoires d'une illustre famille d'Irlande, par l'Abbé PREVOST. Paris, Didot, 1735, 6 vol. in-12. v. m.

8583 Edouard, histoire d'Angleterre. Paris, Barbin, 1696, 2 vol. in-12. v. m. d. s. t.

8584 L'Ascanius moderne, ou l'illustre avanturier, histoire de tout ce qui est arrivé de plus mémorable & secret au Prince Charles Edouard Stuart, dans le Nord de l'Ecosse, depuis la bataille de Culloden livrée en 1646, jusqu'à son embarquement & son retour en France, & en d'autres lieux de l'Europe, jusqu'à présent, traduit de l'anglois. Edimbourg, 1763, 2 part. 1 vol. in-12. v. f. d. s. tr.

8585 Le Comte d'Essex, histoire angloise. Paris, Barbin, 1678, in-12. m. r.

8586 Le Comte d'Essex, ou histoire secrette & galante d'Elisabeth, Reyne d'Angleterre. Paris, 1702, in-12. v. f. d. s. t.

8586* Fanni, ou l'heureux repentir, histoire angloise, par M. D'ARNAUD. Lond. (Par.) 1764, in-12. v. m.

8587 La Galatée, & les adventures du Prince Astiagés, histoire de notre tems, où, sous noms feints, sont représentez les amours du Roy & de la Reyne d'Angleterre, avec tous les voyages qu'il a faits tant en France qu'en Espagne, par A. REMY. Paris, 1625, in-8. v. f.

8588 La même. Paris, Rocolet, 1626, in-12. v. m.

8589 Histoire secrette de la Duchesse d'Hanover, épouse de George I, Roi de la Grande-Bretagne; les malheurs de cette infortunée Princesse, sa prison au Château d'Alhen, où elle a fini ses jours, ses intelligences secrettes avec le Comte d'Honigsmarck, assassiné à ce sujet. Londres, 1732, in-12. v. m.

8590 Hist. d'Hyp. Comte de Duglas, par Mad. D'AULNOY. Amst. (Rouen) 1721, 2 vol. in-12. fig. v. br.

8591 Della storia d'Ippolito, Conte di Dugias, di Madama D'AULNOY, tradotta dal francese in italiano. Venetia, Franc. Pitteri, 1735, in-8. baz.

8592

ROMANS FRANÇOIS. 129

8592 Les avantures du jeune Comte de Lancastel. Paris, Prault, 1728, in-12. v. m.

8593 Avantures de Londres. Amst. (Paris) 1751, 2 part. 1 vol. in-12. v. f.

8594 Marie d'Angleterre, Reine, Duchesse, par Madem. DE LUSSAN. Amst. (Paris) 1749, in-12. m. r.

8595 Marie d'Anjou, Reine de Mayorque, par J. C. B. Lyon, Amaulry. 1682, 4 part. 2 v. in-12. m. r.

8596 Marie Stuart, Reine d'Ecosse, nouvelle historique, par Pierre LE PESANT DE BOISGUILLEBERT, Paris, Barbin, 1675, 3 vol. in-12. v. m.

8597 Mylord ***, ou le Paysan de qualité. Paris, Jouvenel, 1700, in-12. v. f.

8598 Le Duc de Montmouth, nouvelle historique. Cologne, (Rouen) 1706, in-12. m. r.

8599 Mémoires de Wuillame Nortingham, ou le faux Lord Kington. La Haye, (Par.) 1741, 2 part. 1 vol. in-12. v. b.

8600 Le Duc d'Ormond, ou le grand Général, histoire angloise & écossoise. Paris, Beugnié, 1724, 2 vol. in-12. v. f.

8601 Histoire secrette de la Duchesse de Portsmouth, où l'on verra une relation des intrigues de la Cour du Roi Charles II, durant le ministere de cette Duchesse, & une relation aussi de la mort de ce Prince, traduite de l'anglois. Londres, Baldwin, 1690, in-12. v. m.

8602 Le Prétendant, ou Perkin, faux Duc d'Yorck, sous Henry VII, Roi d'Angleterre, par LA PAIX DE LIZANCOUR. Cologne, Marteau, 1716, 3 tom. 1 vol. in-12 m. r.

8603 Le même, sous le titre de Perkin, faux duc d'Yorck, sous Henry VII. Amsterdam, (Paris) 1732, in-12. v. f.

8604 Le Comte de Richemont, nouvelle historique. Amst. (Paris) 1680, in-12. v. m.

8605 La Comtesse de Salisbury, ou l'Ordre de la

Tome III. I

Jarretière, par D'ARGENCE. *Lyon*, Amaulry, 1682, 2 *vol. in-*12. *v. f.*

8605* Sidnei & Silli, *ou la bienfaisance & la recon-noissance, histoire angloise, suivie d'Odes anacréon-tiques, par l'Auteur de Fanni*, (M. D'ARNAUD.) *Paris*, Dessain junior, 1766, *in-*12. *v. m.*

8606 Mylord Stanley, *ou le criminel vertueux, par le Chevalier* DE LA MORLIERE. *Cadix*, (*Paris*) 1747, 3 part. 1 *vol. in-*12. *v. m.*

8607 Thoms Kenbrook: *ou l'enfant perdu, histoire angloise, trad. par* M. D. L. P. (M. DE LA PLACE.) *Lond.* (*France*) 1773, 2 *p.* 1 *v. in-*12. *v. f. d. f. t.*

8608 Tideric, Prince de Galles, *nouvelle. Paris*, Barbin, 1677, 2 *vol. in-*12. *v. m.*

8609 Mémoires de Miladi Varmonti, Comtesse de Barneshau, *traduits ou imités de l'anglois, par* M. *le Comte de* M. *Londres*, (*France*) 1778, 2 part. 1 *vol. in-*12. *v. f. d. f. t.*

8610 Le Comte de Warwick, *par Madame* D'AULNOY. *Paris*, 1729, 2 tom. 1 *vol. in-*12. *v. b.*

8611 Le même. *Paris*, 1740, 2 *vol. in-*12. *v. m.*

8612 Avantures singulieres du faux Chevalier de Warwick. *Londres*, 1752, 2 part. 1 *vol. in-*12. *m. r.*

Aventures amoureuses, &c. sous des noms tirés de l'Histoire des Pays hors de l'Europe.

8613 Histoire asiatique de Cerinthe, de Calianthe & d'Artenice, *avec un traicté du thresor de la vie humaine, & la philosophie des Dames, par* DE GERZAN. *Paris*, Lamy, 1635, *in-*8. *v. m.*

8614 Anecdotes orientales. *Berlin*, (*Paris*) 1752, 2 part. 1 *vol. in-*12. mar. r.

8615 Abassai, *histoire orientale, par Mademoiselle* FOX. *Paris*, Bauche, 1753, 3 *vol. in-*12. *v. m.*

8616 Almoran & Hamet, *anecdote orientale, publiée pour l'instruction d'un jeune Monarque, par l'Abbé* PRÉVOST. *Londres*, (*Par.*) 1763, *in-*12. *v. m.*

ROMANS FRANÇOIS.

8617 Daira, histoire orientale, par M. DE LA PO-
PELINIERE. *Paris*, Simon, 1760, *in-4. gr. pap. m. r.*

8618 La même. *Par.* Bauche, 1761, 2 t. 1 v. *in-12. v. m.*

8619 Mahulem, histoire orientale. *La Haye*, (*Par.*) 1766, *in-12. v. m.*

8620 Memnon, hist. orient. *Londres*, 1747, *in-8. v. m.*

8621 Le même. *Francf.*, Knoch, 1748, *in-12. m. r.*

8622 Le miroir des Princesses orientales, par Madame FAGNAN. *Paris*, 1755, 2 vol. *in-12. m. r.*

8623 Le roman oriental. *Paris*, veuve Pissot, 1753, 2 vol. *in-12. v. m.*

8624 Saroutaki & Alibek. *L'Orient*, 1752, 2 part. 1 vol *in-12. m. r.*

8625 Zambeddin, histoire orientale. *Paris*, Delalain, 1768, *in-12. baz.*

8626 Avantures secrettes arrivées au siege de Constantinople, par R. DE SAINT-JORRY. *Paris*, veuve Jombert, 1711, *in-12. v. f. d. s. t.*

8627 Les mêmes. *Par.* de la Roche, 1714, *in-12. m. r.*

8628 Anecdotes *ou* histoires de la maison Ottomane. *Lyon*, Duplain, 1724, 4 *vol in-12. v. f.*

8629 Anecdotes de l'ambassade turque en France, contenant le bonheur inattendu, opéra-comique, en prose & en vers. *Paris*, 1743, *in-12. baz.*

8630 Mémoires turcs, avec l'histoire galante de leur séjour en France. *Amsterdam*, (*Paris*) 1750, 3 part. 1 vol. *in-12. mar. r.*

8631 Les mêmes, nouv. édit. revue & corrigée, avec figures. *Amst.* (*Par.*) 1776, 2 vol. *in-12. fig. v. f.*

8632 Aben Muslu, *ou* les vrais amis, histoire turque qui renferme le détail des intrigues du serail sous le regne d'Ibrahim, & les véritables causes de sa mort, le couronnement de Mahomet IV, les motifs de la guerre de Candie, & le siege mémorable de cette ville. *Paris*, Prault, 1737, 2 vol. *in-12. v. f. d. s. t.*

8633 Abramulé, *ou* l'histoire du détrônement de Ma-

homet IV, par LE NOBLE. *Paris*, Jouvenel, 1696;
in-12. *v. f. d. f. t.*

8634 Le Bacha de Bude. (*Sans nom de Ville*,) 1765,
in-8. *v. m.*

8635 Le même. *Yverdon*, 1765, *in*-8. *v. f. d. f. t.*

8636 Mémoires de Mademoiselle de Bonneval, par
M. ***. *Amst.* (*Paris*) 1738, *in-*12. *v. m.*

8637 Anecdotes vénitiennes & turques, *ou nouveaux mémoires du Comte de Bonneval*, depuis
son arrivée à Venise jusqu'à son exil dans l'isle de
Chio en 1739, par DE MIRONE. *Utrecht*, (*Par.*)
1744, 2 *vol. in-*12. *baz.*

8638 Cara Mustapha, Grand-Visir, contenant son
élévation, ses amours dans le sérail, ses divers
emplois, le vrai sujet qui lui a fait entreprendre le
siege de Vienne, & les particularités de sa mort,
par de PRECHAC. *Lyon*, Amaulry, 1684, *in*-12. *v. m.*

8639 Le même. *Amst.* 1711, *in*-12. *mar. r.*

8640 Cara Mustapha & Basch-Lavi. *Amst.* (*Paris*)
1750, *in*-12. *v. m.*

8641 Le Prince esclave, par PRECHAC, où l'on voit
les particularités de la derniere bataille que les chrétiens ont gagnée contre les Turcs, la déposition du
Grand-Seigneur, & la maniere dont Soliman, Sultan, a été élevé sur le trône. *Paris*, Guillain,
1688, *in*-12. *v. f.*

8642 Ibrahim, *ou l'illustre Bassa*, par Madel. DE
SCUDERY. *Paris*, Sommaville, 1644, 4 *v. in-*8. *v. f.*

8643 Irène, Princesse de Constantinople, histoire
turque. *Paris*, Barbin, 1678, *in*-12. *v. m.*

8644 Histoire secrette du Prophete des turcs. *Constantinople*, (*Paris*) 1754, *in*-12. *m. r.*

8645 La même. *Paris*, J.-Fr. Bastien, 1775, 2 *part.*
1 *vol. in*-12. *v. f. d. f. t.*

8646 Le cousin de Mahomet, par M. FROMAGET.
Constantinople, (*Par.*) *sans date*, 2 *vol. in*-12. *v. m.*

8647 Histoire d'Osman, premier du nom, XIX Empereur des Turcs, & de l'Imperatrice Aphendina-

ROMANS FRANÇOIS. 133

Ashada, par Madame DE GOMEZ. *Paris*, Prault, 1734, 2 *vol. in-*12. *v. m.*

8648 Le Prince Turc. *Paris*, Robinot, 1724, *in-*12. *v. m. d. ſ. t.*

8649 La connoiſſance du monde, voyages orientaux, contenant l'hiſtoire de Rhétima Georgienne, Sultane diſgraciée, & de Ruſpia Mingrelienne, ſa compagne de Serrail, avec celle de la fameuſe Ziſbi, Circaſſienne. *Par.* Guignard, 1695, *in-*12. *v. f. d. ſ. t.*

8650 Réthima, *ou la belle Georgienne*, par DU HAUTCHAMP. *Paris*, Muſier, 1735, 2 *vol. in-*12. *v. br.*

8651 Mémoires de Selim, frere de Mahomet II, par M. ***. *Paris*, Ribou, 1735, 2 *vol. in-*12. *v. f.*

8652 Les mêmes. *Utrecht*, (*Par.*) 1736, *in-*12. *v. br.*

8653 Mémoires du Sérail, ſous Amurat II, par DESCHAMPS. *Lyon*, Baritel, 1704, 2 *vol. in-*12. *m. r.*

8654 Intrigues du Sérail, par MALLEBRANCHE. *La Haye*, 1739, *in-*12. *v. br.*

8655 Intrigues hiſtoriques & galantes du Sérail, ſous le regne de l'Empereur Selim. *Paris*, Ducheſne, 1762, 2 *part.* 1 *vol. in-*12. *v. m.*

8656 Le Séraskier Bacha, contenant ce qui s'eſt paſſé au ſiege de Bude, par PRÉCHAC. *Par.* Blageart, 1685, *in-*12. *v. f. d. ſ. t.*

8657 Les amours de Soliman Muſta-Feraga, Envoyé de La Porte près Sa Majeſté en 1669, par D. S. R. *Grenoble*, Dumon, 1675, *in-*12. *v. f. d. ſ. t.*

8658 Soliman, *ou les aventures de Macmet. Amſterd.* (*Par.*) 1750, 3 *part.* 1 *vol. in-*12. *mar. r.*

8659 Le grand Sophi, par PRECHAC. *Paris*, Morel, 1685, *in-*12. *mar. r.*

8660 Les aventures de Zélim & de Damaſine. *Par.* Maudouyt, 1735, 2 *part.* 1 *vol. in-*12. *mar. r.*

8661 La vie & les aventures de Zizime, fils de Mahomet II, Empereur des Turcs, avec un Diſcours préliminaire pour ſervir à l'Hiſtoire des Turcs, par G. D. M. *Paris*, Maudouyt, 1724, *in-*12. *fig. m. r.*

8662 Zizimi, Prince Ottoman, amoureux de Phi-

I 3

lippine-Hélene de Saſſenage, hiſtoire dauphinoiſe; par L. P. A. (le Préſident ALLARD.) Grenoble, Nicolas, 1673, in-12. mar. r.

8663 Hiſtoire admirable du Juif errant, lequel depuis l'an 33 juſqu'à l'heure préſente, ne fait que marcher, contenant ſa tribu, ſa punition, ſes aventures admirables qu'il a eu dans tous les endroits du monde, avec l'hiſtoire & les merveilles admirables avant ſon tems. Bruges, André Wyds, in-12. v. f. d. ſ. t.

8664 Hieruſalem aſſiegée, où eſt deſcrite la delivrance de Sophronie & d'Olinde, enſemble les amours d'Hermine, de Clorinde & de Tancrede, à l'imitation de Torq. Taſſo, par A. DE NERVEZE. Paris, du Brueil, 1599, in-12. fig. v. f.

8665 Les amours de la belle Armide, par P. JOULET, Sieur de Chaſtillon. Rouen, Valentin, ſans date, in-12. mar. r.

8666 Les aventures de Renaud & d'Armide, par M. L. C. D. M. Paris, Barbin, 1678, in-12. m. r.

8667 La bergere de la Paleſtine, par DE BAZIRE D'AMBLAINVILLE. Paris, du Brueil, 1601, in-12. mar. r.

8668 Le roman d'Albanie & de Sycile, par DU BAIL. Paris, Rocolet, 1626, in-8. m. bl.

8669 Scanderberg, par Urb. CHEVREAU. Paris, Quinet, 1644, 2 vol. in-8. v. f.

8670 Le grand Scanderberg, nouvelle, par Mademoiſelle DE LA ROCHEGUILLEN. Amſterd. Savouret, 1688, in-12. mar. r.

8671 Scanderberg, ou les aventures du Prince d'Albanie, par DE CHEVILLY. Paris, Deleſpine, 1732, 2 vol. in-12. v. br.

8672 Hiſtoire negrepontique, contenant la vie & les amours d'Alexandre Caſtriot, arriere-neveu de Scanderberg, & d'Olimpe, la belle Grecque, de la Maiſon des Paléologues; tirée des mſſ. d'Octavio FINELLI, & recueillie par lui-même des Mémoires

ROMANS FRANÇOIS.

d'un Caloyer grec, le tout mis en ordre & donné par J. BAUDOIN. *Paris*, du Bray, 1631, *in-8. m. r.*

8673 La même, seconde édition corrigée. *Paris*, Musier, 1731, *in-12. v. f.*

8674 Nitophar, anecdote babilonienne, pour servir à l'Hist. des plaisirs. *Par.* Delalain, 1768, *in-12. baz.*

8675 La Princesse de Babilone, par VOLTAIRE. Sans nom de Ville ni date, *in-12. v. f.*

8676 La même. Sans nom de Ville, 1768, *in-8. mar. r. d. f. t.*

8677 La même. Rome, 1768, *in-8. mar. bl. d. f. t.*

8678 Histoire & les aventures de Kemiski, Georgienne, par Madame D**. *Bruxelles*, Foppens, 1697, *in-12. v. f.*

8679 Histoire d'Alburcide, nouvelle arabe. *La Haye*, de Hondt, 1736, *in-12. mar. r.*

8680 La même. *Paris*, Maudouyt, 1736, *in-12. v. f.*

8681 Alburcide, *sous le titre* d'Histoire de Zaïre, par M. DE V***. *La Haye*, (Par.) 1745, *in-12. v. f.*

8682 Le Géomyler, trad. de l'arabe, (ouvrage de l'Abbé DE VILLARS.) *Paris*, Guérin, 1729, *in-12. v. m.*

8683 Les visions d'Ibraïm, Philosophe arabe, *ou* Essai sur la nature de l'ame; relation d'un voyage aux Limbes, *ou* bigarrures philosophiques, par TIPHAIGNE DE LA ROCHE. *Paris*, Saugrain, 1779, 2 *tom.* 1 *vol. in-8. v. m.*

8684 Histoire d'Izerben, trad. de l'arabe, par M. MERCIER. *Paris*, Cellot, 1756, *in-12. v. m.*

8685 Zatide, histoire arabe, par L. N. (LE NOBLE.) *Paris*, Ribou, 1703, *in-12. mar. r.*

8686 Les adventures de la Cour de Perse, où sont racontées plusieurs histoires d'amour & de guerre arrivées de nostre temps, par J. D. B. (Jean BAUDOUIN.) *Paris*, Pomeray, 1629, *in-8. v. br.*

8687 Alcine, Princesse de Perse, nouvelle. *Paris*, Josset, 1683, *in-12. mar. r.*

8688 Amanzolide, nouvelle historique & galante, qui

contient les aventures secretes de Mehemed-Riza-Beg, Ambassadeur du Sophi de Perse à la Cour de Louis-le Grand, en 1715, par D'HOLSTELFORT. *La Haye*, (*Par.*) 1716, *in-12. mar. r.*

8689 Les esclaves, *ou l'histoire de Perse*, par DU VERDIER. *Paris*, le Roy, 1628, *in-8. mar. r.*

8690 Mélisthenes, *ou l'illustre Persan*, par M. DE P***, (DE THEMISEUL DE SAINT-HYACINTHE, connue sous le nom de MATHANASIUS,) 1718, *in-12. v. m.*

8691 Le même, *sous le titre de* l'Hist de Mélisthene, Roi de Perse, contenant les aventures galantes, les combats & les victoires qui l'ont placé sur le trône, trad. fidele de ZALIOUR-ALAIK, Auteur Persan. *Paris*, Musier, 1723, *in-12. v. m.*

8692 Les Orphelins de Perse, histoire orientale, tirée d'un manuscrit persan, & enrichie de notes curieuses & instructives, par M. M***. *Paris*, Valade, 1773, *in-12. v. f. d. s. t.*

8693 Sapor, Roi de Perse, par DU PERROT. *Paris*, Barbin, 1668 & 1669, 5 *vol. in-12. v. m.*

8694 Tachmas, Prince de Perse, nouvelle historique, par H. F. M. *Par.* Loyson, 1676, *in-12. v. f. d. s. t.*

8695 Tachmas, Prince de Perse, nouvelle historique & tragique. *Paris*, Gueffier, 1752, *in-12. fig. v. m.*

8696 Ladice, *ou les victoires du grand Tamerlan*, par C. *Paris*, Quinet, 1650, 2 *vol. in-8. mar. r.*

8697 Asterie, *ou Tamerlan*, par Mademoiselle DE LA ROCHEGUILEN. *Par.* Barbin, 1675, *in-12. v. f.*

8698 Angola, histoire indienne. *Agra*, (*Par.*) 1746, 2 *part.* I *vol. in-12. v. f.*

8699 La même. *Agra*, (*Par.*) 1749, 2 *part.* I *vol. in-12. v. m.*

8700 Histoire indienne d'Anaxandre & d'Orazie, où sont entremeslées les aventures d'Alcidaris, de Cambaye & les amours de Pyroxene, par DE BOISROBERT. *Paris*, Pomeray, 1629, *in-8. mar. r.*

8701 La même. *Paris*, Besongne, 1636, *in-8. m. r.*

ROMANS FRANÇOIS. 137

8702 Banife & Balacin, *ou la conftance récompen-*
fée, hiftoire indienne. Londres, (Par.) 1771, 4 part.
2 *vol. in-*12. *v. f. d. f. t.*

8703 Le livre d'airain, hiftoire indienne. (Paris)
1759, *in-*12. *v. m.*

8704 Les mémoires de l'Eléphant, écrits fous fa dic-
tée, & trad. de l'indien par un Suiffe. *Paris*,
J. B. Coftard, 1771, *in-*8. *v. f. d. f. t.*

8705 Zeczeczeb, anecdotes indoftanes. *La Haye*,
(*Par.*) 1751, 2 vol. *in-*12. *v. m.*

8706 Zamec & Zimilma, anecdotes de la Cour de
Tonquin. *Tonquin*, (*Paris*) 1755, 4 part.
2 vol. *in-*12. *mar. r.*

8707 L'Aventurier Chinois. *Paris*, Mérigot le jeune,
1773, *in-*12. *v. f. d. f. t.*

8708 Axiamire, ou le roman chinois. *Paris*, Barbin,
1675, 3 vol. *in-*12. *v. f. d. f. t.*

8709 Le fameux Chinois, par DU BAIL. *Paris*, Befongne, 1642, *in-*8. *v. m.*

8710 La nouvelle du jour, *ou les feuilles de la Chine.*
Londres, 1753, *in-*12. *mar. r.*

8711 L'optique, *ou le Chinois à Memphis*, (par M.
DE SAINT-PERAVI.) *Londres*, (*Par.*) 1763,
2 part. 1 vol. *in-*12. *v. m.*

8712 Le même, *fous le titre d'Optique chinois.* Lond.
(*Par.*) 1765, *in-*12. *v. m.*

8713 Zelinga, hiftoire chinoife. *Marfeille*, 1749;
*in-*12. *mar. r.*

8714 Hipalque, Prince Scithe, par L. S. *Paris*, Piffot, 1727, *in-*12. *v. m.*

8715 Hiftoire de Rufpia, *ou la belle Circaflienne.*
Amfterd. (*Par.*) 1754, *in-*12. *mar. r.*

8716 Le Prince Kouchimen, hiftoire tartare, & Dom
Alvare del Sol, hift. napolitaine. *Paris*, Eftienne,
1710, *in-*12. *v. f. d. f. t.*

8717 Le roman tartare. *Amft.* 1725, *in-*12. *v. m.*

8718 Civan, Roi de Bungo, hiftoire japonnoife, *ou*
tableau de l'éducation d'un Prince, par Madame

138 BELLES-LETTRES.

LE PRINCE DE BEAUMONT. *Londres*, (Rouen) 1754, 2 vol. in-12. mar. r.

8719 Le même. *Londres*, (Avignon) 1758, 2 part. 1 vol. in-12. v. f.

8720 Guigui, *ou le saucisson, histoire japonnoise*; Kanton, 1752, in-8. mar. r.

8721 Magakou, histoire japonoise. *Goa*, (Paris) 1752, in-12. mar. r.

8722 Mirima, Imperatrice du Japon, par FROMAGET. *La Haye*, (Par.) 1745, in-12. baz.

8723 Histoire japonoise, par CRÉBILLON fils, 1740, 2 vol. in-12. pap. d'Holl. mar. r.

8724 Mizirida, Princesse de Firando, par DU HAUTCHAMP. *Paris*, Musier, 1738, 3 vol. in-12. v. f.

8725 Les aventures d'Achille, Prince de Tours, & de Zayde, Princesse d'Afrique, par DE LA FOSSE. *Par.* Dumesnil, 1724, in-12. v. f. d. s. t.

8726 Almanzaïde, histoire africaine. *Paris*, veuve Duchesne, 1766, in-12. v. f. d. s. t.

8727 L'amoureux Africain, par B. M. *Amst.* Boom, 1676, in-12. mar. r.

8728 L'histoire afriquaine de Cléomede & de Sophonisbe, par DE GERZAN. *Paris*, Moclot, 1627 & 1628, 2 tom. 4 vol. in-8. v. f. d. s. t.

8729 Mourat & Turquia, histoire afriquaine, par Mademoiselle DE L*, (Mademoiselle DE LUBERT.) *Londres, Par.* Clément, 1752, in-12. mar. r.

8730 Le Nagzag, *ou mémoires de Christophe* Rustaut, dit l'Africain, *Paris*, Costard, 1770, in-8. v. f. d. s. t.

8731 Oronoko, *ou le Prince negre*, par M. DE LA PLACE. *Paris*, Vente, 1769, in-12. fig. v. m.

8732 Histoire d'Aménophis, Prince de Lybie. *Paris*, Quillau, 1728, in-8. mar. r.

8733 Nouvelles afriquaines. *Sans nom de Ville, ni date*, 2 vol. in-12. v. f.

8734 Amosis, Prince Egyptien, histoire merveilleuse. *Paris*, Josse, 1728, in-12. v. f.

ROMANS FRANÇOIS. 139

8735 Cela est singulier, histoire égypt. trad. par un Rabin Génois. *Babylone*, (Par.) 1752, *in*-12. *v. m.*

8736 Philadelphe, nouvelle égyptienne, par GIRAULT DE SAINVILLE. *Par.* Michon, 1687, *in*-12. *m. r.*

8737 Sethos, histoire *ou* vie, tirée des monumens, anecdotes de l'ancienne Egypte, trad. d'un mss. grec, par l'Abbé TERRASSON. *Paris*, Guérin, 1731, 3 *vol. in*-12. *v. f.*

8738 Homaïs, Reine de Tunis. *Amsterd.* 1682, *in*-12. *v. f. d. s. t.*

8739 Aventures de Dona Inès delas Cisternas, qui d'esclave à Alger en devint la Souveraine, par ROUSSEAUX. *Utrecht*, Néaulme, 1737, *in*-12. *v. m.*

8740 Ismael, Prince de Maroc. *Paris*, Guignard, 1698, *in*-12. *v. f.*

8741 La Princesse de Fez, par PRECHAC. *Paris*, Barbin, 1681, 2 *vol. in*-12. *v. br.*

8742 Histoire de Louis Anniaba, Roi d'Essenie en Afrique, sur la côte de Guinée. *Amsterd.* 1740, *in*-12. *v. br.*

8743 Le vieillard Abyssin, rencontré par Amlac, Empereur d'Ethiopie. *Paris*, Jean-Fr. Bastien, 1779, *in*-12. *v. m.*

8744 Zingha, Reine d'Angola, histoire africaine, par M. L. CASTILHON. *Bouillon*, 1769, 2 *part*. 1 *vol. in*-12. *v. m.*

8745 Crémentine, Reine de Sanga, par Madame DE GOMEZ. *Paris*, Clousier, 1739, 2 *vol. in*-12. *v. m.*

8746 Hattigé, *ou* les amours du Roy de Tamaran, par DE BREMOND. *Cologne*, 1676, *in*-12. *mar. r.*

8747 Nouvelles de l'Amérique, *ou* le Mercure américain. *Rouen*, Vaultier, 1678, *in*-12. *v. f.*

CONTENANT

Hist. de D. Diego de Rivera. Hist. de Mont-Val. Le destin de l'homme, *ou* les aventures de D. Bartelimi de la Cueba, Portugais.

8748 Mémoires d'un Américain, avec une description de la Prusse & de l'île de Saint-Domingue,

140 BELLES-LETTRES.

par l'Auteur des lettres d'Affi à Zurac, & de celles d'un Philosophe sensible. *Paris*, veuve Regnard & Demonville, 1771, 2 *part.* 1 *vol. in*-12. *v. m.*

8749 Zelaskim, histoire américaine, par M. B*** (M. BELIARD.) *Paris*, Mérigot, 1765, 4 *part.* 1 *vol. in*-12. *v. m.*

8750 Histoire de Cusihuarca, Princesse du Pérou. *Sans frontispice, in* 8. *v. f.*

8751 Le Zombi du grand Pérou, *ou* la Comtesse de Cocagne. *Rouen*, 1697, *in*-12. *v. br.*

8752 Le Sauvage de Taïti. *Paris*, Le Jay, 1770, *in*-12. *v. f.*

8753 Le Huron, *ou* l'Ingenu, (par DE VOLTAIRE.) *Lauzanne, (Par.)* 1767, 2 *part.* 1 *vol. in*-8. *v. m.*

8754 Histoire de Moncade, dont les principales aventures se sont passées au Mexique, avec le Marquis de Leyva, nouvelle espagnole. *Paris*, Prault, 1736, *in*-12. *v. m.*

Aventures singulieres, & Romans philosophiques & moraux, sous des noms propres, par ordre alphabétique.

8755 L'Abailard supposé, *ou* le sentiment à l'épreuve. *Paris*, P. Fr. Gueffier, 1780, *in*-8. *v. f. d. f. t.*

8756 Le faux Ravisseur, *ou* les caravanes galantes du Chevalier d'Abbeville, par M. LE M. *Hambourg; (Liege)* 1755, 2 *part.* 1 *vol. in*-12. *mar. r.*

8757 Mémoires de M. d'Ablincourt & de Mademoisf. de Saint-Simon. *Paris*, Dufour, 1769, *in*-12. *v. m.*

8758 La bergere amoureuse, *ou* les véritables amours d'Achante & de Daphnine, par DU VERDIER. *Paris*, Quesnel, 1621, *in*-8. *v. m.*

8759 Adélaïde, 1764, *in*-12. *v. m.*

8760 Adélaïde, *ou* l'amour & le repentir, par M. D. M. *Paris*, Costard, 1769, *in*-8. *fig. v. f.*

8761 Adélaïde, *ou* le triomphe de l'amour & de la vertu. *Par.* Merlin, 1772, *in*-8. *v. f. d. f. t.*

8762 Histoire du Prince Adonistus, par la Marquise

ROMANS FRANÇOIS.

DE L..... (LAMBERT.) *La Haye*, (*Paris*) 1738, *in*-12. *v. m.*

8763 Agathe & Isidore, par Mad. BENOIST. *Paris*, Durand, 1768, 2 *vol. in*-12. *v. m.*

8764 Histoire d'Agathe de Saint-Bohaire. *Lille*, Henry, 1769, 2 *vol. in*-12. *v. m.*

8765 La Princesse Agathonice, *ou les différens caracteres de l'amour. Paris*, de Luyne, 1693, *in*-12. *m. r.*

8766 Agénor & Zulmé. *Nancy*, le Clerc, 1768, 3 *part.* 1 *vol. in*-12. *v. m.*

8767 Les admirables faits d'armes d'Alcestes, servant l'infidele Lydie, par le Sieur DES ESCUTEAUX. *Saumur*, Portau, 1613, *in*-12. *v. m.*

8768 Alcidamie, par Mademoiselle DES JARDINS. *Paris*, 1661, 2 *vol. in*-8. *v. f.*

8769 La femaine amoureuse de Franç. DE MOLIERE, Sieur DESSERTINES, où, par les amours d'Alcide & d'Hermize, sont représentés les divers changemens de la fortune. *Paris*, du Bray, 1620, *in*-8. *baz.*

8770 La jeune Alcidiane, par DE GOMBERVILLE. *Paris*, Courbé, 1651, *in*-8. *v. f. d. s. t.*

8771 La jeune Alcidiane, par Madame DE GOMEZ. *Paris*, 1733, 3 *vol. in*-12. *v. f.*

8772 La même. *Amsterd.* l'Honoré, 1739, 2 *vol. in*-12. *mar. r.*

8773 Les aventures d'Alcime, suivies de l'histoire d'Hyacinthe & de quelques poésies fugitives. *Paris*, Valade, 1778, *in*-12. *v. f. d. s. t.*

8774 Les généreuses amours des Courtisans de la Cour, sous les noms d'Alcimene & Damerose, par DU BAIL. *Paris*, Loyson, 1641, *in*-8. *v. m.*

8775 Fantasies amoureuses, où sont décrites les amours d'Alério & Marianne. *Rouen*, Osmont, 1601, *in*-12. *mar. r.*

8776 Les mêmes. *Paris*, Chevalier, 1601, *in*-12. *v. f.*

8777 Alexandre & Isabelle, histoire tragi-comique, par HUMBERT DE QUEYRAS. *Paris*, Courbé, 1626, 2 *tom.* 3 *vol. in*-8. *mar. r.*

142   BELLES-LETTRES.

8778 La constance d'Alisée & de Diane, par E. C. Lyon, Cl. Morillon, 1602, in-12. v. f. d. f. t.

8779 Almanzaïde, nouvelle. Paris, Barbin, 1674, in-12. v. f. d. f. t.

8780 Les fortunes d'Alminte, par le Sieur DES ECUTEAUX. Saumur, Portau, 1623, in-12. v. br.

8781 Almahide, ou l'Esclave Reine, par SCUDERY. Paris, Courbé, 1660 & suiv. 8 vol. in-8. v. f.

8782 L'Almérinde. Paris, Courbé, 1646, in-8. v. m.

8783 Alzarac, ou la nécessité d'être inconstant, par Madame DE PUIZIEUX. Paris, Charpentier, 1762, in-12. v. m.

8784 Amours d'Alzidor & de Charisée. Amst. (Par.) 1751, in-12. v. m.

8785 L'illustre Amalazonthe, par DES FONTAINES. Paris, Robinot, 1645, 2 vol. in-8. v. f. d. f. t.

8786 Histoire d'Amande, écrite par une jeune femme. Paris, Vente, 1768, 2 part. 1 vol. in-12. baz.

8787 La nouvelle Amarante, par DE LA HAYE. Par. Villery, 1633, in-8. mar. r.

8788 Amarante, ou le triomphe de l'amitié, par Madame ***. Paris, Jombert, 1715, in-12. v. m.

8789 L'Amélinte, par DE CLAIREVILLE. Paris, Besongne, 1635, 2 vol. in-8. v. br.

8790 La même, sous le titre de l'illustre naufrage de Mélicandre. Paris, Besongne, 1642, in-8. mar. r.

8791 Amélonde, où l'on voit qu'une honnête femme est heureuse quand elle suit un conseil sage & vertueux. Paris, Loyson, 1669, in-12. v. f. d. f. t.

8792 Conseils de Léandre à la belle Amélonde sur la conduite de ses amours. Paris, Loyson, 1670, in-12. v. m.

8793 Le Pelerin estranger, ou les chastes amours d'Aminthe & de Philiride, par DE BRETHENCOURT. Rouen, Cailloué, 1634, in-12. baz.

8794 Les amours d'Amisidore & de Chrysolite, histoire véritable, où est descrite l'inconstance des amou-

ROMANS FRANÇOIS. 143

reux de ce temps, par DU BAIL. *Paris*, Boutonné, 1623, *in-8. v. br.*

8795 Le romant d'Anacrine, où sont representez plusieurs combats, histoires véritables & amoureuses. *Paris, du Bray*, 1613, *in-12. v. m.*

8796 Anaxandre, nouvelle, par Mademoiselle DES JARDINS, (Madame DE VILLEDIEU.) *Paris*, Ribou, 1667, *in-12. v. m.*

8797 Le palais d'Angélie, par le Sieur DE MARZILLY. *Paris, du Bray*, 1622, *in-8. v. br.*

8798 Les amours d'Angélique, par le Sieur D. R. *Paris*, Sommaville, 1626, *in-8. v. m.*

8799 L'Angélique du Sieur DE MONTAGATHE. Par. Moreau, 1626, *in-8. v. m.*

8800 Les bergeries de Vesper, ou les amours d'Antonin, Florelle, & autres bergers & bergeres de Placémont & Beauséjour, par Guillaume COSTE. *Paris*, Bouillerot, 1618, *in-12. v. f.*

8801 Appolline & Dancourt, histoire véritable, par M. H. D. L. *Paris, du Four*, 1769, *in-12. v. f.*

8802 Araspe & Simandre, nouvelle. *Paris*, Barbin, 1672, 2 *vol. in-12. mar. r.*

8803 Amours & les aventures d'Arcan & de Belize, par le Chevalier DE P***. *Leyde*, Haak, 1714, *in-12. fig. mar. r.*

8804 Les amours d'Archidiane & d'Almoncidas, par le Sieur DU BROCQUART DE LA MOTTE. *Paris*, Bobin, 1642, *in-8. v. br.*

8805 Les mêmes, *sous le titre du Jugement d'Archidiane*. *Paris*, Bobin, 1642, *in-8. mar. r. d. f. t.*

8806 Ardasire, ou les amans fideles, 1764, *in-8. v. m.*

8807 Abrégé de l'histoire d'Ariadès, par L. S. D. M. *Paris*, Cramoisy, 1630, *in-12. mar. r.*

8808 Histoire des amours du Duc d'Arione & de la Comtesse Victoria, ou l'amour réciproque. *La Haye*, (Rouen) 1696, *in-12. v. f.*

8809 Les amours d'Aristandre & de Cléonice, par D'AUDIGUIER. *Paris*, Boutonné, 1626, *in-8. m. r.*

BELLES-LETTRES.

8810 Aristandre, *ou* l'histoire interrompue, par H. A. D. A. *Paris*, du Brueil, 1664, *in*-12. *v. m.*

8811 Le Duc d'Arnay. *Paris*, le Jay, 1776, 2 part. 1 vol. *in*-8. *v. f. d. s. t.*

8812 La haine & l'amour d'Arnoul & de Clairemonde, par P. B. S. D. R. (le Sieur DU PERIER.) *Paris*, du Brueil, 1600, *in*-12. *m. r.*

8813 La même. *Paris*, Anthoine du Brueil, 1609, *in*-12. *v. f. d. s. t.*

8814 La même, par DU PERIER. *Paris*, Corrozet, 1627, *in*-8. *v. f.*

8815 L'Artemize, Princesse de Carie. *Paris*, Billaine, 1635, *in*-8. *v. f.*

8816 Artemife & Poliante, par BOURSAULT. *Paris*, Guignard, 1670, *in*-12. *mar. r.*

8817 Histoire d'Arthemise, par Jean DE LANNEL. *Paris*, 1622, *in*-12.

8818 La fidélité trahie, *ou* l'art de triompher du destin, par DE LA MOTTE DU BROQUART. *Paris*, Mirault, 1645, *in*-8. *mar. r.*

8819 La même, *sous le titre de* Roman thessalonique, *ou* les adventures du généreux Prince Asmonde & de la Princesse Alithie. *Paris*, 1652, 2 *v. in*-8. *v. f.*

8820 Astrée, par Honoré D'URFÉ, où sont déduits les divers effets de l'honneste amitié, avec la continuation, par BARO. *Paris*, Sommaville, 1647, 5 *vol. in*-8. *fig. vel.*

8821 La cinquieme & sixieme parties de l'Astrée d'Honoré D'URFÉ, par un Auteur anonyme. *Paris*, Fouet, 1625 & 1626, 2 *vol. in*-8. *v. br.*

8822 La nouvelle Astrée. *Paris*, Pepie, 1713, *in*-12. *v. m.*

8823 La fille d'Astrée, *ou* la suite des bergeries de Forêts, contenant plusieurs histoires qui font voir les effets de la vertu & de l'honneste affection. *Paris*, Billaine, 1633, *in*-8. *v. br.*

8824 L'anti-roman, *ou* histoire du berger Lysis, accompagnée de ses remarques, par Jean DE LA LANDE.

ROMANS FRANÇOIS.

Lande. *Paris, du Bray*, 1633, 2 *tom*. 4 *vol. in*-8. *v. m.*

Ce Roman est une critique de l'*Astrée*.

8824 * Le même, *sous le titre du Berger extravagant, où parmi les fantaisies amoureuses on voit les impertinences des Romans & de la Poésie. Rouen*, Osmont, 1646, 4 *part*. 2 *vol. in*-8. *v. m.*

8825 Aurélie, nouvelle héroïque. *Paris, Guignard,* 1670, *in*-12. *mar. r.*

8826 La conformité des destinées, & Axiamire, ou la Princesse infortunée. *Paris, veuve Pissot*, 1736, *in*-12. *v. m.*

8827 Axiane. *Paris, Courbé*, 1647. 1 *t*. 3 *v. in*-8. *v. f.*

8828 La même, *sous le titre d'Aventures de la Princesse Axiane. Paris, Courbé*, 1648, 2 *v. in*-8. *v. f.*

8829 Le galant Triolet, *ou mémoires d'Azaminde & de Thersini*, ensemble l'hist. de D. Sixte. *Amst*. 1747, *in*-8. *mar. r.*

8830 Azoïla, histoire qui n'est point morale. *Paris, Dehansy*, 1768, *in*-12. *baz.*

8831 Mémoire du Comte de Baneston, par le Chevalier de Forceville. *Paris, Duchesne*, 1755, 2 *vol. in*-12. *mar. r.*

8832 Mémoires de deux amis, *ou les aventures de Barniwal & Reinville, par* M. de la Solle. *Londres, (Par.)* 1754, 2 *vol. in*-12. *mar. r.*

8833 Les mêmes, *sous le titre de l'heureuse découverte & la cachette intéressante, ou les aventures de* MM. de Barniwal & de Rinville. *Londres, (Par.)* 1774. 2 *vol. in*-12. *v. f. d. s. t.*

8834 Les isles fortunées, *ou les aventures de Bathylle & de Cléobule, par* M. M. D. C. A. S. *Paris, le Boucher*, 1778, *in*-12. *v. f. d. s. t.*

8835 Mémoires de la Baronne de Batteville, par Madame le Prince de Beaumont. *Lyon, Bruyset Ponthus*, 1766, *in*-12. *v. f.*

8836 Histoire de Belise & de Cléante, *sans date, in*-8. *v. br.*

Tome III.

146 BELLES-LETTRES.

8837 La même, avec le recueil de ses lettres, (par la Présidente FERRAND, publiées par le Baron DE BRETEUIL.) *Leyde*, 1691, *in-*12. *mar. r.*

N. B. Madame Ferrand se nommoit en son nom, Belisani.

8838 Belise, *ou les deux Cousines. Paris*, Mérigot, 1769, 2 *part.* 1 *vol. in-*12. *v. f.*

8839 La Bellaure triomphante, où se découvrent les divers effects de l'honneste amour & des autres passions de l'ame, par G. DU BROQUART, Seigneur DE LA MOTTE. *Paris*, Billaine, 1630 & 1633, 2 *vol. in-*8. *mar. bl.*

8840 Histoire de Madame de Bellerive, *ou principes sur l'amour & sur l'amitié, par le Chev.* D*****. *Paris*, Segault, 1768, *in-*12. *v. f.*

8841 Le bouquet de la Feintise, lié d'une soye desliée par la Constance, & que l'Amour a faict d'un lis & d'une rose sans espines; où sont ensemblement pliées les amours fleuries du Baron de Bellerose & de la Marquise de Beaulis, descriptes par Bern. ASTIER. *Lyon*, Rigaud, 1610, *in-*12. *m. citr.*

8842 La Reine de Benni. *Paris*, Grangé, 1766, *in-*12. *v. m.*

8843 Mademoiselle de Benonville, hist. galante. *Liege*, Montfort, 1712, *in-*12. *v. f.*

8844 Les erreurs de l'amour & de la vanité, mém. de la Marquise de Bercaville. *La Haye*, (Paris) 1755, *in-*12. *mar. r.*

8845 La belle Berruyere, *ou aventures de la Marquise de Fierval. Lond.* (Liege) 1765, 2 *vol. in-*12. *v. m.*

8846 Mémoires de M. de Berval, *Amsterd.* (Par.) 1752, *in-*8. *v. m.*

8847 Mémoires du Chevalier de Berville, *ou les deux amis retirés du monde. Paris*, Charpentier, 1763, 2 *tom.* 1 *vol. in-*12. *v. m.*

8848 Betsi, *ou les bizarreries du destin, par* M. SABATIER DE CASTRES. *Paris*, Dehansy, 1769, 2 *vol. in-*12. *v. m.*

8849 Le danger des liaisons, *ou mémoires de la*

ROMANS FRANÇOIS.

Baronne de Blémon, par Mad. la M..... DE ST.-A. (Madame la Marquife DE SAINT-AUBAIN.) Geneve, (Par.) 1763, 5 part. 3 vol. in-12. v. m.

8850 Bok & Zulba, 2 tom. 1 vol. in-12. fig. v. m.

8851 Anecdotes de la Cour de Bonhommie, par l'Auteur des Mémoires de Verforand. Lond. (Par.) 1752, 2 vol. in-12. v. m.

8852 Mémoires de Mademoifelle Bontemps, ou de la Comteffe de Marlou, rédigés par GUEULETTE. Amft. Catuffe, 1738, in-12. v. f.

8853 Vie de la Bourbonnoife, Par. 1769, in-12. v. f.

8854 Hiftoire d'Arthur de Brandley. Paris, Dehanfy le jeune, 1770, 2 vol. in-12. v. f. d. f. t.

8855 Le triomphe de la vertu, ou voyages fur mer, & aventures de la Comteffe de Breffol, par le Marquis D'ARGENS. La Haye, Gallois, 1741, 3 vol. in-12. v. m.

8856 Les amours diverfes de BOUGLER DE BRETHENCOURT. Rouen, 1629, in-12. mar. r.

CONTENANT

Damis amoureux de Cléonice. Clérophon amoureux de Clélie. Lindor amoureux d'Uranie. Mélanges fantaftiques. Cléante amoureux de Méliffe.

8857 Les mémoires & aventures de Mademoifelle de Butler, par M. DE ***. Londres, (Par.) 1747, 2 part. 1 vol. in-12. v. m.

8858 Les chaftes & pudiques amours du Marquis de Cælidor & de la belle Æmée, par F. DE MENANTEL. Paris, Bretet, 1612, in-12. v. m.

8859 Le portraict de la vraye amante, contenant les eftranges aventures de Calaris, & la parfaicte conftance de Lifbye, par Jean D'INTRAS. Paris, Fouet, 1609, in-12. v. m.

8860 La mort de l'Amour, ou l'hiftoire des amours de Calianthe & Florifile, par Prudent GAUTHIER. Paris, Alexandre, 1621, in-12. mar. r.

8861 Les pudiques amours de Califtine, avec fes

148 BELLES-LETTRES.

disgraces & celles d'Angelie, par une jeune Demoiselle. *Paris*, 1605, *in*-12. *v. f.*

8862 Histoire du Roy de Campanie & de la Princesse Parfaitte. *Paris*, Delatour, 1736, *in*-12. *m. r.*

8863 La Comtesse de Candale. *Paris*, Ribou, 1672, *in*-12. *v. f.*

8864 Candide, *ou* l'optimisme, par VOLTAIRE, mss. *in*-4. *cart.*

8865 Le même. *Geneve*, 1759, *in*-12. *v. m.*

8866 Le même, 1761, *in*-12. *v. m.*

8867 Candide en Dannemarc, *ou* l'optimisme des honnêtes gens. *Geneve*, 1767, *in*-12. *v. éc.*

8868 Remercîment de Candide à M. de Voltaire. *Amst. (Par.)* 1760, *in*-12. *v. m.*

8869 La Carithée de LE ROY, Sieur DE GOMBERVILLE. *Paris*, Quesnel, 1621, *in*-8. *v. f.*

8870 Caritée, *ou* la Cyprienne amoureuse, par le Sieur P. C. *Toulouse*, Bosc, 1621, *in*-8. *mar. r.*

8871 Carmentiere, *ou* les engagemens rompus par l'amour, (par M. GIRONNET.) *Amsterd. (Par.)* 1754, 2 *vol. in*-12. *mar. r.*

8872 Les triomphes de la Guerre & de l'Amour, hist. des sieges de Cazalie & de Lymphirac, places importantes, où s'est signalée la prodigieuse valeur de Thorasmont, & les chastes amours de ce Prince & de l'incomparable Martisie, par HUMBERT. *Par. Alazert*, 1631, *in*-8. *v. m.*

8873 Mémoires de Cecile, par M. DE LA PLACE. *Paris*, Rollin, 1751, 4 *vol. in*-12. *v. m.*

8874 La Céfalie, par M. DU BAIL. *Paris*, Besongne, 1637, *in* 8. *v. m.*

8875 Celanire. *Par.* Barbin, 1671, *in*-12. *v. f. d. s. t.*

8876 Celianne, *ou* les amans séduits par leurs vertus, par l'Auteur d'Elisabeth, (Madame BENOIST.) *Paris*, Lacombe, 1766, *in*-12. *v. m.*

8877 Les heureuses infortunes de Celiante & Marilinde, veufves-pucelles, par D. F. (DES FONTAINES.) *Paris*, Trabouillet, 1636, *in* 8. *v. f.*

ROMANS FRANÇOIS. 149

8878 Les mêmes. *Par.* Trabouillet, 1638, *in-8. m. r.*

8879 Celie, par BRIDOU. *Paris*, Barbin, 1663, *in-8. v. f.*

8880 La même, *ou* la Comtesse Melicerte, où se voyent les aventures d'Artaxandre, de Philadelphe & de Meliagre, de Celie, de Silezie & de Timante, dans les Villes de Tulle & de Paphos. *Paris*, Loyson, 1664, *in-8. v. f.*

8881 Histoire de Celimaure & de Félismene, par LE ROU. *Paris*, Sommaville, 1665, 2 vol. *in-8. v. m.*

8882 Celinte. *Paris*, Courbé, 1661, *in-8. v. f. d. f. t.*

8883 Histoire galante & véritable de C*** (Celise) par J. H. DE C. *Amst.* (*Par.*) 1716, 2 v. *in-12. v. f.*

8884 Histoire de Mademoiselle de Cerni, par le Sieur L. D. V. *Berlin*, 1750, *in-12. v. m.*

8885 César aveugle & voyageur. *Londres*, 1740, *in-12. v. br.*

8886 Le moyen d'être heureux, *ou* le Temple de Cythere, avec les aventures de Chansi & de Ranué. *Amst.* (*Par.*) 1750, 2 *vol. in-12. v. m.*

8887 Le lit d'honneur de Chariclée, où sont introduites les infortunes & tragiques amours du Comte de Mélisse, par Jean D'INTRAS. *Paris*, Fouet, 1609, *in-12. v. m.*

8888 Les amours de Charitene & d'Amandos, par Æ. DE VEINS, S. D. C. *Paris*, du Breuil, 1597, *in-12. v. m.*

8889 Histoire de la Chiaramonte, par Mademoiselle DE BEAULIEU. *Par.* Richer, 1603, *in-12. m. vert.*

8890 Brochure nouvelle, contenant les noirceurs de Chicot, mém. d'Azaminde, & hist. de D. Sixte, 1746, *in-8. v. m.*

8891 Les agréables diversités d'amour, sur les aventures de Chrisaure & de Phinimene, par N. LE MOULINET, Sieur DU PARC. *Paris*, Millot, 1614, *in-12. v. m.*

8892 Les aventures de Chrisophile. *Bruxell.* (*Rouen*) 1717, *in-12. mar. r.*

BELLES-LETTRES.

8893 La plume dorée de Chrysantor & de la belle Angéline, où en suite de leurs amours, on se peut instruire à coucher toutes sortes de lettres amoureuses, par J. Condential. *Paris*, Tiffaine, 1618, *in*-12. *mar. r.*

8894 Les jaloux desdains de Chrysis, par le Sieur des Escuteaux. *Poitiers*, Thoreau, 1628, *in*-12. *v. f.*

8895 La Chrysolite, *ou* le secret des Romans, par Marechal. *Paris*, du Bray, 1 *t*. 2 *v*. *in*-8. *v. m.*

8896 La même. *Paris*, le Coste, 1634, *in*-8. *v. f.*

8897 Les fortunes diverses de Chrysomire & de Kalinde, où par plusieurs événemens d'amour & de guerre, sont représentées les intrigues de la Cour, par le Sieur Humbert. *Par.* Alazet, 1635, *in*-8. *m. r.*

8898 Clairval, Philosophe, *ou* la force des passions. *La Haye*, (*Par.*) 1765, 2 *vol. in*-12. *v. m.*

8899 Mémoires de Clapandrus. *Amsterd.* 1750, *in*-12. *mar. r.*

8900 La nouvelle Clarice, par Madame le Prince de Beaumont. *Lyon*, Bruyset Ponthus, 1767, 2 *vol. in*-12. *v. m.*

8901 Le ravissement de Clarinde, par le Sieur des Escuteaux. *Poitiers*, Mesnier, 1618, *in*-12. *m. r.*

8902 Le même. *Rouen*, Caillové, 1627, *in*-12. *m. r.*

8903 Histoire amoureuse de Cléagenor & de Doristée. *Paris*, du Bray, 1621, *in*-8. *mar. bl.*

8904 Les amours de Cléandre & de Domiphille, par lesquelles se remarque la perfection de la vertu de chasteté, par Ollenix du Montsacré, (Nicolas de Montreuil.) *Paris*, Buon, 1598, *in*-12. *mar. r.*

8905 Le Cléandre d'amour & de Mars, où, soubz le nom d'un Prince de Loriane, sont desduictes les adventures amoureuses d'un Prince François, par de Peberac de Montpezat. *Bourdeaux*, Millanges, 1620, *in*-12. *v. m.*

8906 Cléandre & Caliste, *ou* l'amour véritable. *Amst.* (*Par.*) 1722, *in*-12. *mar. r.*

ROMANS FRANÇOIS. 151

8907 Cléante amoureux de la belle Mélisse, par DE BRETHENCOURT. *Rouen*, Besongne, 1626, *in-12. mar. r.*

8908 La fausse Clélie, *ou* histoires françoises, galantes & comiques, par SUBLIGNY. *Amst.* Roger, 1718, *in-12. mar. r.*

8909 Histoire du Marquis de Clémes & du Chevalier de Pervanes, par DE SACY. *Paris*, Moreau, 1716, *in-12. v. br.*

8910 La même. *Amst.* le Cene, 1719, *in-8. v. f.*

8911 Cléobuline, *ou* la Veuve inconnue, par L. B. D. M. (la Baronne DE MARCÉ.) *Paris*, l'Amy, 1658, *in-8. v. m.*

8912 Cléodamis & Lélex, *ou* l'illustre Esclave. *La Haye*, (Par.) 1746, *in-12. v. m.*

8913 Cléolthée, *ou* les chastes adventures d'un Candien & d'une jeune Natolienne, par Jacq. GAFFAREL. *Paris*, Rocolet, 1623, *in-8. v. f.*

8914 La solitude & l'amour philosophique de Cléomede, premier sujet des exercices moraux, de Ch. SOREL. *Par.* Ant. de Sommaville, 1640, *in-4. cart.*

8915 Cléomire, histoire nouvelle. *Cologne*, 1678, *in-12. cart.*

8916 Histoire de la Cour, sous les noms de Cléomodonte & d'Hermilinde, par HUMBERT. *Paris*, du Bray, 1629, *in-8. v. m.*

8917 Cléon, *ou* le parfait Confident. *Paris*, Barbin, 1665, *in-12. mar. r.*

8918 Le même. *Paris*, Barbin, 1680, *in-12. v. f.*

8919 Les véritables & heureuses amours de Clidamant & Marilinde, par DES ESCUTEAUX. *Paris*, Julliot, 1603, *in-12. v. m.*

8920 Les traversez hasards de Clidion & Armirie, par le Sieur DES ESCUTEAUX. *Paris*, Huby, 1641, *in-12. v. m.*

8921 Climandor, *ou* l'histoire des Princes. *Paris*, Alazert, 1628, *in-8. v. f.*

8922 L'inconstance de Clitie, ensemble les amours de

K 4

152 BELLES-LETTRES.

Cléante & de Cléonie, par le Sieur P. D. G. C. Paris, 1624, in-8. vel.

8923 La Clitie, ou le roman de la Cour, par DE LA SERRE. Par. Loyson, 1633 & 1635, 2 v. in-8. v.f.

8924 Clitie, nouvelle. Amsterd. 1680, in-12. mar. r.

8925 Le Cloriarque d'Ilis, par Ganimede DE CLAROS. Paris, de la Ruelle, 1633, in-8. v. f.

8926 L'empire de l'inconstance, où, dans les plus volages amours de Cloridor, sont desduits les effets de la légéreté, par DE VILLE. Paris, Besongne, 1635, in-8. mar. r.

8927 Clorinde. Paris, Courbé, 1654, 1 tom. 3 vol. in-8. v. f.

8928 Les chastes destinées de Cloris, sans frontispice, in-12. v. br.

8929 La Clorymene de MARCASSUS. Paris, Billaine, 1626, 2 vol. in-8. v. m.

8930 Mémoires du Comte de Comminge. La Haye, (Par.) 1735, in-12. v. m.

8931 Mémoires du Comte de Comminville. Amst. 1735, in-12. mar. r.

8932 Les mêmes. Paris, Josse, 1735, in-12. v. f.

8933 L'école des Demoiselles, ou mémoires de Constance. Amst. Merkus, 1753, 4 part. 1 v. in-12. m.r.

8934 La même, ou l'école des Filles. Londres, (Par.) 1753, 4 part. 2 vol. in-12. v. m.

8935 Mémoires de la Marquise de Crémy, écrits par elle-même. Lyon, Duplain, 1766, 2 vol. in-8. v. m.

8936 L'œuvre de la chasteté, qui se remarque par les diverses fortunes, adventures & fideles amours de Crinitor & Lydie, par OLLENIX DU MONTSACRÉ (N. DE MONTREUIL.) Paris, Buon, 1598, in-12. mar. r.

Contient en outre, Cléopatre, tragédie.

8937 La même, sous le titre des amours de Criniton & Lydie, par lesquelles se remarque la perfection de la vertu de chasteté; ensemble la tragédie de Cléopatre. Paris, Saugrain, 1601, in-12. v. m.

ROMANS FRANÇOIS. 153

15693. 8938 Le triomphe de la Raison, *ou* les aventures de Crifophile, par MAULNOURRY DE LA BASTILLE. *Paris*, le Conte, 1715, *in*-12. *v. m.*

15693. 8939 Les aventures tragiques & amoureufes de Cryfandor & de Clarinthe, par DU ROSIER. *Paris*, Cloufier, 1642, *in*-8. *v. m.*

15698. 8940 Les mille imaginations de Cypille, en fuite des adventures amoureufes de Polidore, par le Sieur DE M. (DE MANTE) Seigneur de P. *Paris*, Saugrain, 1609, *in*-12. *m. r.*

15701. 8941 Cytherée, par Marin LE ROY DE GOMBERVILLE. *Paris*, Courbé, 1642, 4 *vol. in*-8. *v. f.*

15702. 8942 Cythéride, (par M. BRET.) *Paphos*, (*Paris*) 1743, *in*-12. *v. m.*

15428. 8943 La vertu chancelante, *ou* la vie de Mademoifelle d'Amincourt, par la Préfidente D'ORMOY. *Paris*, Moureau, 1778, *in*-12. *v. f. d. f. t.*

8944 L'humanité, hiftoire des infortunes du Chevalier de Dampierre, par CONTANT D'ORVILLE. *Paris*, Cailleau, 1765, 2 *vol. in*-12. *v. m.*

15705. 8945 Les heureufes aventures de Darilis. *Paris*, Soubron, 1639, *in*-8. *mar. r.*

16745. 8946 Le menage parifien, *ou* Déliée & Sotentout. *La Haye*,(*Par.*)1773, 2 *part.* I *v. in*-12.*v. f. d. f. t.* D. ch. à vend.

15710 8947 Delphinie. *Kianfi*(*Paris*) 1758, *in*-12. *v. m.*

15713. 8948 Dinville, *ou* les Cataftrophes amoureufes, hift. vraifemblable, par l'Auteur du Duo interrompu. *Paris*, du Four, 1770, *in*-8. *v. f. d. f. t.*

16673. 8949 Les préjugés trop bravés & trop fuivis, *ou* mémoires de Mademoifelle d'Oran, par Mademoifelle FAUQUE. *Lond. Par.* 1755, 2 p. 1 *v. in*-12. *m. r.* D. ch. à vend.

8950 Les mêmes, *fous le titre du danger des préjugés, ou les mémoires de Mademoifelle d'Oran. Paris*, J. Fr. Baftien, 1774, 2 *part.* I *v. in*-12. *v. f. d. f. t.*

15716 8951 Les amours de Dorafte & de Célonte, par M. P***. *Cologne*, (*Rouen*) 1747. *in*-12. *v. m.*

15718 8952 Le grand miroir des Réformés, fous l'hift. tragiq. de Dorimene. *Geneve*, 1673, *in*-12. *fig. v. m.* D. ch. à vendre

154 BELLES-LETTRES.

8953 Les amours de Dorimon & de Célie. *Paris*, Rocolet, 1635, in-8. *v. f.*

Sujets de ce Roman.

L'amante fidelle. La fidélité trompée. La constance vaincue. L'amour volage. L'amour jaloux. Le mariage infidele. L'inconstance punie.

8954 Les légitimes amours & fortunes guerrieres de Doris, par F. F. D. R. *Par.* Buon, 1600, in-12. *v. f.*

8955 Les mêmes, *Rouen*, Loyselet, 1603, in-12. *v. m.*

8956 Le Dorisandre du Sieur VIARD. *Paris*, Bessein, 1631, in-8. *v. m.*

8957 Dorval, *ou* mémoires pour servir à l'Histoire des mœurs du 18ᵉ siecle. *Paris*, Mérigot le jeune, 1769, 2 vol. in-12. *v. m.*

8958 Histoire véritable de M. Duprat & de Mademoiselle Angélique, par Mademoiselle DAUNOIS. *La Haye*, Leers, 1703, in-12. *mar. r.*

8959 Mémoires de Madame Durdof, *ou* histoire du Marquis d'Albernac & de Céphise. *Lond.* (*Par.*) 1762, 2 vol. in-12. *v. m.*

8960 Hist. de Mademoiselle Dattilly, par Madame ***. *La Haye*, (*Par.*) 1745, in-12. *v. éc.*

8961 Les malheurs de l'amour, Eléonore d'Yvrée. *Lyon*, Amaulry, 1687, in-12. *mar. r.*

8962 Elizabeth, par Madame BENOIST. *Amst.* (*Par.*) 1766, 4 part. 2 vol. in-12. *v. m.*

8963 Elise, *ou* l'idée d'une honnête femme, par M. LE BRET. *Paris*, Rozet, 1766, in-12. *v. m.*

8964 L'Elu & son Président, *ou* histoire d'Eraste & de Sophie. *Paris*, 1769, 2 part. 1 vol. in-12. *v. m.*

8965 Les malheurs de la jeune Emilie, pour servir d'instruction aux ames vertueuses & sensibles, par Madame la Présidente D'ORMOY. *Paris*, Nyon, 1777, 2 part. 1 vol. in-12. *v. f. d. s. t.*

8966 Histoire d'Emilie, *ou* les amours de Mademoiselle de ***, par Madame MEHEUST. *Paris*, Delespine, 1732, in-12. *v. f.*

ROMANS FRANÇOIS.

8967 Les caprices du sort, *ou* histoire d'Emilie, par Mademoiselle DE ST-PH***, (PHALLIER.) *Paris*, 1750, *in*-12. *v. m.*

8968 Mémoires du Chevalier d'Erban. *Par.* Duchesne, 1755, *in*-12. *mar. r.*

8969 Histoire de Madame d'Erneville, écrite par elle-même. *Par.* Delalain, 1768, 2 *part.* 1 *v. in* 12. *v. m.*

8970 Dialogue des chastes amours d'Eros & de Kalisti, par Marie LE GENDRE, Dame DE RIVERY. *Paris*, le Blanc, 1596, *in*-12. *mar. r. d. s. t.*

8971 Les chastes & infortunées amours du Baron de l'Espine & de Lucrece de la Prade, par A. DE NERVEZE. *Paris*, du Breuil, 1598, *in*-12. *v. m.*

8972 Le Chevalier des Essars & la Comtesse de Bercy, par G. D. C. (DE CHASSAIGNE.) *Paris*, Dumesnil, 1735, 2 *vol. in*-12. *v. m.*

8973 Histoire de la Princesse Estime. *Paris*, Cavelier, 1709, *in*-12. *v. f.*

8974 Evander & Fulvie, histoire tragique. *Paris*, Amaulry, 1728, *in*-12. *mar. r.*

8975 Eulalie, *ou* les dernieres volontés de l'amour, anecdote récente, publiée par Madame de V***, qui en est l'Héroïne. *Paris*, Couturier pere, 1777, *in*-12. *v. f. d. s. t.*

8976 Les amours d'Eumene & de Flora, *ou* intrigues d'une grande Princesse de notre siecle. *Cologne*, (*Rouen*) 1705, *in*-12. *mar. r.*

8977 Eumenie & Gondamir, hist. françoise. *Paris*, Jorry, 1766, *in*-12. *v. m.*

8978 Le pied de Fanchette, *ou* l'Orfeline Françoise, par M. RETIF DE LA BRETONNE. *Paris*, Humblot, 1769, 3 *vol. in*-12. *v. m.*

8979 Fanfiche, *ou* les mémoires de Mademoiselle de ***. *Paris*, 1748, 2 *part.* 1 *vol. in*-12. *v. m.*

8980 Histoire du Chev. de la Farde, par DE ST.-G. *Liege*, Broncart, 1737, *in*-12. *mar. r.*

8981 Histoire de Favoride. *Geneve*, (*Par.*) 1750, *in*-12. *mar. r.*

BELLES-LETTRES.

8982 La famille infortunée, *ou mémoires de la Marquise de la Feuille-Belu*, par M. le Chevalier DE NEUFVILLE DE MONTADOR. *Londres*, (*Paris*) 1742, *in*-12. *v. m.*

8983 Histoire angloise de Milord Feld, arrivée à Fontainebleau. *Paris*, Duchesne, 1763, 2 part. 1 vol. *in*-12. *v. m.*

8984 Félicia, *ou mes Frédaines*. *Amst.* (*Bruxelles*) 2 part. *in*-8. broch.

8985 Histoire de Jacques Feru & de valeureuse Damoiselle Agathe Mignard, avec des airs notés. *Paris*, Cuissart, 1766, *in*-12. *v. f.*

8986 Mémoires du Marquis de Fieuz, par le Chevalier D. M. (DE MOUHY.) *Paris*, Prault, 1735, *in*-12. *v. br.*

8987 Les amours de Filandre & de Marizée, par A. DE NERVEZE. *Par.* du Breuil, 1599, *in*-12.*v.m.*

8988 Les infortunées & chastes amours de Filérophon & de la belle de Mantoue, par H. C. *Paris*, veuve Patisson, 1604, *in*-12. *baz.*

8989 Les proprietés d'amour, & les propretés des amans, contenant une histoire des amours de Filine & de Polymante, par DU SOUHAIT. *Paris*, Houzé, 1601, *in*-12. *v. m.*

8990 Le véridique, *ou mémoires de Fillerville*. *Paris*, le Jay, 1769, 2 *vol. in*-12. *v. m.*

8991 La vivante Filonie, par FAURE. *Paris*, Gesselin, 1605, *in*-12. *mar. r.*

8992 La Flavie de la Ménor, par D'AUDIGUIER. *Paris*, du Bray, 1606, *in*-12. *v. br.*

8993 Histoire de Flavie, Comtesse de ***, & ensuite Duchesse de ****, nouvelle historique. *Paris*, Costard, 1775, *in*-8. *gr. pap. v. m.*

8994 Florello, histoire méridionale, par M. LOAISEL DE TRÉOGATE, ci-devant Gendarme du Roi. *Par.* Moutard, 1776, 2 part. 1 vol. *in*-8. *v. f. d. s. t.*

8995 Les aventures de Floride, l'Infante déterminée, & le cabinet de Minerve, où on peut voir les dif-

ROMANS FRANÇOIS.

férens événemens d'amour, de fortune & d'honneur, & combien font agréables les fruits de la vertu, par BEROALDE DE VERVILLE. *Tours & Rouen*, Mettayer, 1593 & 1601, *5 part. in-12. m. r.*

8996 La Floride, par DU VERDIER. *Paris*, Sommaville, 1625, *in-8. v. f.*

8997 Les tristes amours de Floridon, Berger, & de la belle Astrée, Naïade, ensemble les fortunées amours de Poliastre & de Doriane, par Honoré D'URFÉ. *Paris*, Rousset, 1628, *in-12. v. f.*

8998 Floridor & Dorise, histoire véritable de ce tems, par DU BAIL. *Paris*, Rocolet, 1633, *in-8. m. r.*

8999 Les religieuses amours de Florigene & de Méléagre, par A. DE NERVEZE, dern. édition. *Paris*, Ant. du Breuil, 1602, *in-12. v. f.*

9000 Florigenie, *ou* l'illustre Victorieuse, par LA MOTTE DU BROQUART. *Par.* Passé, 1647, *in-8. v. m.*

9001 Histoire tragique des amours du brave Florimond & de la belle Clytie, par Blaise DE SAINT-GERMAIN. *Lyon*, Rigaud, 1607, *in-16. m. citr.*

9002 Florinie, *ou* l'illustre Veuve persécutée, par J. P. B. R. *Paris*, Roger, 1645, *2 vol. in-8. v. m.*

9003 Les amours de Floris & de Cléonthe, par LE MOULINET DU PARC. *Paris*, Sanlecque, 1613, *in-12. v. f.*

9004 Histoire de Florise & de Cléante, *ou* les caprices romanesques. *Amst.* (*Par.*) 1746, *in-12. v. f.*

9005 Hist. de Jeanne Lambert d'Herbigny, Marquise de Fouquesolle. *Sans date ni nom de Ville, in-8. m. r.*

9006 L'amour dégagé, *ou* les aventures de Don Frémal & de D. Garcie, par D. ***, V. ***. *Colog.* Marteau, 1708, *in-12. v. m.*

9007 Les divers effets d'Amour advenus à la belle Fulvia, Venitienne, par J. D. R. *Paris*, l'Angelier, 1603, *in-12. v. f.*

9008 Les amours de Genievre & d'Ariodant, à l'imit. d'Arioste, par J. D'ESPINAUD. *Lyon*, Ancelin, 1601, *in-12. v. m.*

9009 Les mêmes. *Rouen*, Ofmont, 1601, *in*-12. *v. m.*
9010 L'empire des paſſions, *ou* mémoires de Gerſan, par PERIN. *Londres*, Nourſe, 1756, *in*-12. mar. r.
9011 Giphantie, par TIPHAIGNE, 1760, 2 part. 1 vol. *in*-8. *v. m.*
9012 Les amours de Glorian & Iſmène, par DU SOUHAIT. *Paris*, Louvain, 1600, *in*-12. *v. f.*
9013 Le roman de Gloriande, *ou* ſuite du roman d'Anacrine. *Paris*, Huby, 1613, *in*-12. v. br. d. ſ. t.
9014 Mémoires du Chevalier de Gonthieu, publiés par M. DE LA CROIX. *Paris*, Durand, 1766, 4 part. 1 vol. *in*-12. *v. m.*
9015 Granicus, *ou* l'iſle galante, par Franç. BRICE. *Paris*, Mazuel, 1698, *in*-12. *v. f.*
9016 Grigri. *Paris*, 1749, 2 part. 1 vol. *in*-12. baz.
9017 Le miroir, *ou* hiſtoire de Griguenodine. *Veniſe*, ſans date, 2 part. 1 vol. *in*-12. *v. m.*
9018 Hiſtoire de Guillaume. Sans date, *in*-12. *v. m.*
9019 Mémoires du Comte de Guine, par M.***. *Amſt.* (*Par.*) 1761, *in*-12. *v. m.*
9020 Henriette de Marconne, *ou* mém. du Chev. de Préſac. *Amſt.* (*Par.*) 1763, *in*-12. *v. m.*
9021 Le grand Hippomène. *Paris*, Barbin, 1668, *in*-12. v. f. d. ſ. t.
9022 Mémoires de la Comteſſe d'Horneville, *ou* Réflex. ſur l'inconſtance des choſes humaines, par SIMON. *Amſt.* 1740, 2 vol. *in*-12. *v. m.*
9023 Hiſtoire véritable des infortunées & tragiques amours d'Hypolite & d'Iſabelle. *Rouen*, du Petitval, 1597, *in*-12. mar. r.
9024 Les aventures du Prince Jakaya, *ou* le triomphe de l'amour ſur l'ambition. *Paris*, David, 1732, 2 vol. *in*-12. *v. f.*
9025 Jeannette ſeconde, *ou* la nouvelle Payſanne parvenue, par G. DE LA BATAILLE. *Amſt.* (*Par.*) 1744, *in*-12. *v. m.*
9026 Jezennemours, roman dramatique. *Amſterd.* (*Par.*) 1776, 2 vol. *in*-12. *v. m.* d. ſ. t.

ROMANS FRANÇOIS.

9027 L'heureux imposteur, *ou* aventures du Baron de Janzac, par DE MIRONE. *Utrecht*, Neaulme, 1740, *in*-12. *v. m.*

9028 Les myrthes funestes d'Iphis, où l'amour & la haine, l'espérance & le désespoir, la constance & l'inconstance font paroître leur empire. *Grenoble*, Charuys, 1624, *in*-8. *v. m.*

9029 Les adventures d'Ircandre & Sophonie, par HUMBERT. *Paris*, Quinet, 1636, *in*-8. *v. m.*

9030 Histoire d'Ismene & Corisante, nouvelle suisse. *Amst.* 1727, *in*-12. *v. br.*

9031 Histoire d'Ismenie & d'Agésilan, ensemble le fragment de l'histoire de Bérénice & d'Alcidor, & le blason des herbes & des fleurs. *La Haye*, Perier, 1665, *in*-12. *v. m.*

9032 Julie, nouvelle galante & amoureuse. *Paris*, Loyson, 1671, *in*-12. *v. f.*

9033 Les égaremens de Julie. *Amst.* (*Par.*) 1756, 3 part. 1 vol. *in*-12. *mar. r.*

9034 L'amant salamandre, *ou* les aventures de l'infortunée Julie. *Paris*, Duchesne, 1756, 2 part. 1 vol. *in*-12. *mar. r.*

9035 Mémoires pour servir à l'histoire de l'infortunée Julie, & à celle de bien d'autres, par DACIER, Colporteur. *Paris*, Vente, 1769, *in*-12. *v. m.*

9036 Mémoires de Justine, *ou* les confessions d'une Fille du monde qui s'est retirée en province. *Lond.* (*Par.*) 1754, *in*-12. *mar. r.*

9037 Karismène agitée, par D. C. A. *Paris*, Loyson, 1635, *in*-8. *v. m.*

9038 Mémoires *ou* aventures du Comte de Kermalec, par M. G. D. L. B. *La Haye*, (*Par.*) 1740 & 1741, 2 *vol. in*-12. *v. m.*

9039 Laodice, par PELISSERI. *Paris*, de Sercy, 1660 & 1661, 2 *vol. in*-8. *mar. r.*

9040 Histoire de Mademoiselle Laure, *ou* la Fille devenue raisonnable. *Amsterd.* (*Paris*) 1764, 2 *tom.* 1 *vol. in*-12. *v. f.*

BELLES-LETTRES.

9041 Les aventures guerrieres & amoureuses de Léandre, par DE NERVEZE. *Lyon*, Ancelin, 1612, 2 vol. in-12. mar. r.

9042 Léonille, nouvelle, par Mademoiselle *** (Mademoiselle DE LUBERT.) *Nancy*, Thomas, 1755, 2 vol. in-8. mar. r.

9043 Les amours & inconstances de Léopolde & de Lindarache, par Henry DE LISPAM. *Paris*, le Gras, 1644, in-12. m. bl.

9044 Le prétendu Enfant supposé; ou mémoires de la jeunesse du Comte de Letaneuf, par DE VAUBRETON. *La Haye*, 1740, in-12. v. m.

9045 Les aventures guerrieres & amoureuses de Licide, par le S. L. D. D. (DE DOURLENS.) *Paris*, de Cay, 1624, in-8. mar. r.

9046 Les aventures de Lidior, où sont représentés les faits d'armes & ses amours, par DE NERVEZE. *Lyon*, Ancelin, 1612, in-12. mar. r.

9047 L'heureux Lindor, ou les amours de Mademoiselle de Meilzuns, par M. B. D. P. *Amst. (Par.)* 1771, in-12. v. m.

9048 Lindor, ou les excès de l'amour. *Par.* Vente, 1772, in-12. v. f. d. s. t.

9049 Mémoires de la Comtesse de Linska, par MILON DE LA VALLE. *Paris*, Mesnier, 1739. 2 tom. 1 vol. in-12. v. m.

9050 Les constantes & infortunées amours de Lintason avec l'infidele Pallinoé, par DE LA REGNERYE. *Paris*, 1601, in-12. v. f.

9051 Lisandre, nouvelle, par Mademoiselle DES JARDINS, (depuis Madame DE VILLEDIEU.) *Paris*, Barbin, 1663, in-12. v. f.

9052 Les amours de Lozie, par Ant. DU PERIER, Sieur DE LA SALARGUE. *Paris*, Gesselin, 1599. in-12. mar. bl.

9053 Les mêmes. *Lyon*, Chervet, 1619, in-12. m. r.

9054 Lucette, ou les progrès du libertinage, par M. N***. *Lond. (Par.)* 1765 & 1766, 3 p. 1 v. in-12. v. m.

9055

ROMANS FRANÇOIS.

9055 Mémoires de Lucile, par le Baron DE V. S. (le Baron DE VAREILLES.) *Paris*, Jorry, 1756, *in-12. mar. r.*

9056 Lucile *ou les progrès de la vertu*, par R. D. L. B. (RETIF DE LA BRETONNE.) *Paris*, Delalain, 1768, *in-12. v. f.*

9057 Les amours de Lucile & de Doligny, par M. DE LA GUERRIE. *Paris*, le Jay, 1769, 2 p. 1 v. *in-12. v. f.*

9058 Histoire de Miss Lucinde Courtney, imitée de l'anglois, *Paris*, Moutard, 1775, *in-12. v. f. d. f. t.*

9059 Le romant de l'infidelle Lucrine, par N. G. G. D. (GOUGENOT.) *Paris*, Colombel, 1634, *in-8. imparf. pap.*

9060 Correspondance d'un jeune [...] ém. du Marquis de Lusigni & d'Horte[...]ust. *Paris*, chez l'Auteur, 1778, 2 vol. *in-12. v. m. d. f. t.*

9061 Les estranges adventures de Lycidas, Cyrien, & Cléorithe Rhodienne, par BASIRE. *Rouen*, le Villain, 1630, *in-12. mar. r.*

9062 Les douces affections de Lydamant & de Callyante, par le Sieur D'AUDIGUIER. *Paris*, 1607, *sans frontispice, in-12. v. f.*

9063 Les tragiques amours du brave Lydamas & de la belle Myrtille. *Tolose*, Seve, 1594, *in-12. mar. r.*

9064 Lydia, par M. DE LA PLACE, *Bruxelles*, de Boubers, 1772, 4 part. 2 vol. *in-12. v. f. d. f. t.*

9065 Les amours de Lydiam & Floriande, par le Sr DES ECUTEAUX. *Par.* du Bray, 1605, *in-12. v. m.*

9066 Histoire tragi-comique de notre temps, sous les noms de Lysandre & de Caliste, par le Sieur D'AUDIGUIER. *Paris*, du Bray, 1615, *in-8. mar. r.*

9067 La même. *Amst.* Ravestein, 1659, *in-12. v. f.*

9068 La même, en franç. & hollandois. *Amsterd.* Ravesteyn, 1663, 2 vol. *in-12. fig. v. m.*

9069 Lysigeraste, *ou les dedains de Lyside*, par M. TURPIN, Chevalier, Seigneur de LONGCHAMPS, *Paris*, Mondiere, 1629, *in-8. m. bl.*

Tome III. L.

BELLES-LETTRES.

9070 Histoire des amoureuses destinées de Lysimont & de Clitie, par L. S. D. (DEIMIER.) Paris, Millot, 1608, in-12. v. f.

9071 Histoire de la Princesse Macarie, 1747, 2 part. 1 vol. in-12. v. m.

9072 Macarise, ou la Reine des Isles fortunées, hist. allégorique, contenant la Philosophie morale des Stoïques, par Fr. HEDELIN, Abbé D'AUBIGNAC. Paris, du Breuil, 1664, 2 vol. in-8. v. f.

9073 Mémoires de Mademoiselle de Mainville, ou le feint Chevalier, par le Marquis D'ARGENS. La Haye, Paupie, 1736, in-12. v. m.

9074 Les confessions de Mademoiselle de Mainville à son Amie. Paris, du Four, 1768, 3 v. in-12. v. m.

9075 Histoire de Laurent Marcel, ou l'Observateur sans préjugés. Lille, le Houcq, 1779, 4 vol. in-12. v. f. d. s. t.

9076 La belle Marguerite, nouvelle. Paris, Barbin, 1671, in-12. mar. r.

9077 Marianne du Filomène, contenant cinq livres, esquels sont descrits leurs amours, puis l'infidélité de l'un & les travaux de l'autre, avec plusieurs belles histoires de l'inconstance & légéreté des femmes. Paris, de Montr'œil, 1596, in-12. v. br.

9078 La vie de Marianne, par MARIVAUX. Paris, Prault, 1736, 11 part. 5 vol. in-12. v. f.

9079 La nouvelle Marianne, par l'Abbé LAMBERT. La Haye, de Hondt, 1740, 5 vol. in-12. mar. r.

9080 Marianne, ou la Paysanne de la forêt d'Ardennes. Paris, de Hansy, 1767, in-12. v. m.

9081 Mesdemoiselles de Marsange, par Madame DE VILLENEUVE. La Haye, (Paris) 1757, 2 vol. in-12. v. f. d. s. t.

9082 Les égaremens du cœur & de l'esprit, ou mém. de Meilcourt, par CREBILLON fils. Amsterd. (Par.) 1736, 3 part. 1 vol. in-12. mar. r.

9083 Les mêmes. Paris, Prault, 1739, 2 part. 1 vol. in-12. v. f.

ROMANS FRANÇOIS. 163

9084 Le Légiflateur moderne, *ou les mémoires du Chev. de Meillcourt, par le Marq.* D'ARGENS. *Amſt.* Changuion, 1739, 3 *part.* I *vol. in-*12. *v. m.*

9085 Le Melante de VIDEL. *Paris*, Thibouſt, 1624, *in-*8. *v. f.*

9086 Melicello, diſcourant au recit de ſes amours mal-fortunées, la fidélité abuſée de l'ingratitude, par Jean MAUGIN. *Paris*, Groulleau, 1556, *in-*8. *v. f.*

9087 Les amours de la belle Melicerte. *Paris*, Loyſon, 1680, *in-*12. *v. m.*

9088 Les advantures de Melindor & d'Amaſie. *Paris*, 1634, *in-*8. *v. f.*

9089 Les mêmes, *ſous le titre des* intrigues de la Cour. *Paris*, Soubron, 1636, *in-*8. *v. br.*

9090 Les amours de Melite & de Statiphile. *Paris*, le Clerc, 1609, *in-*12. *v. f.*

9091 Melyanthe & Cléonice, hiſtoire tragi-comique, par TROPHINAC JACQUIN. *Paris*, Billaine, 1620, *in-*8. *mar. r.*

9092 Le Chevalier Bordelois, *ou les aventures du* Chev. Membrot, *Amſt. (Par.)* 1711, *in-*12. *v. f.*

9093 Dona Gratia d'Araïde, Comteſſe de Méneſès. *Paris*, la Combe, 1770, *in-*8. *v. m.*

9094 L'enfant trouvé, *ou mémoires de* Menneville. *La Haye*, (Par.) 1763, 2 *part.* I *vol. in-*12. *v. m.*

9095 Les deux amis, *ou le Comte de* Meralbi, par M. SELLIER DE MORANVILLE. *Amſterd. (Par.)* 1771, 4 *part.* 2 *vol. in-*12. *v. m.*

9096 Meridor, *ou le faux Comte de* ***, par le Sieur F. C. DE L****, 1760, *in-*12. *v. m.*

9097 Caractères des femmes, *ou aventures du Chevalier de Miran*. *Paris*, veuve Pierres, 1769, 2 *part.* I *vol. in-*12. *v. m.*

9098 Mémoires du Marquis de Mirmon, *ou le ſolitaire Philoſophe*, par M. L. M. D. (le Marquis D'ARGENS.) *Amſt.* Wetſtein, 1736, *in-*12. *v. f.*

9099 Mémoires de Mad. la Comteſſe de Mirol, par le même. *La Haye*, Moetjens, 1736, *in-*12. *v. m.*

L 2

BELLES-LETTRES.

9100 Les amours de Mirtil, avec fig. en camayeux, Conſtant. (Par.) 1761, in-8. pap. d'Holl. mar. r.

9101 Mirza-Nadir, par le Chev. DE LA MORLIERE. La Haye, (Par.) 1749, 4 vol. in-12. v. m.

9102 Miſeys, ou le viſage qui prédit, hiſt. Troyes, 1745, in-12. cart.

9103 Les intrigues amoureuſes de M. de M**** (Moliere) & de Mad. ****, ſon Epouſe. Dombes, 1690, in-8. v. f.

9104 Les aventures, ou mémoires de la vie de Henriette-Sylvie de Moliere. Amſterd. 1695, 5 part. 1 vol. in-12. v. br.

9105 Les mêmes. La Haye, 1725, 3 vol. in-12. v. b.

9106 Mémoires de la vie d'Henriette-Sylvie de Moliere. Amſt. (Par.) 1709, in-12. v. f.

9107 Le Philoſophe amoureux, ou les mémoires du Comte de Mommejean, par le Marq. D'ARGENS. La Haye, Moetjens, 1737, in-12. mar. r.

9108 La Ducheſſe de Mondéro, nouvelle, 1745, in-12. v. f. d. ſ. t.

9109 Monoſimpleatos, ou les aventures du Comte de Lurilia. Londres, 1741, in-12. v. m.

9110 Campagnes philoſophiques, ou mémoires de Montcal, par l'Abbé PREVOST. Amſt. (Par.) 1741, 4 part. 2 vol. in-12. v. m.

9111 Mémoires du Chevalier de Montendre, de Madame & de Mademoiſelle Vancleve, par M. ***. Nancy, 1749. = Hiſtoires galantes de la Cour de Vienne. Leipſick, (Par.) 1750, in-12. v. f.

9112 Hiſtoire de la Comteſſe de Montglas, ou conſolation pour les Religieuſes qui le ſont malgré elles. Paris, Hochereau, 1756, 2 part. 1 vol. in-12. mar. r. d. ſ. t.

9113 Mémoires de Monville, par JOURDAN. Utrecht, (Par.) 1742, in-12. v. m.

9114 La Comteſſe de Mortane, par Madame DURAND. Paris, Barbin, 1699, 2 v. in-12. v. f. d. ſ. t.

ROMANS FRANÇOIS.

9115 Nazziraddolé & Zélica, *ou* la constance aisée. Amst. (Par.) 1746, in-12. baz.

9116 Histoire de l'origine de la Royauté, & du premier établissement de la Grandeur Royale, *ou* les amours de Nembrot & d'Aphrosie, par Pelissery. Paris, de Sercy, 1684, in-12. fig. v. m.

9117 Les amours de Néocale & de Polémice. Paris, Alliot, 1621, in-12. baz.

9118 Nérair & Melhoé. *Sans nom de Ville, ni date.* 2 vol. in-12. baz.

9119 Nicandre, premiere nouvelle de l'inconnu. Par. Barbin, 1672, in-12. v. f. d. f. t.

9120 Nine, par M. D. B. (M. des Bies.) Paris, Hochereau, 1756, 2 part. 1 vol. in-12. mar. r.

9121 Les dernieres aventures du jeune d'Olban, fragment des amours alsaciennes. Yverdon, Soc. Litt. & Typ. 1777, in-12. v. f. d. f. t.

9122 La vie & les aventures de la jeune Olinde, avec les billets d'une jeune Dame à son Amant. Londres, 1741, in-12. v. m.

9123 Le tendre Olivarius, nouvelle galante, par M. B** de B***. Amst. (Par.) 1717, in-12. fig. v. m.

9124 L'Olympe, *ou* la Princesse inconnue, par du Bail. Paris, Rocolet, 1635, in-8. v. f.

9125 Olynthie, par Salomon de Priezac, Sieur de Saugues. Paris, Darbisse, 1655, in-8. v. f.

9126 Le miroir, *ou* la métamorphose d'Orante. Grenoble, Galle, 1661, in-12. v. m.

9127 La palme de fidélité, *ou* récit véritable des amours infortunées de la Princesse Orbelinde & du Prince Clarimant, par Lancelot. Lyon, Chevalier, 1620, in-8. mar. r.

9128 L'Amant cloîtré, *ou* les aventures d'Oronce & d'Eugénie, par le Sieur de la Roberdiere. Amst. du Fresne, 1683, in-12. mar. r.

9129 L'Orphize de Chrysante, par Sorel. Paris, du Bray, 1626, 1 t. 2 v. in-8. v. f. d. f. t.

9130 L'ingratitude punie, histoire où l'on voit les

L 3

166 BELLES-LETTRES.

aventures d'Orphife. *Paris*, du Bray, 1633, 1 tom. 3 vol. in-8. v. f.

9131 Histoire de la vie du Marquis d'Ozanne. *Amft.* Mortier, 1740, 2 vol. in-12. v. m.

9132 Les amours de Palémon, par DU SOUHAIT. *Lyon*, Ancelin, 1605, in 12. v. m.

9133 Les amours de Paliris & Dirphé. *Paris*, Panckoucke, 1766, in-12. v. f.

9134 Les hafards amoureux de Palmélie & de Lirifis, par DE NERVEZE. *Par.* du Breuil, 1600, in-12. v. f.

9135 Les mêmes. *Lyon*, Ancelin, 1603, in-12. v. f.

9136 La Princesse amoureuse, fous le nom de Palmélie, par DU BAIL. *Paris*, Beragnes, 1628, in-8. v. br.

9137 Les advantureuses & fortunées amours de Pandion & d'Yonice, par J. HEREMBERT, Sieur DE LA RIVIERE. *Rouen*, Ofmont, 1599, in-12. v. f.

9138 Les diverfes fortunes de Panfile & de Nife, par D'AUDIGUIER. *Paris*, du Bray, 1614, in-8. v. m.

9139 Les mêmes. *Paris*, du Bray, 1615, in-8. v. f.

9140 La Partenice de la Cour, par DU VERDIER. *Paris*, de Sommaville, 1624, in-8. mar. r.

9141 La même. *Paris*, de Sommaville, 1625, in 8. v. br.

9142 Périftandre, *ou* l'illuftre captif, par DE MOREAUX. *Paris*, Robinot, 1642, 2 vol. in-8. v. br.

9143 Pharfamon, *ou* les nouvelles folies romanefques, par M. DE MARIVAUX. *La Haye*, 1737, in-12. v. m.

9144 La conftance d'amour, repréfentée au fujet des amours & grandes adventures de Philadin & de Clariftie, par FAVORAL. *Paris*, Guerin, 1622, in-12. mar. r.

9145 Les efpines d'amour, où font traitées les infortunées amours de Philadon & Caulifec, par Eftienne DURAND. *Paris*, Robinot, 1604, in-12. v. f.

9146 Les mêmes. *Rouen*, l'Oyfelet, 1608, in-12. v. m.

9147 Les malheureuses amours de Philandre & de

ROMANS FRANÇOIS.

Chrisilde, par le Sieur DES ESCUTEAUX, *in-12. sans frontisp. pap.*

9148 Philicrate, nouvelle, 1669, *in-12. mar. r.*

9149 Les allarmes d'amour, où les effets plus violens se voyent heureusement surmontés par la fidélité de Philismond & Pandionne, par ESTIVAL. *Lyon, de Gabiano, 1605 & 1607, 2 vol. in-12. mar. r.*

9150 Les amours de Philocaste, où, par mille beaux & rares accidens, il se voit que les variables hasards de la fortune ne peuvent rien sur la constance de l'amour. *Paris, Gesselin, 1601, in-12. v. f.*

9151 La Philomene, par MERILLE. *Paris, Lamy, 1630, in-8. v. m.*

9152 L'infortuné Philope, ou les mémoires & aventures de M.***. *Paris, Bauche, 1732, in-12. v. f. d. s. t.*

9153 Les généreuses amours de Philopiste & Mizophile, par le Sieur Jacques DE VITELLY. *Langres, des Preys, 1603, in-12. mar. r.*

9154 Le Phylaxandre, par DE LA CHARNAYS. *Paris, 1625, in-8. v. f.*

9155 Pinolet, *ou l'aveugle parvenu, histoire véritable. Amst. (Par.) 1755, 4 vol. in-12. mar. r.*

9156 Les amours de Pistion, par Ant. DU PERIER, Sr de la Salargue, Gentilhomme Bourdelois. *Par. Thomas de la Ruelle, 1601, in-12. v. f. d. s. t.*

9157 Histoire abrégée & très-mémorable du chevalier de la Plume noire. *Amst. Lohner, 1744, in-12. m. r.*

9158 La nouvelle Lune, *ou histoire de Pœquilon. Lille, Henry, 1770, 2 part. 1 vol. in-12. v. m.*

9159 L'exil de Polexandre & d'Ericlée, par ORILE. *Paris, du Bray, 1619, in-8. v. f. d. s. t.*

9160 L'exil de Polexandre, par LE ROY DE GOMBERVILLE. *Paris, du Bray, 1629, in-8. v. f. d. s. t.*

9161 Le même, changé & augmenté, *sous le titre de* Polexandre. *Paris, du Bray, 1632, in-8. v. br.*

9162 Les advantures de Poliandre & Théoxene, par DE BEAULIEU. *Paris, du Bray, 1624, in-8. baz.*

L 4

BELLES-LETTRES.

9163 Le miroir qui représente la fidélité, sous les amours vertueuses du Prince Polidon & de la belle Carite, par FAURE. *Paris*, Gesselin, 1603, *in*-12. *mar. r.*

9164 L'amour parfait, sous les chastes amours de Polidon & de Darinde, par F. AUBUSSON, Sieur de l'Espinay. *Paris*, Bourriquant, 1621, *in*-12. *v. m.*

9165 Mémoires de M. de Poligny, par Mad. DE ***. *La Haye*, (*Par.*) 1749, *in*-12. *v. f.*

9166 Les victimes de l'amour, *ou* mémoires de M. de Poligny. *Amsterd.* (*Par.*) 1773, 2 part. 1 vol. *in*-12. *v. f. d. s. tr.*

9167 Les amours de Poliphile & Mélonimphe, par DU SOUHAIT. *Paris*, Robinot, 1600, *in*-12. *v. m.*

9168 Les mêmes. *Lyon*, Ancelin, 1610, *in*-12. *v. m.*

9169 Histoire Ionique des vertueuses & fideles amours de Poliphile, Pyrenoise, & de Damis, Clazomenien, par le Sieur D. L. G. C. *Paris*, l'Angelier, 1602, *in*-12. *v. m.*

9170 La Polixene de MOLIERE, avec la suite & conclusion, par POMERAY. *Paris*, du Bray, 1632, 2 vol. *in*-8. *mar. r.*

9171 La vraie suite de Polixene, suivie & conclue sur ses mém. *Paris*, Sommaville, 1634, *in*-8. *m. r.*

9172 Le sentier d'amour, *ou* l'histoire amoureuse & tragique de Pollidame & Deiphile, par DU BAIL. *Paris*, de la Vigne, 1622, *in*-12. *v. br.*

9173 Les aventures de Victoire Ponty. *Par.* Rollin, 1758, 2 part. 1 vol. *in*-12. *v. f. d. s. t.*

9174 La Prazimene, par LE MAIRE. *Paris*, Sommaville, 1643, 4 vol. *in*-8. *v. f.*

9175 Mémoires & aventures du Baron de Puineuf, écrits par lui-même. *La Haye*, 1737, 2 part. 1 vol. *in*-12. *mar. r.*

9176 Le Paysan Gentilhomme, *ou* aventures de Ransau, avec son voyage aux Isles jumelles, par DE CATALDE. *La Haye*, de Hondt, 1738, *in*-12. *m. r.*

ROMANS FRANÇOIS. 169

16174. 9177 Mémoires de Rantzi, par M. RIVIERE, Avocat. La Haye, (Par.) 1747, 2 part. 1 vol. in-12. v. m. — ✠ doubl à vendre

16175 9178 Mémoires du Comte de Rantzou. Amst. Mortier, 1741, 2 vol. in-8. v. m. — ✠ doublé à à vendre

9179 L'enfant trouvé, ou histoire du Chevalier de Repert. Paris, (Amsterd.) 1738 & 1740, 9 part. 3 vol. in-8. mar. r. ✠

16182 9180 Rézéda, par M. B***, (M. BELIARD.) Amst. (Par.) 1751, 2 part. 1 vol. in-12. mar. r. ✠

16183 9181 Rhamiste & Ozalie, roman héroïque. Paris, Mouchet, 1729, in-12. v. f. ✠ D. à vend.

16186 9182 L'amant libéral, ou les amours de Richard & de Léonice. Liege, Broncart, 1706, in-12. mar. r. ✠

16188 9183 Histoire & aventures de Mademoiselle de la Rochette. Leyde, Vander-Aa, 1738, in-12. m. r. ✠

16189 9184 Prodige de vertu, histoire de Rodolphe & de Rosemonde. Paris, Edouard, 1738, in-12. v. m. ✠

16191 9185 Rosalie, ou la vocation forcée, mémoires de la Comtesse d'Hes***. Paris, J. F. Bastien, 1773, 2 vol. in-12. v. f. d. s. t. ✠ D. ch. à v.

16192 9186 Les caprices de l'amour & de la fortune, ou Signora Rosalina, par le Marquis D'ARGENS. La Haye, Paupie, 1737, in-12. v. f. ✠

16194 9187 Le théâtre des passions & de la fortune, ou les avent. de Rosamidor & de Théoglaphire, par DE CASTERA. Paris, Brunet, 1731, in-12. v. f. ✠ Doubl à vendre

16196 9188 Rosane, par DESMARETS. Paris, le Gras, 1639, in-8. mar. r. ✠ D. ch. à vend.

9189 Rose, ou les effets de la haine, de l'amour & de l'amitié. Paris, Robin, 1765, 2 part. 1 vol. in-12. v. m. ✠

9190 La Rose, ou Feste de Salency, & l'Isle d'Ouessant, par M. SAUVIGNY, 1768, in-8. fig. v. m. ✠ Doubl à vendre

16198 9191 Rosette, ou la Fille du monde, Philosophe. Roterd. 1767, in-12. v. m. ✠ doub. à vend.

16902 9192 Le Romant héroïque, où sont contenus les mémorables faits d'armes de Dom Rosidor, Prince de Constantinople, & de Clarisel le Fortuné, par ✠ D. ch. à vend.

BELLES-LETTRES.

DE LOGEAS. *Paris*, Courbé, 1632, *in*-8. *mar. r.*

9193 Rosimante. *Paris*, Quinet, 1642, *in*-12. *v. br.*

9194 Aventures du Comte de Rosmond. *Amsterd.* des Bordes, 1737, 2 *vol. in*-12. *v. br.*

9195 L'amour vainqueur des préjugés & couronné par la bienfaisance, *ou* mémoires du Comte de Rosnay & du Marquis d'Orronville; ouvrage post. de M. le Marquis D'ARGENS. *Paris*, Delalain le jeune, 1780, *in*-12. *v. f. d. s. t.*

9196 Fuite de Rozalinde. *Paris*, ~~Courbé~~, 1643, *in*-8. *v. br.* *nic. de Sercy*.

9197 Rozemire, *ou* l'Europe délivrée, par le Sr D. V. *Paris*, Thierry, 1657, *in*-8. *v. f.*

9198 La même. *Paris*, Mauger, 1663, *in*-8. *v. f.*

9199 Les amours de Rozimante, Clériande & Célidor, par le Sieur DE M. *Par.* Mettayer, 1636, *in*-12. *v. f.*

9200 Mémoires & aventures de Saint-Aubin. *La Haye*, (*Par.*) 1744, 4 part. 2 *vol. in*-12. *baz.*

9201 Mémoires de la Baronne de Saint-Clair, par M. BASTIDE. *La Haye*, (*Par.*) 1753, 2 *part.* 1 *vol. in*-12. *mar. r.*

9202 Mémoires de M. le Marquis de Saint-Forlaix, par M. FRAMERY. *Paris*, Fetil, 1770, 4 part. 1 *vol. in*-12. *v. m.*

9203 Le bon Fils, *ou* les mémoires du Comte de Samarandes. *Paris*, Delalain, 1769, 4 part. 2 *vol. in*-12. *v. m.*

9204 Sanfrein, *ou* mon dernier séjour à la Campagne, par TIPHAIGNE. *Amsterd.* (*Par.*) 1765, *in*-12. *v. m.*

9205 Le même, *sous le titre de la Girouette, ou* sans-frein, histoire dont le héros fut l'inconséquence même, par TIPHAIGNE. *Par.* Humaire, 1770, *in*-12. *v. m.*

9206 Le Sélisandre, par DUBAIL. *Paris*, de Laulne, 1638, *in*-8. *v. f.*

9207 Silvie, par M. WATTELET. *Londres*, (*Par.*) 1743, *in*-8. *fig. v. m. d. s. t.*

ROMANS FRANÇOIS. 171

9208 Les amours de Silvie, hift. galante. *Cythere*, (*Par.*) 1747, *in-*12. *mar. r.*

9209 Mémoires du Marquis de Solanges. *Paris*, l'Efclapart, 1766, 2 *part.* 1 *vol. in-*12. *v. m.*

9210 Le fiecle, *ou les mémoires du Comte de Solinville*, par Mad. L. ***, (Louife CAVELIER LEVEQUE.) *La Haye*, (*Par.*) 1741, *in-*12. *v. br.*

9211 Sophie, par D. B. (DES BIES.) *Paris*, Hochereau, 1756, 2 *part.* 1 *vol. in-*12. *mar. r.*

9212 Sophie, *ou mémoires intéreffans pour fervir à l'hiftoire des Femmes du dix-huitieme fiecle, extraits des papiers de la Baronne de Franquini*, par M. CONTANT D'ORVILLE. *Paris*, Mérigot le jeune, 1779, 2 *part.* 1 *vol. in-*12. *v. f. d. f. t.*

9213 Hiftoire de Sophie de Francourt, par M. ***. *Paris*, Merlin, 1768, 2 *vol. in-*12. *baz.*

9214 Sophronie, *ou leçon prétendue d'une mere à fa fille*, par Mad. BENOIST. *Paris*, veuve Duchefne, 1769, *in-*8. *v. f. d. f. tr.*

9215 Sophronime. Sans date, *in-*12. *v. f.*

9216 Sophronime, *ou les aventures d'Ariftonous, & quelques dialogues*, 1700, *in-*12. *v. m.*

9217 La Stratonice. *Paris*, Courbé, 1640, *in-*8. *v. f. d. f. tr.*

9218 La même, avec la fuite. *Paris*, Courbé, 1641, *in-*8. *v. f.*

9219 Suzette & Pierrin, *ou les dangers du libertinage*. *Paris*, J. F. Baftien, 1778, 2 *v. in-*12. *v. f. d. f. t.*

9220 Syroès & Mirame. *Paris*, Barbin, 1692, 2 *vol. in-*12. *v. f. d. f. t.*

9221 Les bonnets, *ou Talemik & Zinera*. *Paris*, Quillau, 1765, *in-*12. *v. m.*

9222 La nouvelle Taleftris, hift. galante, par Mademoifelle DE ***. *Amft.* Marret, 1721, *in-*12. *m. r.*

9223 Tarfis & Zélie, par le Sieur LE REVAY, (LE VAYER DE BOUTIGNI.) *Par.* Jolly, 1665 & 1666, 6 *vol. in-*8. *v. m.*

9224 Le même, nouvelle édition, revue, corrigée

172   BELLES-LETTRES.
& ornée de figures en taille-douce. *La Haye*, (Par.) 1720, 3 *vol. in*-8. *v. f.*

9225 Le même, nouvelle édit. *Paris*, Mufier fils, 1774, 3 *vol. in*-8. *fig. gr. pap. d'Holl. v. f. d. f. t.*

9226 Hiſtoire de la Marquiſe de Terville. *Par.* Jorry, 1756, *in*-12 *mar. r.*

9227 Hiſtoire de Mademoiſelle de Terville, par Mad. DE PUISIEUX. *Paris*, Ducheſne, 1768, 3 *vol. in*-12. *v. m.*

9228 Le paſſe-tems de Thirſis, & l'occupation de Philiſte, contenant la notable infidélité d'un amant, & la ſimplicité d'une Demoiſelle innocente, par DE LA HAYE. *Paris*, Daubin, 1624, *in*-12. *v. br.*

9229 Le Timandre de MARCASSUS. *Paris*, Sara, 1628, *in*-8. *v. f.*

9230 Le duel de Tithamante, par Jean D'INTRAS. *Paris*, Fouet, 1609, *in*-12. *pap.*

9231 Toni & Clairette, par M. DE LA DIXMERIE. *Par.* Didot l'aîné, 1773. 4 p. 2 v. *in*-12. *v. f. d. f. t.*

9232 Mémoires de la Comteſſe de Tournemir. *Amſt.* Jordan, 1708, 2 *tom.* 1 *vol. in*-12. *v. br.*

Ce *Volume contient les Nouvelles ſuivantes:*
Othoman I, Empereur des Turcs. === Habis, Roi d'Eſpagne. === Caligula, Empereur de Rome. === Pélage I, Roi de Leon.

9233 L'aveu ſans exemple, *ou mémoires de Conſtantin de Tourville. Amſterd.* 1747, *in*-8. *m. r.*

9234 Hiſt. du Comte de Valcourt. *Utrecht*, Neaulme, 1739, *in*-12. *mar. r.*

9235 Mémoires de Mademoiſelle de Valcourt. *Paris*, la Combe, 1767, 2 *part.* 1 *vol. in*-12. *v. m.*

9236 Les enchaînemens de l'amour & de la fortune, *ou les mémoires du Marquis de Vaudreville*, par le Marquis D'ARGENS. *La Haye*, Gibert, 1736, 2 *part.* 1 *vol. in*-12. *mar. r.*

9237 Les aventures de la Ducheſſe de Vaujour, par DE MIRONE. *Utrecht*, Broedelet, 1741 & 1742, 6 *part.* 3 *vol. in*-12. *v. m.*

ROMANS FRANÇOIS. 173

9238 Mémoires du Comte de Vaxere, ou le faux Rabin. *Amsterd.* 1737, *in*-12. *v. f.*

9239 Mémoires de Verforand. *Amst.* (*Par.*) *sans date*, 3 *vol. in*-12. *v. m.*

9240 Le Soldat parvenu, *ou mémoires & aventures de Verval, dit Bellerose. Dresde*, Walther, 1753, 2 *vol. in*-12. *fig. v. m.*

9241 Le même, sans fig. *Dresde*, (*Par.*) 1761, 2 *vol. in*-12. *v. m.*

9242 Histoire & aventure surprenante de Gabriel, Marquis de Vico, *nouvelle galante, par* M. D***. *Paris*, Delaunay, 1707, *in*-12. *m. r.*

9243 Mémoires de Victoire. *Paris*, Durand, 1769, 2 *part.* 1 *vol. in*-12. *v. m.*

9244 Les foiblesses d'une jolie femme, *ou mémoires de Madame de Vilfranc, écrits par elle-même. Par.* Belin, 1779, 2 *part.* 1 *vol. in*-12. *v. f. d. s. t.*

9245 Mémoires de la Marquise de Villenemours, *par* Mad. DE MOUHY. *La Haye*, van Dole, 1747, 4 *part.* 2 *vol. in*-12. *m. r.*

9246 Le triomphe de la vérité, *ou mémoires de* M. de la Villette, *par* Mad. LE PRINCE D. B. (DE BEAUMONT.) *Nancy*, Thomas, 1748, 2 *vol. in*-12. *v. m.*

9247 Le Comte d'Umby, *anecdote historique. Paris*, Costard, 1775. *in*-8. *gr. pap. v. m.*

9248 Mémoires de Volari, *ou l'amour volage & puni. La Haye*, (*Par.*) 1746, 2 *part.* 1 *vol. in*-12. *v. f.*

9249 Le Ministre de Wakefield. *Paris*, Pissot, 1767, 2 *tom.* 1 *vol. in*-12. *v. m.*

9250 La belle Wolfienne, avec deux lettres philosophiques, l'une sur l'immortalité de l'ame, l'autre sur l'harmonie préétablie. *La Haye*, Ch. Levier & Neaulme, 1741—1753, 6 *tom.* 3 *vol. in*-8. *v. m.*

9251 Henriette de Wolmar, *ou la mere jalouse de sa fille, pour servir de suite à la nouv. Héloïse, par* J. J. R. *Paris*, Delalain, 1768, *in*-12. *v. m.*

9252 Les heureux malheurs, *ou Adélaïde de Wolver*,

174 BELLES-LETTRES.
par M. B***. *Par.* Valade, 1773, *in*-12. *v. f. d. s. t.*
9253 Xylanire. *Tolose,* Boude, 1662, 2 *v. in*-8. *v. br.*
9254 Fin des aventureuses fortunes d'Ypsilis & Alixée, par le Sieur DES ECUTEAUX. *Poitiers*, Mesnier, 1623, *in*-12. *m. r.*
9255 Les tragiques amours du fidele Yrion & de la belle Pasithée, où se voit combien peut une amour honorablement & sainctement poursuyvie, & comme se termine celle qui a ses intentions impudiques. *Paris,* Canut, 1601, *in* 12. *m. r.*
9256 Zabhet, *ou les heureux effets de la Bienfaisance,* par Madame DE B***. *Paris,* P. F. Gueffier, 1775, 2 *part.* I *vol. in*-12. *v. f. d. s. t.*
9257 Les victoires de l'Amour, *ou histoire de Zaïde & de Léonor, & de la Marquise de Vico. Amsterd.* Roger, 1714, *in*-12. *fig. v. m.*
9258 Zaïde, *ou la Comédienne parvenue. Paris,* 1763, *in*-12. *v. m.*
9259 Zamor & Almanzine, *ou l'inutilité de l'esprit & du bon sens,* par Madame DE PUISIEUX. *Paris,* Hochereau, 1755, 3 *part.* I *vol. in*-12. *mar. r.*
9260 La Zelatychie, *ou les amours infortunées de Cléandre & Lyranie,* par J. JUVERNAY. *Paris,* le Mur, 1627, *in*-8. *mar. r.*
9261 Les aventures de Zéloïde & d'Amanzarifdine, *contes indiens,* par DE MONTCRIF. *Paris,* Saugrain, 1715, *in*-12. *v. f.*
9262 Zélotyde, *hist. galante,* par LE PAYS. *Paris,* de Sercy, 1666, *in*-12. *mar. r.*
9263 Zély, *ou la difficulté d'être heureux, roman indien, suivi de Zima & des amours de Victorine & de Philogène,* publiés par A. M. DANTU. *Par.* veuve Duchesne, 1775, *in*-8. *v. f. d. s. t.*
9264 Ziman & Zénise, *suivi de Phaza, comédie en un acte en prose,* par Madame DE GRAFIGNY. *Paris,* Segaud, 1775, *in*-12. *v. f. d. s. t.*
9265 Zingis, par Mademoiselle DE LA ROCHEGUILHEN. *La Haye,* Swart, 1711, *in*-12. *mar. r.*

ROMANS FRANÇOIS.

9266 Le Zinzolin, jeu frivole & moral. *Amst.* (*Par.*) 1769, *in-12. v. m.*

9267 La toilette du Philosophe, *ou* Ziri & Ziria. *Lond.* (*Par.*) 1751, *in-12. v. m.*

9268 Zoroastre, histoire. *Berlin*, 1751, *in-12. v. m.*

9269 Zulima, *ou* l'amour pur, par LE NOBLE. *Paris*, de Luyne, 1694, *in-12. v. f. d. s. t.*

9270 La même. *Paris*, Nyon, 1708, *in-12. m. r.*

9271 Histoire de Zulime, *ou* origine de l'inconstance. *Lond.* (*Par.*) 1763, *in-12. v. m.*

9272 Histoire de Zulmie Warthei, par Mademoiselle M.****. *Paris*, veuve Duchesne, 1775, *in-12. v. f. d. s. tr.*

9273 L'éducation du Marquis de ***, *ou* mémoires de la Comtesse de Zurlach, par Madame DE P***, (Mad. DE PUIZIEUX.) *Paris*, Bauché, 1753, 2 vol *in-12. mar. r.*

Aventures singulieres & Romans philosophiques & moraux sous diverses dénominations, par ordre alphabétique.

9274 L'Abbaye, *ou* le Château de Barford, imité de l'angl. *Paris*, Gauguery, 1769, 2 p. 1 v. *in-12. v. f.*

9275 L'académie militaire, *ou* les Héros subalternes, par PARISIEN. (*Par.*) 1745, 6 part. 1 vol. *in-8. v. f.*

9276 La même, nouvelle édition, revue & augmentée, avec figures, *Amsterd.* (*Par.*) 1777, 2 vol. *in-12. v. f. d. s. t.*

9277 L'agréable Ignorant & la belle Eclairée, par M. D. P. *Paris*, Guepin, 1672, *in-12. v. br.*

9278 L'aimable Petit-Maître, par M. le Comte DE G. P. *Amst.* 1750, *in-12. v. m.*

9279 L'ambigu d'Auteuil, *ou* vérités historiques, composées du Joueur, du Nouvelliste, du Financier, du Critique, de l'Inconnu, du Sincere, du Subtil, de l'Hipocrite. *Paris*, Courbé, 1709, *in-12. m. r.*

9280 Les ames rivales, histoire fabuleuse, par DE MONTCRIF; & Temple de Gnide, par le Présid.

BELLES-LETTRES.

DE MONTESQUIEU. Lond. (Par.) 1738, in-12. v. f.

9281 Les amours libres des deux Freres, par R. J. B. R. Cologne, (Par.) 1709, in-12. v. br.

9282 Les amusemens des Dames, hist. honnête; par CHEVRIER. Rouen, 1763, in-12. v. f.

9283 Amusemens d'un Prisonnier. Paris, 1750, in-12. v. m.

9284 Anecdotes galantes, ou le Moraliste à la mode, par M. J. HA***. Par. Duchesne, 1760, in-12. v. m.

9285 Annales galantes, par Mad. DE VILLEDIEU. Lyon, Guérier, 1698, 2 vol. in-12. v. f.

9286 Quelques aventures des Bals de bois. Paris, 1745, in-12. v. f.

9287 Aventure déguisée d'un Grec à la mode, & aventure connue de tout le monde. La Haye. (Par.) 1753, 2 part. 1 vol. in-12. v. m.

9288 Les aventures fortunées, par D. T. Paris, du Bray, 1638, in-8. m. r.

9289 Aventures galantes, avec la fête des Thuilleries, ou le bouquet présenté au Roi. La Haye, (Par.) 1736, 2 vol. in-12. m. r.

9290 Barbet mignon, ou le chien turc, par MUGETTO. Francfort, Hechtel, 1749, 2 vol. in-8. m. r.

9291 Le Beau-Frere supposé, par Mad. D. V. DE VILLENEUVE. Lond. (Par.) 1752, 4 part. 2 vol. in-12. v. m.

9292 La beauté triomphante, ou les caprices de la fortune. Sans nom de Ville, 1720, 2 parties 1 vol. in-12. mar. r.

9293 Les belles Solitaires, par Madame DE V. (DE VILLEDIEU.) Amsterd. (Par.) 1745, 3 part. 2 vol. in-12. v. m.

9294 Le Berger Gentilhomme, par CHAVIGNY. Cologne, Gaillard, 1685, in-12. mar. r.

9295 Bigarures de l'esprit humain, nouv. édit. Lond. Comp. 1772, 3 vol. in-8. v. f. d. f. t.

9296 Le billet perdu, ou l'intrigue découverte. Cologne, Marteau, 1711, in-12. mar. r.

9297

ROMANS FRANÇOIS. 177

9297 Le cabriolet. *Amst.* (*Par.*) 1755, *in*-12. *m. r.*

9298 Caprices romanesques. *Amsterd.* (*Par.*) 1745, 2 part. 1 vol. *in*-12. *v. m.*

9299 La Cassette des bijoux, par D. T. *Paris*, Quinet, 1668, *in*-12. *v. br.*

9300 La Cassette trouvée, cinquieme édit. revue & corrigée sur celles de Leipsic & d'Amst. *La Haye*, veuve Whiskerfeld, 1779, *in*-8. *v. f. d. s. t.*

9301 Le Chevalier enchanté, par N. PILOUST. *Paris*, Gilles, 1618, *in*-12. *v. f.*

9302 Le Chevalier hipocondriaque, par DU VERDIER. *Paris*, Billaine, 1632, *in*-8. *v. f.*

9303 Chinki. *Lond.* 1768, *in*-8. *v. m.*

9304 La Comédienne, Fille & Femme de qualité. *Bruxelles*, (*Par.*) 1756, 3 part. 1 vol. *in*-12. *m. r.*

9305 La Comtesse D*** & le Courier galant. *Paris*, Juvenel, 1700, *in*-12. *v. f. d. s. t.*

9306 Les confessions de la Baronne de ***, rédigées par M. le C. D***. *Amsterd.* (*Par.*) 1743, 2 part. 1 vol. *in*-12. *v. m.*

9307 Les confessions du Comte de ***, par DUCLOS. *Amsterd.* (*Par.*) 1742, 2 part. 1 vol. *in*-12. *v. m.*

9308 Les mêmes, huitieme édit. ornée de belles gravures par les meilleurs Maîtres, & augmentée de la vie de l'Auteur. *Paris*, Costard, 1776, *in*-8. fig. gr. pap. *v. f. d. s. tr.*

9309 Examen des Confessions du Comte de ***. *Amst.* (*Paris*) 1742, *in*-12. *v. m.*

9310 Confidences à un ami, ou aventures galantes d'un Militaire. *Geneve*, 1763, 2 p. 1 v. *in*-12. *v. m.*

9311 Les confidences d'une jolie Femme. *Paris*, veuve Duchesne, 1775, 4 part. 2 vol. *in*-12. *v. f. d. s. t.*

9312 Les confidences réciproques. *Berg-op-Zoom*, (*Par.*) 1747, 2 vol. *in*-12. *v. m.*

9313 Les Contemporaines, *ou* aventures des plus jolies Femmes de l'âge présent, recueillies par N****, & publiées par Timothée Joly, de Lyon, Dépositaire de ses mss. (par M. RETIF DE LA

Tome III. M

178   BELLES-LETTRES.

BRETONE.) *Paris*, veuve Duchesne, 1780, 4 vol. in-12. fig. v. f. d. s. t.

9314 Les coudées franches, augmentées d'une mandragore pour garantir de la pauvreté, par l'Abbé BORDELON. *Paris*, Prault, 1713, in-12. v. f. d. s. t.

9315 *Cupidon dans le bain, ou les aventures amoureuses des personnes de qualité*, par Mad. D***. *La Haye*, Uytwerf, 1698, 2 p. 1 v. in-12. mar. r.

CONTENANT

Les aventures amoureuses des personnes de qualité. Hist. de la Duchesse d'Uzeda & du Marquis d'Alcanisas. Hist. du Comte de Taix & de Mademoiselle de Visseleu. Hist. du Duc de Silva. Hist. de la belle Esclave.

9316 *Les galantes Dames, ou la confidence réciproque*, par POISSON. *Paris*, 1685, 2 vol. in-12. m. r.

9317 *Le début, ou les premieres aventures du Chevalier de* ***. *Paris*, Rozet, 1770, 2 part. 1 vol. in-12. v. f.

9318 *Les désordres de la Bassette*. *Paris*, Quinet, 1682, in-12. v. f.

9319 *La destinée, ou mémoires d'une Dame de qualité, écrits par elle-même*. *Auguste*, Conrad-Henri Stagé, 1776, in-8. v. f. d. s. t.

9320 *Les deux Cousines*. *Constantinople*, (Par.) 1763, in-12. v. m.

9321 *Les deux Déesses*, par R. MONTAGATHE. *Paris*, Billaine, 1625, in-8. v. f.

9322 *La double Beauté*. *Cantorbery*, (Par.) 1754, in-12. mar. r.

9323 *L'écu de six francs*. *Par.* Esprit, 1778, in-12. br.

9324 *L'écueil de la vie, ou les amours du Chevalier de...*, enrichi de plusieurs contes, épigrammes & épitaphes nouvelles & galantes. *Francfort*, 1744, 2 vol. in-8. mar. r.

9325 *L'écureuil de la Cour, ou veillées divertissantes*. *Leyde*, 1710, in-8. v. f.

9326 *L'emblême, ou le guerluchon*, hist. galante. *Cythere*, (Par.) 1744, in-12. v. m.

ROMANS FRANÇOIS.

9327 L'enfantement de Jupiter, ou la fille sans mere. Amst. (Par.) 1763, 2 vol. in-12. v. m. — Double à vendre.

9328 Entretien d'un Européan avec un Insulaire du Royaume du Dumocala, par le R. D. P. D. D. L. E. D. B. Paris, 1754, in-12. mar. r.

9329 Les erreurs instructives, ou mém. du Comte de ***. Paris, Cuissart, 1765, 3 t. 1 v. in-12. v. f.

9330 L'esprit malin, par M. D. *** (le Chevalier DE PONTIEU.) Paris, Prudhomme, 1710, in-12. m. r. — Double ch. à vendre

9331 L'étoile heureuse. Berlin, (Par.) 1756, in-12. m. r.

9332 L'étrenne de l'Almanach & les délices du Babil. Paris, Desbaratz, 1733, in-8. v. f. d. s. t.

9333 Les exilés, par Madame DE VILLEDIEU. Par. Barbin, 1672, 6 vol. in-12. v. f.

9334 La fausse Vestale, ou l'ingrate Chanoinesse. Colog. 1707, in-12. v. f. d. s. tr.

9335 Le faux Oracle, & l'illusion d'un instant. Amst. (Par.) 1752, 2 part. 1 vol. in-12. v. m. — Double à vendre

9336 Les faux pas, par ROUSSEAU de Thoulouse. Paris, Duchesne, 1755, in-12. m. r.

9337 Les Femmes de mérite, 1759, in-8. v. m. — D. ch. à vendre

9338 Les fêtes roulantes, & les regrets des petites rues. Paris, 1747, in-12. mar. r.

9339 Les Filles enlevées, par L. DEMOREAUX. Par. de Briquegny, 1643, 2 vol. in-8. m. r.

9340 La Fille esclave, devenue Officier. Bruxelles, Foppens, 1711, in-12. mar. r.

9341 La Fille supposée, histoire que les déguisemens, les combats, les jalousies, les passions de l'amour & de la haine, la constance & l'infidélité rendent admirable, par DU BAIL. Paris, Rocolet, 1639, in-8. mar. r. — Double à vendre

9342 Le Financier, par M. le Chevalier DE MOUHY. Amsterd. (Par.) 1755, 5 part. 2 vol. in-12. m. r.

9343 La folette, ou le rhume, hist. bourgeoise, par L'AFFICHARD. Paris, Mesnier, 1733, in-12. m. r.

9344 Folie de la prudence humaine, par Madame BENOIST. Paris, veuve Regnard, 1771, in-12. v. m. — Double à vendre

M 2

180 BELLES-LETTRES.

9345 Les Freres jumeaux, par MILLON DE LA VALLE. Paris, Josse, 1730, in-12. mar. r.

9346 Le Frere questeur. Londres, (Par.) 1756, in-8. v. m.

9347 Nouvelle brochure, ou frivolités importantes. Amsterd. (Par.) 1756, in-12. v. m.

9348 La ressuscitée fugitive. Geneve, du Four, 1688, in-12. v. m.

9349 Les galanteries de la Cour, par DU BAIL. Par. Denain, 1644, 2 vol. in-8. v. m.

9350 Galanterie d'une Religieuse mariée à Dublin. Cologne, Marteau, 1704, 2 p. 1 v. in-12. mar. r.

9351 Le Gascon extravagant. Paris, Besongne, 1639, in-8. v. m.

9352 Les Gascons en Hollande, ou aventures singulieres de plusieurs Gasc. Liege, 1767, 2 v. in-8. v. m.

9353 Roman singulier. 2 part. 1 vol. in-12. mar. r.

9354 Le gris de lin, par PRECHAC. Paris, Osmont, 1680, in-12. v. f.

9355 Roman nocturne. La Haye, (Par.) 1763, in-12. v. m.

9356 L'heure du berger, par C. LE PETIT. Paris, Robinot, 1662, in-12. v. f.

9357 L'heureuse foiblesse, ou l'entretien des Thuileries. La Haye, (Par.) 1736, in-12. v. f.

9358 L'heureuse Victime, ou le triomphe du plaisir. La Haye, (Par.) 1756, in-12. v. m.

9359 Les heureux événemens, ou les généreux Aventuriers. Amsterd. (Par.) 1751, 2 vol. in-12. v. m.

9360 Les heureux Orphelins, par CRÉBILLON fils. Bruxell. (Par.) 1754, 4 part. 2 vol. in-12. m. r.

9361 L'heureux Page. Cologne, Marteau, 1687, in-12. mar. r.

9362 L'heureux retour, par M. DE ***. Londres (Par.) 1747, 2 part. 1 vol. in-12. v. m.

9363 Histoires & aventures de ***, par GODARD D'AUCOURT. Sans nom de Ville, 1744, in-12. v. f.

ROMANS FRANÇOIS.

9364 Histoire bavarde. *Sans nom de Ville, ni date,* ☩
in-12. v. m.

9365 Le * * * *, histoire bavarde. *Londres, (Paris)* ☩
1751, *in*-12. *mar. r.*

9366 Histoire d'une Femme de qualité. *La Haye,* ☩
(*Par.*) 1749, *in*-12. v. m.

9367 Histoire des Fripons, pour se préserver des
Grecs qui savent corriger la fortune au jeu, avec ☩ *doub. ch.*
un supplément contenant le projet d'un hôpital pour *à vend.*
les Grecs invalides. *Amsterd. (Par.)* 1773, 3 part.
1 vol. *in*-12. v. m.

9368 Histoire d'une Grecque moderne, par l'Abbé ☩ *D. ch. a*
PREVOST. *Amsterdam, (Par.)* 1740, 2 part. *vend.*
1 vol. *in*-12. v. m.

9369 Honny soit qui mal y pense, *ou* histoire des ☩ *Double*
Filles du dix-huitieme siecle. *Londres, (Par.)* 1761, *à vendre*
2 part. 1 vol. *in*-12. v. m.

9370 Le même. *Londres, (Par.)* 1769, 6 part. ☩
3 vol. *in*-12. v. m.

9371 L'horloge parlante, ouvrage critique & moral.
Paris, Onfroy, 1778, *in*-12. br.

9372 L'horoscope accompli, par le Chevalier DE ☩
MAILLY. *Paris, le Febvre,* 1713, *in*-12. v. b.

9373 Le même, *ou* Dom Ramire. *Paris, Tiquet,* ☩
1714, *in*-12. v. f.

9374 La Jardiniere de Vincennes, par Madame ☩
DE V***. *Paris, Hochereau,* 1753, 5 tom.
2 vol. *in*-12. mar. r.

9375 L'illustre Mousquetaire. *La Haye, du Sauzet,* ☩
1716, *in*-12. v. m.

9376 L'inceste innocent, par DESFONTAINES. *Paris,* ☩
Quinet, 1638, *in*-8. v. m.

9377 L'inconnu. *La Haye, (Par.)* 1765, *in*-12. v. m. ☩ *D. à vend*

9378 L'Indiscret, *ou* les aventures parisiennes. *Paris,* ☩
Jean-Franç. Bastien, 1779, *in*-12. v. f. d. s. t.

9379 Les indiscrétions galantes, amusantes & intéressantes. *Paris,* 1765, 2 part. 1 vol. *in*-12. v. m.

182　BELLES-LETTRES.

9380 L'infortune des Filles de joie. *Sans nom de Ville*, 1624, *in*-8. *v. m.*

9381 L'Infortuné. *Paris, Gogué,* 1769, *in*-12. *v. m.*

9382 L'Ingenue, *ou* l'encenſoir des Dames. *Paris, Desventes,* 1770, *in*-12. *v. m.*

9383 La jolie Femme, *ou* la Femme du jour. *Amſt.* (Par.) 1769, 2 *vol. in*-12. *v. m.*

9384 La même. *Lyon, Deville,* 1770, 2 *part.* 1 *vol. in*-12. *v. m.*

9385 La laideur aimable, *ou* les dangers de la beauté. *Paris, Rollin,* 1752, 2 *vol. in*-12. *v. m.*

9386 Légende dorée, *ou* hiſt. morales. *Paris, du Four,* 1768, *in*-12. *v. m.*

9387 La liberté aſſiégée par l'Amour, par Gerauld Roux. *Paris, Rezé,* 1609, *in*-12. *v. m.*

9388 Le livre ſans titre, à l'uſage de ceux qui ſont éveillés, & de ceux qui ſont endormis, par M. Coutan. *Paris, Durand,* 1778, *in*-12. *v. m.*

9389 La loterie, fête galante, par M. ***. *Paris, Babuty,* 1713, *in*-12. *v. f.*

9390 Le louis d'or politique & galant. *Cologne, Marteau,* 1695, *in*-12. *mar. r.*

9391 Le Mage de Chica. *Paris, Cuiſſart,* 1759, *in*-12. *v. m.*

9392 Le maſque. *Amſterd. Colinet,* 1751, *in*-8. *v. m.*

9393 Le maſque de fer, *ou* les aventures admirables du Pere & du Fils, par le Chevalier DE MOUHY. *La Haye, de Hondt,* 1750, 6 p. 2 v. *in*-12. *v. m.*

9394 Les matinées du Palais Royal. *Paris, Baſtien,* 1772, 2 *part.* 1 *vol. in*-12. *v. f. d. ſ. t.*

9395 Mémoires de Mad. la Baronne de ***. *La Haye,* (Par.) 1740, 2 *tom.* 1 *vol. in*-12. *v. m.*

9396 Mémoires & aventures d'un Bourgeois qui s'eſt avancé dans le monde, par DE COURCY. *La Haye,* (Paris) 1750, 2 *vol. in*-12. *mar. r.*

9397 Mémoires du Chevalier de ***, par Mad. DE MEHEUST. *Paris, Dupuis,* 1734, *in*-12. *mar. r.*

ROMANS FRANÇOIS. 183

9398 Mémoires du Chevalier de ***, par le Marquis D'ARGENS. *Lond.* (*Par.*) 1745, 2 *p.* 1 *v. in-*12. *baz.*

9399 Mémoires du Chevalier T***. *La Haye*, (*Par.*) 1738, *in-*12. *v. m.*

9400 Mémoires posthumes du Comte de D. B. avant son retour à Dieu, fondé sur l'expérience des vanités humaines, par le Chevalier DE MOUHY. *Paris,* Ribou, 1735, 4 *part.* 2 *vol. in-*8. *v. m.*

9401 La défense des Dames, *ou* mémoires de Mad. la Comtesse de ***. *Paris*, Barbin, 1697, 2 *vol. in-*12. *v. f.*

9402 Mémoires de Mad. la Comtesse de ***, avant sa retraite. *Amsterd.* Jordan, 1711, *in-*12. *v. m.*

9403 Mémoires de Mad. la Comtesse de ***, écrits par elle-même à une de ses amies. *La Haye*, (*Par.*) 1744, 2 *part.* 1 *vol. in-*12. *v. m.*

9404 Mémoires & aventures de la Comtesse de M.***, par M. ***. *La Haye*, (*Par.*) 1749, 3 *part.* 1 *vol. in-*12. *v. m.*

9405 Mémoires & aventures d'une Dame de qualité qui s'est retirée du monde. *La Haye*, 1739, 3 *vol. in-*12. *v. m.*

9406 La nuova contadina incivilita overo le memorie della Signora Duchessa N. N. opera del Signor G*** DE LA BATAILLE, traduzione dal francese. *Venezia*, Giov. Tevernin, 1753, 2 *vol. in-*12. *v. m.*

9407 Mémoires d'une Fille de qualité, par M. D. L. P. (M. DE LA PLACE.) *Amsterd.* (*Par.*) 1742, 2 *part.* 1 *vol. in-*12. *v. m.*

9408 Mémoires d'une Fille de qualité qui s'est retirée du monde. *Amsterd.* (*Par.*) 1755, 2 *part.* 1 *vol. in-*12. *mar. r.*

9409 Mémoires d'une Fille de qualité qui ne s'est point retirée du monde, par le Chev. DE MOUHY. *Amsterdam*, 1747, 4 *vol. in-*12. *mar. r.*

9410 Mémoires d'un frivolite, par l'Auteur ambulant. *Paris*, 1761, *in-*12. *v. m.*

9411 Mémoires galans, *ou* les aventures amoureuses

184 BELLES-LETTRES.
d'une personne de qualité, par DE BREMONT. Amst. (Par.) 1680, in-12. v. m.

9412 Mémoires d'un Homme de bien, par Madame DE PUISIEUX. Paris, Delalain, 1768, 3 part. 2 vol. in-12. v. m.

9413 Mémoires & aventures d'un Homme de qualité qui s'est retiré du monde, avec l'histoire du Chevalier des Grieux & de Manon l'Escaut, par l'Abbé PREVOST. Paris, Martin, 1728 & 1733, 7 vol. in-12. v. f.

9414 Les mêmes, avec l'histoire du Chevalier des Grieux & de Manon Lescaut. Amsterd. 1731, 7 vol. in-12. v. f.

9415 Suite de l'histoire du Chevalier des Grieux & de Manon Lescaut, par l'Abbé PREVOST. Amsterd. Rey, 1762, 2 vol. in-12. v. m.

9416 Les nouveaux mémoires d'un Homme de qualité, par M. le M. DE BR., (par M. RETIF DE LA BRETONNE.) Paris, veuve Duchesne, 1774, 2 part. 1 vol. in-12. v. f. d. s. t.

9417 Mémoires d'un honnête Homme, par l'Abbé PREVOST. Amsterdam, (Par.) 1743, 5 part. 1 vol. in-12. v. m.

9418 Les mêmes, augmentés & publiés par M. DE M***. Dresde, Walther, 1753, 2 vol. in-12. mar. r.

9419 Mémoires d'une honnête Femme, par DE CHEVRIER. Lond. (Par.) 1753, 3 p. 1 v. in-12. v. m.

9420 Mémoires pour servir à l'histoire de Malthe, par l'Abbé PREVOST. Amsterd. (Paris) 1741, 2 part. 1 vol. in-12. v. m.

9421 Mémoires de M. le Marquis de ***. Paris, veuve Coustellier, 1728, in-12. v. f.

9422 Mémoires de M. le Marquis de S.***, ou les amours fugitifs du Cloître. Amst. (Par.) 1747, 2 tom. 1 vol. in-12. v. m.

9423 Mémoires & aventures de M. de P***, mis au jour par M. E. Paris, Dupuis, 1736 & 1737, 2 part. 1 vol. in-12. mar. r.

ROMANS FRANÇOIS.

9424 Mémoires de Miladi B***, par Mad. DE R. Paris, Cuissart, 1760, 4 part. 2 vol. in-12. v. m.

9425 Mémoires d'un Provincial. Paris, Robin, 1765, in-12. v. br.

9426 Mémoires d'une Provinciale, écrits par elle-même. Paris, 1764, 2 part. 1 vol. in-12. v. f.

9427 Mémoires d'une Religieuse, par M. DE L. Paris, l'Esclapart, 1766, 2 part. 1 vol. in-12. v. m.

9428 Le Mentor Cavalier, ou les illustres infortunez de notre siecle, par le Marquis D'A... Lond. (Par.) 1736, in-12. v. f.

9429 Les métamorphoses de la [...]euse. Amsterd. (Paris) 1768, 2 part. 1 v[...] v. m.

9430 Les morts ressuscités. C[...]arteau, 1712, in-12. mar. r.

9431 Le nœud gordien. Lond. (P[...]) 1770, 4 part. 2 vol. in-12. v. m.

9432 Le noviciat du Marquis de ***, ou l'apprentif devenu maître. Cythere, 1746, 2 p. 1 v. in-12. m. r.

9433 Le nouveau Protée, ou le Moine aventurier, par l'Abbé LAMBERT. Haarlem, van Lee, 1740, in-12. v. éc.

9434 La nuit & le moment, ou les matinées de Cythere, dialogue. Lond. (Par.) 1755, in-12. m. r.

9435 La Nymphe solitaire, par DU VERDIER. Paris, Billaine, 1624, in-8. mar. r.

9436 Les occupations du siecle, par Mad. P. D. L. J. Amst. (Paris) 1739, in-12. m. r.

9437 On ne s'y attendoit pas. Paris, Prault, 1773, 2 part. 1 vol. in-12. v. f. d. f. t.

9438 L'Oracle de Cythere, 1753, in-8. v. m.

9439 L'origine du Lansquenet, nouvelles du tems, par la Comtesse de.... Par. Ribou, 1703, in-12. v. m.

9440 L'Orphelin Normand, ou les petites causes & les grands effets, par M. CHARPENTIER. Paris, Desventes, 1768, 4 part. 3 vol. in-12. v. m.

9441 Ouvrage sans titre, Minerve le donnera, par

186 BELLES-LETTRES.

Madame DE LAISSE. *Paris*, Saugrain, 1775, 2 *part.* 1 *vol. in*-12. *v. f. d. s. t.*

9442 L'oiseau de Trianon, *par* Mad. MORVILLE DE CHAMCLOS. *Sans frontispice, in*-12. *v. m.*

9443 Le Page disgracié, *où l'on voit de vifs caracteres d'hommes de tous tempéramens & de toutes professions, par* DE TRISTAN. *Paris*, Quinet, 1643, 2 *vol. in*-8. *v. br.*

9444 Le Palais de la Frivolité, *par* M. COMPAN. *Paris*, Mérigot, 1773, *in*-12. *v. f. d. s. t.*

9445 La Parisienne en Province. *Paris*, veuve Duchesne, 1769, *in*-12. *v. f.*

9446 Qu'il faut [...] sa parole, *par* Catherine-Charlotte P[...]. *Amst. (Par.)* 1689, *in*-12. *m. r.*

9447 Le Paysan parvenu, *par* DE MARIVAUX. *La Haye, (Par.)* 1734, 5 *vol. in*-12. *v. f.*

9448 La Paysanne pervertie, *ou les mœurs des grandes villes, mémoires de Jeannette* R***, *recueillis de ses Lettres & de celles des personnes qui ont eu part aux principaux événemens de sa vie, mis au jour par* M. NOUGARET. *Paris*, J. F. Bastien, 1777, 4 *vol. in*-12. *v. f. d. s. t.*

9449 La Paysanne philosophe, *par* Mad. DE R. R. *Amsterd. (Par.)* 1762, 4 *part.* 2 *vol. in*-12. *v. m.*

9450 Le Pelerin, *nouvelle, par le Sieur* S. B. R. E. *Sans nom de Ville, ni date, in*-12. *mar. r.*

9451 Le petit Toutou, *par* DE BIBIENA. *Amst. (Par.)* 1746, 2 *vol. in*-12. *baz.*

9452 La petite maison. *Paris*, 1762, *in*-12. *v. m.*

9453 La philosophie royale, *ou jeu des eschets & autres œuvres meslées, & le tableau de la calomnie, &c. par* G. DU PEYRAT. *Paris*, Mettayer, 1608, *in*-8. *mar. r.*

9454 La pistole parlante, *ou le métamorphose du louis d'or. Paris*, de Sercy, 1660, *in*-12. *v. br.*

9455 Les plaisirs d'un jour, *ou la journée d'une Provinciale à Paris. Bruxelles, (Par.)* 1764, *in*-12. *v. m.*

9456 Le porte-feuille rendu, *par* Mademoiselle DE

ROMANS FRANÇOIS. 187

S. ****, (PHALLIER.) Londres, (Par.) 1749.
2 part. 1 vol. in-12. v. m.

9457 Les portraits égarés. Paris, Bienfait, 1660, in-12. v. f.

9458 Le portrait funeste, par ANCELIN. Paris, Bienfait, 1661, in-8. v. m.

9459 Le pouvoir de la Beauté & le Prince d'Ethiopie. Sans nom de Ville, 1740, in-12. mar. r.

9460 Le Prince aventurier, ou le Pelerin reconnu, par DE SAINT-QUENAIN. Amsterd. Charlois, 1741, in-12. mar. r.

9461 Les Princes rivaux. Barbin, 1698, in-12. v. f.

9462 Le puits de la vérité, par DU FRESNI. Paris, 1698, in-12. v. f.

9463 Le quart-d'heure d'une jolie Femme, ou les amusemens de la toilette, précédé d'une préface sur la Comédie, par Mademoiselle DE ***. Geneve, (Par.) 1753, in-12. v. m.

9464 Les quatre Veuves, ou recueil d'histoires & aventures plaisantes. Londres, (Rouen) 1746; 2 part. 1 vol. in-12. v. m.

9465 Quelque chose. La Haye, (Par.) 1749, in-12. m. r.

9466 La raison du temps, ou la Folie raisonnée, par le Baron DE FERNUNTSBERG. Amst. (Paris) 1761, 2 part. 1 vol. in-12. v. m.

9467 La rapsodie galante. Sans frontisp. in-12. v. m.

9468 La récréation, devis & mignardise amoureuse. Paris, Menier, 1614, in-16. mar. r.

9469 Récréations morales & galantes, ou histoires véritables, avec des réflexions très-utiles. Cologne, 1717, in-12. v. f.

9470 Les refus, par M. D. B. Paris, Mérigot le jeune, 1772, in-8. v. f. d. f. t.

9471 La Religieuse Cavalier, par DE CHAVIGNY. La Haye, Moetjens, 1693, in-12. baz.

9472 La même, Epouse & Chanoine, par le même. Cologne, (Par.) 1717, in-12. fig. v. f.

188 BELLES-LETTRES.

9473 La Religieuse Esclave & Mousquetaire. *Leipsic*, 1697, *in*-12. *mar. r.*

9474 La Religieuse malgré elle, par M. B** DE B**. *Amst.* (*Par.*) 1720, *in*-12. *mar. r. d. s. t.*

9475 La None éclairée, nouvelle édit. revue, corrigée & augmentée. *Amsterd.* (*Bruxelles*) 1774, *in*-8. *v. f. d. s. t.*

9476 Le Rival encore après la mort. *Par.* Courbé, 1658, *in*-8. *v. m.*

9477 La Rivale travestie, *ou les aventures galantes arrivées au camp de Compiegne*, par NODOT. *Paris*, Brunet, 1699., *in*-12. *v. f.*

9478 Le Roman ●●●●●●●●tique. *Amsterd.* (*Par.*) 1750, *in*-12. *mar. rouge.*

9479 Le Roman de l'Incogneu, ensemble quelques discours pour & contre les Romans. *Paris*, Soubron, 1634, *in*-8. *v. m.*

9480 Le Roman du jour. *Lond.* (*Par.*) 1754, 2 *part.* 1 *vol. in*-12. *mar. r.*

9481 Le Roman des lettres, par L. D. S. A. D. M. *Par.* Loyson, 1667, *in*-8. *mar. r.*

9482 Le Roman véritable, où, sous des noms & des pays empruntez, dans un enchaînement agréable, sont comprises les histoires & adventures amoureuses de plusieurs personnes de condition, tant dedans que dehors le Royaume. *Paris*, Quinet, 1645, 2 *vol. in*-8. *v. br.*

9483 Le secret, avec le compliment des vertus, par PRECHAC. *Paris*, Osmont, 1683, *in*-12. *mar. r.*

9484 Les Sœurs rivales. *Paris*, Brunet, 1698, *in*-12. *v. f.*

9485 La soirée du labyrinthe, débauche d'esprit, suivie du porte-feuille galant, par M. ***. *Paris*, Guillaume, 1732, *in*-12. *v. br.*

9486 Les soirées du Palais Royal, *ou les veillées d'une jolie Femme*, *Paris*, 1762, *in*-12. *v. m.*

9487 Les soirées de Paphos. *Paris*, J. F. Quillau, 1773, 2 *part.* 1 *vol. in*-12. *v. f. d. s. t.*

ROMANS FRANÇOIS. 189

9488 Le Solitaire, par M. D. M. *Paris*, Barbin, 1677, *in*-12. *v. m.*

9489 Le même. *Paris*, Trabouillet, 1680, 2 *vol. in*-12. *v. f.*

9490 Le Solitaire de Terrasson. *Amst.* (*Par.*) 1755, *in*-12. *v. m.*

9491 La solitude amoureuse du S^r DE BEAULIEU. *Paris*, Benar, 1631, *in*-8. *v. m.*

9492 Mémoires du Marq. D***. *Utrecht*, (*Par*) 1749, 2 part. 1 *vol. in*-12. *v. m.*

9493 Les mêmes. *Berg-op-Zoom*, 1751, 2 part. 1 *vol. in*-12. *mar. r.*

9494 Le soupé, ouvrage moral. *Londres*, (*Par.*) 1771, *in*-12. *v. m.*

9495 Les tableaux, suivis de l'hist. de Mademoiselle de Syane & du Comte de Marcy. *Paris*, Delalain, 1771, *in*-8. *v. f.*

9496 Le tableau des déserts enchantés, par PILOUST. *Paris*, 1614, *in*-12. *v. b.*

9497 Tant pis pour lui, *ou* l'amant salamandre. *Par.* 1761, 2 part. 1 *vol. in*-12. *v. m.*

9498 Le Taureau bannal de Paris. *Cologne*, Marteau, 1689, *in*-12. *v. f.*

9499 Le même. *Colog.*, Marteau, 1692, *in*-12. *v. m.*

9500 Télémaque moderne, *ou* les intrigues d'un grand Seigneur pendant son exil. *Cologne*, (*Rouen*) 1701, *in*-12. *v. f. d. s. t.*

9501 Le Temple de Gnide, revu, corrigé & augm. (par Ch. SECONDAT, Baron de MONTESQUIEU.) *Lond.* (*Paris*) *in*-8. *gr. pap. fig. v. f. d. s. t.*

9502 Le même. *Paris*, Simart, 1725, *in*-12. *v. f.*

9503 Le même, trad. en ital. par Ch. VESPASIANO, avec le texte françois à côté de la traduction. *Paris*, Prault, 1767, *in*-12. *v. m.*

9504 Le Temple des sacrifices, par DU VERDIER. *Paris*, Ant. Estienne, 1620, *in*-8. *v. b.*

9505 Le même, *sous le titre des* Sacrifices amoureux. *Paris*, Billaine, 1623, *in*-8. *v. f. d. s. t.*

BELLES-LETTRES.

9506 Le temps perdu, *ou* hist. de M. de C***. *Paris*, 1756, *in*-12. *mar. r.*

9507 Les têtes folles. *Par,* Tilliard, 1753, *in*-12. *m. r.*

9508 Le Théâtre des Braves, où sont représentées les adventures guerrieres & amoureuses de Polimedor, par DE L'ESPINAY. *Par.* Uby, 1613, *in*-12. *m. r.*

9509 Le même. *Paris*, Thierry, 1630, *in*-12. *v. f.*

9510 Les Thuilleries d'Amour, par E. LE JAY. *Paris,* Colet, 1610, *in*-12. *v. f.*

9511 Les travaux du Prince incognu, par DE LOGEAS. *Paris,* du Bray, 1634, *in*-8. *v. f.*

9512 La trentaine de Cythere. *Lond.* (*Par.*) 1753, *in*-12. *mar. r.*

9513 Les trois voluptés, 1746, *in*-12. *v. m.*

9514 La valise ouverte, par PRECHAC. *Paris,* de Varennes, 1680, *in*-12. *mar. r.*

9515 La valise trouvée. *Sans nom de Ville,* 1740, 2 *part.* 1 *vol. in*-12. *v. br.*

9516 La veillée galante, par Mademoiselle DE L***. *La Haye,* (*Par.*) 1747, *in*-12. *mar. r.*

9517 La Veuve en puissance de mari, par Mad. L. G. D. R. *Paris,* Prault, 1732, 2 *part.* 1 *vol. in*-12. *mar. r.*

CONTENANT

Les caprices d'Amour, Comédie en prose. La Dupe de soi-même, Comédie en prose.

9518 La vie de mon Pere, par l'Auteur du Paysan perverti, (M. RETIF DE LA BRETONE.) *Paris,* veuve Duchesne, 1779, 2 *part.* 1 *vol. in*-12. *fig. v. f. d. s. t.*

9519 Le Vis-à-vis & la Désobligeante. *La Haye,* 1755, *in*-12. *mar. r.*

9520 Voilà mes malheurs, anecd. de Mademoiselle DE B***. *Berlin,* (*Par.*) 1763, 2 *p.* 1 *v. in*-12. *baz.*

9521 L'usage du beau monde, *ou l'agréable société,* par DE VALCROISSANT fils. *Paris,* de Luynes, 1662, *in*-12. *v. f.*

ROMANS FRANÇOIS. 191
Romans philosophiques & physiques.

9522 Les erreurs de l'amour-propre, imités de l'angl. par M. DE LA PLACE. Londres, (Par.) 1754, 3 vol. in-12. mar. r.

9523 L'amour-propre sacrifié au plaisir de la vengeance. Paris, 1754, 2 vol. in-12. mar. r.

9524 La médaille curieuse, où sont gravés les deux principaux écueils de tous les jeunes cœurs. Paris, 1672, in-12. mar. r.

9525 La même, où sont gravez deux écueils redoutables à tous les jeunes cœurs, & où les vieux Capitaines & les plus expérimentez Amans trouveront quelque chose de surprenant. Par. P. le Monnier, 1672, in-12. v. éc. fil. d'or.

9526 Histoire du cœur humain. La Haye, (Par.) 1743, 2 part. 1 vol. in-12. v. f.

9527 Histoire du cœur, par Mademoiselle DE MILLY. Paris, le Jay, 1768, in-12. v. f.

9528 Le fatalisme, *ou* collection d'anecdotes, pour prouver l'influence du sort sur l'histoire du Cœur humain, par le Chevalier DE LA MORLIERE. Par. Pissot, 1769, in-12. v. f.

9529 Les Courtisans généreux, par DU BAIL. Paris, Loyson, 1637, in-8. mar. r.

9530 L'homme juste à la Cour, *ou* les mémoires du C. de R. Par. Pillot, 1771, 2 p. 1 v. in-12. v. m.

9531 L'erreur des desirs, par Mad. BENOIST. Paris, veuve Regnard, 1770, 2 part. 1 vol. in-12. v. m.

9532 La force de l'éducation. Londres, (Par.) 1750, 2 part. 1 vol. in-12. mar. r.

9533 Le Pere avare, *ou* les malheurs de l'éducation. Paris, Desventes, 1770, 3 vol. in-12. v. m.

9534 Histoire d'Ema, par le Marquis DE BISSY. 1752, 2 part. 1 vol. in-12. v. m.

9535 La force de l'exemple, par BIBIENA. La Haye, (Par.) 1748, 2 vol. in-12. v. m.

BELLES-LETTRES.

9536 Histoire de la fél... Amsterdam, (Paris) 1751, in-12. v. m.

9537 Portrait des foiblesses humaines, par Madame DE VILLEDIEU. Lyon, Baritel, 1696, in-12. v. m.

9538 La fortune, hist. critique, (par DESLANDES.) Paris, 1751, in-8. v. m.

9539 L'ami de la fortune. Lond. (Par.) 1754, 2 vol. in-12. mar. r.

9540 Les jeux de la Fortune, par M. DE S***, (DE SACY.) Amst. (Lille) 1768, in-12. v. m.

9541 Le Favori de la Fortune. Paris, veuve Duchesne, 1779, 2 part. 1 vol. in-12. v. f. d. s. t.

9542 L'Orphelin infortuné, ou le portrait du bon Frere, par DE PRÉFONTAINE. Paris, Besongne, 1660, in-8. v. f.

9543 Les deux Freres. Paris, Fetil, 1770, in-8. v. m.

9544 Les deux Freres, ou la Famille comme il y en a tant, par M. IMBERT. Paris, Bastien, 1779, in-8. v. f. d. s. t.

9545 L'homme tel qu'il est, par Mademoiselle DE MORVILLE. Paris, Valade, 1771, 2 part. 1 vol. in-12. v. f.

9546 L'homme sauvage, hist. trad. de......, par M. MERCIER, Amst. (Par.) 1767, in-12. v. m.

9547 Les Ecarts de la Jeunesse. Amst. (Lille) 1768, in-12. v. m.

9548 Réflexions de T***, sur les égaremens de sa jeunesse. Amst. (Par.) 1729, in-12. v. b.

9549 Le Marquis de T***, ou l'école de la Jeunesse, par M. RETIF DE LA BRETONE. Paris, le Jay, 1771, 4 part. 2 vol. in-12. v. m.

9550 Les agrémens & les chagrins du mariage, par J. D. D. C. Paris, Quinet, 1692 & 1697, 4 tom. 2 vol. in-12. mar. r.

9551 L'Amour marié, ou la bizarrerie de l'amour en l'estat du mariage. Colog. Marteau, 1681, in-12. v. f.

9552 Les rivales, ou le mari dupé. Paris, Barbin, 1700, in-12. v. m.

9553

ROMANS FRANÇOIS. 193

9553 Les maris à la ****, ou conversations nouvelles & galantes. *Colog.* Hamer, 1700, *in-12. v. éc.*

9554 Le Phénix conjugal. *Paris*, le Breton, 1734, *in-12. v. f.*

9555 Le même. *Amst.* Wetstein, 1735, *in-12. m. r.*

9556 Les époux réunis, ou le Missionnaire du tems. Berg-op-Zoom, (*Par.*) 1749, 2 part. 1 vol. *in-12. mar. r.*

9557 La double Marotte, ou l'Antipathie couronnée par l'Hymen. *La Haye*, van Cleef, 1752, *in-12. m. r.*

9558 La constance couronnée, ou les époux unis par l'Amour. *Paris*, Duchesne, 1764, 2 part. 1 vol. *in-12. v. m.*

9559 Le mari offensé. *Par.* 1770, *in-12. v. m.*

9560 L'épouse infortunée, par M. D. P. B. *Paris*, Prault, 1733, *in-12. v. m.*

9561 Mitra, ou la Démone mariée, par Catherine-Charlotte PATIN, 1745, *in-12. v. m.*

9562 La nature vengée, ou la reconciliation imprévue, par M. C. *Par.* Mérigot le jeune, 1769, *in-12. v. m.*

9563 La voix de la nature, par Mad. DE R. R., (ROBERT.) *Amsterd.* (*Par.*) 1763, 5 part. 2 vol. *in-12. v. m.*

9564 L'école des peres & des meres, ou les trois Infortunées. *Paris*, de Hansy, 1767, 2 part. 1 vol. *in-12. v. m.*

9565 L'école des peres, par N. E. RETIF DE LA BRETONE. *Paris*, veuve Duchesne, 1726, 3 vol. *in-8. v. m.*

9566 Extrait du Journal de mes voyages, ou histoire d'un jeune homme, pour servir d'école aux peres & meres, par M. PAHIN DE LA BLANCHERIE. *Paris*, freres Debure, 1775, 2 vol. *in-12. v. m.*

9567 La mere marâtre, ou l'injustice vengée par elle-même. *Londres*, (*Par.*) 1751, *in-12. v. f.*

9568 La mere rivale. *Par.* de Sercy, 1672, *in-12. v. f.*

9569 La même. *Paris*, Cavelier, 1687, *in-12. m. r.*

9570 Les amours interrompus & la mere rivale de

Tome III. N

sa fille, *ou aventures de M. d'Ar...*, écrites par lui-
même, histoire galante. *Amsterd.* (*Par.*) 1776,
2 *vol. in-*12. *v. f. d. s. t.*

9571 Le Philosophe amoureux, *ou les aventures du
Chevalier de K***. La Haye,* (*Par.*) 1746, 4 tom.
2 *vol. in-*12. *fig. baz.*

9572 Le tombeau philosophique, par M. DE LA
BASTIDE. *Amst.* (*Par.*) 1751, 2 p. 1 *v. in-*12. *v. m.*

9573 Le Philosophe malgré lui, par CHAMBERLAN.
Amst. (Paris) 1760, 2 part. 1 *vol. in-*12. *v. m.*

9574 Aventures philosophiques. *Tunquin,* (Paris)
1766, *in-*12. *v. m.*

9575 Le Philosophe sans prétention, *ou l'homme
rare, ouvrage physique, chimique, politique &
moral,* par M. D. L. F. *Paris,* Clousier, 1775,
*in-*8. *fig. v. f. d. s. t.*

9576 Rêveries philosophiques, par M. IMBERT. *La
Haye,* (*Par.*) 1778, *in-*8. *v. f. d. s. t.*

9577 Les Philosophes Aventuriers, par M. T***.
Paris, Belin, 1782, 2 p. 1 *vol. in-*12. *v. f. d. s. t.*

9578 Les délices du sentiment, par le Chevalier DE
MOUHY. *Paris,* Jorry, 1753, 4 *vol. in-*12. *m. r.*

9579 Les écueils du sentiment, *ou le délire & l'imprudence. Paris,* veuve Quillau, 1756, *in-*12. *m. r.*

9580 Le triomphe du sentiment, par BIBIENA. *La
Haye,* (Paris) 1750, 2 *vol. in-*12. *v. m.*

9581 Les aventures de ***, *ou les effets surprenans
de la sympathie,* par CARLET DE MARIVAUX.
Paris, Prault, 1713 & 1714, 5 *vol. in-*12. *v. br.*

9582 Les mêmes. *Amst.*(*Par.*)1719, 5 *v. in-*12. *v. m.*

9583 La sympathie, par M. MERCIER. *Amst.* (*Par.*)
1767, *in-*12. *v. m.*

9584 Amilec, *ou la graine d'hommes,* par TIPHAI-
GNE. *Paris,* 1753, *in-*12. *v. f.*

9585 Le même. *Liege,* 1754, *in-*12. *mar. r.*

9586 Les botaniques, *ou les parties de plaisir des
Etudians en Médecine de l'Université de Pau,* dans

ROMANS FRANÇOIS.

la recherche des plantes, par M. ***. La Haye, (Avignon) 1763, in-12. v. f.

9587 Le Cultivateur, histoire, par M. B. D. P. Paris, Mérigot le jeune, 1770, in-12. v. f.

Romans moraux, ou Histoire des Passions, des Vertus & des Vices.

9588 Le monde moral, par l'Abbé PREVOST. Geneve, (Paris) 1760 & 1761, 4 part. 2 vol. in-12. v. m.

9589 Entretiens utiles & agréables, avec des hist. amusantes & des remarques ingénieuses sur les passions des hommes. Amsterdam, 1737, 2 vol. in-12. fig. v. m.

9590 Le danger des passions. Paris, 1757, 2 vol. in-12. mar. r.

9591 Mémoires d'un Languedocien, contenant des voyages, des aventures & des événemens curieux & intéressans, des combats, des intrigues galantes & des réflexions propres à faire connoître le danger des passions de la jeunesse, par le détail même de leurs causes & de leurs effets, par M. B******, Docteur de Montpellier. Montpellier, Jean Martel aîné, 1772, in-8. v. f. d. s. t.

9592 Les égaremens des passions & les chagrins qui les suivent, représentez par plusieurs aventures du tems. Paris, Guignard, 1697, in-12. v. m.

9593 Les effets des passions, ou mémoires de Floricourt. Paris, le Jay, 1768, 3 vol. in-12. baz.

9594 Le Quadragenaire, ou l'âge de renoncer aux passions, par M. RETIF DE LA BRETONE. Paris, veuve Duchesne, 1777, 2 part. in-12. fig. v. f. d. s. t.

9595 Les triumphes de la noble & amoureuse Dame, & l'art d'honnestement aimer, par le Traverseur des voyes périlleuses, (Jehan BOUCHET.) Paris, 1537, in-8. goth. v. m.

9596 Les mêmes. Paris, Colinet, 1539, in-8. goth. v. f. d. s. tr.

196   BELLES-LETTRES.

9597 Les mêmes. *Paris*, le Noir, 1541, *in-*8. goth. v. f.

9598 Les mêmes. *Paris*, Groulleau, 1555, *in-*8. mar. r. d. s. t.

9599 Les mêmes. *Louvain*, Bogard, 1563, *in-*8. mar. r. l. r. d. s. t.

9600 L'Amour échappé, ou les diverses manieres d'aimer, contenues en quarante histoires, avec le Parlem. d'Amour. *Par.* Jolly, 1669, 3 v. *in-*12. v. m.

9601 Morale galante, ou l'art de bien aimer, par LE BOULANGER, *Amst.* 1669, *in-*12. mar. r.

9602 L'art d'aimer, ou le triomphe de l'Amour. *Cologne*, (Rouen) 1696, *in-*12. v. f.

9603 L'art d'aimer à la mode. *Paris*, Amaulry, 1725, *in-*12. v. f. d. s. t.

9604 L'Amant auteur & malheureux. *Amst.* (*Par.*) 1764, *in-*12. v. m.

9605 L'Amant de bonne foi. *Paris*, de Sercy, 1672, *in-*12. v. m.

9606 La boussole des Amans. *Paris*, de Sercy, 1668, *in-*12. v. m.

9607 La même. *Cologne*, Marteau, 1668, *in-*12. v. m.

9608 Le cercueil des Amans, où est naïvement dépeint le triomphe cruel de l'Amour, par N. P. B. (Nicolas PILOUST.) *Paris*, de Bordeaux, 1611, *in-*12. mar. r.

9609 Les amours de l'Amant converti, en forme de dialogue, auquel l'Amant redargue l'instabilité & variété de la femme, en exaltant la constance & prudence de l'homme; au contre, Diane respond, & monstre l'inconstance d'iceluy, & esleve la grand'conduite, dextérité & admirable fidélité de plusieurs femmes, le tout par exemples tirés des Histoires, tant payennes que sainctes, comme celle du tems présent, par Jean JULLARD. *Lyon*, Didier, 1604, *in-*16. v. f.

9610 Les Disgraces des Amans, *Paris*, Quinet, 1690, *in-*12. v. f.

ROMANS FRANÇOIS.

6611 Les mêmes, par L. G. M. D. Amsterdam, 1697, in-12. cart.

9612 Les mêmes. Amst. 1706, in-12. v. f. d. f. t.

9613 La doctrine des Amans, ou le Catéchisme d'Amour, où sont enseignés les principaux mysteres de l'amour, & le devoir d'un véritable Amant. Sans date, in-8. v. m.

9614 L'Amant dupé & content. Lyon, Thened, 1711, in-12. v. m.

9615 Les Amans heureux & malheureux, histoires galantes. Paris, (Amst.) 1722, in-12. v. f.

9616 Les Amans philosophes, ou le triomphe de la raison, par Mademoiselle B***. Paris, Hochereau, 1755, in-12. mar. r.

9617 L'Amant raisonnable, par DE BONNECORSE. Paris, Billaine, 1671, in-12. v. m.

9618 Le même, ou les complaisances amoureuses, par le Chevalier DE SAINT-AMOUR. Paris, (Amst.) 1712, in-12. mar. r.

9619 L'Amant ressuscité, nouvelle de A. ANCELIN. Paris, Sommaville, 1658, in-8. cart.

9620 L'Amante artificieuse, ou le rival de soi-même, par DE CHAVIGNY. La Haye, Moetjens, 1687, in-12. v. m.

9621 Les Amantes infideles trompées, hist. véritable, par DEMORAIS. Paris, Quinet, 1642, in-8. v. m.

9622 L'école de l'amitié. Amst. (Par.) 1757, 2 part. 1 vol. in-12. mar. r.

9623 Les amitiés malheureuses, ou hist. de Sparte. Paris, Dubois, 1688, in-12. mar. r.

9624 L'amitié singuliere, par Mademoiselle DE LA ROCHEGUILHEN. Amst. Trojel, 1701, in-12. v. f.

9625 Le triomphe de l'amitié, par PRECHAC. Lyon, Amaulry, 1679, in-12. mar. r.

9626 Les amis rivaux, par M. DE SACY. Amsterd. (Lille) 1767, in-12. v. m.

9627 Les deux amis. Paris, Riviere, 1767, in-12. v. m.

BELLES-LETTRES.

9628. Amours diverses, divisées en dix histoires, par le Sieur DE NERVEZE. *Paris*, du Bray, 1611. 3 vol. *in-12. v. m.*

CONTENANT

Amours de Clorinde; de Birène; de Melliflore; de Filandre; de Palmelie; de Florigene; de Lucresse; de Polidore & Virgine. Aventures de Léandre; de Lidior.

9629 Amours diverses, par DES ESCUTEAUX. *Rouen*, du Bosc, 1613, *in-12. mar. r.*

CONTENANT

Amours de Filiris & Isolia; de Clarimond & Antonide; de Clidamant & Marilinde; d'Ipsilis & Alixée.

9630 Secretes flames & poullets d'amour. *Paris*, Bonfons, 1596, *in-12. v. m.*

9631 L'Amour amant. *Paris*, de Varennes, 1664, *in-12. v. m.*

9632 Le même. *Par.* de Varennes, 1667, *in-12. v. m.*

9633 Le même, avec des changemens. *Lyon*, Molin, 1696, *in-12. v. m.*

9634 Le siecle d'or de Cupidon, *ou les heureuses aventures d'amour*. *Cologne*, Marteau. (*Sans date*) *in-12. v. f.*

9635 Le même. *Cologne*, Marteau, 1712, *in-12. v. m.*

9636 L'Amour aventureux, par DU VERDIER. *Paris*, du Bray, 1623, *in-8. mar. r.*

9637 L'Archerot amoureux, *ou les plus belles fleches que l'Amour tire de son carquois pour blesser le cœur des amans*. *Paris*, Lem., 1625, *in-12. v. m.*

9638 Les secretes ruses d'Amour, où est montré le vrai moyen de faire les approches, & entrer aux plus fortes places de son empire, par le Sieur D. M. A. P. *Paris*, du Brueil, 1611, *in-12. v. f.*

9639 Les mêmes, *sous le titre de Cabinet des secretes ruses d'Amour*. *Rouen*, 1618, *in-12. v. m.*

CONTENANT

Paradoxes d'amour, par DE LA VALLETRIE. ══ Dialogue où sont desduits les vices & desportemens des Courtisannes de Rome, trad. d'ital. en franç. ══ La Messagere d'Amour, dialogue. ══ Le manuel d'Amour.

ROMANS FRANÇOIS.

9640 L'Amour en campagne, *ou les cœurs bombardés.* Liege, de la Salle, 1696, *in-12. v. f.*

9641 Les caprices de l'Amour. *Paris*, Barbin, 1681, 2 *vol. in-12. v. b. d. f. t.*

9642 La pierre philosophale des Dames, *ou les caprices de l'Amour & du Destin*, par l'Abbé DE CASTERA, avec figures. *Sans nom de Ville*, 1723, *in-12. v. m.*

9643 Fleurs, fleurettes & passe-temps, *ou les divers caracteres de l'amour honnête.* Paris, Cottin, 1666, *in-12. v. m.*

9644 Les différens caracteres de l'Amour. *Paris*, Blageart, 1685, *in-12. v. m.*

9645 Le Guerrier philosophe, contenant des réflexions sur divers caracteres de l'Amour, & quelques anecdotes curieuses de la derniere guerre des François en Italie, par M. J***. *La Haye*, (*Par.*) 1744, 4 part. 2 *vol. in-12. v. f.*

9646 Le combat de l'Amour & de la Fierté, par DE POUTRAIN. *Paris*, de Varennes, 1666, *in-12. v. f.*

9647 La constance des promptes amours, avec le jouet de l'Amour. *Paris*, Morin, 1733, 2 *v. in-12. m. r.*

9648 Le désespéré contentement d'Amour, avec plusieurs lettres d'amour. *Paris*, Robinot, 1599, *in-12. v. f.*

9649 La Cour d'Amour, *ou les Bergers galans*, par DU PERRET. *Paris*, Barbin, 1667, 2 *v. in-8. v. b.*

9650 Les amours de la Cour & de la Pastorale, par DU ROSIER. *Paris*, de la Ruelle, 1623, *in-8. m. r.*

9651 Le Courier d'Amour, par DE BEAUCOURT. *Paris*, Barbin, 1679, *in-12. v. br.*

9652 Le même. *Lyon*, Amaulry, 1679, *in-12. m. r.*

9653 Le Courier du cabinet d'Amour. *Mons*, (*Rouen*) 1694, *in-12. m. r.*

9654 Les dangers de l'amour, *ou les aventures d'un Négociant Portugais.* Lisb. (Par.) 1764, *in-12. v. m.*

9655 Les dangers de l'amour, en vers. *Lond.* (*Paris*) 1766, *in-8. v. f. d. f. t.*

BELLES-LETTRES.

9656 L'Amour décent & délicat, ou le beau de la galanterie. (*Par.*) 1760, *in-12. v. m.*

9657 Le dedain de l'Amour, par Demoiselle H. D. B. *Rouen*, l'Oyselet, 1603, *in-12. m. r.*

9658 La défaite du faux Amour, par l'unique des Braves de ce temps, député par le Soleil à l'exécution d'un acte tant héroïque en l'absence des Dieux fugitifs du Ciel, par P. DE BOITEL, S^r DE GAUBERTIN. *Paris*, Chevalier, 1617, 2 v. *in-12. m. r.*

9659 Disgraces de l'amour, ou le Mousquetaire Amant. *Paris*, Cavelier, 1687, *in-12. v. f.*

9660 L'éducation de l'Amour. *Paris*, le Jay, 1770, 2 part. 1 vol. *in-12. v. m.*

9661 Les funestes effets de l'amour, & les désordres de cette passion. *Amsterd.* (*Rouen*) 1720, 2 vol. *in-12. mar. r.*

9662 L'enfer d'amour, où est monstré à combien de malheurs les Amants sont subjects, par J. B. DU PONT. *Lyon*, Ancelin, 1603, *in-12. mar. r.*

9663 Le même. *Paris*, des Hayes, 1619, *in-12. v. b.*

9664 L'escole d'Amour, ou les Héros docteurs, par D. L. C. *Grenoble*, Philippes, 1665, *in-12. v. m.*

CONTENANT

Histoire de Lysis & de Climene ; d'Alidor & de Dorise.

9665 La même. *Grenoble*, Philippes, 1666, *in-12. v. f. d. s. t.*

9666 Les esguillons d'amour, par L. D. G. Sieur DE GRIVESNE. *Paris*, du Brueil, 1599, *in-12. v. m.*

9667 Extravagances d'amour. *Paris*, Guillemot, 1604, *in-12. v. m.*

9668 Les faveurs & les disgraces de l'Amour, ou les Amans heureux, trompez & malheureux, avec deux contes en vers. *Par.* (*Amst.*) 1696, *in-12. fig. v. m.*

9669 Les mêmes, avec fig. *La Haye*, Neaulme, 1726, 2 vol. *in-12. v. f.*

9670 Les mêmes, avec fig. *La Haye*, van Dole, 1734, 3 vol. *in-12. v. f.*

ROMANS FRANÇOIS. 201

9671 Les chastes & délectables jardins d'amour, semez de divers discours & hist. amoureuses, par OLENIX DU MONT-SACRÉ. *Paris*, Perier, 1599, *in-12. v. f.*

9672 Amour, ce sont-là de tes jeux ! *Bruxelles*, (*Par.*) 1754, *in-12. m. r.*

9673 Les amours infideles, par DE CLAIRVILLE. *Paris*, Sommaville, 1625, *in-8. mar. r.*

9674 L'amour innocent, *ou* l'illustre Cavalier, par le S^r DE SOMAIRE. *Paris*, Thierry, 1651, *in-4. v. f.*

9675 L'amour intéressé, *ou* l'amour d'aujourd'hui, dialogue sur les maximes d'aimer d'à-présent. *Autun*, Guillimin, *in-12. mar. r.*

9676 Les malheurs de l'amour, par la Marquise DE TENCIN. *Amst.* (*Paris*) 1747, 2 *vol. in-12. v. m.*

9677 Les mêmes. *Paris*, Prault, 1766, 2 *part.* 1 *vol. in-12. v. m.*

9678 Le manuel d'amour, mis en forme de lieux communs, où sont déduites les plus belles parties de ses effets, par A. T. *Paris*, du Brueil, 1614, *in-12. mar. r.*

9679 Le mariage de l'Amour & de l'Amitié. *Paris*, Barbin, 1666, *in-12. vél.*

9680 Le Pelerin d'amour, par O. D. L. T. G. G. *Bergerac*, Vernoy, 1609, 2 *vol. in-12. v. f.*

9681 Les plaisirs & les chagrins de l'amour. *Amst.* (*Par.*) 1722, 2 *vol. in-12. v. m.*

9682 L'hirondelle de Carême, *ou* le pouvoir de l'Amour. *Paris*, Pillot, 1771, *in-12. v. f.*

9683 L'Amour précepteur, *ou* le triomphe de l'infortune. *Neufchâtel*, Fauche, 1764, 2 *tom.* 1 *vol. in-12. v. m.*

9684 Les ressources de l'Amour, par M. DE LA BASTIDE. *Amsterd.* (*Par.*) 1752, 4 *part.* 1 *vol. in-12. mar. r.*

9685 Les nouveaux stratagêmes d'amour, par A. D. L. D. R. *Amsterd.* (*Par.*) 1681, *in-12. mar. r.*

9686 Le Temple de l'Amour & de l'Hymen, accom-

202   BELLES-LETTRES.

pagné de morceaux de littérature, trad. de l'angl. & de l'italien, par M. LE PREVOST D'EXMES. Geneve, 1778, in-12. v. f. d. f. t.

9687 Le Théâtre de l'Amour & de la Fortune, par Mademoiselle BARBIER. Paris, Ribou, 1713, 2 vol. in-12. v. br.

9688 Les amours traversées, histoires dans lesquelles la vertu ne brille pas moins que la galanterie. La Haye, (Par.) 1741, 2 vol. in-12. baz.

9689 Le triomphe de l'Amour, ou les Amans vertueux & constans. Bruxelles, le Vray, 1698, in-12. mar. r. d. f. t.

9690 Le triomphe de l'Amour, ou le serpent caché sous les fleurs. Paris, Duchesne, 1755, 2 part. 1 vol. in-12. mar. r.

9691 Le même. Paris, Mérigot le jeune, 1777, 2 part. 1 vol. in-12. v. f. d. f. t.

9692 Les trophées de l'Amour, par Jacq. CORBIN. Paris, du Bray, 1604, in-12. v. m.

9693 La Femme démasquée, ou l'amour peint selon l'usage nouveau, par J. J. QUESNOT. La Haye, Ellinckhuysen, 1698, in-12. mar. r.

9694 Amour vainqueur de la haine. Paris, Mouchet, 1712, in-12. v. f. d. f. t.

9695 Le breviaire des Amoureux, ou tableaux du tombeau d'amour. Rouen, Besongne, 1608. = Les amours de la belle du Luc, où est démonstrée la vengeance d'Amour envers ceux qui mesdisent de l'honneur des Dames, par J. P. Sieur DE GONTIER. Rouen, Daré, in-12. v. éc.

9696 L'arriere-ban amoureux, par T. J. Poitiers, Fleuriau, 1675, in-12. v. m.

9697 L'Astrologue amoureux. Paris, de Luynes, 1657, in-12. mar. r.

9698 Le Cabaliste amoureux & trompé. Amst. (Par.) 1743, in-12. v. m.

9699 Le désespoir amoureux, avec les nouv. visions de Dom Quichotte. Amst. (Par.) 1747, 2 v. in-12. v. m.

ROMANS FRANÇOIS.   203

9700 La fausse Abbesse, *ou* l'Amoureux dupé. La Haye, Leers, 1685, *in-*12. *mar. r.*

9701 Le Journal amoureux, par Mad. DE VILLE-DIEU. *Paris*, Barbin, 1671, 6 *vol. in-*12. *v. f.*

9702 Le Sot amoureux, fidélement récité par A. GAGNIEU. *Paris*, Huby, 1607, *in-*12. *mar. bl.*

9703 Mes principes, *ou* la vertu raisonnée, par Mad. B***. (BENOIST.) *Paris*, Cuissart, 1759 & 1760, 2 *vol. in-*12. *v. m.*

9704 Le prix de la Vertu, roman moral, par M. BOCQUILLON. *Par.* Belin, 1778, *in-*12. *v. f. d. s. t.*

9705 La Fille entretenue & vertueuse, *ou* les progrès de la Vertu, par R. D. L. B. (RETIF DE LA BRETONE.) *Paris*, de Hansy, 1774, *in-*12. *v. f. d. s. t.*

9706 Le triomphe de la Vertu, par M. D. *Paris*, Delalain, 1774, *in-*8. *cart.*

9707 Le Libertin devenu vertueux, *ou* mémoires du Comte de ***. *Paris*, veuve Duchesne, 1777, 2 *vol. in-*12. *v. f. d. s. t.*

9708 Silène insensé, *ou* l'estrange métamorphose des Amans fideles, par DEWIGNÉE le jeune. *Paris*, Collet, 1613, *in-*12. *mar. r.*

9709 Le chien de Boulogne, *ou* l'Amant fidele. *Par.* Barbin, 1668, *in-*12. *mar. r.*

9710 La femme fidelle. *Par.* Jollet, 1713, *in-*12. *v. b.*

9711 Le Phénix d'amour, *ou* la maîtresse fidelle. *Par.* Mesnier, 1724, *in-*12. *mar. r.*

9712 Le Martyre de la fidélité, & le duel de Tithamante, histoire gasconne, par Jean D'INTRAS. *Par.* Fouet, 1609, *in-*12. *v. m.*

9713 La fidélité récompensée. *Paris*, Prault, 1732, *in-*12. *mar. r.*

9714 Les malheurs utiles, *ou* l'Ambitieux corrigé. *Par.* Humaire, 1769, *in-*12. *v. m.*

9715 La politique des Coquettes, histoire véritable. *Paris*, Ribou, 1660, *in-*12. *mar. r.*

204 BELLES-LETTRES.

9716 La Coquette punie, *ou le triomphe de l'inno-* cence sur la perfidie. *La Haye,* 1740, *in-*12. *m. r.*

9717 La même. *La Haye,* (Rouen) 1745, 2 tom. 1 *vol. in-*12. *v. f.*

9718 La curiosité dangereuse, par Braydore, (Roberday.) *Par.* Ve Mazuel, 1698, *in-*12. *v. m.*

9719 Anecdotes morales sur la fatuité, suivies de recherches & de réflexions critiques sur les Petits-Maîtres anciens & modernes. *Paris,* Coustellier, 1760, *in-*12. *v. m.*

9720 Les confessions d'un Fat, par le Chevalier de la B***, (de la Bastide.) (*Par.*) 1749, 2 part. 1 *vol. in-*12. *mar. r.*

9721 Les succès d'un Fat. *Paris,* Lesclapart, 1762, 2 part. 1 *vol. in-*12. *v. m.*

9722 Le Fourbe puni, *ou le duel des rivales.* (*Par.*) 1741, *in-*12. *v. m.*

9723 Roman des Dames, par Gilbert Saunier, Sr du Verdier. *Paris,* Villery, 1630, *in-*8. *v. m.*

9724 Le même, *sous le titre des Amans jaloux. Paris,* de Sommaville, 1634, *in-*8. *v. f.*

9725 L'école des Maris jaloux, *ou les fureurs de l'Amour jaloux. Neufchât.* Fortin, 1706, *in-*12. *m. r.*

9726 Les tragiques effets de l'amour jaloux dans les mariages mal assortis, entre les personnes de distinction. *Neufchâtel,* Fortin, 1721, 2 part. 1 *vol. in-*12. *mar. r.*

9727 La Jalouse trompée, *ou l'incarnadin,* par D. L. C. *Paris,* Nyon, 1704, *in-*12. *cart.*

9728 Le nouveau Criticon, *ou les foiblesses françoises. Cologne,* 1709. = Les Amans cloîtrés, *ou l'heureuse inconstance. Cologne,* 1698, *in-*12. *v. br. d. s. t.*

9729 Les Amans cloîtrés, *ou l'heureuse inconstance,* par M. P***. *Cologne,* 1698, *in-*12. *mar. r.*

9730 L'inconstance punie, par Mad. la Comtesse de L**. *Paris,* Ribou, 1702, *in-*12. *v. m.*

ROMANS FRANÇOIS.

9731 L'inconstant puni par l'inconstance. *Londres*, (*Par.*) 1754, 2 *part.* 1 *vol. in*-12. *mar. r.*

9732 Les Amantes infidelles trompées. *Paris*, Quinet, 1647, *in*-8. *v. f.*

9733 L'infidélité convaincue, *ou les aventures amoureuses d'une Dame de qualité*. *Cologne*, Marteau, 1676, *in*-12. *v. m.*

9734 L'Amant parjure, *ou la fidélité à l'épreuve*. *La Haye*, Arondeus, 1682, *in*-12. *vél.*

9735 La Prétieuse, *ou les mysteres des ruelles*, par GELASIRE. *Paris*, Lamy, 1656, 4 *vol. in*-8. *m. r.*

9736 Le Juge prévenu, par Mad. DE V***. *Paris*, Hochereau, 1754, 5 *part.* 2 *vol. in*-12. *mar. r.*

9737 La vengeance, par J. B. C. *Paris*, Hochereau, 1754, 2 *part.* 1 *vol. in*-12. *mar. r.*

Romans philosophiques & moraux, en forme de Lettres, par ordre alphabétique.

9738 Adele de Comm., *ou lettres d'une fille à son pere*, par M. RETIF DE LA BRETONE. *En France*, (*Par.*) 1772, 5 *vol. in*-12. *v. m.*

9739 Lettres d'une fille à son pere. *Paris*, Edme, 1772, *in*-12. *v. f. d. s. t.* 5 *vol.*

CONTENANT

La Cigale & la Fourmi, fable dramatique, en prose. == Le Jugement de Paris, com. ballet, en prose. == Il recule pour mieux sauter, proverbe & conte en vers. == Contr'avis aux Gens de lettres sur leurs véritables intérêts. == Sur l'Ambigu comique.

9740 Le nouvel Abeilard, *ou lettres de deux Amans qui ne se sont jamais vus*. *Paris*, veuve Duchesne, 1778, 4 *vol. in*-12. ornés de dix gravures en taille-douce, *v. f. d. s. t.*

9741 L'amour éprouvé par la mort, *ou lettres modernes de deux Amans de vieille roche*. *Paris*, Musier, 1763, *in*-12. *v. m.*

9742 Anecdotes historiques, galantes & littéraires du

BELLES-LETTRES.

tems présent, en forme de lettres. *La Haye*, Paupie, 1737, 2 *part.* 1 *vol. in-*12. *v. br.*

9743 Confidence philosophique. *Londres*, (*Geneve*) 1771, *in-*8. *v. f.*

9744 Les épîtres des Dieux & Déesses, par le Sieur DE CROISILLES. *Rouen*, Jean Osmont, 1632, *in-*12. *mar. r.*

9745 Responses aux épîtres du Sieur de Croisilles, par P. DE LA SERRE. *Rouen*, Jean Osmont, 1632, *in-*12. *mar. bl.*

9746 Histoires morales, suivies d'une correspondance épistolaire entre deux Dames, par Mademois. ***. *Paris*, le Jay, 1768, *in-*12. *v. m.*

9747 Lettres d'Affi à Zurac, publiées par M. DE LA CROIX. *Paris*, Durand, 1767, *in-*12. *v. m.*

9748 Le portrait de la Coquette, *ou* la lettre d'Aristandre à Timagene. *Paris*, Ch. de Sercy, 1659, *in-*12. *v. m.*

9749 Lettre d'Ariste à Cléonte, contenant l'apologie de l'histoire du tems, *ou* la défense du Royaume de coqueterie. *Paris*, Langlois, 1659, *in-*12. *v. f.*

9750 Lettres athéniennes, par DE CREBILLON. *Par.* Delalain, 1771, 4 *vol. in-*8. *v. f.*

9751 La nouvelle Clémentine, *ou* lettres de Henriette de Berville, par M. LEONARD. *Paris*, Monory, 1774, *in-*8. *v. f. d. f. t.*

9752 Lettres de Mademoiselle de Boismiran, recueillies & publiées par Madame DE ***. *Paris*, Moutard, 1777, 4 *part.* 2 *vol. in-*12. *v. m.*

9753 Le mariage du siecle, *ou* lettres de la Comtesse de Castelli à la Baronne de Fréville, par M. CONTANT D'ORVILLE. (*Par.*) 1766, 2 *part.* 1 *vol. in-*12. *v. m.*

9754 Lettres de Cécile à Julie, *ou* les combats de la nature. *Amst.* (*Par.*) 1764, 2 *p.* 1 *v. in-*12. *v. m.*

9755 Les mêmes, avec augmentation. *Paris*, Gauguery, 1769, 2 *vol. in-*12. *v. m.*

9756 Lettres d'amour du Chevalier de ***, par M.

ROMANS FRANÇOIS. 207

DE LA BASTIDE. *Londres*, (*Par.*) 1752, 4 *part.* 2 *vol. in*-12. *v. m.*

9757 Lettres de Nedim Coggia, Secrétaire de l'Ambassade de Mehemet Effendi à la Cour de France, & autres lettres turques. *Amst.* P. Mortier, 1732. = Les Veuves, com. en un acte en prose, *in*-12. *v. f.*

9758 Les mêmes, revues, corrigées & augmentées. *Amst.* (*Par.*) 1750. = Les Veuves, coméd. en un acte en prose, *in*-12. *v. f.*

9759 Lettre d'une Comédienne, retirée du spectacle. *Amst.* 1751, *in*-12. *v. m.*

9760 Lettres du Commandeur de ***, à Madame de ***, avec les réponses, par le Chevalier DE MOUHY. *Paris*, Jorry, 1753, 3 *vol. in*-12. *v. m.*

9761 Lettres d'une Demoiselle entretenue, à son Amant. *Cologne*, (*Par.*) 1749, *in*-8. *v. m.*

9762 Lettres du Chevalier Dorigny à son ami Mercourt. *Par.* veuve David, 1771, 2 *p.* 1 *v. in*-12. *v. f.*

9763 Lettres de la Duchesse de ***, au Duc de ***, par CRÉBILLON. *Paris*, Merlin, 1769, 2 *vol. in*-12. *v. m.*

9764 Lettres d'elle & de lui. *Londres*, (*Par.*) 1772, *in*-12. *v. f. d. s. t.*

9765 Lettres d'Emérance à Lucie, par Madame LE PRINCE DE BEAUMONT. *Lyon*, Bruyset-Ponthus, 1765, 2 *vol. in*-12. *v. m.*

9766 Les égaremens de l'amour, *ou* lettres de Fanéli & de Milefort, par M. IMBERT. *Amsterd.* (*Par.*) 1776, 2 *vol. in*-8. *v. f. d. s. t.*

9767 Lettres de Fillon. *Cologne*, (*Par.*) 1751, *in*-12. *v. m.*

9768 Lettres galantes. D. M. *Paris*, Cl. Barbin, 1672, *in*-12. *v. b.*

9769 Aventures & lettres galantes, avec la promenade des Tuileries, & l'heureux naufrage, par L. C. D. M. (le Chevalier DE MAILLY.) *Paris*, Cavelier, 1700, 2 *vol. in*-12. *v. f.*

9770 Les mêmes. *Amst.* Lucas, 1718, 2 *v. in*-12. *v. m.*

208　　BELLES-LETTRES.

9771 Lettres galantes de M. le Chevalier d'Her***, par M. DE FONTENELLE. *Paris*, Mich. Brunet, 1708, *in-12. v. br.*

9772 Lettres galantes & poésies diverses de Mad. la Marquise de P***, prose & vers. *Paris*, André Cailleau, 1724, 2 *tom. 1 vol. in-12. v. f.*

9773 Recueil de lettres galantes & amoureuses d'Héloïse à Abailard, d'une Religieuse Portugaise au Chevalier **, avec celles de Cléante & de Bélise, & leur réponse. *Amst.* (Rouen) 1704, *in-12. baz.*

9774 Lettres de deux Amans, habitans d'une petite ville au pied des Alpes, par J. J. ROUSSEAU. *Amst.* Rey, 1761, 6 *vol. in-12. fig. v. m.*

9775 Lettre de M. L**, à M. D****, sur la nouvelle Héloïse de J. J. Rousseau. *Geneve*, (Par.) 1762, *in-12. v. m.*

9776 Esprit de Julie, *ou* extrait de la nouvelle Héloïse, par M. FORMEY. *Berlin*, (Par.) 1763, *in-12. v. m.*

9777 Le commerce galant, *ou* lettres tendres & galantes de la jeune Iris & de Timandre. *Paris*, Ribou, 1682, 2 *part. 1 vol. in-12. mar. r.*

9778 L'amour magot, histoire merveilleuse, les tisons & lettres écrites des Campagnes infernales. *Lond.* 1738, *in-8. mar. r.*

9779 Lettres infernales & les tisons. *Aux Enfers*, 1740, *in-12. v. m.*

9780 Lettres de Mademoiselle de Jussy, à Mademois. de ***. *Paris*, Bauche, 1762, *in-12. v. m.*

9781 Les suites d'un moment d'erreur, *ou* lettres de Mademoiselle de Keresmont, publiées par Mad. DE ***. *Paris*, le Jay, 1775, 2 *part. 1 vol. in-12. v. f. d. s. t.*

9782 Lettres amoureuses de la Dame Lescombat & du Sieur Mongeot, *ou* l'histoire de leurs criminelles amours. *Paris*, Cailleau, 1755, *in-12. mar. r.*

9783 Lettres de Milady Lindsey, *ou* l'épouse pacifique, par Mad. DE MALARME. *Paris*, Cailleau, 1780, 2 *part. 1 vol. in-12. v. f. d. s. t.*

9784

ROMANS FRANÇOIS.

9784 Quelques lettres écrites en 1743 & 1744, au Chevalier de Luzeincour, 1761, in-8. v. m.

9785 Les mêmes. Lond. (Par.) 1769, in-8. gr. pap. v. f.

9786 Lettre à Madame ***, contenant deux histoires françoises, savoir: l'histoire de Camille & de Pamphile. La Haye, (Par.) 1739, in-12. mar. r.

9787 Lettres & mémoires de Mademoiselle de G***, & du Comte de St.-Fl***. Londres (Paris) veuve Damonneville, 1772, 2 part. 1 vol. in-12. v. m.

9788 Lettres de la Marquise de M., au Comte de R., par CREBILLON fils. (Par.) 1732, 2 v. in-12. v. f.

9789 Les mêmes, & le Sylphe. Paris, 1739, 2 vol. in-12. pap. d'Holl. mar. r.

9790 Lettres à une illustre Morte, décédée en Pologne depuis peu de tems, ouvrage de sentiment où l'on trouve des anecdotes aussi curieuses qu'intéressantes, par M. CARACCIOLI. Paris, Bailly, 1770, in-12. v. m.

9791 Le triomphe de l'amour sur les mœurs de ce siecle, ou lettres du Marquis de Murcin, au Commandeur de S. Brice. Paris, Musier fils, 1773, 2 part. 1 vol. in-8. v. f. d. f. t.

9792 La confiance trahie, ou lettres du Chevalier de Murcy, par M. DE COTENEUVE. Paris, Mérigot le jeune, 1777, in-12. v. f. d. f. t.

9793 Lettres d'Osman. Constantinop. (Paris) 1753, 3 part. 1 vol. in-12. v. m.

9794 Lettres d'une Péruvienne, par Mad. DE GRAFFIGNY. Lauzanne, Bousquet, 1748, in-12. v. m.

9795 Lettres d'Aza, ou d'un Péruvien, conclusion des lettres péruviennes. Amst. 1749, in-12. v. m.

9796 Lettres africaines, ou histoire de Phédima & d'Abenfar, par BUTINI. Paris, Delalain, 1771, in-12. v. f.

9797 Lettres d'amour d'une Religieuse, escrites au Chevalier de C., Officier François en Portugal, avec celles dudit Chevalier. Cologne, Marteau, 1678, in-12. v. f.

Tome III. O

210 BELLES-LETTRES.

9798 Lettres d'amour d'une Religieuse Portugaise, écrites au Chevalier de C., Officier François en Portugal, avec les réponses; nouvelles lettres d'amour de la Présidente F. au Baron de B.; différentes pieces de poésie, & voyage de l'Isle d'amour. *La Haye*, van Dole, 1742, 2 vol. in-12. v. m.

9799 Lettres de Mylord Rivers, à Sir Charles Cardignan, par Madame RICCOBONI. *Paris*, Humblot, 1777, 2 part. 1 vol. in-12. v. mar. d. ſ. t.

9800 Lettres de Milord Rodex, pour servir à l'histoire des mœurs du dix-huitieme siecle. *Paris*, H. C. de Hansy, 1768, 2 part. 1 vol. in-12. v. m.

9801 Lettres amoureuses de Rosandre & Calidor, par DU CABINOT. *Paris*, Boutonné, 1630, in-8. m. r.

9802 Lettres du Marquis de Roselle, par Madame E. D. B. (Ellie DE BEAUMONT.) *Paris*, Cellot, 1764, 2 vol. in-12. v. m.

9803 Les mêmes. *Paris*, le Jay, 1776, 2 part. 1 vol. in-12. v. ſ. d. ſ. t.

9804 Sophie, ou lettres de deux Amies, recueillies & publiées par un Citoyen de Geneve. *Geneve*, du Villard fils, & Nouffer, 1779, 2 part. 1 vol. in-8. v. ſ. d. ſ. t.

9805 Lettres variées de Mademoiselle de Saint-Filts, à Madame de Rocbel, par Mad. DE M***. *Paris*, Vente, 1770, 2 part. 1 vol in-12. v. m.

9806 Lettres d'Adélaïde de Dammartin, Comtesse de Sancerre, à M. le Comte de Nancé son ami, par Madame RICCOBONI. *Paris*, Humblot, 1767, 2 part. 1 vol. in-12. v. m.

9807 Les sacrifices de l'Amour, ou lettres de la Vicomtesse de Sénanges & du Chevalier de Versenay. *Paris*, Delalain, 1771, 2 vol. in-8. gr. pap. v. ſ. d. ſ. t.

9808 Lettres du Marquis de Sézannes, au Comte de Saint-Lis, par Mademoiselle M****. *Paris*, veuve Duchesne, 1778, 2 vol. in-12. v. ſ. d. ſ. t.

9809 Lettres de Sophie & du Chevalier de **, pour

ROMANS FRANÇOIS.

servir de supplément aux lettres du Marquis de Roselle, par M. DE ***. *Paris*, Lesclapart, 1765, 2 vol. *in*-8. *v. m.*

9810 Lettres de Stéphanie, *roman historique*, par M. DORAT. *Paris*, 1778, 3 vol. *in*-8. *v. f. d. s. t.*

9811 Les mêmes. 3 vol. *in*-8. gr. pap. broch.

9812 Les malheurs de l'inconstance, *ou lettres de la Marquise de Syrcé & du Comte de Mirbelle*. *Par*. Delalain, 1772, 2 vol. *in*-8. gr. pap. *v. f. d. s. t.*

9813 Lettres du Colonel Talbert, par Mad. BENOIST. *Paris*, Durand, 1767, 4 vol. *in*-12. *v. m.*

9814 Lettres de Thérèse, *ou mémoires d'une jeune Demoiselle de Province, pendant son séjour à Paris*, par BRIDARD DE LA GARDE. *La Haye*, (*Rouen*) 1740 & 1742, 6 *part*. 3 vol. *in*-12. *v. m.*

9815 Lettres turques, & lettres de Nédim Coggia, revues, corrigées & augmentées. = Les Veuves, coméd. en un acte en prose. *Amsterd.* (*Par.*) 1750, *in*-12. mar. r.

9816 Lettres d'une Turque à Paris, écrites à sa Sœur au Serrail. *Amst.* (*Par.*) 1731, *in*-12. *v. f.*

9817 Lettres d'Elizabeth-Sophie de Valliere, à Louise-Hortense de Canteleu son amie, par Mad. RICCOBONI. *Paris*, Humblot, 1772, 2 v. *in*-12. *v. m.*

9818 Lettres d'une Dame Angloise & de son Amie à Paris, contenant les mémoires de Madame Williams. *Amsterd.* Changuion, 1770, 2 part. 1 vol. *in*-12. *v. m.*

9819 La malédiction paternelle, lettres sinceres & véritables de N******, à ses Parens, ses Amis & ses Maîtresses, avec les réponses ; recueillies & publiées par Thimothée JOLY, son Exécuteur testamentaire, (RETIF DE LA BRETONE.) *Paris*, veuve Duchesne, 3 *part*. 3 vol. (avec une fig. à la tête de chaque partie) *in*-12. *v. f. d. s. t.*

9820 Mémoires en forme de lettres de deux jeunes personnes de qualité, par la Marquise DE SAINT-AUBIN. *Par*. Robin, 1765, 4 p. 2 v. *in*-12. *v. m.*

BELLES-LETTRES.

9821 La petite poste dévalisée. *Paris*, Delalain, 1767, *in*-12. *v. m.*

9822 La philosophie par amour, *ou* lettres de deux amans passionés & vertueux. *Paris*, Cailleau, 1765, 2 *tom.* 1 *vol. in*-12. *v. m.*

9823 Nouveau recueil de lettres & billets galants avec leurs réponses sur divers sujets. *Paris*, G. Quinet, 1679, *in*-12. *mar. r.*

9824 Tableau moral, *ou* lettres à Lampito, pour servir d'annales aux mœurs, aux usages, à l'esprit, aux lumieres & aux sottises du tems, par M. M***, premiere partie. *Paris*, Ruault, 1778, *in*-12. *v. m.*
(Il n'y a eu que cette premiere partie.)

9825 Le thrésor d'amour, où, dans des lettres variées selon tous ses divers effects, sont pourtraites les douces furies que ses plus sainctes flammes esmeuvent, avec un discours d'un parfaict amant & une nuict ennuyeuse. *Lyon*, Ancelin, 1606, *in*-12. *v. m.*

9826 Les triomphes de l'Amour, par M. BERTIN, Secrétaire de M. l'Evêque de Valence. *Paris*, Mich. Perier, 1626, *in*-12. *v. f.*
(Ce sont des lettres dans le genre des Epîtres d'Ovide.)

9827 Zurac à Zegry, *ou* XIV lettres d'un Indien à un Maure, précédées de quelques pensées détachées sur différens sujets, morale, politique, littérature, &c. *Paris*, 1765, *in*-12. *v. f. d. s. t.*

Nouvelles.

9828 Les cent nouvelles nouvelles, où sont comprins plusieurs devis & actes d'amour, non moins subtils que facétieux. *Rouen, sans date, in*-12. *mar. r.*

9829 L'Heptameron, *ou* histoires des amans fortunez, des nouvelles de Marguerite de Valois, Reyne de Navarre, remis en son vrai ordre, par Cl. GRUGET. *Amst.* 1698, 2 *vol. in*-12. *v. m.*

9830 Les cent nouvelles nouvelles, suivent les cent nouvelles contenant les cent histoires nouveaux

ROMANS FRANÇOIS.

qui sont moult plaisants à raconter en toutes bonnes compagnies, par maniere de joyeuseté, par la même. *La Haye*, (*Lyon*) 1733, 2 *vol. in*-12. *v. f. d. f. t.*

9831 Les comptes du monde aventureux, par A. D. S. D. *Paris*, Sertenas, 1555, *in*-8. *v. f.*

9832 Les mêmes. *Lyon*, Rigaud, 1579, *in*-16. *baz.*

9833 Les mêmes, augmentés de cinq discours modernes facécieux, advenus en divers pays pendant les guerres civiles de France. *Paris*, Michard, 1582, *in*-16. *v. f.*

9834 Discours modernes & facécieux des faicts advenus en divers pays pendant les guerres civiles de France, par J. B. S. D. S. C. *Lyon*, Michel, 1572, *in*-16. *baz.*

9835 Les nouvelles récréations & joyeux devis de Bonaventure DES PERIERS. *Lyon*, Rouille, 1561, *in*-4. *v. f.*

9836 Contes & nouvelles, & joyeux devis de Bonav. DES PERIERS, avec des observ. sur le *Cymbalum mundi* de cet Auteur, par DE LA MONNOYE. *Cologne*, Gaillard, 1711, 2 *vol. in*-12. *v. f.*

9837 Les mêmes, augment. par DE LA MONNOYE. *Amst.* (*Par.*) 1735, 3 *vol. in*-12. *v. m.*

9838 Le Printemps d'YVER, contenant cinq histoires discourues par cinq journées, en une noble compagnie, au Chasteau du Printemps, par J. YVER. *Paris*, Ruelle, 1574, *in*-16. *v. m.*

9839 Le même. *Paris*, Moreau, 1588, *grosses lettres*, *in*-12. *v. f.*

9840 Le même. *Lyon*, Rigaud, 1588, *in*-16. *v. f.* (*Petites lettres.*)

9841 L'esté de Benigne POISSENOT, Licencié aux Loix, contenant trois journées, où sont déduites plusieurs histoires & propos récréatifs tenus par trois Escoliers; avec un traité paradoxique fait en dialogue, auquel est montré qu'il vaut mieux estre en adversité, qu'en prospérité. *Paris*, Claude Micard, 1583, *in*-16. *v. f.*

O 3

BELLES-LETTRES.

9842 Nouvelles histoires tragiques de Benigne Pois-
SENOT, avec une lettre à un ami, contenant la
description d'une merveille, appellée la froidiere,
veue par l'Autheur en la Franche-Comté de Bourgogne, avec un discours confirmatif de l'authorité
des anciens touchant l'apparition du mauvais génie.
Paris, Bichon, 1586, *in*-16. *v. m.*

9843 Les facétieuses journées, contenant cent certaines & agréables nouvelles, la plus part advenues
de nostre temps, les autres recueillies & choisies de
tous les plus excellens Autheurs estrangers qui en
ont escrit, par G. C. D. T. (Gabriel CHAPUIS de
Tours.) *Paris*, Houze, 1584, *in*-8. *mar. r.*

9844 Nouvelles histoires, tant tragiques que comiques,
auxquelles est faict mention de plusieurs choses
mémorables advenues de nostre temps, par V. HA-
BANC. *Paris*, Guillemor, 1585, *in*-16. *v. br.*

9845 Les contes & discours d'EUTRAPEL, par Noël
DU FAIL, Seigneur DE LA HÉRISSAYE. *Rennes*,
Glamet, 1585, *in*-8. *v. f.*

9846 Les mêmes. (*Par.*) 1732, 3 *v. in*-12. *v. f. d. f. t.*

9847 Les neuf matinées du Seigneur DE CHOLIERES.
Paris, Richer, 1585, *in*-8. *v. f.*

9848 Les mêmes. *Par.* J. Richer, 1586, *in*-12. *v. m.*

9849 Les après-dînées du Seigneur DE CHOLIERES.
Paris, Richer, 1587, *in*-12. *v. f.*

9850 Le passe-temps de Franç. LE POULCHRE, Seigneur DE LA MOTTE MESSEMÉ. *Paris*, J. le Blanc,
1597, *in*-8. *v. m.*

9851 Premier livre des serées de Guillaume BOU-
CHET, Sr DE BROCOURT. *Paris*, Périer, 1608,
in-12. *v. f. d. f. t.*

9852 Les serées du même. *Lyon*, Simon Rigaud,
1615, 3 vol. *in*-8. *v. m.*

9853 Histoires des Amans volages de ce temps, où,
sous des noms empruntez, sont contenus les amours
de plusieurs Princes, Seigneurs, Gentils-Hommes
& autres personnes de marque, qui ont trompé leurs

ROMANS-FRANÇOIS.

maitresses ou qui ont esté trompez d'elles, par F. DE ROSSET. *Paris*, Vitré, 1617, *in-8. v. f.*

9854 Les mêmes. *Paris*, Moreau, 1623, *in-8. m. r.*

9855 Les aventures nompareilles d'un Marquis Espagnol. *Paris*, du Hamel, 1620, *in-12. vél.*

9856 Plaisantes journées du Sieur FAVORAL, où sont plusieurs rencontres subtiles pour rire en toutes compagnies. *Paris*, Corrozet, 1626, *in-12. v. m.*

9857 Les mêmes. *Par.* Corrozet, 1644, *in-12. v. m.*

9858 Les jeux de l'inconnu, par DE VAUX. *Paris*, Rocolet, 1630, *in-8. v. m.*

CONTENANT:

Le Cérophyte. Le D. Quixote Gascon. Le Philosophe Gascon. Le Courtisan grotesque. Le Moyne bourru. Le Misscodric. Le manteau d'escarlate. Les nopces. Lettre d'Alidor à Pandolphie. Le festin. Le Herti, ou l'Universel. Le discours du Ris & du Ridicule.

9859 Les mêmes. *Lyon*, la Riviere, 1648, *in-8. baz.*

Contenant outre les pieces précédentes, la blanque. Le maigre. L'infortune des Filles de joye.

9860 La Narquoise Justine, lecture pleine de récréatives aventures, & de morales railleries contre plusieurs conditions humaines. *Paris*, Billaine, 1636, *in-8. mar. r.*

9861 Les amours historiques des Princes, contenant six narrations véritables, *sous ces titres*, l'amour jaloux, furieux, efféminé, désespéré, ambitieux, infidèle, par DE GRENAILLE, Sieur de Chatounieres. *Paris*, de la Coste, 1642, *in-8. v. m.*

9862 Les nouvelles choisies, où se trouvent divers incidens d'amour & de fortune. *Paris*, David, 1645, 2 *vol. in-8. fig. v. m.*

CONTENANT:

Les amours hors de saison. L'heureuse recognoissance. La vertu récompensée. Les divers Amans. La jalousie cruelle. Les mariages mal assortis. Les respects nuisibles.

9863 Nouvelles héroïques & amoureuses de BOIS-ROBERT. *Paris*, Lamy, 1657, *in-8. v. br.*

O 4

BELLES-LETTRES.

9864 Les nouvelles, *ou* les divertissemens de la Princesse Alcidiane, par DE LA CALPRENEDE. *Paris, de Sercy,* 1661, *in*-8. *v. f.*

9865 Nouvelles nouvelles, par M***. *Paris,* Bienfaict, 1663, 3 *vol. in*-12. *mar. r.*

CONTENANT:

Les succès de l'indiscrétion, *ou* les prospérités de l'Indiscret. La prudence funeste. Les Nouvellistes. Le Jaloux par force.

9866 Eraste, nouvelle, où sont décrites plusieurs avent. amoureuses. *Paris,* Loyson, 1664, *in*-12. *m. r.*

9867 Les diversités galantes. *Paris,* Barbin, 1664, *in*-12. *v. f.*

CONTENANT:

Les soirées des auberges. N. C. Responce à l'impromptu de Versailles, *ou* la vengeance des Marquis, comédie en prose. L'Apoticaire de qualité, N. G. Lettres sur les affaires du Théâtre.

9868 Les mêmes. *La Haye,* 1665, *in*-12. *v. m.*

9869 Nouvelles galantes & comiques, par DE VISÉ. *Paris,* Ribou, 1669, 3 *vol. in*-12. *v. f.*

9870 Le chat d'Espagne, nouvelle. *Cologne,* Marteau, 1669, *in*-12. *mar. r.*

9871 Le Poëte extravagant, avec l'assemblée des Filoux & des Filles de joye, & le Praticien amoureux, nouvelles plaisantes, par O. S. O. D. P. F. *Paris,* Brunet, 1670, *in*-12. *v. f. d. f. t.*

9872 Nouvelle, *ou* historiette amoureuse, par M. T. *Paris,* de Sercy, 1670, *in*-12. *v. f. d. f. t.*

9873 La même. *Par.* Prudhomme, 1701, *in*-12. *v. m.*

9874 Les Dames enlevées & les Dames retrouvées, nouvelles comiques & galantes, *Paris,* Loyson, 1673, *in*-12. *v. br.*

9875 Nouvelles amoureuses & galantes. *Par.* Quinet, 1678, *in*-12. *mar. r.*

CONTENANT:

L'Amant emprisonné. Le mort ressuscité. Le mari confident avec sa femme. L'Amoureux estrillé.

ROMANS FRANÇOIS. 217

9876 Les amours des grands Hommes, par Madame DE VILLEDIEU. *Paris*, Barbin, 1678, 4 *vol. in-*12. *v. f. d. f. t.*

9877 Les mêmes. *Amsterdam*, Hoogenhuyfen, 1692, 2 *vol. in-*12. *v. f. d. f. t.*

9878 Histoire du temps, *ou* Journal galant, par M. V***. 1685, 2 *tom.* 1 *vol. in-*12. *v. f.*

CONTENANT:

Histoire de la violette, *ou* le faux Comte de Brion. Hist. de Mad. du Keroüet; du Baron de Merargus & de la belle Egyptienne. Histoire des Jaloux, *ou* de Mad. de Single & d'Orbeffan. Histoire de Mad. de Serin & du Comte Tekeli. Histoire de Mad. de la Beliniere. Hist. de la Vallade & de la belle Marchande. Histoire du Comte de Cabrofes.

9879 Nouvelles historiques. *Leyde*, (*Par.*) 1692, 2 *vol. in-*12. *v. f.*

CONTENANT:

Gaston Phébus, Comte de Foix. La prédiction accomplie. Les deux fortunes imprévues. Zingis, hist. tartare.

9880 Le galant Nouvellifte, hist. du temps. *Paris*, Guignard, 1693, *in-*12. *v. m.*

9881 Le galant Nouvellifte, par Mad. la Comteffe D. L***. *Paris*, Ribou, 1703, *in-*12. *v. m.*

9882 Aventures fecrettes, par M. DE G***. *Paris*, le Febvre, 1696, *in-*12. *v. f.*

9883 Les dupes de l'amour, nouvelles galantes. *Leyde*, (*Par.*) 1696, *in-*12. *mar. r.*

9884 Nouvelles galantes & aventures de ce temps, par PRÉCHAC. *Paris*, 1697, 2 *t.* 1 *v. in-*12. *v. m.*

CONTENANT:

La jaloufe Flamande. Le mari heureux amant. La fevere Angevine. L'Eunuque. Le Bandi. L'induftrieux Ecuyer.

9885 Le Marquis de ***, nouv. galante. *Paris*, Mufier, 1698, *in-*12. *mar. r.*

9886 Le Procureur de Province, nouvelle galante, par L. M. D. F. *Par.* veuve Grou, 1703, *in-*12. *v. b.*

9887 Mélange de Pieces amoureufes, galantes &

héroïques, par le Chevalier DE LA HOSBINIERE. *Bruxelles*, de Backer, 1704, *in*-12. *v. f.*

CONTENANT:
Le jaloux par force. La chambre de Juſtice de l'Amour, en vers & en proſe. Dialogue de l'Amour & de l'Amitié. Démêlé de l'eſprit & du cœur, en vers & en proſe. Vengeance des femmes contre les hommes, ſatyre en vers contre les Perruques.

✠ 9888 L'automne, nouvelles galantes, par M. DE ***. *Paris*, Nyon, 1704. == Les aventures des Gaſcons, dialogues. *Paris*, Nyon, 1704. == Les promenades de la guinguette, dialogue. *Paris*, Nyon, 1704. == La Jalouſe trompée, *ou* l'Incarnadin, par D. L. C. *Paris*, Nyon, 1704. == Contes nouveaux & divertiſſans, par Madem. DE B***. *Paris*, Nyon, 1704, *in*-12. *v. b.*

✠ 9889 Aventures ſecrettes & plaiſantes, recueillies par D. G****. *Bruxelles*, de Backer, 1706, *in*-12. *cart.*

✠ 9890 Les illuſtres aventurieres dans les Cours des Princes d'Italie, de France, d'Eſpagne & d'Angleterre. *Cologne*, (Rouen) 1706, *in*-12. *mar. r.*

✠ 9891 Diverſes aventures de France & d'Eſpagne, par le Chevalier DE MAILLY. *Paris*, Chaſtelain, 1707, *in*-12. *v. f.*

CONTENANT:
Les aventures du Comte de Merincourt & de Mademoiſelle de Méronville. Aventures de Mélandre & de Céphalie; de Clidamire & de Mademoiſelle de Lenancourt; de Palamede & de Mélindre; de D. Léandre; du Chevalier de Bettemonte & de Mademoiſelle Tuſſay; de Mediane & d'Elvire; du Chevalier d'Armanville & de Céline.

✠ 9892 Hiſtoires Françoiſes, galantes & comiques. *Amſt.* Roger, 1710, *in*-12. *v. m.*

✠ 9893 Nouvelles toutes nouvelles, par M. D. L. C. *Amſt.* Roger, 1710, *in*-12. *v. f.*

CONTENANT:
Le Prince Grec. Le Chevalier d'Harville. Le Comte de Roſeville. Le Chevalier de Saint-Hilaire. Les amours de Lucie & de ſa mere.

ROMANS FRANÇOIS.

9894 Aventures choisies. *Paris*, Prault, 1714, 2 vol. *in-12. v. br.*

CONTENANT:

Le cœur volant, *ou* l'Amant étourdi. La belle Aventurière. L'amour innocent persécuté. L'esprit folet, *ou* le Sylphe amoureux.

9895 Les mêmes. *Paris*, Saugrain, 1732, *in-12. v. b.*

9896 Histoires tragiques & galantes. *Paris*, Witte, 1715, 3 vol. *in-12. v. br.*

CONTENANT:

Jaqueline de Bavière. La belle Juive. D. Carlos. Hatrigé, *ou* la belle Turque. Les nouveaux désordres de l'amour. L'amitié singuliere. Le Comte d'Essex, *ou* hist. secrette d'Elizabeth. Madem. de Benouville. Les esprits, *ou* le mari fourré. Le Duc de Guise. Gaston Phébus, Comte de Foix. La prédiction accomplie. Les deux fortunes imprévues. Zingis, hist. tare.

9897 Vieilles nouvelles rajeunies accommodées au goût du temps. *Paris*, le Febvre, 1716, *in-8. m. r.*

9898 Les caprices du Destin, *ou* recueil d'histoires singulieres & amusantes, par Mademoiselle L. H. (L'HÉRITIER.) *Par.* Huart, 1718, *in-12. fig. v. br.*

CONTENANT:

La Princesse Olympe, *ou* l'Ariane de Hollande. Le jugement téméraire. La bizarrerie du penchant. L'Amazone Françoise. Le sort corrigé, *ou* l'amour victorieux. Le Phantome amoureux, *ou* le faux Revenant.

9899 Le gage touché, histoires galantes & comiques. *Paris*, Witte, 1718, 2 *tom.* 1 *vol. in-12. fig. v. br.*

9900 Le même, nouvelle édition revue, augmentée & ornée de figures en taille-douce. *Paris*, J. B. G. Musier, 1773, 2 *vol. in-12. v. f. d. s. t.*

9901 Histoires galantes, nouvelles & véritables, par le Chevalier DE R. C. D. S. *Amst.* (*Paris*) 1720, 2 *vol. in-12. v. f.*

CONTENANT:

Les caprices & bizarreries de l'amour. Les généreux sentimens. Le pere avare. Les deux sœurs. La délicatesse de l'amour. Le vieillard amoureux. La veuve punie de sa trahison. L'infidelle & perfide amie. Les amans sinceres.

BELLES-LETTRES.

L'Intendant de qualité. Le fils amant de fa belle-mere. Le Chevalier heureux par un dépit. L'amour déguifé. Le modele des parfaits amans. Le fils trahi par fon pere. La fille généreufe. Le Cavalier puni de fon avarice. La prédiction concertée. L'Aftrologue Tartare. La fille indifcrete. L'amant généreux & magnifique. L'imagination galante. La fille fantafque & bizarre. L'illuftre & infortunée Chinoife. Le lâche amant. La loterie de nouvelle invention. Le Financier bigame. L'amant de bonne foi. Le galant oublieux. Le Marquis métamorphofé en fille. Le beau Sionad. Le frere ambitieux & téméraire. Le Cavalier diffimulé & fourbe. A quelque chofe malheur eft bon. La belle entêtée de nobleffe.

9902 Les illuftres Françoifes. *Paris*, 1725, 3 vol. in-12. v. br.

CONTENANT:

L'hiftoire de des Ronais & Mademoifelle du Puis. Hiftoire de M. de Contamine & d'Angélique ; de M. de Terny & de Mademoifelle de Berney; de M. Juffy & de Mademoifelle de Fénouil ; de M. des Prés & de Mademoifelle de l'Epine ; de M. des Frans & de Silvie ; de M. du Puis & de Mademoifelle de Londés; de M. de Vallebois & de Mademoifelle de Pontais ; de M. de Braville & de Mademoifelle de Beaumont. L'héroïne Efpagnole.

9903 Les cent nouvelles nouvelles, par Madame DE GOMÈS. *Paris*, veuve Guillaume, 1732 & 1739, 36 vol. in-12. v. m.

CONTENANT:

Le voleur amoureux. L'amour plus fort que la nature. La fauffe prude. L'heureux échange. Le triomphe de la vertu. Le généreux corfaire. Le coup imprévu. La mort vaincue par l'amour. Le qui-pro-quo. Le Gentilhomme Picard. L'amour héroïque. L'heureufe réconciliation. Le Prince tartare. Les freres jumeaux. L'innocente infidélité. L'heureufe témérité. La noce interrompue. L'amant gardemalade. L'enfant trouvé. Les amans cloîtrés. Tamayo. Le génie. Le Calabrois. L'hift. du Ch. Brachy. Les effets de l'amitié. Le bonheur imprévu. Le magnanime Indien. Hift. du Prince de Tunquin. La vente indifcrete. Fidery, Emper. du Japon. Les étrennes. Numérance. Hift. d'Eric de Montauban. On n'eft point Prophete en fon pays. Le compere généreux. La fidélité conjugale. Fimala Derma. La trahifon retourne à fon maître. Les portraits. L'heureux efclave. Les

ROMANS FRANÇOIS. 221

défordres de la haine. Il ne faut pas juger fur les apparences. Le malheur de l'un fait quelquefois le bonheur de l'autre. Les pelerins. Les revers de la fortune. La belle Hollandoife. La princeffe de Java. Zoraïde. Les événemens heureux & tragiques. L'amante homicide. Le fcélérat trompé. La conftance couronnée. L'illuftre voyageur. Suite de l'hiftoire de Sydameck & de Fulnie. Les illuftres ennemies. Hiftoires de D. Alvare de Pardo. L'innocence reconnue. Hiftoire de Gonzalo Guftos. La fauffe belle-mere. Bon fang ne peut mentir. A quelque chofe le malheur eft bon. Hiftoire de Dona Marcia. Les deux coufines. Hift. de la Comteffe de Mirelle. Le jugement équitable. La belle jardiniere. L'amant malheureux. La fage précaution. Bonne renommée vaut mieux que ceinture dorée. L'hermite. L'hift. de Cloalde & de Callifte. La veftale. Clodomark. Uldaric. Les effets de la Sympathie. Adélaïde, Reine de Lombardie. L'amant rival & confident de lui-même. Les révolutions tufcanes. Les événemens imprévus.

9904 Les mêmes, nouvelle édit. *Paris*, Fournier, 8 *vol. in-*12. *v. f. d. f. t.*

9905 Académie galante, contenant diverfes hiftoires très-curieufes. *Amfterd. (Rouen)* 1732, *in-*12. *v.f.*

9906 La nouvelle mer des Hiftoires. *Paris*, Guillaume, 1733, 4 *part.* 2 *vol. in-*12. *v. br.*

Contenant, outre plufieurs petites hift. les fuivantes :

Le Prince Kouchimen, hiftoire tartare. === D. Sebaftien, Roi de Portugal.

9907 L'amour chez les Philofophes, *ou mémoires du Marquis de ***. La Haye*, Neaulme, 1742, 2 *tom.* 1 *vol. in-*16. *mar. r.*

CONTENANT:

Hiftoire de Florife; de Philamifte & de Zémire; de Zémire. Les amours du Marquis de *** & de Bélife. Hiftoire du Curé de ***; du voleur.

9908 Les quarts-d'heure divertiffans, *ou bibliotheque galante. Amfterd.* 1742, 2 *vol. in-*12. *m. r.*

CONTENANT:

La feinte mort. Le pere injufte. La victoire héroïque. L'erreur funefte. La vertu couronnée. L'infidélité punie. Le fourbe puni. La patte du chat. L'heureufe foibleffe.

BELLES-LETTRES.

9909 Histoires nouvelles & mémoires ramassés. *Lond.* (*Par.*) 1745, *in-12. v. f.*

CONTENANT:

Mémoires de Mademoiselle de ***, sous le nom de Lucilie. D. Juan & Isabelle, hist. portugaise. Mémoires du Chevalier d'Arbentieres. Les deux Anglois. Lettre de M. ***, à Mademoiselle ***, sur l'origine de la musique.

9910 Recueil de plusieurs histoires secrettes & aventures du temps, par M. ****. *La Haye*, (*Par.*) 1746, *in-12. baz.*

9911 Le pot-pourry, ouvrage nouveau de ces Dames & de ces Messieurs. *Amst.* (*Par.*) 1748, *in-12. v. m.*

CONTENANT:

Aphranor & Bellanire. Mélazie. La Princesse Minon Minette & le Prince Souci, conte. Hist. de Bedihuldgemal.

9912 Recueil d'histoires intéressantes, amusantes & galantes. *La Haye*, van Cleef, 1752, *in-12. m. r.*

CONTENANT:

La trahison punie. Le Prince jaloux. La méprise concertée. Histoire de Mademoiselle de ***, racontée par elle-même à Madame la Comtesse de ***. L'aveugle clairvoyant. Les apparences trompeuses. Le sommeil indiscret. L'innocence justifiée, *ou* histoires de Salned & de Garaldie. Les amis rivaux.

9913 Idées badines. (*Par.*) 1756, *in-12. v. f.*

CONTENANT:

La toilette de Madame. Les voyages du Commandeur de ***. Histoire de la belle Cavaliere. Bellotte, conte. Hist. du Chevalier de Hercy. La Fée mortelle, conte. Pot-pourri sans pareil. Les fleurs, conte. Momens perdus. Les prisonniers de Brescon.

9914 Les impostures innocentes, *ou* les opuscules de M. ***. *Magdebourg*, (*Par.*) 1761, *in-12. v. m.*

CONTENANT:

Le point-de-vue de l'Opéra. Psaphion, *ou* la Courtisane de Smyrne. Les hommes de Prométhée. Serpille & Lilla, *ou* le roman du jour. Cinname, hist. grecque.

9915 De tout un peu, *ou* les amusemens de la campagne. *Paris*, Lesclapart, 1766, 2 *vol. in-12. v. m.*

ROMANS FRANÇOIS.

9916 Bergeries, par M. MARÉCHAL. *Paris*, Gauguery, 1770, *in*-12. *v. m.*

CONTENANT:

Le berger généreux. Les amans vertueux. Le triomphe de l'amour. L'aimable couple. Tout eft bien. Le trompeur trompé. Un bienfait n'eft jamais perdu. La rivalité heureuse. Petite pluie abat grand vent. Qu'il eft doux d'être vertueux.

9917 Les foirées helvétiennes, alfaciennes & francontoifes. *Amft. Paris*, Delalain, 1771, *in*-8. *v. m.*

9918 Les épreuves du fentiment, par M. D'ARNAUD, avec figures. *Paris*, le Jay, 1770 & 1772, 4 vol. gr. pap. *in*-8. *v. f. d. f. t.*

CONTENANT:

Fanny. Lucie & Mélanie, *ou* les deux Sœurs généreufes. Clary, *ou* la vertu récompenfée. Julie, *ou* l'heureux repentir. Nancy, *ou* les malheurs de l'imprudence & de la jaloufie. Batilde, *ou* l'héroïfme de l'amour. Anne Bell. Sélicourt. Sidney & Volfan. Adelfon & Salvini. Sargines. Zénothémis. Bazile. Lorezzo. Liebman. Rofalie. Ermance. D'Almanzi. Pauline & Suzette. Makin. Germeuil. Damainville. Henriette & Charlot.

Contes moraux.

9919 Fabliaux, *ou* contes du XIIe & du XIIIe fiecle, traduits ou extraits d'après divers manufcrits du tems, avec des notes hiftoriques & critiques, & les imitations qui ont été faites de ces contes depuis leur origine jufqu'à nos jours, par M. LE GRAND. *Paris*, Eug. Onfroy, 1779, 3 vol. *in*-8. *v. f. d. f. t.*

9920 Contes moraux, par M. L. F. DE MARMONTEL, avec le fupplément. *La Haye*, (*Par.*) 1761, 3 vol. *in*-12. *v. m.*

CONTENANT:

Alcibiade, *ou* le moi. Soliman II. Le fcrupule, *ou* l'amour mécontent de lui-même. Les quatre flacons, *ou* les aventures d'Alcidonis de Mégare. Laufus & Lydie. Heureufement. Les deux infortunées. Tout ou rien. Le Philofophe foi-difant. La mauvaife mere. La bergere des Alpes. L'heureux divorce. Annette & Lubin. Les mariages famnites. La bonne mere. Apologie du théâtre. Le bon mari. Le connoiffeur. L'école des peres.

BELLES-LETTRES.

à vend. ✠ 9921 Les mêmes Contes moraux. *Paris*, Merlin, 1765, 3 vol. *in*-8. *fig. v. m*.

Contenant tous les Contes de la precédente édit. excepté l'apologie du théâtre, *mais de plus les suivans* : Le mari sylphe. Laurette. La femme comme il y en a peu. L'amitié à l'épreuve. Le Misantrope corrigé.

Double à ✠ 9922 Contes moraux dans le goût de ceux de M. de
Vendre Marmontel, par Mademoiselle UNCY, *Paris*, Vincent, 1763, 4 vol. *in*-12. *v. m*.

CONTENANT:

Le puits de la vérité. Ne pas croire aux apparences. L'école des maris ; des femmes. Le mécontent. Zémin & Gulhindy, conte. Le moyen infaillible. L'amant anonyme. Le jeu fou, *ou* l'avare fastueux. La mere sans préjugé. La fausse mere. La fausse fille. L'amour constant par l'innocence. L'agréable surprise. Le petit-maître esprit-fort. L'amour plus fort que la mort. Les rivales sans exemple. L'innocence reconnue. La femme tirée au sort, *ou* le procès ridicule. La philosophe angloise. Les confidences réciproques, par M. DE FONTENELLE. Le nouvel Adam. La femme guérie. Histoire de la félicité. Origine du poisson d'Avril. Il est dangereux de mentir. Tristes effets de l'imprudence. La nouvelle paysane parvenue, *ou* la courtisane devenue philosophe. Les graces de l'ingénuité. La navette d'amour. La dormeuse indiscrete. L'heureux mortel. Les à-propos. Il en faut toujours venir là. Ni trop, ni trop peu. La mesalliance. On est assez beau quand on aime. Sans y penser. Il eut raison. Les absens ont tort. Les rivales réunies. Les épreuves. N'en croyez que vos yeux. L'amour oriental. Générosité angloise. Le danger des passions. Le consolateur. Le généreux rival. Les philosophes. Il en sera quitte pour la peur. Funestes effets de la vengeance. La bonne école. Ainsi va le monde. La véritable héroïne. Femme chaste, présent du Ciel. La politesse conjugale. Le philosophe de lui-même. On peut s'aimer sans se connoître. Rendons-nous utiles. L'amour n'est jamais sans trouble. Il eut tort. L'histoire de beaucoup de monde. Nous aimons nos semblables. L'amour désintéressé. Espérez. Qu'il est beau de se vaincre soi-même. La vertu malheureuse. L'école des peres. Le mari patient. On ne badine pas avec l'amour. La dévote. L'amour leurré. Les leçons de l'adversité. Le philosophe françois. Que de peine pour être heureux. La méchante femme punie & corrigée. Le sot projet d'un homme sage. L'amour aidé par l'amitié. L'amour Groenlandois. La constance couronnée.

9923

ROMANS FRANÇOIS.

9923 Contes de M. DE BASTIDE. *Paris*, Cellot, 1763, 2 vol. *in*-12. *v. m.*

CONTENANT:

Le véritable amour. L'avantage du sentiment. Le bon homme. La femme singuliere. Les riens. Le sage. Le soupé. L'homme blasé. La tete chaude. Tort & raison. Les trois infortunés. Le moyen infaillible. Le faux indépendant. La scélératesse raisonnée. Le piege bien caché. L'avare. La sympathie. L'esprit romanesque. La petite maison. L'héroïsme de la vertu. Les faveurs. Les conditions inutiles. L'école des meres. Le ridicule corrigé. L'aveu singulier. L'origine des libelles contre les femmes. Le caractere anglois. L'homme sans caractere. L'amant anonyme. Le pouvoir de la vertu. La force du naturel. La Duchesse d'Estramene. L'épreuve de la probité, comédie en prose.

9924 Contes, aventures & faits singuliers, recueillis de M. l'Abbé PRÉVOST. *Paris*, Duchesne, 1764, 2 vol. *in*-12. *v. f.*

9925 Contes philosophiques & moraux, par M. DE LA DIXMERIE. *Paris*, Duchesne, 1765, 2 vol. *in*-12. *v. m.*

CONTENANT:

La corne d'Amalthée. L'anneau de Gygès. Lindor & Délie. Les qui-pro-quo, où tous furent contens. Abbas & Sohry. Les solitaires des Pyrenées. Dialogue entre Alcinoüs & un Financier. L'oracle journalier. Le huron réformateur. L'étonnement réciproque. Cléomir & Dalia. Azakia. Giaffar & Abassah. Qu'en doit-il arriver? Les Péris & les Néris, ou l'amour comme on le mene. Les deux prix.

9926 Les mêmes. *Orléans*, Couret, 1769, 3 vol. *in*-12. *v. m.*

Contenant, outre les précédens:

Charles Martel. Le sage honteux de l'être. Les Lamies. Héraclite & Démocrite. L'amour tel qu'il est. Méluzine. Tous deux se trompoient. Le danger des épreuves.

9927 Essais de contes moraux & dramatiques, par M. B***. *Paris*, Prault, 1765, *in*-12. *v. m.*

CONTENANT:

Le bonheur, conte moral & dramatique. Le préjugé bourgeois, conte dramatique. L'exemple, conte dramatique.

Tome III. P

BELLES-LETTRES.

9928 Contes de Madame DE VILLENEUVE. Paris, Mérigot, 1765, 2 vol. in-12. v. m.
CONTENANT:
La belle & la bête. La jeune Américaine, *ou* les contes marins.

9929 La jeune Amériquaine, & les contes marins, par la même. La Haye, (Par.) 1740, 2 part. 1 vol. in-12. v. m.

9930 Le temps & la patience, conte moral, par la même. Par. Hochereau, 1768, 2 t. 1 v. in-12. v. m.

9931 Le goût de bien des gens, *ou* Recueil de contes moraux. Paris, Lesclapart, 1766, in-12. v. f.
CONTENANT:
Le van, conte en vers. Rosalie. Mém. de Mad. de ***. Histoire de Fanni Arthur & de Montrose. Betty, *ou* les malheurs de l'imprudence & de la jalousie, trad. par M. D'ARNAUD. Sara Th. La femme de Bath, conte. L'amour & le mystere, conte. Jacques, *ou* la force du sentiment, par M. D'ARNAUD.

9932 Nouveaux contes moraux, *ou* historiettes galantes & morales, par M. C***, (CHARPENTIER.) Paris, Delalain, 1767, 3 part. 1 vol. in-12. baz.
CONTENANT:
Demophon & Téglis, *ou* le prix de l'hospitalité, & le effets d'un beau songe. Lucile, *ou* la fermiere en petit maison. La mere & la fille, *ou* les honneurs du Louvre. Amasis & Laodice, *ou* le rival généreux.

9933 Les trois nations, contes nationaux. Paris, veuve Duchesne, 1768, 2 part. 1 vol. in-12. baz.
CONTENANT:
Thémenide & Paléno. Les Groenlandais. Les Canadiens.

9934 Le passe-tems, *ou* recueil de contes intéressans, moraux & récréatifs, par M. BRUNET DE BAINES. Paris, L. Cellot, 1769, 2 vol. in-12. v. m.
CONTENANT:
Zimas & Thymé, *ou* les épreuves, conte historique. Les deux hermites, *ou* le Guelfe & le Gibelin, conte historique. Les trois brus, anecdote historique & morale. L'Echo enchanté, *ou* le mouton chéri, conte. Le Roi de Tarsite,

ROMANS FRANÇOIS.

conte imité de Tarsis & Zélie. Les deux horoscopes, *ou* les quatre infortunés, histoire orientale. Le solitaire des Ardennes, anecdote intéressante. La belle mere, *ou* l'injustice punie, nouvelle espagnole. Les quatre cousins, anecd. bourgeoise. L'amitié trahie, nouvelle françoise. L'avare & le prodigue, anecdote moderne. Le tyran de Bosnie, anecdote tragique. Les trois pâtés de Périgord, nouvelle divertissante. Le million, conte. La coquette qui ne l'est point.

9935 Contes moraux, *ou* les hommes comme il y en a peu. *Paris*, Merlin, 1769, *in*-8. *v. m.*

CONTENANT:

Sophie. Rose.

9936 Contes moraux, par M. MERCIER. *Paris*, Merlin, 1769, 2 part. 1 vol. *in*-12. *v. m.*

CONTENANT:

Les hypocrites. L'avare corrigé. Les époux malheureux. Histoire de Mademoiselle de Rémilies.

9937 Mes délassemens, *ou* recueil choisi de contes moraux & historiques. *Paris*, Pillot, 1771, 2 vol. *in*-12. *v. m.*

CONTENANT:

Freyvell, *ou* le bienfait n'est jamais perdu. Lindane, *ou* la Religieuse par dépit. Almanzor, *ou* le sort des Métromanes. Céphise, *ou* l'amante comme il y en a peu. Le congrès de Cythère. L'égoïsme dévoilé & justifié, *ou* l'effet merveilleux du tabac du Mazulipatan. Les amans volages. Les dangers d'une éducation négligée. La nuit, poëme de Gessner. L'école des amans. Le Turc généreux, *ou* l'homme comme il y en a peu. Où est le bonheur ? Le digne citoyen. Leodamas.

9938 Nouveaux contes moraux, par Mad. DE LAISSE. *Par.* Valade, 1774, 2 part. 1 vol. *in*-12. *v. f. d. s. t.*

9939 Contes & nouvelles, par M. WILLEMAIN D'ABANCOURT. *Paris*, L. Cellot, 1778, *in*-8. *v. f. d. s. t.*

9940 Les deux amis, conte iroquois. (*Par.*) 1770, *in*-8. *v. f. d. s. t.*

9941 Acajou & Zirphile, conte, (par DUCLOS) 1744, *in*-4. *fig. v. m.*

9942 Le même. (*Par.*) 1744, *in*-12. *mar. r.*

P 2

BELLES-LETTRES.

9943 Azor & Zimeo, conte moral, suivi de Thiamis, conte indien, par M. MILCENT. Par. Merigot le jeune, 1777, in-12. v. f. d. s. t.

9944 Colette, ou la vertu couronnée par l'Amour, conte moral, par M. COMPAN. Paris, Mérigot le jeune, 1775, 2 part. 1 vol. in-12. v. f. d. s. t.

9945 Les filles femmes, & les femmes filles, ou le monde changé, par M. SIMIEN; ensemble les quinze minutes, ou le temps bien employé, conte d'un quart-d'heure, par M. DE BOISSY, 1701, in-12. v. m.

9946 La fille philosophe, conte moral, par Fulgence BÉDIGIS. Paris, Valleyre l'aîné, 1775, in-12. v. m.

9947 L'heureuse famille, conte moral. Nancy, le Clerc, 1766, in-8. gr. pap. v. m.

9948 L'homme à bonne fortune, ou l'heureux conte. La Haye, (Rouen) 1690, in-12. mar. r.

9949 Les hommes comme il y en a peu, & les génies comme il n'y en a point, contes moraux, orientaux, persans, arabes, turcs, anglois, françois &c. les uns pour rire, les autres à dormir de bout, nouvelle édition. Bouillon, Société typograp. 1776, 3 vol. in-8. v. m. d. s. t.

9950 Vos loisirs, contes moraux, par M. CHARPENTIER. Paris, Valade, 1768, 3 part. 1 vol. in-12. v. f. d. s. t.

9951 Les ondins, conte moral, par Mad. ROBERT. Paris, Delalain, 1768, in-12. v. m.

9952 Le pouvoir de la reconnoissance, conte. Paris, Ganguery, 1779, in-12. v. f. d. s. t.

9953 La vraie richesse & le moyen de réussir, contes, suivis des mémoires de Victoire. Paris, Durand, 1770, 2 part. 1 vol. in-12. v. m.

9954 Soirées de mélancolie, par M. L***. Paris, Moutard, 1777, in-8. v. f. d. s. t.

9955 Tant mieux pour elle, conte plaisant, par l'Abbé DE VOISENON, in-12. v. m.

ROMANS FRANÇOIS. 229

Contes des Fées, & autres Contes merveilleux.

9956 Entretiens sur les contes des Fées & sur quelques autres ouvrages du temps, pour servir de préservatif contre le mauvais goût, par l'Abbé DE VILLIERS. *Paris*, Collombat, 1699, *in-*12. *v. f. d. s. t.*

9957 Histoire de Mélusine, par JEHAN d'Arras, avec fig. gravées en bois. *Troyes*, Oudot, 1649, *in-*4. *v. f.*

9958 La même. *Troyes*, Oudot, 1660, *in-*4. *v. m.*

9959 Histoire de Mélusine, Princesse de Lusignan & de ses fils, tirée des Chroniques de Poitou, & qui sert d'origine à l'ancienne Maison de Lusignan, par NODOT. *Paris*, Barbin, 1698, *in-*12. *v. br.*

9960 Les gestes, faits & notables conquestes du preux, hardi & redouté Chevalier Geoffroy à la Grand-Dent, Seigneur de Lusignan, & le sixieme Filz de Mélusine & de Raymondin. *Troyes*, Oudot, *sans date*, *in-*8. *fig. v. m.*

9961 Histoire de Geoffroy, surnommé à la grand'dent, par NODOT. *Paris*, Barbin, 1700, *in-*12. *v. br.*

9962 Contes de Fées, par Madame la Comtesse DE MURAT. *Paris*, Barbin, 1698, *in-*12. *v. f. d. s. t.*

CONTENANT:

Le parfait amour. Anguillette. Jeune & belle. Le palais de la Vengeance. Le Prince des feuilles. L'heureuse peine.

9963 Les mêmes. *Paris*, 1724, *in-*12. *v. f. d. s. t.*

9964 Histoires sublimes & allégoriques, par la Comtesse D**, (DE MURAT.) *Paris*, Delaulne, 1699, 2 vol. *in-*12. *v. m.*

CONTENANT:

Le Roi porc. L'isle de la magnificence. Le sauvage. Le Turbot.

9965 Contes moins contes que les autres, sans Parangon & la Reine des Fées. *Paris*, Barbin, 1698, *in-*12. *v. m.*

9966 Nouveau conte de Fées, le portrait qui parle. *Metz*, Antoine, 1699, *in-*12. *v. m.*

P 3

BELLES-LETTRES.

9967 Deux contes de cette année, contenant l'homme des bois & Binkbinet. = La gageure des Fées. Amst. (Par.) in-12. mar. r.

9968 Les Fées, contes des contes, par Mademoiselle DE ***, (Charlotte-Rose DE CAUMONT DE LA FORCE.) Paris, Brunet, 1707, in-12. fig. mar. r.

CONTENANT:

Plus belle que Fée. Persinette. L'enchanteur. Tourbillon. Verd & bleu. Le pays des délices. La puissance d'amour. La bonne femme.

9969 Les illust. Fées. Paris, Beugnié, 1709, in-12. v. f.

CONTENANT:

Blanche belle. Le Roi magicien. Le Prince Roger. Fortunio. Le Prince Guérinie. La Reine de l'Isle des fleurs. Le favori des Fées. Le bienfaisant, ou Quiribirini. La Princesse couronnée par les Fées. La supercherie malheureuse. L'Isle inaccessible.

9970 Nouveau recueil de contes de Fées. Paris, Mariette, 1731, in-12. v. m.

CONTENANT:

La petite grenouille verte. Les perroquets. Le navire volant. Le Prince Périnet, ou l'origine des Pagodes. Incarnat blanc & noir. Le buisson d'épines fleuries. Alphinga, ou le singe vert. Kadoure. Le médecin de Satin. Le Prince Arc-en-Ciel.

9971 Nouveaux contes des Fées allégoriques, par Mad. HUSSON. Paris, Didot, 1735, in-12. v. f.

CONTENANT:

Le Phénix. Lisandre. Carline. Boca, ou la vertu récompensée.

9972 Boca, ou la vertu récompensée, conte, par la même. Paris, Duchesne, 1756, in-12. mar. r.

9973 Trois nouveaux contes de Fées par Mad. D***, (DE LINTO) savoir, le Prince silentieux; Aigremine & aimée; la Fée vicieuse. Paris, Didot, 1735, in-12. v. m.

9974 Nouveaux contes de Fées, par Madame la

ROMANS FRANÇOIS. 231

Marquife DE L***. *La Haye*, (*Par.*) 1738, *in-*12. *mar. r.*

CONTENANT:

La Princeffe des plaifirs, *ou* l'origine des boucles d'oreilles. La Princeffe des myrthes. La Princeffe Carillon.

9975 Hiftoires *ou* contes du temps paffé, avec des moralités, par PERRAULT. *La Haye*, (*Paris*) 1742, *in-*12. *fig. v. m.*

CONTENANT:

Le petit chaperon rouge. Les Fées. La barbe bleue. La Belle au bois dormant. Le maître chat, *ou* le chat botté. Cendrillon, *ou* la petite pantoufle de verre. Riquet à la houpe. Le petit poucet. L'adroite Princeffe, *ou* les aventures de Finette.

9976 Les mêmes, nouvelle édition, augmentée de la Veuve & fes deux Filles, & ornée de fig. en taille-douce. *Paris*, Lamy, 1778, *in-*8. *v. f. d. f. t.*

9977 Les illuftres Fées, contes galans, par Madame D***, D'AULNOY & autres. *Amfterd.* Rey. 1749, 2 *vol. in-*12. *baz.*

CONTENANT:

Gracieufe & Percinet. La Belle aux cheveux d'or. L'oifeau bleu. Le Prince lutin. La Princeffe printaniere. Rofette. Le rameau d'or. L'oranger & l'abeille. La bonne petite fouris. Blanche belle. Le Roi magicien. Le Prince Roger. Fortunio. Le Prince Guérinie. La Reine des fleurs. Le favori des Fées. Quiribirini. La Princeffe couronnée. La fupercherie malheureufe. L'ifle inacceffible.

9978 Contes des Fées, par la même. *Paris*, Nyon, 1742, 8 *part.* 4 *vol. in-*12. *v. m.*

Contenant feulement les neuf premiers Contes du Recueil précédent, & de plus les fuivans:

D. Gabriel Ponce de Léon. Le mouton. Finette Cendron. Fortunée. Babiole. D. Fernand de Tolede. Le nain jaune. Serpentin verd. La Princeffe Carpillon. La grenouille bienfaifante. La biche au bois. Le nouveau Gentilhomme bourgeois. La chatte blanche. Belle belle, *ou* le Chevalier fortuné. Le pigeon & la colombe. La Princeffe Belle-Etoile & le Prince chéry. Le Prince Marcaffin. Le Dauphin.

9979 Les mêmes. *Paris*, le Clerc, 1774, 4 *vol. in-*12. *v. f. d. f. t.*

BELLES-LETTRES.

9980 Féeries nouvelles, par le Comte de C***, (CAYLUS.) 1741, 2 vol. in-12. v. m.

CONTENANT:

Le Prince Courtebotte & la Princesse Zibeline. Rozanie. Le Prince Muguet & la Princesse Zaza. Tourlou & Rirette. La Princesse Pimprenelle & le Prince Romarin. Les dons. Nonchalante & Papillon. Le palais des Idées. Lumineuse. Bleuette & Coquelicot. Mignonnette. L'enchantement impossible. Minutie. Hermine.

9981 Cinq contes de Fées. (Par.) 1745, in-12. v. m.

Savoir: Le Prince des cœurs & la Princesse Grenadine. La Princesse Azerolle, ou l'excès de la constance. Fleurette & Abricot. Le loup galleux. Bellinette, ou la jeune Vieille.

9982 Nouveaux contes de Fées. Amst. (Par.) 1745, in-12. fig. v. m.

Savoir: L'ananas. Le jonc. La courtepointe. L'épagneul. Les statues animées. Le lit de gazon.

9983 L'amante anonyme, ou l'histoire secrète de la volupté, avec des contes nouveaux de Fées, par le Chevalier DE MOUHY. Paris, Jorry, 1755, 2 tom. 1 vol. in-12. mar. r.

9984 Bibliotheque des Génies & des Fées. Paris, Duchesne, 1765, 2 vol. in-12. v. m.

CONTENANT:

Merveilleux & charmante. Le Prince des aigues marines. Le Prince invisible. Gris-de-lin & Charmante. Les voyageuses. Le Prince Ananas & la Princesse Moustelle. Eratzine & Parelin. Minet bleu & Louvette. Alidor & Thersandre. Caressant & Blanchette. Cornichon & Toupette. Néangir & ses freres, Argentine & ses sœurs. La Princesse Minon-Minette & le Prince Soucy. Aphranor & Bellanire.

9985 Contes des Fées, nouvelles, par M. DE V*** DE G*****. Amsterd. (Paris) 1776, 2 part. 1 vol. in-12. v. f. d. s. t.

On trouve dans ce Volume, Mélindor, Comédie en trois actes.

9986 Ah, quel conte! par CRÉBILLON fils. Bruxell. (Par.) 1754, 8 part. 4 vol. in-12. mar. r.

ROMANS FRANÇOIS.

9987 Aventures d'Abdala, fils d'Hanif, envoyé par le Sultan des Indes à la découverte de l'Isle de Borico, où est la fontaine merveilleuse dont l'eau fait rajeunir, avec la relation du voyage de Rouschen, & plusieurs autres histoires curieuses, trad. en franç. sur le mss. arabe, par DE SANDISSON. *Paris*, Witte, 1712, 2 *vol. in*-12. *v. m.*

9988 Les mêmes, nouvelle édit. ornée de figures en taille-douce. *Paris*, J. B. G. Musier fils, 1773, 2 *vol. in*-12. *v. f. d. f. t.*

9989 Azor, *ou* le Prince enchanté. *Londres*, (*Par.*) 1750, 2 tom. 1 *vol. in*-12. *v. m.*

9990 La baguette mystérieuse, *ou* Abizaï. *Paris*, Duchesne, 1755, 2 part. 1 *vol. in*-12. *mar. r.*

9991 La Belle au crayon d'or, conte. *Paris*, Vente, 1765, *in*-12. *v. m.*

9992 Bibi, conte. (*Paris*) *in*-12. *baz.* . . . .

9993 Blancherose, conte. *Londres*, (*Par.*) 1751, *in*-12. *mar. r.*

9994 Camedris, conte, par Mademoiselle MAZARELLI. *Paris*, Duchesne, 1765, *in*-12. *v. m.*

9995 Roman, par M. DE ***. *Amsterdam*, (*Par.*) 1741, *in*-12 *mar. r.*

9996 Les Chevaliers errans & le génie familier, par Mad. la Comtesse DE ***, (D'AUMEUIL.) *Paris*, Ribou, 1709, *in*-12. *v. br.*

9997 Conte à dormir de bout, *ou* l'art d'ennuyer ses lecteurs. (*Par.*) 1746, *in*-12. *v. m.*

9998 Conte égyptien extraordinaire, par M.***. *Par.* Prault, 1714, *in*-12. *mar. r.*

9999 Contes très-mogols. *Paris*, Valade, 1770, *in*-12. *v. m.*

10000 Contes du Sérail, trad. du turc. *La Haye*, (*Par.*) 1753, *in*-12. *v. m.*

CONTENANT:

Cutchuc, *ou* le Géant puni. Derboulour, *ou* la bonne lionne. Histoire de Fazlillah d'Ebuh-Hassen, d'un Cadi & d'une jeune Fille.

BELLES-LETTRES.

10001 Cornichon & Toupette, hist. fée. *La Haye*, (*Par.*) 1732, *in*-12. *v. m.*

10002 Les quatre Facardins, conte, par le Comte Ant. HAMILTON. *Paris*, J. Fr. Josse, 1730, *in*-12. *v. éc.*

10003 Faunillane, *ou* l'Infante Jaune, conte. (*Par.*) 1743, *in*-8. *v. m.*

10004 Féraddin & Rozeïde, conte moral, politique & militaire. (*Par.*) 1765, 3 *vol. in*-12. *v. m.*

10005 Florine, *ou* la belle Italienne, nouveau conte de Fées. *Paris*, de la Roche, 1713, *in*-12. *v. br.*

10006 Fo-ka, *ou* les métamorphoses, conte chinois, dérobé à M. de V***. *Paris*, veuve Duchesne, 1777, 2 *part.* 1 *vol. in*-12. *v. f. d. s. t.*

10007 Les aventures merveilleuses du Mandarin Fum-Hoam, contes chinois, par GUEULETTE. *Paris*, Mouchet, 1723, 2 *vol. in*-12. *fig. v. m.*

10008 Les mêmes. *La Haye*, Gosse, 1728, 2 *vol. in*-12. *v. f.*

10009 Funestine, par DE BEAUCHAMPS. *Paris*, 1737, *in*-12. *v. m.*

10010 Gaudriole, conte. *La Haye*, (*Par.*) 1746, *in*-12. *v. m.*

10011 Le génie ombre & la Sala-gno-silph-ondine Chimboraco, conte physique. *Par.* 1746, *in*-12. *m. r.*

10012 Histoire des trois fils d'Halibassa & des trois filles de Siroco, Gouverneur d'Alexandrie, conte turc. *Leyde*, (*Par.*) 1745, *in*-8. *mar. r.*

10013 Histoire & aventures de Mylord Pet, conte allégorique, par Madame F**. *La Haye*, (*Par.*) 1755, *in*-12. *v. m.*

10014 Hist. du Prince Soly, surnommé Prenany, & de la Princesse Feslée. *Amst.* (*Par.*) 1740, *in*-12. *v. m.*

10015 Histoire du Roi Splendide & de la Princesse Hétéroclite. (*Par.*) 1748, 2 *part.* 1 *vol. in*-12. *v. m.*

10016 Histoire de la Sultane de Perse & des Visirs, contes turcs. *Paris*, Barbin, 1707, *in*-12. *v. f.*

10017 Histoire du Prince Titi. *Paris*, veuve Pissot, 1752, 3 *vol. in*-12. *v. f.*

ROMANS FRANÇOIS.

10018 Journées mogoles, opuscule décent d'un Docteur chinois. *Paris*, J. B. Costard, 1772, 2 part. 1 vol. in-12. v. f. d. s. t.

10019 Le loup galleux & la jeune Vieille, contes, par Mad. DE V***. *Leyde*, (Par.) 1744, in-12. v. m.

10020 Mille & une fadaises, contes à dormir debout, *ou le nouveau canapé, ouvrage dans un goût très-moderne*, par CAZOTTE. 1743, in-12. v. f.

10021 Contes de Cour, tirez de l'ancien gaulois, par la Reine de Navarre, & publiez par le Chevalier DE MOUHY. *Londres*, 1740, 8 vol. in-12. v. m.

10022 Les mille & une folies, par M. N. *Amst.* (Par.) 1771, 4 vol. in-12. v. m.

10023 Mille & une heures, contes péruviens. *Amst.* Wetstein, 1734, 2 vol. in-12. v. m.

10024 Mille & un jours, contes persans, trad. par PETIS DE LA CROIX. *Paris*, 1729, 5 v. in-12. v. m.

10025 Mille & une nuits, contes arabes, trad. par GALLAND. *Paris*, David, 1747, 6 v. in-12. v. m.

10026 Les mêmes, nouvelle édit. corrigée. *Paris*, Comp. des Libraires, 1774, 6 v. in-12. v. f. d. s. t.

10027 Mille & un quart-d'heure, contes tartares, par GUEULETTE. *Paris*, le Clerc, 1730, 3 vol. in-12. v. br.

10028 Les mêmes, *sous le titre des* Sultanes de Guzarate, *ou les songes des hommes éveillés*, contes mogols. *Paris*, Mouchet, 1732, 3 v. in-12. v. br.

10029 Les mêmes, *sous le titre de* Mille & une soirées. *La Haye*, (Par.) 1749, 3 vol. in-12. v. m.

10030 Minakalis, fragment d'un conte siamois, in-12. mar. r.

10031 Mirelis & Zinzenie, conte, auquel on a ajouté les délices de la Sauvagere. (Par.) 1754, in-12. m. r.

10032 Mirza & Fatmé, conte indien. *La Haye*, (Par.) 1764, in-12. mar. r.

10033 Nadir-Kan & Guliane, conte persan, pour

BELLES-LETTRES.

servir de supplément aux *Mille & une nuits*. *Paris*, Baſtien, 1772, *in*-12. *v. f. d. ſ. t.*

10034 Nanin & Nanine, fragment d'un conte, trad. de l'arabe, par le S. L. D. V. *Amſterd.* (*Par.*) 1749, *in*-8. *mar. r.*

10035 Nocrion, conte allobroge. (*Par.*) 1747, *in*-12. *v. m.*

Double à vendre 10036 Contes orientaux, (par le Comte DE CAYLUS). *La Haye*, 1743, 2 *vol. in*-12. *fig. v. m.*

10037 Contes orientaux, *ou les récits du sage Caleb*, Voyageur persan, par Mademoiselle M***, seconde édition, revue & corrigée. *Paris*, Mérigot le jeune, 1779, *in*-12. *v. f. d. ſ. t.*

10038 Nouveaux contes orientaux, ornés de figures en taille-douce, nouvelle édit. par le même. *Paris*, Mérigot le jeune, 1780, 2 *vol. in*-12. *v. f. d. ſ. t.*

10039 Conte oriental, par NADIR. *Paris*, 1767, *in*-12. *v. m.*

D. changé vendre 10040 Le palais du Silence, conte philosophique. *Amſt.* (*Par.*) 1754, 2 *vol. in*-12. *mar. r.*

10041 Les amuſemens spirituels des Frivoles, ou Pantin & Pantine, conte spirituel. *Amſt.* Michel, 1751, *in*-8. *mar. r.*

CONTENANT:
La naissance de l'Amour, pastorale en vers.

Doub: ch: a vend. 10042 La patte du chat, conte zinzimois, (par CAZOTTE.) (*Par.*) 1741, *in*-12. *v. m.*

Double à vendre. 10043 Le plaisir & la volupté, conte allégorique. *Paphos*, (*Par.*) 1752, *in*-12. *v. m.*

10044 La poupée, par DE BIBIENA. *La Haye*, (*Paris*) 1747, 2 part. 1 *vol. in*-12. *v. m.*

10045 Le Prince des aigues-marines & le Prince invisible, contes. *Paris*, Vatel, 1722, *in*-12. *v. f.*

D: à vend: 10046 Les mêmes. *La Haye*, (*Par.*) 1744, *in*-12. *v. m.*

D. à vend 10047 Le Prince Ananas & la Princesse Moustille, conte, *La Haye*, (*Par.*) *in*-12. *v. m.*

D. à vend. 10048 Le Prince Glacé & la Princesse Etincellante. *La Haye*, (*Par.*) 1743, *in*-12. *v. m.*

ROMANS FRANÇOIS.

10049 La Princesse Camion, conte de Fées. *La Haye*, (*Par.*) 1743, *in*-12. *v. m.*

10050 La Princesse Couleur de rose & le Prince Céladon, conte. *La Haye*, (*Par.*) 1743, *in*-12. *v. m.*

10051 La Princesse Coqued'œuf & le Prince Bonbon. *La Haye*, (*Par.*) 1745, *in*-12. *v. m.*

10052 La Princesse Lionette & le Prince Coquerico, conte, *La Haye*, (*Par.*) 1743, *in*-12. *v. m.*

10053 Nouvelles diverses du tems de la Princesse des Prétintailles, conte de Fées, par la Comtesse D. L. (DE LINTO.) *Paris*, Ribou, 1702, *in*-12. *v. m.*

10054 La Princesse Sensible & le Prince Typhon, conte. *La Haye*, (*Par.*) 1743, *in*-12. *v. m.*

10055 La Reine de Golconde, par M. l'Abbé DE BOUFLERS. *Paris*, 1761, *in*-8. *v. m.*

10056 Sensible & Constant, *ou* le véritable amour. *Paris*, Merlin, 1768, *in*-12. *v. m.*

10057 Les soirées bretonnes, par GUEULETTE. *Par.* Saugrain, 1712, *in*-12. *v. m.*

10058 Roman de CRÉBILLON fils, 2 *vol. in*-12. *v. m.*

10059 Le soufflet, conte chinois. *La Haye*, (*Par.*) 1742, *in*-12. *v. m.*

10060 Le Sultan Misapouf & la Princesse Grisemine, par l'Abbé DE VOISENON. *Lond.* (*Par.*) 1746, *in*-12. *baz.*

10061 Conte allégorique, par Mademoiselle DE ***. *La Haye*, (*Par.*) 1745, *in*-12. *baz. Tanastés.*

10062 Tecserion, par M. B. DE S. 1737, *in*-12. *v. f. d. s. tr.*

10063 La tour ténébreuse & les jours lumineux, contes anglois, accompagnés d'historiettes, & tirés d'une ancienne Chronique composée par Richard, surnommé Cœur de lyon, Roi d'Angleterre, avec le récit de ses aventures, (par Mademoiselle L'HÉRITIER.) *Paris*, Barbin, 1705, *in*-12. *v. f.*

10064 Tout vient à point qui peut attendre, *ou* Cadichon, suivi de Jeannette, *ou* l'indiscrétion, contes, par feu M. le Comte DE CAYLUS, pour

238 BELLES-LETTRES.

servir de supplément aux contes des Fées de Mad. d'Aulnoy, avec une préface de l'Auteur. *Paris, veuve Duchesne*, 1775, *in*-12. *v. f. d. s. t.*

10065 Trapue, Reine des Topinamboux, ou la Maîtresse femme. *Paris, le Jay*, 1771, *in*-12. *v. m.*

10066 Trop long, conte très-court, par TÉGÉTÉ. *Sans nom de Ville*, 1770, *in*-32. *v. f.*

10067 La tyrannie des Fées détruite, nouveaux contes, par la Comtesse D. L. (D'AUNEUIL.) *Paris, Chevillon*, 1702, *in*-12. *mar. r.*

10068 Zenzoli & Bellina, ou le triomphe de la nature. *La Haye*, (*Par.*) 1746, *in*-12. *v. m.*

10069 Zulmis & Zelmaïde, par l'Abbé DE VOISENON. *Amsterd.* (*Par.*) 1745, *in*-12. *baz.*

Voyages imaginaires & Songes.

10070 Les aventures d'Italie de D'ASSOUCY. *Paris, Quinet*, 1679, *in*-12. *v. m.*

10071 Aventures de Jacques SADEUR, (Gabriel FOGNY, ex-Cordelier,) dans la découverte & le voyage de la Terre australe. *Paris, Cl. Barbin*, 1692, *in*-12. *v. f.*

10072 Les aventures du Voyageur aërien, histoire espagnole, avec les Paniers, *ou* la vieille Prétieuse, com. en prose. *Paris, Cailleau*, 1724, *in*-12. *v. b.*

10073 La découverte de l'Empire de Cantahar. *Paris, Prault*, 1730, *in*-12. *v. f.*

10074 Les délices & les galanteries de l'Isle de France. *Cologne, Marteau*, 1709, 2 *v. in*-12. *m. r.*

10075 Description de l'Isle de la Portraiture & de la Ville des Portraits. *Par. de Sercy*, 1659, *in*-12. *v. f.*

10076 Description galante de la ville de Soissons, avec un recueil de pieces fugitives. *La Haye, Kieboom*, 1729, *in*-8. *v. m.*

10077 Les divertissemens de Forges, où les aventures de plusieurs personnes de qualité sont fidélement décrites, par F. C. *Paris, Barbin*, 1663, *in*-12. *mar. r.*

ROMANS FRANÇOIS.

10078 Les femmes militaires, relation hist. d'une Isle nouvellement découverte, par le C. D***. Paris, Simon, 1735, in-12. fig. v. f.

10079 Les mêmes. Par. Didot, 1750, in-12. fig. v. f.

10080 Le fameux Voyageur, par PRECHAC. Paris, veuve Padeloup, 1682, in-12. mar. r.

10081 Gomgam, ou l'homme prodigieux, transporté dans l'air, sur la terre & sous les eaux, (par BORDELON.) Paris, Saugrain, 1711, in-12. v. f. d. f. t.

10082 Le même, augmenté. Paris, Prault, 1713, 2 vol. in-12. fig. v. m. d. f. t.

10083 Histoire ou Police du Royaume de Gala, traduite de l'italien en anglois, & de l'anglois en françois. Lond. (Par.) 1754, in-12. v. m.

10084 Histoire nouvelle, (hist. du bouquet, ou l'hist. de Zelinde) dédiée au génie du siecle, avec la relation d'une Isle que personne n'a jamais vue & ne verra jamais, (Par.) 1746, in-8. v. m.

10085 L'Isle de France, ou la nouvelle Colonie de Vénus. Amsterd. (Par.) 1753, in-8. v. m.

10086 L'Isle taciturne & l'Isle enjouée, ou voyage du Génie Alaciel dans ces deux Isles. Amst. (Par.) 1759, in-12. v. m.

10087 Lamekis, ou les voyages d'un Egyptien dans la Terre intérieure, avec la découverte de l'Isle des Silphides, par le Chevalier DE MOUHY. Paris, Poilly, 1737—1738, 4 vol. in-12. v. m.

10088 Micromégas, par DE VOLTAIRE. Berlin, 1750, in-12. v. m.

10089 Le nouveau Télémaque, ou voyage & aventures du Comte de ... & son fils. La Haye, van Cleef, 1741, 3 vol. in-8. v. m.

10090 Le Nouvelliste aërien, ou le Silphe amoureux. Amst. (Rouen) 1734, in-12. v. br.

10091 L'odyssée, ou diversité d'aventures, rencontres & voyages en Europe, Asie & Afrique, par DU CHASTELET DES BOIS. La Fleche, Laboé, 1665, 2 part. 1 vol. in-4. v. m.

BELLES-LETTRES.

10092 Le pays d'Amour. *Lyon*, Riviere, 1665, *in*-12. *v. m.*

10093 Le Petit-Maître philosophe, *ou voyages & aventures du Chevalier de Mainvillers dans les principales Cours de l'Europe. La Mecque,* (*Amsterd.*) 1751, 3 *vol. in*-12. *v. m.*

10094 Les promenades de la guinguette, aventures & hist. galantes, dialogue. *Paris*, 1718, *in*-12. *v. f.*

10095 Les promenades de Livry, par L. C. *Paris*, Osmont, 1678, 2 *vol. in*-12. *v. m.*

10096 La promenade du Luxembourg. *La Haye*, 1738, *in*-12. *v. m.*

10097 La promenade de Saint-Cloud, *ou la confidence réciproque. Paris*, Dupuis, 1736 & 1737, 3 *vol. in*-12. *v. f.*

10098 La même. *Paris*, Brocas, 1755, 3 *vol. in*-12. *mar. r.*

10099 Promenades du bois de Schevelin. *Cologne*, Marteau, 1737, *in*-12. *premiere part. mar. r.*

10100 La promenade de Versailles, *ou histoire de Célanire. Paris*, Barbin, 1669, *in*-8. *mar. r.*

10101 La promenade de Versailles, *ou entretien de six Coquetes, par* DE SAINT-PAUL. *La Haye*, (*Par.*) 1737, *in*-12. *v. m.*

10102 Les promenades & rendez-vous du Parc de Versailles. *Paris*, Musier fils, 1762, 2 *part.* 1 *vol. in*-12. *v. m.*

10103 Relation de ce qui s'est passé dans la nouvelle découverte du Royaume de Frisquemore. *Paris*, Jolly, 1662, *in*-12. *v. m.*

10104 Premiere, deuxieme & troisieme relation du voyage fait dans la Lune, par M.***, 1751, *in*-12. *v. f. d. s. t.*

10105 Le rhume à la mode, histoire nouvelle de trois Commeres, *ou le voyage de Dieppe*, par M. J***. *Paris*, Jorry, 1760, *in*-12. *v. m.*

10106 Les sauvages de l'Europe. *Berlin*, (*Par.*) 1760, *in*-12. *v. m.*

ROMANS FRANÇOIS.

10107 Soirées du Bois de Boulogne, par M. le Comte DE ***. *La Haye*, (*Par.*) 1742, 2 vol. in-12. v. m.

10108 Tant pis pour elles, tant pis pour eux; & tant mieux pour eux, tant mieux pour elles, ou le voyage impromptu. *Saint-Cloud*, (*Par.*) 1760, in-12. v. mar.

10109 Voyages d'Angélique. *Londres*, 1751, 2 part. 1 vol. in-12. v. m.

10110 Voyage d'Alcimédon, ou naufrage qui conduit au port. *Amst.* (*Par.*) 1759, in-12. v. m.

10111 Le même. *Nancy, le Clerc*, 1768, in-12. v. m.

10112 Voyage de Campagne, par Mad. la Comtesse DE ****, (Mad. DURAND.) *Paris, Barbin*, 1699, 2 vol. in-12. v. f. d. f. t.

10113 Voyages de Mylord Céton dans les sept Planetes, ou le nouveau Mentor, trad. par Madame DE R*. R*. (ROBERT.) *Par.* 1765, 7 v. in-12. v. m.

10114 Le voyage de M. de Cleville. *Londres*, (*Par.*) 1750, in-12. m. r.

10115 Voyage merveilleux du Prince Fanféredin dans la Romancie, contenant plusieurs observations historiques, géographiques, physiques, critiques & morales, par le P. BOUGEAN, Jésuite. *Paris, le Mercier*, 1735, in-12. mar. r.

10116 Le voyage de Fontainebleau, par PRECHAC. *Lyon, Amaulry*, 1679, in-12. mar. r.

10117 Le voyage forcé, ou maniere de tirer avantage des circonstances, par C. H. NIREL, L. M. *Lond.* (*Lille*) 1778, in-12. v. m.

10117* Le voyage forcé de Bécafort, Hypocondriaque, qui s'imagine être indispensablement obligé de dire ou d'écrire, & qui, dit-on, écrit en effet, sans aucun égard, tout ce qu'il pense des autres & de lui-même, sur quelque matiere que ce soit, (par M. l'Abbé BORDELON.) *Paris, Musier*, 1709, in-12. v. f.

10118 Le voyage de Guibray, ou les aventures des Princes de B. & de C., piece comique, avec l'hist.

Tome III. Q

BELLES-LETTRES.

du fameux Barry, de Filandre & d'Alifon, par M. D***. *Sans nom de Ville*, 1704, *in*-12. *mar. r.*

10119 Le voyage interrompu. *Paris*, Ribou, 1737, 2 part. 1 *vol. in*-12. *v. m.*

10120 Le voyage de l'Ifle d'Amour, par l'Abbé TALLEMANT. *Paris*, Barbin, 1664. = Le deuxieme voyage de l'Ifle d'Amour. *Paris*, de Sercy, 1664. = Le retour de l'Ifle d'Amour. *Leyde*, Elzevier, 1666, *in*-12. *v. f.*

10121 Le voyage de la conquête de l'Ifle d'Amour, le paffe-partout des cœurs. = Le deuxieme voyage de l'Ifle d'Amour. *Par.* Befoigne, 1675, *in*-12. *baz.*

10122 Le voyage de l'Ifle d'Amour, ou la clef des cœurs. *La Haye*, (*Par.*) 1713, *in*-12. *v. f.*

10123 Voyage de l'Ifle de Paphos. *Florence*, (*Par.*) 1747, *in*-12. *mar. r.*

10124 Le voyage de Mante, ou les vacances, par DE BONNEVAL, orné de figures. *Amfterd.* (*Par.*) 1753, *in*-12. *fig. v. f.*

10125 Voyage au féjour des Ombres, 1749, 2 part. 1 *vol. in*-12. *mar. r.*

10126 Le voyage des Princes fortunés, par BEROALDE DE VERVILLE. *Par.* Guerin, *dit* la Tour, 1610, *in*-8. *v. f.*

10127 Voyages & aventures d'une Princeffe Babylonienne. *Geneve*, (*Par.*) 1768, *in*-8. *v. m.*

10128 Le voyage de Saint-Cloud par mer & par terre. *La Haye*, (*Par.*) 1752, 2 part. 1 *vol. in*-12. *mar. r.*

10129 Les voyages de Zulma dans le pays des Fées. *Amft.* (*Par.*) 1734, *in*-12. *v. br.*

10130 Le Voyageur fortuné dans les Indes du Couchant, *ou* l'amant malheureux, par A. D. S. (*Sans date*) *in*-12. *v. m.*

CONTENANT:
Portrait de Mad. ***. = Dialogues. = Lettres de Tirfis à Doralice. = Billets doux ou galants. = Les amours du Jour & de la Nuit. = Hiftoire du Poëte Sibus. = Almanach d'Amour pour l'année 1659.

ROMANS FRANÇOIS.

10131 Le Voyageur philosophe dans un pays inconnu aux habitans de la terre, par DE LISTONAI. *Amst.* 1761, 2 vol. *in-12. v. m.*

10132 L'histoire des imaginations extravagantes de M. Oufle, causées par la lecture des livres qui traitent de la magie, du grimoire, des démoniaques, sorciers, loups-garoux, &c. (par BORDELON.) *Paris*, Gosselin, 1710, 2 vol. *in-12. fig. v. m.*

10133 La même. *Paris*, Prault, 1753, 2 vol. *in-12. v. m.*

10134 Songes d'un Hermite. *A l'Hermitage de Saint-Amour*, 1771, *in-12. v. m.*

10135 Les songes du Chevalier de la Marmotte. *Au Palais de Morphée*, 1745, *in-12. v. f.*

10136 Songes philosophiques, par le Marquis D'ARGENS. *Berlin*, 1746, *in-12. mar. r.*

10137 Songes philosophiques, par M. MERCIER. *Paris*, le Jay, 1768, *in-12. v. m.*

10138 Songes du Printems, par TURBEN. *Sans nom de Ville, ni date, in-12. mar. r.*

10139 Les visions admirables du Pelerin du Parnasse, *ou divertissement des bonnes compagnies & des esprits curieux*. *Paris*, Daubin, 1635, *in-8. m. r.*

Romans mystiques ou de spiritualité, par ordre alphabétique.

10140 Adelaïde de Witsbury, *ou la pieuse pensionnaire*, par le R. P. Michel-Ange MARIN. *Avignon*, Giroud, 1750, *in-12. v. m.*

10140 * Agathe à Lucie, *lettre pieuse*, par J. P. C. (CAMUS), Evêque de Bellay. *Paris*, Chappelet, 1622, *in-12. mar. r. d. s. t.*

10141 Agathomphile, *ou les Martyrs Siciliens, Agathon Phyleigyrippe, Tryphine, & leurs associés, hist. dévote, où se découvre l'art de bien aymer, pour antidote aux deshonnestes affections; & où, par des succès admirables, la saincte amour du martyre triomphe du martyre de la mauvaise amour*, par

Q 2

BELLES-LETTRES.

le même. *Paris*, Chappelet, 1623, *in-8. m. r. d. f. t.*

10142 Le même. *Paris*, Branchu, 1638, *in-8. v. m.*

10143 Alcime, relation funeste, où se descouvre la main de Dieu sur les impies, par le même. *Paris*, Lasnier, 1625, *in-12. m. r. d. f. t.*

10144 L'Alexis, du même, où sont déduites plusieurs histoires remplies d'enseignemens de piété. *Paris*, Chappelet, 1622 & 1623, 6 *vol. in-8. m. r. d. f. t.*

10145 Aloph, *ou le Parastre malheureux*, par le même. *Lyon*, Travers, 1626, *in-12. v. f.*

10145 * L'Amante convertie, *ou l'éloge d'une illustre pénitente*, par EUSEBE. *La Haye*, Moetjens, 1700, *in-12. mar. rouge.*

10145 ** L'Amazone chrétienne, *ou les avantures de Madame de Saint-Balmon, qui a joint une admirable dévotion, & la pratique de toutes les vertus, avec l'exercice des armes & de la guerre*, par L. P. J. M. D. V. *Paris*, Meturas, 1678, *in-12. v. m.*

10146 Les Amours de la Magdelene, où l'amour divin triomphe de celui du monde, par BAREAU. *Paris*, Rousset, 1618, *in-12. v. m.*

10147 L'Amphithéâtre sanglant, où sont représentées plusieurs actions tragiques, par J. P. CAMUS, Evêque de Belley. *Paris*, Cottereau, 1630, *in-8. mar. rouge d. f. t.*

10148 Aristandre, par le même; (ouvrage dans lequel on fait voir comme le vice n'a de la douceur qu'au visage, & qu'en nous quittant il nous laisse toujours des impressions d'horreur & d'ennuy). *Lyon*, Gaudion, 1624, *in-12. v. f.*

10149 Arsene, *ou la vanité du monde*, par J. D. D. C. *Paris*, Guignard, 1690, *in-12. v. b.*

10150 Le Bouquet d'Assuere, par J. P. CAMUS, Evêque de Belley. *Paris*, Soubron, 1638, *in-8. mar. rouge d. f. t.*

10151 Bouquet d'histoires agréables, par le même. *Paris*, Alliot, 1630, *in-8. mar. r. d. f. t.*

10152 Le Cabinet historique, rempli d'histoires véri-

ROMANS FRANÇOIS.

tables, arrivées tant dedans que dehors le Royaume, avec les moralités, par le même. *Par.* Loyson, 1668, *in-8. v. f.*

10153 La Caritée, *ou* le pourtraict de vraye charité, histoire tirée de la vie de S. Louis, par le même. *Paris*, Alliot, 1641, *in-8. mar. r. d. f. t.*

10154 Casilde, *ou* le bonheur de l'honnêteté, par le même. *Paris*, 1628, *in-12.* (manque le titre).

10155 Célide, *ou* histoire de la Marquise de Bliville, par Mademoiselle M****. *Paris*, veuve Duchesne, 1775, 2 *vol. in-12. v. f. d. f. t.*

10156 La Chasteté récompensée, *ou* Histoire de sept pucelles, doctes & sçavantes; ensemble celle du chaste Floris & de Heliodore, son amante, malheureuse, recueillie de plusieurs historiens, par le R. P. Benoist GONAN, Célestin. *Bourg en Bresse*, Tainturier, 1643, *in-8. v. br.*

10157 Clearque, *ou* la cruauté monstrueuse; & Timolas, *ou* les discordans accords, par J. P. CAMUS, Evêque de Belley. *Rouen*, du Petit-Val, 1629, *in-12. m. r. d. f. t.*

10158 Le Cleoreste, par le même, représentant le tableau d'une parfaite amitié. *Lyon*, Chard, 1626, 2 *vol. in-8. m. r. d. f. t.*

10159 La Courtisanne solitaire, où sont exprimées les diverses passions, &c. de l'amour; les triomphes du vrai & parfait amour; les combats, roses & espines de la solitude, & les moyens de se prévaloir contre les tentations qui s'y rencontrent, par J. LOURDELOT. *Lyon*, de Cœursilly, 1622, *in-8. m. r. d. f. t.*

10160 Damaris, *ou* la Marastre implacable, par J. P. CAMUS, Evêque de Belley. *Lyon*, Travers, 1626, *in-12. v. f.*

10161 Daphnide, *ou* l'integrité victorieuse, par le même. *Lyon*, Chard, 1625, *in-12. m. r. d. f. t.*

10162 Les Decades historiques, par le même. *Douay*, Wyon, 1632, *in-8. mar. r. d. f. t.*

Q 3

BELLES-LETTRES.

✠ 10163 Diotrephe, histoire Valentine, par le même, (dans laquelle on verra que des malheurs proviennent souvent d'une source qui ne paroît pas mauvaise.) *Lyon*, Chard, 1626, *in-12. m. r. d. s. t.*

✠ 10164 Les Diversités, par le même. *Paris*, Chappelet, 1609 & 1618, 11 *vol. in-8. m. r. d. s. t.*

✠ 10165 Divertissement historique, par le même. *Rouen*, Vaultier, 1643, *in-8. m. r. d. s. t.*

✠ 10166 Dorothée, *ou récit de la pitoyable issue d'une volonté violentée*, par le même. *Paris*, Chappelet, 1621, *in-8. mar. r. d. s. t.*

✠ 10167 Elise, *ou l'innocence coulpable*, par le même. *Paris*, Chappelet, 1621, *in-8. m. r. d. s. t.*

✠ 10168 Entretiens historiques, du même. *Paris*, Bertaut, 1639, *in-8. mar. r. d. s. t.*

✠ 10169 Les erres de Philaret; (c'est-à-dire, ayme-vertu, où l'on fait voir la misere de l'homme en terre, & le souverain bien qui l'attend au ciel,) par le sieur DE REBREUIETTES. *Arras*, de la Riviere, 1611, *in-8. v. m.*

✠ 10170 Les évenemens singuliers, par CAMUS, Evêque de Belley. *Paris*, Savreux, 1660, *in-8. v. f.*

✠ 10171 Eugene, histoire Grenadine, offrant un spectacle de pitié & de piété, par le même. *Paris*, Chappelet, 1623, *in-12. mar. r. d. s. t.*

✠ 10172 La Farfalla, *ou la Comédienne convertie*, par P. Michel-Ange MARIN. *Avign.* veuve Niel, 1762, *in-12. v. m.*

✠ 10172* Flaminio & Colman; deux miroirs, l'un de la fidelité; l'autre de l'infidelité des domestiques, par CAMUS, Evêque de Belley. *Lyon*, Chard, 1626, *in-12. m. r. d. s. t.*

✠ 10173 Floriane, son amour, sa pénitence & sa mort, par F. F. D. R. *Paris*, Guillemot, 1601, *in-12. v. m.*

✠ 10174 Hellenin, & son heureux malheur. = Callitrope, *ou le changement de la droite de Dieu*, par J. P. CAMUS, Evêque de Belley. *Lyon*, Chard, 1628, *in-8. mar. r. d. s. t.*

ROMANS FRANÇOIS. 247

10175 Hermiante, *ou les deux Hermites contraires;* le reclus & l'inftable; hiftoires éfquelles eft traitté de la perfection religieufe, par le même. *Rouen,* de la Marre, 1639, *in-8. mar. r. d. f. t.*

10176 L'Hiacinte, où fe voit la différence d'entre l'amour & l'amitié, par le même. *Paris,* Billaine, 1627, *in-8. v. m.*

10177 Hiftoire de Cleophas & de Sephora; les adventures diverfes de leur amitié, & leur fin glorieufe, par M. ROUSSEL. *Paris,* Mettayer, 1601, *in-12. m. r. d. f. t.*

10178 Hiftoires confidérables; favoir, Honorat, ou les pures affections : Aurelio, ou la defference, par J. P. CAMUS. *Rouen,* Petit-Val, 1630, *in-12. v. f.*

10178 * L'Hiftoire d'Herodias; icy fe verront les effais de l'impudence effrenée après le vice, attirans les punitions divines fur les efprits de rébellion, par BEROALDE DE VERVILLE. *Tours,* Molin, 1600, *in-12. v. br.*

10178 ** Hiftoires de piété & de morale. *Sans date, ni nom de Ville. in-12. v. m.*

CONTENANT :

Hiftoire d'Efther; de Godefr. de Bouillon; d'un Conneftable de Perfe; d'Elifabeth; de Canut; de Jofeph.

10179 Hiftoire de la vertueufe Portugaife, ou le modele des femmes chrétiennes, par M. l'Abbé MAYDIEU. *Paris,* C. P. Berton, 1779, *in-12. v. m.*

10180 L'Innocence reconnue, par le Rév. P. DE CERIZIERS, Jéfuite. *Par.* Gaffe, 1647, *in-8. pap.*

10181 Jonathas, ou le vrai ami, par le même. *Bruxelles,* Foppens, 1667, *in-12. parchemin.*

10182 L'Iphigene, ou l'union de la générofité avec l'honnêteté, de la piété avec la pureté, &c. &c. par J. P. CAMUS, Evêque de Belley. *Lyon,* Chard, 1625, 2 *vol. in-8. v. b.*

10183 Les Leçons exemplaires, par le même. *Par.* Bertault, 1632, *in-8. m. r. d. f. t.*

10184 Les faindes inconftances de Leopolde & de

248 BELLES-LETTRES.

Lindarache, par Henry DE LISDAM. Paris, Legras, 1632, in-12. v. m.

10185 Marianne, ou l'innocente victime, par J. P. CAMUS, Evêque de Belley. Paris, Cottereau, 1629, in-12. m. r. d. s. t.

10186 Melanie, ou la Veuve charitable, histoire morale. Paris, Deshayes, 1729, in-12. v. br.

10187 La mémoire de Darie, où se voit l'idée d'une dévotie se vie & d'une religieuse mort, par Jean LE CAMUS, Evêque de Belley. Paris, Chappelet, 1620, in-12. m. r. d. s. t.

10188 Mémoriaux historiques, par le même. Paris, Villery, 1643, in-8. m. r. d. s. t.

10189 Le miroir des Dames, où les effects d'une saincte amitié sont au vif representés, par J. B. D. (Jean-Baptiste DUPONT.) Lyon, Ancelin, 1605, in-12. m. r. d. s. t.

10190 La mort de Paulin & d'Alexis, illustres amans de la mere de Dieu, & leurs lettres sur des sujets bien importants, avec la belle mort de quelques serviteurs ou servantes de Dieu, &c. par le P. P. DE BARRY. Lyon, Borde, 1658, in-8. pap.

10191 Observations historiques, par J. P. CAMUS, Evêque de Belley. Rouen, Dumesnil, 1632, in-12. mar. rouge d. s. t.

10192 Les occurrences remarquables, par le même. Rouen, Vaultier, 1642, in-8. m. r. d. s. t.

10193 Palombe, ou la Femme honnorable, hist. Catalane, par le même. Par. Chappelet, 1625, in-8. v. f.

10194 La parfaicte solitude, soubs les noms des deux Princes Themiste & Poleon, par Jean SAIGEOT. Troyes, Chevillot, 1635, in-8. v. f.

10195 Parthenice, ou peinture d'une invincible chasteté, par J. P. CAMUS, Evêque de Belley. Par. Chappelet, 1624, 2 vol. in-8. v. f.

10196 Le Pentagone historique, monstrant en cinq façades autant d'accidens signalés, par le même. Paris, de Sommaville, 1631, in-8. m. r. d. s. t.

ROMANS FRANÇOIS.

10197 Petronille, accident pitoyable, cause d'une vocation religieuse, par le même. *Paris*, Dehors, 1632, *in-*8. *m. r. d. s. t.*

10198 La pieuse Julie, par le même. *Paris*, Lasnier, 1625, *in-*8. *m. r. d. s. t.*

10199 La Giulia pia, historia del vescovo DI BELLEY, portata dalla lingua franc. nell ital. dal sig. Pet. BALDI. *Venezia*, Combi, 1659, *in-*12. *v. m.*

10200 Les récits historiques, *ou* histoires divertissantes, entremêlées de plusieurs agréables rencontres, & belles reparties, par J. P. CAMUS, Evêque de Belley. *Paris*, Clousier, 1643, *in-*8. *m. r. d. s. t.*

10201 Regule, histoire Belgique, par le même, (dans laquelle on fait voir que d'un cahos de désordres Dieu sçait tirer ses esleus à un ordre bien reiglé, &c.) *Lyon*, Lautret, 1627, *in-*12. *v. br.*

10202 Les relations morales, par le même. *Paris*, Cottereau, 1631, *in-*8. *m. r. d. s. t.*

10203 Les relations morales, du même. *Rouen*, Mallassis, 1638, *in-*8. *v. m.*

10204 Les rencontres funestes, *ou* fortunes infortunées de notre temps, par le même. *Paris*, Alliot, 1644, *in-*8. *m. r. d. s. t.*

10205 Roselis, ou l'histoire de Sainte Susanne, par le même. *Paris*, Chappelet, 1623, *in-*8. *v. f.*

10206 Le saint désespoir d'Oleastre, par le même. *Lyon*, Gaudion, 1624, *in-*12. *v. m.*

10207 Les Spectacles d'horreur, où se descouvrent plusieurs effets tragiques de nostre siecle, par le même. *Paris*, Soubron, 1630, *in-*8. *m. r. d. s. t.*

10208 Spéculations historiques, par le même. *Par.* Alliot, 1643, *in-*8. *v. f.*

10209 Spiridion, Anachorete, par le même. *Paris*, Chappelet, 1623, *in-*12. mar. *r. d. s. t.*

10210 Les succès différens, par le même. *Paris*, Cottereau, 1630, *in-*8. *m. r. d. s. t.*

10211 Les Tapisseries historiques, par le même. *Par.* Durand, 1644, *in-*8. *m. r. d. s. t.*

250 BELLES-LETTRES.

10212 La Tour des miroirs, par le même. (Par.) Bertault, 1631, in-8. m. r. d. f. t.

10213 Le triomphe de l'amour honnête, ou les sentimens amoureux de Philandre, par GILLET. Par. Quinet, 1642, in-4. v. f.

10214 Les triomphes d'Angelique, & le Temple d'amour & de beauté, où, par l'amour & la beauté des créatures, on parvient à l'amour & la beauté du Créateur. Paris, Rigaud, 1615, in-8. m. r. d. f. t.

10215 Les trois états de l'innocence, par le Sieur DE CERIZIERES, Aumônier du Roi. Lyon, Carteron, 1649. 3 tom. 1 vol. in-8. v. m.

10216 Variétés hist., par J. P. CAMUS, Evêque de Belley. Roüen, Malaffis, 1641, in-8. m. r. d. f. t.

10217 Le verger historique, par le même. Paris, Seveftre, 1644, in-8. m. r. d. f. t.

10218 La victoire de l'amour divin, fous les amours de Polidore & de Virgine, par DE NERVEZE. Paris, du Breuil, fans date, in-12. m. r. d. f. t.

10219 Le voyage du Chevalier errant, par F. Jeh. DE CARTHENY, Carme. Anvers, 1557, in-8. v. f.

10220 Le même. Douay, Fouler, 1587, in-12. v. f.

10221 Le voyageur inconnu, histoire apologétique pour les Religieux, par J. P. CAMUS, Evêque de Belley. Paris, Cottereau, 1630, in-8. m. r. d. f. t.

10222 Le même. Paris, Beffin, 1640, in-8. v. m.

Romans allégoriques.

10223 Atalzaïde, ouvrage allégor. 1745, in-12. v. m.

10224 Celenie, hist. allégorique, par Madame DE L***. Paris, Prault, 1732, in-12. m. r.

10225 Epigone, histoire du siecle futur, par D. P. Paris, Lamy, 1659, in-8. v. f.

10226 Histoire du royaume des Amans, avec les loix & coutumes que les peuples y obfervent, & leur origine du pays des Amadis, ouvrage nécessaire à ceux qui veulent y voyager. Paris, Barbin, 1676, in-12. m. r.

ROMANS FRANÇOIS.

10227 Nouvelle histoire du temps, *ou relation du royaume de la Coqueterie; la blanque des illustres filoux du même royaume de Coqueterie, & les mariag. bien assortis.* Par. le Ché, 1655, *in-*12. *v. m.*

10228 Mahmoud le Gasnevide, *histoire orientale, fragment traduit de l'arabe, avec des notes,* (ouvrage de M. MELON.) *Rotterdam,* Hofhoudt, 1729, *in-*8. *v. m.*

10229 La Salamandre, *nouvelle allégori-comique, par* L'AFFICHARD. *Venise,* (*Par.*) 1744, *in-*12. *baz.*

10230 La pudeur, *histoire allégorique, par le Chevalier* DE NEUFVILLE-MONTADOR. *Paris,* Simon, 1739, *in-*12. *mar. r.*

10231 Roman des oiseaux, *par* BOUCHER. *Paris,* Alexandre Lesselin, 1661, *in-*8. *v. f.*

Romans comiques.

10232 Nouveau recueil de divertissemens comiques, *par* OUDIN DE PREFONTAINE. *Paris,* de Luyne, 1670, *in-*12. *v. br.*
CONTENANT:
Le soliciteur de procès. = L'apprenti charlatan. = Le Chevalier d'industrie. = Le Philosophe hipocondre. = Le Pédant soldat. = La Vieille en colere. = L'Héritier par figure. = Le Commic revoqué.

10233 Recueil de diverses pieces comiques, gaillardes & amoureuses. *Paris,* (*Amst.*) 1671, *in-*12. *v. f.*
CONTENANT:
Les Amans trompés & les Dames enlevées. = Le Praticien amoureux. = Le Poëte extravagant. = L'assemblée des Filoux & des Filles de joie. = L'assemblée des Maîtres-d'Hostel, le jour de la my-caresme. = Le Cavalier crotesque. = L'Apoticaire empoisonné.

10234 Galanteries diverses, *arrivées pour la plupart en France, en allemand & en françois.* Nuremberg, Tauber, 1685, *in-*12. *mar. r.*
CONTENANT:
Les soirées des auberges. = L'Apoticaire de qualité. = Le mariage de Belfégor. = L'occasion perdue, recouverte.

BELLES-LETTRES.

10235 Les amours, intrigues & cabales des domestiques des grandes maisons de ce temps ; œuvre fort plaisante & agreable pour resjouir les esprits mélancoliques. *Paris*, de Villac, 1633, *in-8. v. f.*

10236 Les amours folastres & recreatives du Filou & de Robinette. *Bourg-en-Bresse*, Tainturier, 1629, *in-12. v. m.*

10237 Amusemens comiques, *ou histoire de Folidor*. *La Haye*, Gallois, 1739, *in-12. m. r.*

10238 L'Apoticaire de qualité, nouvelle galanterie & véritable. *Cologne*, Marteau, 1670, *in-12. m. r.*

10239 Les avantures tragi-comiques du Chevalier de la Gaillardise, (l'orphelin infortuné,) où dans le récit facétieux de sa vie & de ses infortunes, il divertit agréablement les esprits mélancoliques, par Fr. César OUDIN DE PREFONTAINE. *Paris*, Besongne, 1662, *in-8. v. m.*

10240 Chronique burlesque, ou recueil d'histoires divertissantes, & d'aventures comiques. *Londres*, 1742, *in-12. v. f.*

10241 Le double cocu. *Amst.* (*Par.*) 1679, *in-12. v. m.*

10242 Le même, *sous le titre du* Vice-Roi de Catalogne. *Rouen*, Maurry, 1679, *in-12. m. r.*

10243 Le même, *sous le titre du* Cocu content, *ou le véritable miroir des amoureux*. *Amst.* (*Rouen*) 1702, *in-12. v. f.*

10244 Le même, *sous le titre d'*Histoire galante d'un double cocu. *Amst.* (*Rouen*,) 1703, *in-12. m. r.*

10245 Hist. des cocus. *La Haye*, (*Par.*) 1746, *in-12. baz.*

10246 La Courtisanne Bourdeloise, par J. DE LA ROCHE, Baron de Florigny. *Paris*, du Breuil, 1599, *in-12. v. m. d. s. t.*

10247 Les Dames retrouvées, histoire comique. *Paris*, Brunet, 1670, *in-12. m. r.*

10248 Le Diable babillard ou indiscret. *Cologne*, (*Paris*) 1711, *in-12. v. m.*

10249 Le Diable bossu. *Nancy*, Gaydon, 1708, *in-12. bazanne.*

ROMANS FRANÇOIS.

10250 Hist. du grand & véritable Chevalier Caissant. Versailles, Coral, 1714, in-12. m. r.

10251 Suite de l'histoire du Chevalier Caissant. Paris, Bauche, 1716, in-12. v. b.

10252 Histoire secrette du Prince Croquetron & de la Princesse Foirette. Sans date, in-12. v. f.

10253 La vraye histoire comique de Francion, par Nicolas DE MOULINET, Sieur DU PARC, Gentilhomme Lorrain, (Charles SOREL,) amplifiée & augmentée d'un livre, suivant les manuscrits de l'Autheur. Paris, P. Billaine, 1633, in-8. m. r.

10254 La même, mise en meilleur françois, & enrichie de plusieurs figures. Amst. (Rouen) 1697, 2 vol. in-12. v. m.

10255 La même, nouvelle édition. Leyde, (Paris) 1721, 2 vol. in-12. fig. v. m.

10256 Histoire de Gilblas de Santillane, par LE SAGE. Paris, Nyon, 1747, 4 vol. in-12. v. m.

10257 La même. Paris, le Jay, 1771, 4 vol. in 12. fig. v. m.

10258 Histoire plaisante de Reinier. Lyon, Rigaud, 1625, in-16. v. m.

10259 Le langage des muets, ou promenades angloises, nouvelles galantes & comiques. Sans frontispice, in-12. v. br.

10260 Les maîtres-d'hôtel aux Halles; le cavalier Crotexte, & l'Apoticaire empoisonné, nouvelles comiques, par Franç. OUDIN DE PREFONTAINE. Paris, Loyson, 1670, in-12. v. m.

10261 Mital, ou aventures incroyables & toutefois, &c., par BORDELON. Ces aventures contiennent quinze relations d'un voyage rempli d'un grand nombre de prodiges, merveilles, d'usages, de coutumes, &c.; on y trouve aussi, scenes du Clam & du Coram; scenes des grands & des petits. Paris, Ch. le Clerc, 1708, in-12. v. f.

10262 Monsieur de Kervault, nouvelle comi-galante. Paris, Barbin, 1678, 2 vol. in-12. v. f. d. s. t.

BELLES-LETTRES.

10263 La mouche, *ou* les espiègleries & aventures galantes de Bigand, nouvelle édition, revue & corrigée, avec fig. *Paris*, veuve Duchesne, 1777, 4 part. 2 vol. in-12. *v. f. d. s. t.*

10264 Oh! que c'est bête, par M. TIMBRÉ. *Berne*, (Par.) 1776, in-8. *v. f. d. s. t.*

10265 Le papillotage, ouvrage comique & moral. *Rotterdam*, (Par.) 1765, in-8. *v. m.*

10266 Le philosophe sérieux, histoire comique. *Londres*, (Par.) 1761, in-12. *v. f. d. s. t.*

10267 Polyandre, histoire comique. *Paris*, Courbé, 1648, 2 vol. in-8. *mar. r.*

10268 La pompe funebre d'Arlequin, mort le dernier Août 1700. *Paris*, Musier, 1701, in-12. *v. f.*

10269 La prison sans chagrin, histoire comique du temps. *Paris*, Barbin, 1669, in-12. *v. m.*

10270 La Reine d'Ethiopie, historiette comique. *Par.* Barbin, 1670, in-12. *mar. r.*

10271 Le roman bourgeois, ouvrage comique, par A. FURETIERE. *Paris*, Girard, 1666, in-8. *v. f.*

10272 Le même, avec des rem. histor. & une satyre en vers, par le même. *Nancy*, Cusson, 1713, in-12. fig. *v. m.*

10273 Le roman comique, de SCARRON avec la suite, par DE PRECHAC. *Paris*, de Luyne, 1692, 3 vol. in-12. *v. m.*

10274 Le même, avec la suite, ou troisieme vol. par A. OFFRAY. *Paris*, David, 1717 & 1730, 3 vol. in-12. *v. f.*

10275 Suite & conclusion du roman comique, par M. D. L. *Paris*, Pissot, 1771, in-12. *v. f.*

10276 Supplément au roman comique, *ou* mémoires pour servir à la vie de Jean Monnet, écrits par lui-même, avec les mystifications du Sieur P*** (Poinsinet.) *Lond.* (Par.) 1772, 2 v. in-12. *v. m.*

10277 Semelion. *Sans date ni nom de Ville*, in-12. *v. f.*

ROMANS FRANÇOIS. 255

10278 Les foirées des auberges. *Paris*, Loyfon, 1669, *in-12. mar. r.*

CONTENANT:

L'Apoticaire de qualité. = L'aventure de l'hoftellerie. = Le mariage de Belfégor. = L'occafion perdue & recouverte.

10279 Le triomphe de la Bafoche, & les amours de Me Sébaftien Grapignan. *Paris*, de Luyne, 1698, *in-12. mar. r.*

10280 Le vagabond, *ou* hiftoire & le caractere de la malice & des fourberies de ceux qui courent le monde aux defpens d'autruy. *Paris*, Villery, 1644, *in-8. v. m.*

10281 La vie de Don Alphonfe Blas de Lirias. *Amft.* Wytwerf, 1744, *in-12. fig. v. m.*

10282 La vie de Pedrille del Campo, par THIBAULT, avec les cantates & autres poéfies du même Aut. *Paris*, Prault, 1718, *in-12. v. m.*

10283 La même. *Amft.* le Cene, 1720, *in-12. v. f.*

10284 La voiture embourbée. *Paris*, Huet, 1714, *in-12. v. f.*

Romans fatyriques.

10285 La vie du fameux Gargantuas. *Paris*, Mufier, *fans date, in-8. v. f.*

10286 Le nouveau Panurge, avec fa navigation en l'île Imaginaire; fon rajeuniffement en icelle, & le voyage que fit fon efprit en l'autre monde pendant le rajeuniffement de fon corps. *La Rochelle*, Gaillard, *fans date, 2 vol. in-12. v. m.*

10287 Le tiers & le quart livre des faits et dictz de Pantagruel, par RABELAIS. *Lyon*, 1547 & 1548, *2 vol. in-16. v. f. & v. m.*

10288 Le quart livre des faicts héroïques et dictz du bon Pantagruel, par RABELAIS. *Lyon*, Aleman, 1552, *in-8. v. m.*

10289 Jugemens & nouvelles obfervations fur toutes les œuvres de Me François Rabelais, *ou* le véri-

BELLES-LETTRES.

table Rabelais réformé, par BERNIER. *Paris*, d'Houry, 1697, *in*-12. *v. f.*

10290 Rabelais ressuscité, récitant les faicts & comportemens admirables du très-valeureux Grangosier, Roi de Place-Vuide, traduit de grec-affricain en françois, par THIBAUT LE NATTIER. *Paris*, du Breuil, 1614, *in*-12. *v. br.*

10291 L'Abbé en belle humeur. *Cologne*, Marteau, 1734, *in*-12. *v. m.*

10292 Le même. *Col.* (*Par.*) 1747, *in*-12. *v. f.*

10293 L'Almanach burlesque, & pourtant véridique, contenant maintes joyeuses prédictions, & plusieurs secrets admirables, très-utiles à ceux qui n'en ont que faire. (1733.) *in*-16. *v. f.*

10294 Almanach des cocus, *ou* amusemens pour le beau sexe. *Constantinople*, 1741, *in*-12. *v. éc.*

10295 Almanach nocturne, à l'us. du grand monde, par la Marquise D. N. N. C. *Paris*, Morel, 1739, 1740—1741, *in*-12. *v. f.*

10296 Almanach terrestre, *ou* prédictions critico-comiques. *Paris*, Prault, 1713, *in*-12. *v. f.*

10297 L'Amour à la mode, par DE P***, satyre historique. *Paris*, Saugrain, 1699, *in*-12. *v. f. d. s. t.*

10298 L'Art de plumer la poule sans crier. *Colog.* 1710, *in*-12. *v. m.*

10299 Aventures du Mont-Griffon, *ou* la baguette enchantée. *Troyes*, Garnier, 1715, *in*-12. *m. r.*

10300 Le Diable confondu, *ou* le sot Astaroth. *La Haye*, van Dole, 1740, *in*-12. *v. m.*

10301 Le Diable hermite, *ou* les aventures d'Astaroth banni des enfers, par M. DE M***. *Amster.* Joly, 1741, 2 vol. *in*-12. *v. m.*

10302 Entretiens, *ou* le Moine au parloir, *Cologne*, 1682, *in*-12. *cart.*

10303 Histoire de Camouflet, souverain potentat de l'Empire d'Equivopolis. *Equivopolis*, (*Par.*) 1751, *in*-12. *mar. r.*

10304 Histoire nouvelle & galante de deux aimables

ROMANS FRANÇOIS.

bles quêteuses & d'un frere quêteur de même famille. *Paris*, Oudot, 1727, *in-12. cart.*

10305 Histoire de Don Ranucio d'Aletès. *Venise*, (Rouen) 1736, 2 *vol. in-12. fig. v. f.*

10306 L'Homme inconnu, *ou les équivoques de la langue*, dédié à Bacha Bilboquet. *Dijon*, Defay, 1713, *in-12. v. f.*

10307 L'Homme au latin, *ou la destinée des sçavans. Geneve*, (Par.) 1769, *in-8. v. f.*

10308 L'Infortuné Napolitain, *ou les aventures de Rozelli. Amst.* (*Par.*) 1729, 2 *vol. in-12. fig. v. m.*

10309 Le Journaliste amusant, *ou le monde sérieux & comique. Amst.* l'Honoré, 1732, *in-12. v. m.*

10310 La musique du Diable, *ou le mercure galant devalisé. Amst.* 1711, *in-12. v. m.*

10311 Les partisans démasqués, *ou suite de l'art de voler sans aîles. Cologne*, 1709, *in-12. v. br.*

10312 Le roman satyrique de Jean DE LANNEL. *Paris*, du Bray, 1624, *in-8. v. m.*

10313 Le même, *sous le titre du Roman des Indes. Paris*, du Bray, 1625, *in-8. v. m.*

Collections de Romans.

10314 Amusemens du beau sexe, *ou nouvelles hist. galantes, tragiques & comiques. La Haye*, Levier, 1740, 7 *vol. in-12. mar. r.*

CONTENANT:

Leonidas. = Histoire d'une femme qui aima mieux se brûler avec son mari, que de le voir infidele. = Histoire du colier de perles volé. = Hist. des bas verds. = Galanteries d'un François à Constantinople. = Histoire de la famille visionnaire; de la fille Soldat; du mari cocu par lui-même; du cabinet des miroirs. = L'archi-Tartuffe, *ou* histoire de Viergette. = Histoire du val de Gallie, *ou de* l'enfant ingrat. = La femme aux deux maris. = L'échange par hasard. = La folie. = Les femmes sont souvent cause de la perte des hommes. = Les assassinats. = Le mal de mere. = Hist. de Magius & de Brétius, *ou la pierre philosophale.* = L'amour reconnu l'ame du monde. = L'amant Maître Italien. = Histoire des quatre bouquets. = L'infidé-

Tome III. R

BELLES-LETTRES.

lité reconnue. = Le folitaire. = Le foldat malgré lui. = La fauſſe Provençale. = L'amant cocher. = L'Amour muſicien. = Le double mariage. = Les maris jaloux. = L'amant ventouſé. = La vertu malheureuſe. = La Belle morte d'amour. = Les apparences trompeuſes. = La rencontre inopinée, ou aventures de l'opéra. = Le pere rival de ſon fils, ſtances en vers. = L'amant rechauffé, ou la bonne intention mal interprétée. = L'amante fidelle. = L'heureux ſuccès cauſé par l'envie. = Hiſtoire des faux cheveux. = Mort d'amour & mort de joie. = Les amans dupés. = La promeſſe de mariage volée. = Le crime, ordinaire reſſource des diſſipateurs. = La double mépriſe, ou avent. plaiſantes aux bains d'Aix en Savoie. = L'amant batelier. = Les heureux caprices du haſard, ou aventures du Marq. de Roufignac. = Gazette galante. = Hiſtoire de l'ordre de la liberté des cœurs. = La reſſemblance. = La Dame embourbée. = L'heureux infortuné. = La prévention ridicule. = Le double déguiſement. = Le trop grand empreſſement à rendre ſervice, ſouvent dangereux, toujours mal récompenſé. = La rupture ridicule. = L'enfant ours, & l'horloge des amans. = Le mari pâtiſſier. = Les étrennes galantes. = Les Chanoineſſes. = La fauſſe Penſionnaire. = La belle Normande. = L'avarice punie. = L'amant garde. = Les Apoticaires de Marſeille. = Les pois verds. = L'amant infidele. = L'épreuve dangereuſe. = Le rival inviſible. = Diſcours ſur la conteſtation. = Queſtions diverſes ſur différentes matieres, avec leurs déciſions. = Dentenie, Reine d'Auſtraſie. = Procès galant, avec toutes les pieces du procès. = L'amitié la plus forte changée en haine implacable. = Le faux Abbé. = Le mari déſabuſé. = De la préférence que le plaiſir d'aimer doit avoir ſur tous les autres. = L'amant par dépit & par vengeance. = Les amans heureux & malheureux. = Conſeils déſintéreſſés à la jeune Iris. = Hipparice. = Le lutin. = L'amante trompée dans ſes vues. = Le coup de mort manqué. = Les deux ſœurs rivales.

10315 Les amuſemens de la campagne, ou le défi ſpirituel, nouv. galante. *Sans nom de Ville,* 1724, in-12. mar. r.

CONTENANT:

La folle ſageſſe. = Le muet babillard. = La ſympathie forcée, ou le double échange.

10316 Amuſemens de la campagne, *ou récréations*

ROMANS FRANÇOIS.

historiques, avec quelques anecdotes secrettes & galantes. *Paris*, 1742 & 1743, 7 *vol. in-*12. *v. m.*

CONTENANT:

Zulima. == Mylord Courtenai. == Abra-Mulé, *ou* hist. de la déposition de Mahomet IV, Empereur des Turcs. == Ildégerte, Reine de Norwege. == Le voyage de Falaise. == La fausse Comtesse d'Isamberg. == Epicaris, *ou* l'histoire secrette de la conjuration de Pison contre Néron. == Histoire secrette de la conjuration des Pazzi contre les Médicis. == Le mariage forcé. == L'antipathie. == Le fourbe hypocrite. == La Laconade, *ou* la belle Pâtissiere. == La prévention confondue. == La coquette Harpie. == Le colporteur de Proserpine. == L'enfant trouvé. == La nouvelle Matrone. == La Vieille dupée. == Les huit contens. == La marmite à Gillot. == La mere mari. == L'inceste innocent, *ou* la mauvaise mere. == Les vendanges de Chablis, *ou* l'Avocat berné. == L'avare généreux. == Le mort marié. == Le faux rapt. == La tourterelle infidelle. == La princesse Lionelle. == Le Juge de Kimper. == Les apparences trompeuses. == Les Médecins d'Auxerre. == La femme ressuscitée. == Cathos la blanchisseuse. == Blaise Gaulard. == Carte de l'Isle du mariage.

10317 Nouveaux amusemens de la campagne, *ou* récréations histor., avec quelques anecd. secrettes & galantes. *Paris*, 1743, 4 *vol. in-*12. *v. m.*

CONTENANT:

Les histoires du Recueil précédent depuis Epicaris jusqu'à la fin.

10318 Amusement des Dames, *ou* recueil d'histoires galantes. *La Haye*, Paupie, 1740 & 1741, 4 *vol. in-*12. *v. éc.*

CONTENANT:

Mémoires du Chevalier Ribeze. == Les qui-pro-quo dans l'amour conjugal, *ou* l'innocence dans l'amour sacrilege. == Le triomphe de l'amour & de la vertu dans l'esclavage & sur le trône. == Les métamorphoses de l'amour, *ou* le double déguisement. == Le mari vengé, *ou* l'Abbé joué. == L'illustre vendangeuse. == Portrait d'une illustre femme. == Mémoires de Mademoiselle Mainville, *ou* le feint Chevalier, par le Marquis D'ARGENS. == Le voyageur anglois. == La double sotise, *ou* les malheureux effets des mariages mal assortis. == Les tristes effets de la jalousie. == Les caprices de l'amour & de la fortune.

R 2

10319 Amuſemens hiſtoriques. *Amſterd.* 1735, 2 vol. in-12. v. éc. d. ſ. t.

CONTENANT:

Muſtapha & Bajazet. ⹀ Oſmia. ⹀ Warbek. ⹀ Garcias de Médicis. ⹀ André, Roi de Hongrie. ⹀ Sampietro. ⹀ Mahomet II. ⹀ Roderic, Roi des Gots. ⹀ Inès de Caſtro. ⹀ Sabinus. ⹀ Alfonſe de Caſtille. ⹀ Leonor Tellez de Meneſez. ⹀ Xicotencal, Prince Américain. ⹀ Jeanne I & Jeanne II, Reines de Naples & Sicile. ⹀ Boris. ⹀ Démétrius. ⹀ Révolution de Bragance. ⹀ Louis de Fieſque. ⹀ Mad. de Balagny. ⹀ Tamayo. ⹀ Martinuze. ⹀ Hiſtoriette portugaiſe. ⹀ Pontia. ⹀ Nicolas Gabrini Lorenci.

10320 Les après-ſoupers de la campagne, *ou* recueil d'hiſtoires courtes, amuſantes & intéreſſantes. *Par.* Bauche, 1759 & 1762, 4 *part.* 2 *vol.* in-12. v. m.

10321 Bibliotheque de campagne, *ou* amuſemens de l'eſprit & du cœur. *Geneve*, Cramer, 1749, 18 *vol.* in-12. v. m.

CONTENANT:

Traité de l'origine des romans, par HUET. ⹀ Guſtave Vaſa. ⹀ La Boucle de cheveux enlevée, poëme. ⹀ Inès de Cordoue. ⹀ Le Comte d'Amboiſe. ⹀ Eléonor d'Yvrée, par Mademoiſelle BERNARD. ⹀ Catherine de France, Reine d'Angleterre, par BAUDOT DE JUILLY. ⹀ Voyage de campagne. ⹀ L'apprentie coquette, par DE MARIVAUX. ⹀ La Ducheſſe de Milan. ⹀ Mémoires du Comte de Comminge. ⹀ Voyage de Bachaumont & Chapelle. ⹀ Poëſies de la Chapelle. ⹀ Académie galante. ⹀ Hiſtoire de Henri IV, Roi de Caſtille. ⹀ La Comteſſe de Mortane. ⹀ La nouvelle Aſtrée. ⹀ La Comteſſe de Tande, par Mad. DE LA FAYETTE. ⹀ La Princeſſe de Montpenſier. ⹀ Aventure extraordinaire. ⹀ Mémoires du Comte de Grammont. ⹀ Hiſtoire de Fleur d'épine. ⹀ Les quatre Facardins. ⹀ Le belier, par HAMILTON. ⹀ La Princeſſe de Cleves, par SEGRAIS. ⹀ Le Prince de Condé, par BOURSAULT. ⹀ La Princeſſe de Portian. ⹀ Les amours de Henri IV, Roi de France. ⹀ Mad. de Villequier. ⹀ Zaïde, par SEGRAIS. ⹀ Le Temple de Gnide, par MONTESQUIEU. ⹀ Les malheurs de l'amour, par Mad. DE TENCIN. ⹀ Le ſiege de Calais. ⹀ Hiſt. ſecrete de Bourgogne. ⹀ Le bâtard de Navarre. ⹀ Hiſtoire de Marguerite de Valois, Reine de Navarre. ⹀ Les égaremens du cœur & de l'eſprit, par CREBILLON. ⹀ La conſtance à toute épreuve, *ou* les aventures de la Comteſſe de Savoie.

ROMANS FRANÇOIS.

━ Histoire secrete de la conjuration des Pazzi contre les Médicis. ━ Epicaris, *ou* histoire secrete de la conjuration de Pison contre Néron. ━ Anne de Bretagne, *ou* l'amour sans foiblesse, par l'Abbé DE VILLARS. ━ La Comtesse de Vergi. ━ Jacqueline de Baviere, Comtesse de Hainault. ━ Zadig. ━ Histoire de la Comtesse de Gondez. ━ Les amours d'Ismene & d'Isménias.

10322 Bibliotheque de campagne, *ou* les amusemens du cœur & de l'esprit. *Paris*, veuve Duchesne, 1751 —1777, 24 *vol. in*-12. *v. m.*

CONTENANT

La campagne, trad. de l'anglois, par M. DE PUISIEUX, 1767. ━ Contes traduits de l'angl. 1774. ━ Le début, *ou* les premieres aventures du Chevalier de ***, à L***, 1770. ━ Histoire de Mademoiselle de Terville, par Mad. DE PUISIEUX, 1768. ━ Lydia, *ou* mémoires de Mylord D***, imités de l'angl. par M. DE LA PLACE, 1772. ━ La famille vertueuse, lettres trad. de l'angl. par M. DE LA BRETONE, 1767. ━ Les spectacles nocturnes, 1756. ━ Mémoires du Chevalier d'Erban, 1755. ━ Les filles femmes & les femmes filles, *ou* le monde changé, conte, par M. SIMIEU, 1751. ━ L'Isle de France, *ou* la nouvelle Colonie de Vénus, 1752. ━ Tout vient à point qui peut attendre, *ou* Cadichon, suivi de Jeannette, *ou* l'indiscrétion, contes, par le Comte DE CAYLUS, 1775. ━ Histoire des singes & autres animaux curieux, &c. 1752. ━ La gamologie, *ou* de l'éducation des filles destinées au mariage, par M. DE CERFVOL, 1772. ━ Lettres d'Aspasie, trad. du grec, 1756. ━ Contes, aventures & faits singuliers, &c. recueillis de M. l'Abbé PREVOST, 1767. ━ Fo-ka, *ou* les métamorphoses, conte chinois, dérobé à M. de V***, 1777. ━ Lettres écossoises, trad. de l'angl. par M. VINCENT, Avocat, 1777. ━ La constance couronnée, *ou* les époux unis par l'Amour, 1764. ━ L'équipée, poëme histori-comique en six chants, (en vers) 1776. ━ Les faux-pas, *ou* les mémoires vrais ou vraisemblables de la Baronne de ***, 1755. ━ Mémoires de l'Académie des Sciences, Inscriptions, Belles-Lettres, Beaux-Arts, &c. nouvellement établie à Troyes en Champagne, par M. GROSLEY, 1756 ━ Histoire de Jonathan Wild le Grand, trad. de l'angl. de FIELDING, 1763. ━ Carmantiere, *ou* les engagemens rompus par l'amour, 1754. ━ Lettres turques. ━ Lettres parisiennes sur le desir d'être heureux, 1758. ━ Les veuves, comédie en prose en douze scenes. ━ Mourat & Tur-

BELLES-LETTRES.

quia, histoire africaine, par Mademoiselle DE L****, 1752. ══ Songe d'un Hermite, 1770. ══ Cléopatre, d'après l'histoire, 1750. ══ Mém. de Gaudence de Luques, prisonnier de l'Inquisition, 1753, *fig.* ══ Ressources contre l'ennui, *ou* choix d'anecdotes curieuses & de bons-mots, 1771. ══ Roman politique sur l'etat présent des affaires de l'Amérique, 1757. ══ Magasin énigmatique, 1767. ══ Recueil de poësies de M. SEDAINE, 1760. ══ L'impromptu de Thalie, *ou* la lunette de vérité, comédie en vers & en douze scenes, par M. SEDAINE. ══ Anacréon, pastorale héroïque en vers en dix scenes, (par M. SEDAINE.) ══ Bibliotheque amusante & instructive, 1755.

10323 Nouvelle Bibliotheque de campagne, *ou* choix d'épisodes intéressans & curieux, tirés des meilleurs romans, tant anciens que nouveaux. *Paris, le Jay*, 1769, 8 *vol. in-12. v. s.*

10324 Bibliotheque choisie & amusante. *Amsterd.* 1749, 6 *vol. in-12. v. m.*

CONTENANT:

Mémoires du Chevalier D***, par le Marquis D'ARGENS. ══ Histoire du Chevalier de R***, anecdote du siege de Tournay. ══ Histoire de Mademoiselle Dattily. ══ L'épouse infortunée, par D. P. B. ══ Caprices romanesques. ══ Les époux malheureux, *ou* histoire de la Bédoyere. ══ L'art d'aimer, poëme, par BERNARD. ══ Malheurs de l'amour. ══ Histoire de Mad. de Luz. ══ Œuvres diverses en vers & en prose, relatives à Voltaire. ══ Fanfiche, *ou* les Mémoires de Mademoiselle de ***. ══ La vallée de Tempé. ══ Le génie ombre, & la Salagno silph-ondine, conte. ══ Psaphion, *ou* la Courtisane de Smyrne. ══ Hist. des trois fils d'Hali-Bassa, & des trois filles de Siroco. ══ Mylord Stanley, *ou* le criminel vertueux. ══ Le voyage de Saint-Cloud par mer & par terre. ══ Bok & Zulba. ══ La force de l'exemple, par DE BIBIENA. ══ Les mœurs de Paris. ══ Pantin & Pantine. ══ L'Amour voyageur. ══ Amusemens poétiques.

10325 Bibliotheque universelle des romans, ouvrage périodique, dans lequel on donne l'analyse raisonnée des romans anciens & modernes, françois, ou traduits dans notre langue, avec des anecdotes & des notices historiques & critiques concernant les auteurs ou leurs ouvrages, &c. depuis Juillet

ROMANS FRANÇOIS.

1775, jusqu'en Décembre 1780. *Paris, la Combe*, 1775 & *suiv.* 88 *vol. in*-12. dont 72 *v. m. d. s. t.* & 16 *brochés.*

10326 Les journées amusantes, par Madame DE GOMEZ. *Amsterdam*, 1731 & 1732, 8 *vol. in*-12. *fig. v. m.*

CONTENANT:

Histoire de Belise, d'Orsame & de Julie. Histoire de la Princesse de Ponthieu. Aventures de Saladin. Histoire de Mélante & d'Hortense. Histoire d'Olympe. Histoire de Jean de Calais. Lettre sur la Tragédie de Romulus, PAR DE LA MOTTE. Histoire de Cléodon. Histoire de Camille. Histoire de Ganoret. Histoire de Léonore de Valesco. Histoire de Gazan. Histoire de Florinde. Histoire d'Amurat IV & de la Princesse Rakima. Histoire du Comte de Salmony. Histoire d'Etelrod, Roi d'Angleterre. Histoire de l'Imperatrice Zoé & de Michel Calephate. Histoire de Négalisse. Hist. d'Arelise. La force du sang, *ou* histoire de Léocadie. Histoire de Dona Elvire de Zuarès.

10327 Lectures amusantes, *ou* les délassemens de l'esprit. *La Haye*, Moetjens, 1739, 2 *vol. in*-12. *v. m.*

CONTENANT:

Discours sur les nouvelles. Armindes, *ou* le faux Chevalier de S. Jacques. Les étranges aventures. L'ambition secondée par la fortune. L'orgueil puni, *ou* le fourbe trompé. La mauvaise réputation est une tache que la mort n'efface point. Tout dépend de la maniere. D. Felix, *ou* l'homme qui cherche son propre malheur. D. Ignace d'Avalos.

10328 Lectures sérieuses & amusantes. *Geneve*, Philibert, 1753, 6 *vol. in*-12. *v. m.*

CONTENANT:

La force de l'amitié. Lettres de Dumontier. Le Prince Noisy Ballet & la Parodie. Cléomélie. Triomphe de la constance. L'amant capricieux. Les amours de Manon. L'heureux enlevement. Apologie des femmes, (*réflex.*) La Fée Louvette & Minet bleu, conte, par Madame FAGNAN. Histoire de la félicité. Histoire de Mademoiselle de ***, par REMOND DE S. MARD. Amours infortunés de Juliette & de Romeo. Le Comte de Valmire. Rambler, *ou* le furet. Hist. de Camille. L'ambitieux puni. La paysanne généreuse. Hist. d'Elisabeth de S***. L'amant annobli par l'amour. La force de l'honneur. Réflexions morales de Mylord Bolingbroke.

R 4

BELLES-LETTRES.

Le pour & contre sur l'éducation des Demoiselles. Recette pour les Dames qui ont des maris infideles. Le puits de la vérité.

10329 Lectures amusantes, *ou* choix varié de romans, contes moraux, & anecdotes historiques. Par. Grangé, 1771, 4 part. 2 vol. in-12. v. f. d. f. t.

CONTENANT:

Les faveurs du sommeil. Les hommes de Prométhée. A deux de jeu. Anecdote tirée de l'Histoire d'Angleterre. Du vrai & parfait amour. La corbeille. Histoire de Gulzoume & du Roi des Génies. Le songe utile. Prémiflas, histoire secrete de Pologne. Charles Martel. Belle & Laide, conte. Mémoires de la Marquise de B***. Hist. de Nourgehan & de Damaké.

10330 Collection complette des œuvres de M. de Crébillon le fils. *Londres*, (*Bruxel.*) 1772, 7 vol. in-8. v. f. d. f. t.

10330* Recueil de romans moraux & philosophiques, par VOLTAIRE. *Neufchâtel*, 1771, 2 vol. in-12. v. m.

10331 Romans & contes de M. DE ***, (l'Abbé DE VOISENON.) *Londres*, (*Par.*) 1767, 5 part. 3 vol. in-12. v. mar.

CONTENANT:

Le Sultan Misapouf & la Princesse Grisemine. Histoire de la félicité. Zulmis & Zelmaide. Tant mieux pour elle, conte.

ROMANS ESPAGNOLS.

Romans de Chevalerie, de la Table ronde, & des Amadis.

10332 L'Opere magnanime de i due Tristani, Cavalieri della Tavola Ritonda, libri duoi. *Venetia*, Michele Tramezino, 1555, 2 vol. in-8. v. f. d. f. t.

10333 Amadis de Gaules, par Mademoiselle DE LUBERT. *Amst.* (*Par.*) 1750, 4 v. in-12. fig. v. m.

10334 Traduction libre d'Amadis de Gaule, par M. le Comte DE TRESS** (TRESSAN.) *Paris*, Pissot, 1779, 2 vol. in-12. v. f. d. f. t.

ROMANS ESPAGNOLS. 265

10335 Les hauts faits d'Esplandian, suite d'Amadis des Gaules. *Par.* Piſſot, 1751, 2 *v. in*-12. *m. r.*

10336 Liſuarte di Grecia, figlivol dell'Imperatore Splandiano, nuovamente dalla ſpagnuola nella italiana lingua tradotto. *Venetia*, Michele Tramezzino, 1567, *in*-8. *v. f.*

10337 Liſuarte di Grecia, figliuolo dello Imperatore Splandiano, chiamato aggiunta, nuovamente ritrovato, & tradotto nella lingua italiana, per Mambrino Roseo. *Venetia*, Lucio Spineda, 1610, *in*-8. *v. f. d. ſ. t.*

* Nicolas Antoine a parlé des hauts-faits d'armes de Liſuart de Grece, fils d'Esplandian, qu'il a dit être le VIIe livre de l'Amadis Eſpagnol; mais il en a omis l'*aggiunta* que nous venons de rapporter : elle eſt ſans nom d'Auteur, ainſi que les aventures auxquelles elle ſert de ſupplément. *Voyez Biblioth. Hiſp. nova*, *pag*. 683, *tom*. *II*, *col*. 1.

L'Abbé Lenglet n'en a également point eu connoiſſance. *Voyez pag. 196, 197 & 204.*

10338 Il medeſimo. *Venetia*, Spineda, 2 *tom*. 3 *vol. in*-8. *v. f. d. ſ. tr.* 1630.

10339 La chronique du très-vaillant & redouté Don Flores de Grece, ſurnommé le Chevalier des Cignes, ſecond fils d'Esplandian, Emper. de Conſtantinople, avec figures gravées en bois, mis en françois par le Seigneur DES ESSARTS, Nicolas DE HERBERAY. *Anvers*, Vaeſberghe, 1561, *in*-4. *mar. r. d. ſ. t.*

10340 L'hiſtoire du Chevalier du Soleil. *Amſterd.* (*Par.*) 1750, 2 *vol. in*-12. *mar. r.*

10341 Hiſtoire du Chevalier du Soleil, extrait de l'ancien roman du même nom, dont on a tiré le plus eſſentiel & le plus digne de la curioſité du public, tirée de l'eſpagnol. *Amſterdam*, (*Par.*) 1769, 4 *part.* 2 *vol. in*-12. *v. f. d. ſ. t.*

10342 La même. *Paris*, Gauguery, 1769, 2 *vol. in*-12. *v. m.*

10343 Hiſtoire du Chevalier du Soleil, de ſon frere Roſiclair, & de ſes deſcendans, traduction libre

& abrégée de l'espagnol, par M. le Comte DE
TRESSAN, avec la conclusion tirée du Roman des
romans, du Sieur DU VERDIER. *Paris*, Piſſot,
1780, 2 *vol. in*-12. *v. f. d. ſ. t.*

10344 La hiſtoria de gli ſtrenui & valoroſi Cavallieri Don Floriſello di Nichea, & Anaſſarte,
figliuoli del gran Principe Amadis di Grecia, recata
pur' hora da la lingua ſpagnuola, ne la noſtra italiana. *Vineg.*, Camillo Franceſchini, 1575, (lib. ij.)
═ Aggiunta al ſecondo libro di Don Floriſello,
chiamata libro delle prodezze di Don Florarlano,
novamente ritrouata. *Venetia*, (1563,) 3 *vol.
in*-8. *v. f. d. ſ. tr.*

Longis lineis, typis italicis.

* Ce Roman fait le IX.e livre de celui d'Amadis des Gaules ; ſon Auteur eſt Don Feliciano DE SILVA. *Voyez Nic.
Antoine*, *Biblioth. Hiſp. nova*, *tom. I*, *page 279*,
& *tom. II*, *page 683*.

10345 La medeſima, nuovamente riſtampata, & con
ogni diligenza corretta. *Venetia*, G. Valentino,
1608 & 1619, 2 *t.* 4 *v. in*-8. *v. f. d. ſ. t.*

10346 Don Silves de la Selua, la hiſtoria dove ſi
ragiona, de i valoroſi e gran geſti & amori del
Principe Don Silues de la Selua, con altre uarie
auenture di altri nobili Cauallieri, (libri II.) nuouamente uenuti à luce, & tradotti da gli annali di
Coſtantinopoli in lingua italiana per M. Mambrino ROSEO da Fabriano. *Vinegia*, Mich. Tramezzino, 1561, 2 *vol. in*-8. *v. f. d. ſ. t.*

Longis lineis, typis italicis.

* Ce Roman eſt le XIII.e livre de celui d'Amadis des Gaules. Nicolas Antoine n'en a pas connu cette verſion. *Voyez
Bibl. Hiſp. nova*, *tom. II*, *pag. 683*.

10347 Hiſtoire de Don Belianis de Grece, traduite
nouv. (par Cl. DE BUEIL.) *Paris*, Touſſ. du
Bray, 1625, *in*-8. *v. f.*

10348 Hiſtoria del valoroſiſſimo Cauaiere Palmerino
d'Oliva, di nuouo tradotto nell'idioma italiano,

ROMANS ESPAGNOLS. 267

libri II. *Venetia*, Michele Tramezzino, 1558 & 1560, 2 *vol. in-8. v. f. d. f. t.*

Romans de Chevalerie, de Charlemagne, des douze Pairs, & de la Chevalerie errante.

10349 Hiſtoria del valoroſiſſimo Cauallier della Croce, che per ſuo gran prodezze doppo varie impreſe fu à l'Imperio d'Alemagna ſublimato ; & hiſtoria delle valoroſe impreſe del Principe Leandro il bello, & Floramor ſuo fratello, figliuoli dell'Imperator d'Alemagna, tradotta nuouamente da l'idioma ſpagnuola in lingua italiana, per Pietro LORO, Modoneſe. *Venetia*, Gio Martinelli, 1580, 2 *vol. in-8. v. f. d. f. t.*

10350 Hiſtoire des hauts faicts d'armes du Prince Meliadus, *dit* le Chevalier de la Croix, miſe en françois par le Chevalier DU CLERGÉ, avec fig. gravées en bois. *Paris*, Bonfons, 1584, *in-4. v. f.*

10351 La même. *Troyes*, Oudot, 1612, *in-8.* (fig. en bois) *v. m.*

10352 Hiſtoire du vaillant Chevalier Tyran-le-Blanc, traduite de l'eſpagnol. *Londres*, (*Par.*) ſans date, 2 *vol. in-8. v. m.*

10353 Primaleone, nel quale ſi narra à pieno l'hiſtoria de ſuoi valoroſi fatti, & di Polendo ſuo fratello, nuouamente tradotto dalla lingua ſpagnuola, nella noſtra buona italiana. *Venetia*, 1560 & 1579, 1 *tom.* 4 *vol. in-8. v. f. d. f. t.*

Quatre livres partagés en quatre vol. & imprimés les trois premiers ſans nom d'Imprim. & le quatrieme par Tramezzino.

10354 Il medeſimo, (libri IV.) *Venetia*, Michele Tramezzino, 1560, & Domenico Farri, 1573, 2 *vol. in-8. parch.*

10355 Platir, figlivolo dell'Imperatore Primaleone, dove ſi veggono i ſuoi chiari e generoſi geſti, e gli alti ſuoi amori con la bella Florinda, figlivola del Buon Re di Lacedemonia, con aggiunta. *Ve-*

268 BELLES-LETTRES.

netia, Mich. Tramezzino, 1558 & 1560, 2 vol. in-8. baʒanne.

10356 La medefima, con aggiunta. *Venetia*, Mic. Tramezzino, 1558 & 1560, 2 vol. in-8. *v. f. d. f. t.*

10357 Il Cavalier Flortir, figliuolo dell' Imperator Platir, la hiftoria dove fi ragiona de i valorofi & gran gefti, & amore del Cavallier Flortir, con altre aventure di molti nobili & valorofi Cavallieri, aggiunto libro fecundo, di nuouo ritrovato ne gli annali delle Cavallerie de' Greci, & tradotto nella lingua italiana. *Vinegia*, Appreffo Enea de Alaris & Lucio Spineda, 1573 & 1608, 2 vol. in-8. *mar. r.*

10358 Hiftoria di Valeriano d'Ongaria, nella quale fi trattano le alte imprefe di Caualleria, fatte da Palmerindo, Re d'Ongaria, per amor dell' alta Principeffa Alberitia, figliuola del grande Imperatore di Trabifonda, & che d'ambidui nacque il forzato Cavalliero Valeriano, affegnando per qual caufa egli fu mandato da fuo padre alla corte del grande Imperator d'Alemagna, la quale all'hora Fiorina di nobiliffima Cavalliera, tradotta di lingua fpagnuola nella italiana, (da Pietro LAURO) parte prima. *Venet.* P. Bofello, 1558, in-8. *v. f. d. f. t.*

10359 Hiftoria del valorofo Cavallier Polifman, tradotta di lingua fpagnuola in italiana, da Giovanni MIRANDA. *Venetia*, Chriftoforo Zanetti, 1573, in-8. *v. f. d. f. t.*

10360 Hiftoria de i valorofi Cavallieri Olivieri di Caftiglia, & Artus di Dalgarue, nella quale fi leggono diverfe & ftrane aventure fucceffe à l'uno & à l'altro in Inghilterra & Irlanda, come Olivieri fù affunto al regno di Caftiglia, con altre cofe degne di memoria, tradotta dalla lingua fpagnuola nella tofcana per Franc. PORTONARI. *Venetia*, Luc. Spineda, 1612, in-8. baʒ.

10361 L'hiftoire d'Olivier de Caftille & d'Artus d'Algarbe, preux & vaillans Chevaliers, avec les prouef-

ROMANS ESPAGNOLS. 269

ses de Henry, fils d'iceluy Olivier, & de Hélaine fille du Roi d'Angleterre, (traduite du latin par Ph. CAMUS.) *Paris*, N. Bonfons, 1587, *in-4. v. m.*

10362 Histoire Palladienne, traittant des gestes & généreux faits d'armes & d'amours de plusieurs grands Princes & Seigneurs, spécialement de Palladien, fils du Roi Milanor d'Angleterre, & de la belle Selerine, nouvellement mise en notre vulgaire françois, par Cl. COLLET. *Paris*, Galiot du Pré, 1573, *in-8. v. f.*

10363 El ingenioso hidalgo Don Quixote de la Mancha, compuesto por Miguel DE CERVANTES SAAVEDRA. *Bruxelles*, Velpius, 1607 & 1616, 2 *vol. in-8. v. m.*

10364 Il medesimo. *Brucelas*, Hub. Antonio, 1616 & 1617, 2 *vol. in-8. v. m.*

10365 Le valeureux Don Quixotte de la Manche, ou histoire de ses grands exploicts d'armes, fideles amours, & advent. estrangeres, trad. par Cés. OUDIN & Fr. DE ROSSET. *Paris*, Coulon, 1639, 2 *vol. in-8. v. f.*

10366 Histoire de Don Quichotte de la Manche, traduite de l'espagnol de Michel DE CERVANTES, (par M. FILLEAU DE SAINT-MARTIN.) *Paris*, 1722, 6 *vol. in-12. fig. v. f.*

10367 Nouvelles aventures de l'admirable Don Quichotte de la Manche, trad. de l'espagnol d'Alonso Fernandez de AVELLANEDA, par LE SAGE. *Paris*, 1716, 2 *vol. in-12. fig. v. f.*

10368 Suite nouvelle & véritable de l'histoire & des aventures de l'incomparable Don Quichotte de la Manche, trad. de l'espagnol de Cide-Hamet BENENGELY, son véritable historien. *Paris*, Leclerc, 1722, 6 *vol. in-12. fig. v. f.*

10369 Les principales aventures de l'admirable Don Quichotte, représentées en figures par COYPEL, PICART le Romain, & autres habiles Maîtres, avec les explications des trente-une planches de cette magnifique collection, tirées de l'original espagnol de Miguel DE CERVANTES. *Paris*, Bleuet, 1774, 2 *vol. in*-8. *fig. v. f. d. s. t.*

Aventures amoureuses sous des noms empruntés de la Fable.

10370 La Diane de Georges DE MONTEMAYOR, en laquelle sont descrittes les variables & étranges effects de l'honneste amour, trad. d'espagnol en françois, par COLIN & Gab. CHAPPUIS. *Paris*, Bonfons, 1587, 1 *tom.* 3 *vol. in*-12. *mar. r.*

10371 La même. *Tours*, Moulin, 1592, 3 *vol. in*-12. *v. m.*

10372 La même, où, sous le nom de bergers & bergeres, sont compris les amours des plus signalés d'Espagne, trad. d'espagnol en françois, & conférée ès deux langues, par P. S. G. P. (PAVILLON,) corrigés par J. D. BERTRANCT, avec le texte à côté. *Paris*, du Brueil, 1611, *in*-8. *v. m.*

10373 La même traduct. *Paris*, Sanlecque, 1613, *in*-8. *mar. bl.* (Mout. mar. CL)

10374 La même, trad. en françois par A. V. P. (Anth. VITRAY, Parisien.) *Paris*, Rob. Fouet, 1623, *in*-8. *fig. v. f.*

10375 La même, trad. par Abraham REMY. *Paris*, Rocolet, 1624, 5 *vol. in*-8. *v. br.*
N. B. Il y a dans cet exempl. quelques feuillets mss.

10376 La même, mise en nouv. langage par Madame Gillet DE SAINTONGE. *Paris*, Horthemels, 1699, *in*-12. *mar. r.*

10377 La même, sous le titre de Roman Espagnol, nouv. trad. *Paris*, Briasson, 1735, *in*-12. *v. b.*

Aventures amoureuses sous des noms empruntés de l'Histoire.

10378 Histoire secrete de Don Antoine, Roi de Portugal, tirée des mémoires de Don GOMÈS Vascon-

ROMANS ESPAGNOLS. 271

cellos de Figueredo, par Madame Gillot DE SAINC-
TONGE. *Paris, J. Guignard, 1696, in-12. v. br.*

10379 L'histoire des guerres civiles de Grenade, tr. d'espagnol en franç, par Mademoiselle DE LA RO-
CHE-GUILEN. *Paris, du Bray, 1608, in-8. v. b.*

10380 La même. *Par. Barbin, 1683, 3 v. in-12. m. r.*

10381 Histoire de la Princesse Jaiven, Reine du Me-
xique, trad. de l'espagnol. *La Haye, (Par.) 1750, 2 part. 1 vol. in-12. mar. r.*

10382 Lindamire, histoire indienne, tirée de l'espag. par BAUDOIN. *Paris, Rocolet, 1638, in-8. v. m.*

10383 Relation historique & galante de l'invasion d'Espagne par les Maures, tirée des plus célebres auteurs de l'histoire d'Espagne. *La Haye, Moetjens, 1699, 4 tom. 1 vol. in-12. v. f. d. s. t.*

10384 La même, ornée de figures en taille-douce. *Paris, P. Witte, 1722, 4 tom. 2 vol. in-12. v. b.*

Aventures amoureuses sous des noms imaginaires, par ordre alphabétique.

10385 L'amant maltraicté de sa mye, (Arnalte & Lucenda) traduit de l'espagn. en françois, par le Seigneur DES ESSARS, Nicolas DE HERBERAY. *Gand, Salenson, 1556, in-12. v. f.*

10386 Le même, *sous le titre de* Petit traité d'Arnalte & Lucenda, en franç. par Nic. DE HERBE-
RAY, Sieur DES ESSARS, avec une trad. en ital. par Barthelemi MERAFFI. *Lyon, Cotier, 1570, in-16. v. m.*

10387 La constante Amarillis, trad. de Christoval Suarez DE FIGUEROA, par N. LANCELOT. *Lyon, Morillon, 1614, in-8. v. m.*

10388 La Cryselia de Lidaceli, famosa y verdadera historia de varios acontescimientos de Amor, y ar-
mas, con graciosas digressiones de encantamientos, y colloquios pastoriles, del Capitan FLEGETONTE, Comico inflammado. *Paris, Cottereau, 1609, in-12. v. f. d. s. t.*

10389 Les deux amantes, *ou* les amours de Marc-Antoine & de Theodofe, de D. Raphaël & de Leocadie. *Liege*, Broncart, 1706, *in*-12. *mar. r.*

10390 Il fenifo overo avvenimenti d'amore e di fortuna, portato dalla lingua fpagnuola da Bartolomeo DALLA BELLA, (libri IV.) *Venetia*, Combi e la Noù, 1654, *in*-12. *v. f.*

10391 Amorofa hiftoria de Ifabella & Aurelio, nella quale fi difputa chi piu di a occafione di peccare, l'huomo alla donna, o la donna al'huomo, (compofta da Giov. DI FIORI,) da M. Lelio ALETIPHILO, di lingua caftigliana in italico idioma tradotta. *Vinegia*, Melch. Seffa, 1529, *in*-8. *v. m.*

10392 La medefima traduttione. *Vinegia*, Gabr. Giolito de Ferrari, 1548, *in*-8. *v. f. d. f. t.*

10393 Hiftoire de Aurelio & Ifabelle, fille du Roy d'Efcoce, trad. en italien, efpagnol, franç. & angl. *Anvers*, Steelfio, 1556, *in*-8. *v. f. d. f. t.*

10394 La même, en ital. & en franç. (par Gilles CORROSET,) en laquelle eft difputé qui baille plus d'occafion d'aymer, l'homme à la femme, ou la femme à l'homme; plus la Deiphire de Léon-Bap. ALBERT, qui enfeigne d'éviter l'amour mal commencée. *Paris*, Bonfons, 1581, *in*-16. *baz.*

10395 Hiftoire du noble & vaillant Chevalier Clamades, fils de Marchaditas, Roy de Sardine, & de la belle Clermonde, fille du très-puiffant Roy Carnuant, (trad. de l'efpagnol par Phil. CAMUS.) *Lyon*, Chaftelard, 1620, *in*-8. *mar. r.*

10396 Aventures de Clamades & de Clarmonde, par Madame L. G. D. R. (LE GENDRE DE RICHEBOURG.) *Paris*, Morin, 1733, *in*-12. *v. m.*

10397 L'hiftoire amoureufe de Flores & de Blanche-Fleur fa mye, avec la complainte que fait un amant contre amour & fa dame, trad. d'efpagnol par Jacq. VINCENT. *Rouen*, du Petitval, 1597, *in*-12. *v. f.*

10398 Les mêmes, tirées de l'efp. par Madame L. G. D. R.

ROMANS ESPAGNOLS. 273

D. R. (LE GENDRE DE RICHEBOURG.) *Paris*, Dupuys, 1735, *in-*12. *v. br.*

10399 La plaifante hiftoire des amours de Florifée Clareo, & de la peu fortunée Yfea, trad. du caft. en franç. par Jacques VINCENT. *Paris*, Kerver, 1554, *in-*8. *v. f.*

10400 Eftranges aventures contenant l'hiftoire des amours du Chevalier de Luzman & d'Arboleo, compofée en efpagnol par Hierofme DE CONTRERAS, & trad. par G. CHAPPUIS. *Lyon*, Rigaud, 1580, *in-*16. *v. f.*

10401 La même, traduct. *Paris*, Bonfons, 1587, *in-*16. *mar. r.*

10402 Relation de la découverte du tombeau de l'enchantereffe Orcavelle, avec l'hiftoire tragique de fes amours, trad. de l'efp. de Jules-Iniguez DE MÉDRANE, par DUPERON DE CASTERA. *Par.* veuve d'Houry, 1730, *in-*12. *v. f.*

10403 Los Trabaios de Perfiles y Sigifmunda, hiftoria fetentrional, por Miguel DE CERVANTES SAAVEDRA. *Paris*, Eftevan Richer, 1617, *in-*8. *v. f. d. f. t.*

10404 Los medefimos. *Valencia*, por Pedro-Patricio Mey, 1617, *in-*8. *v. f. d. f. t.*

10405 Les travaux de Perfiles & Sigifmonde, fous les noms de Periandre & d'Auriftele, par Michel DE CERVANTES, trad. par D'AUDIGUIER. *Paris*, Feugé, 1653, *in-*8. *v. m.*

10406 La même hift. de Perfiles & Sigifmonde, trad. par Madame L. G. D. R. (LE GENDRE DE RICHEBOURG.) *Paris*, Gandouin, 1738, 4 vol. *in-*12. *v. f.*

10407 La zingarella, ò gli amori di Don Giovanni de Carcama, e Donna Conftanza d'Azevedo, nova hiftoria, tradotta dall' originale fpagnuolo da Don Clemente ROMANI. *Lipfia*, Federico Lanckifch Eredi, 1751, *in-*8. *baz.*

Tome III. S

BELLES-LETTRES.

Aventures amoureuses sous diverses dénominations.

10408 Le Bachelier de Salamanque, *ou les mémoires de Don Cherubin de la Ronda*, tirés de l'espagnol, par LE SAGE. *La Haye*, (Par.) 1738, 2 vol. *in-12. mar. r.*

10409 El Peregrino en su Patria de Lope-Felis DE VEGA Carpio. *Brusselas*, Roger Velpius, 1608, *in-12. v. f.*

10410 La prison d'amour, laquelle traicte de l'amour de Leriano & Laureole, faite en espag. par Diego Hernandez DE SAN-PEDRO, puis translatée en tusquan, & rendue en langage franc. par Gilles CORROZET. *Paris*, Corrozet, 1552, *in-16. m. r.*

10411 La même. *Lyon*, Rigaud, 1583, *in-16. baz.*

Romans moraux.

10412 Les abus du Monde, où sont décrites les tromperies qui se pratiquent ordinairement parmi les mortels, traduit de l'espagnol du Sieur LOUBAYSIN DE LA MARQUE, par Fr. DE ROSSET. *Paris*, du Bray, 1618, *in-12. m. r.*

10413 La conversion d'Athis & de Cloride, trad. de l'espagnol par N. BAUDOIN, & revue par Cesar OUDIN. *Paris*, Gesselin, 1608, *in-12. mar. r.*

10414 Delices de la vie pastorale de l'Arcadie, tr. de Lopé-Felix DE VEGA, Espagnol, par LANCELOT. *Lyon*, 1624, *in-8. mar. r.*

10415 L'Humanité récompensée par l'Amour, trad. de l'espagnol. *Amsterd.* (Par.) 1764, *in-8. v. m.*

10416 Le meurtre de la Fidélité, & la défense de l'Honneur, où est racontée la triste aventure du Berger Philidon, & les raisons de la belle & chaste Marcelle, accusée de sa mort, en espagnol & en franç. *Paris*, Richer, 1609, *in-12. v. f.*

10417 Les tromperies de ce siecle, trad. de l'espagnol par DE GANES, avec des annotations qui contiennent des moralités excellentes, esquelles se

ROMANS ESPAGNOLS. 275

voyent la nature de l'amour & ses effects, le pouvoir de la beauté, & les mœurs & inclinations des femmes. *Paris*, Henault, 1639, *in-8. mar. r.*

10418 Les mêmes. *Rouen*, de la Haye, 1645, *in-8. v. f.*

10419 Vida y hecho del picaro Guzman de Alfarache, por Mateo ALEMAN. *Amberes*, Verdussen, 1681, 2 *vol. in-8. fig. v. f.*

10420 Guzman d'Alfarache, par Mathieu ALEMAN, Espagnol, faict en françois par G. CHAPPUIS. *Par.* Bonfons, 1600, *in-12. v. f.*

10421 Le gueux, *ou* la vie de Guzman d'Alfarache, image de la vie humaine, en laquelle toutes les fourbes & toutes les meschancetés qui se pratiquent dans le monde, sont plaisamment & utilement descouvertes, trad. par le même. *Paris*, le Gras, 1632, 2 *part.* 1 *vol. in-8. m. r.*

10422 La vie de Guzman d'Alfarache, traduite de l'espagnol de Matheo ALEMAN, par Gab. BREMOND. *Paris*, Ferrand, 1696, 6 *part.* en 3 *vol. in-12. v. m.*

10423 Les aventures plaisantes de Gusman d'Alfarache, tirées de l'histoire de sa vie, & revues sur l'ancienne traduction de l'original espagnol, par LE SAGE. *Paris*, veuve Duchesne, 1777, 2 *vol. in-12. v. f. d. s. t.*

Nouvelles & Contes.

10424 Le curieux impertinent, en espagnol, & trad. en françois par J. BAUDOIN. *Paris*, Richer, 1608, *in-12. v. f.*

10425 Les divertissemens de Cassandre & de Diane, *ou* les nouvelles de Castillo & de Taleyro. *Paris*, Barbin, 1683, 3 *tom.* 1 *vol. in-12. mar. bl.*

CONTENANT:

Les désordres de la nuit, *ou* les Freres rivaux. A fourbe, fourbe & demi. L'amour se paye par l'amour. L'heureux succès d'un mauvais dessein. La jalouse d'elle-même. L'artifice funeste à son auteur. Les ennemis reconciliés.

S 2

BELLES-LETTRES.

✠ 10426 Les mêmes. *Paris*, Jombert, 1685, *in*-12. *m. ver.*

✠ 10427 Histoire de Don Domingo de la Terra, fameux Banquier de Cadix, où sont rapportez tous ses merveilleux égaremens, nouv. espagnole, par le traducteur de G*** A***, (DE BREMOND.) *Amsterd.* (Rouen) 1709, *in*-12. *mar. r.*

D. changé avendre.
✠ 10428 Nouvelles espagnoles, trad. de différens Auteurs, par M. D'USSIEUX. *Paris*, Ruault, 1772, 2 *vol. in*-12. *v. f. d. s. tr.*

✠ 10429 Novelas amorosas, por Joseph CAMERINO. *Madrid*, Junti, 1624. = Heroydas belicas, y amorosas, por D. Diego DE VERA. *Barcelona*, Deu, 1622, *in*-4. *v. f.*

✠ 10430 Six nouvelles de Michel CERVANTES, par D'AUDIGUIER. *Paris*, 1621, *in*-8. *v. f.*

CONTENANT:
L'Espagnole Angloise. Les deux pucelles. Cornelie. L'illustre fragonne, *ou* servante. Le trompeur mariage. Colloque de Scipion & Bergance. Histoire de Dias & de Quixaire, Princesse des Molucques, par DE BELLAN.

✠ 10431 Les mêmes, trad. par C. C. *Paris*, Barbin, 1678, 2 *vol. in*-12. *v. br.*

CONTENANT:
La belle Egyptienne. L'amant libéral. La force du sang. Rinconet & Cortadille. Le Docteur Vidriera. L'Espagnole Angloise.

✠ 10432 Nouvelles de Miguel de Cervantes, trad. en franç. par DE ROSSET & D'AUDIGUIER. *Paris*, Bouillerot, 1640, *in*-8. *v. f.*

Contenant *toutes les Nouvelles des deux précédentes éditions.*

✠ 10433 Les mêmes. *Par.* Mauger, 1665, 2 *v. in*-12. *v. f.*

Contenant *toutes les histoires mentionnées ci-dessus, moins l'hist. de Ruis Dias & de Quixaire.*

d. à rendre
✠ 10434 Les mêmes, trad par l'Abbé DE SAINT-MARTIN DE CHASSONVILLE. *Lausanne*, Bousquet, 1744, 2 *vol. in*-12. *fig. v. m.*

Contenant, *de plus que la précédente édit.* Le curieux impertinent.

ROMANS ESPAGNOLS.

10435 Les XI prem. Nouvelles espagnoles de Mich. de Cervantes, traduct. nouv. avec des notes, ornée de figures en taille-douce, par M. le Febvre de Villebrune. *Paris*, Costard, 1775, *in-8. gr. pap. br.*

N. B. La neuvieme manque.

10436 Novelle di Michel di Cervantes Saavedra, nuovam. trasportate della lingua castigliana nella nostra italiana, da Donato Fontana. *Milano*, Bart. Vallo, 1627, *in-8. vel.*

10437 Nouvelles morales, en suite de celles de Cervantes, tirées de l'espagnol de D. Diego Agreda, mises en franç. par J. Baudoin. *Paris*, du Bray, 1621, *in-8. mar. r.*

CONTENANT:

Aurélio & Alexandra. La récompense de la vertu, & le chastiment du vice. Le frere indiscret. Edouard, Roi d'Angleterre. Les malheurs de la jalousie. L'occasion infortunée. La résistance récompensée. Le salaire de la trahison. La correspondance honorable. Fédéric & Ardénie. Charles & Laure. Le Vieillard amoureux.

10438 Les nouvelles de Lancelot, tirées des plus célebres Auteurs Espagnols. *Paris*, Billaine, 1628, 2 *part.* 1 *vol. in-8. v. m.*

CONTENANT:

Les esclaves illustres. Le ravissement heureux. La dévote hypocrite. L'infidelle confidente. L'insolente belle-mere. L'hermaphrodite.

10439 Les mêmes. *Rouen*, du Bosc, 1641, *in-8. v. f.*
10440 Les nouvelles de Montalvan, trad. de l'espagn. par de Rampalle. *Paris*, Rocolet, 1644, *in-8. mar. r.*

CONTENANT:

La belle Aurore. La raison destrompée. L'envieux puny. La confusion redoublée. La villageoise. L'amitié malheureuse. Les cousins amants. La prodigieuse.

10441 Novelas amorosas, por Donna Maria de Zayas, *Zaragoça*, 1637, *in-4. v. f.*

S 3

BELLES-LETTRES.

10442 Nouvelles de Dona Maria DE ZAYAS, trad. de l'esp. *Paris*, Quinet, 1680, 5 *vol. in-*12. *m. r.*

CONTENANT:

L'heureux désespoir. Aminte trahie, *ou* l'honneur vengé. L'avare puni. La précaution inutile. La force de l'amour. L'amour désabusé, *ou* la récompense de la vertu. Un bienfait n'est jamais perdu. Rien n'est impossible à l'amour. La femme juge & partie. Le songe, *ou* le jardin enchanté. L'esclave volontaire. Le trompeur trompé. L'amant dupé, *ou* l'heureux par hasard. La fidélité mal récompensée. L'heureux naufrage. La feinte musicienne, *ou* l'amant déguisé. On ne peut éviter son malheur. Un crime en attire un autre. L'innocence reconnue. Les apparences trompeuses.

10443 La nina de los Embustes Teresa de Mançanares, por Don Alonso de Castillo SOLORZANO. *En Barcelona*, Margarit, 1632, *in-*8. *v. f. d. f. t.*

10444 Relations de Marc d'OBREGON, trad. par D'AUDIGUIER. *Paris*, Petit-Pas, 1618, *in-*8. *m. r.*

10445 Rodomontades espagnoles, recueillies de divers Auteurs, & notamment du Capitaine Bombardon, par Jac. GAUTIER. *Rouen*, veuve Petit, 1612, *in-*8. *v. m.*

10446 Rodomontades espagnoles, colligées des commentaires des invincibles Capitaines, Matamores, Crocodille & Rojobroqueles, Fanfaron, avec les figures représentant les mœurs des Espagnols, trad. d'espagnol en françois. *Rouen*, Cailloué, 1650, *in-*12. *mar. r.*

10447 La semaine de Montalban, *ou* les mariages mal-assortis, trad. de l'esp. par VANEL. *Paris*, de Luynes, 1684, 2 *vol. in-*12. *v. f.*

CONTENANT:

L'amour conjugal. La double infidélité. L'amazone, *ou* le faux brave. La persévérance heureuse. Le palais enchanté. La force du sang. Le généreux bandi. Il ne faut jamais faire de son maître son confident.

ROMANS ESPAGNOLS.

Voyages imaginaires & Songes.

10448 L'homme dans la Lune, *ou* le voyage chimérique fait au monde de la Lune, nouvellement decouvert, par Dominique GONZALES, Adventurier espag. autrement dit le Courrier-volant. trad. par J. B. D. (Jean BEAUDOIN,) *Paris*, Piot, 1648, *in*-8. *mar. r.*

10449 Le même. *Paris*, Cochart, 1666, *in*-12. *v. m.*

10450 Le même. *Paris*, de Heuqueville, 1731, *in*-12. *v. br.*

10451 Voyages recreatifs du Chevalier de Quevedo, écrits par lui-même, rédigés & trad. de l'espagn. (*Par.*) 1756, *in*-12. *mar. r.*

10452 Visions de Don Fr. de Quevedo, trad. par DE LA GENESTE. *Paris*, Billaine, 1633, *in*-8. *m. r.*

10453 Les mêmes, augmentées de l'Enfer reformé, ou sédition infernale, (septieme vision) tr. par le même. *Paris*, Cotinet, 1644, *in*-8. *v. f.*

10454 L'Escole de l'intérest & l'Université d'amour, songes véritables, ou vérités songées, galanterie morale, tr. d'esp. (de PIEDRABUENA,) par C. LE PETIT. *Paris*, Nic. Pepingué, 1662, *in*-12. *v. f.*

10455 La même. *Paris*, Guignard, 1662, *in*-12. *m. r.*

Romans comiques & satyriques.

10456 Œuvres de Don Fr. de Quevedo, trad. de l'esp. par RACLOTE. *Bruxelles*, de Grieck, 1699, 2 *vol. in*-12. *fig. v. f. d. s. t.*

CONTENANT:

Le coureur de nuit, *ou* l'aventurier nocturne. L'aventurier buscon. Le chevalier de l'Epargne. Les sept visions.

10457 Les mêmes. *Bruxelles*, Serstevens, 1718, 2 *vol. in*-12. *fig. v. m.*

10458 Œuvres choisies de Don Fr. de Quevedo, tr. de l'esp., en trois parties, contenant le fin matois, les lettres du Chev de l'Epargne, la Lettre

280 BELLES-LETTRES.
sur les qualités d'un mariage. *Paris*, 1776, 3 part.
1 vol. in-12. v. f. d. f. t.

(On trouve à la fin de ce vol. des notes sur l'Inquisition d'Espagne, tirées du Voyage d'Espagne de Mad. D'AULNOY.)

10459 L'Aventurier Buscon, *ou le Fin Matois*, & les Lettres du Chevalier de l'Epargne, traduit par DE LA GENESTE. *Paris*, Cotinet, 1644, in-8. mar. r.

10460 Le Coureur de nuit, *ou les douze aventures périlleuses du Chev. Don Diego, surnommé Noctambule*, tr. de l'esp. de Fr. DE QUEVEDO, (par DE LA GENESTE.) *Lyon*, Viret, 1698, in-12. fig. v. f.

10461 Le même, (tr. par RACLOTS.) *Amsterdam*, (Par.) 1731, in-12. v. br.

10462 Histoire d'Estevanille Gonzalez, surnommé le Garçon de bonne humeur, tirée de l'esp. par LE SAGE. *Paris*, Prault, 1734, 2 vol. in-12. v. f.

10463 La même. *Paris*, Musier, 1765, 2 v. in-12. v. f.

10464 Histoire comique, *ou les aventures de Fortunatus*, tr. nouvelle, par VION D'ALIBRAY. *Lyon*, Champion, 1615, in-12. v. m.

10465 Les riches, entretiens des aventures & voyages de Fortunatus, tr. de l'esp. en fr. *Paris*, Hebert, 1637, in-8. v. f.

10466 L'histoire plaisante & facétieuse du Lazare de Tormes, tr. de l'esp. de Hurtado DE MENDOÇA, en fr. par Jean VANDER-MEEREN. *Paris*, le Mangnier, 1561, in-8. v. f.

10467 La même traduction. *Anvers*, Jansens, 1598, in-12. v. f.

10468 Vie & aventures de Lazarille de Tormes, & de ses infortunes & adversirez, en esp. revue & corrigée par H. DE LUNE, Castillan, & tr. en fr. par L. S. D. *Paris*, Cotinet, 1660, in-12. v. f.

10469 Hist. facétieuse du fameux drille Lazarille de Tormes, nouv. trad. avec les mém des admirables secrets de Diego Lampatho, Directeur de l'Apo-

ROMANS ITALIENS. 281

tiquairerie de l'Hôpital de Tolede. *Lyon*, Viret, 1697, *in*-12. *v. f.*

10470 La même, traduction nouv. sur le véritable original esp., avec fig. *Bruxelles*, Backer, 1698, *in*-12. *v. f.*

10471 Vie & aventures de Lazarille de Tormes, autre trad. *Bruss. (Rouen)* 1721, 2 *vol. in*-12. *fig. v. f.*

10472 Le Diable boiteux, nouvelle édition, augm. d'une journée des Parques, & des béquilles du Diable boiteux, par LE SAGE. *Paris*, Musier, 1779, 4 *tom.* 2 *vol. in*-12. *fig. v. f. d. s. t.*

10473 La Fouyne de Seville, ou l'hameçon des Bourses, de D. Alonso de Castillo SOLORCANO, tr. de l'esp. par D'OUVILLE. *Paris*, Courbé, 1661, *in* 8. *v. m.*

ROMANS ITALIENS.

Romans de Chevalerie.

10474 Guerino detto il Meschino, nel quale si tratta come trovò suo padre, & sua madre, nella citta di Durazzo in prigione, & diverse vittorie havute contra Turchi. *Venetia*, Remondini, *sans date*, *in*-8. *v. f. d. s. t.*

10475 L'histoire de Guerin Mesquin, fils de Millon de Bourgongne, Prince de Tarante & Roy d'Albanie, tr. d'it. par J. DE CUCHERMOYS. Item, comment ledict Guerin fut aux arbres du Souleil & de la Lune, & les conjura, alla aux montagnes d'Italie, & comment il fut porté par les Diables en Purgatoire; ensuite est un traité du voyage de Hierusalem, de Rome, & de Monsieur Saint-Nicolas de Bar-en-Pouille. *Troyes*, Oudot, 1628, *in* 4. *fig. en bois v. m.*

10476 Historia del Cavalier Perduto, di Pace PASINI. *Venetia*, Fr. Valvasensis, 1644, *in*-4. *parch.*

10477 Il magno Vitei di Lodovico ARRIVABENE, Mantoano, in questo libro, oltre al piacere, che

282   BELLES-LETTRES.

porge la narratione delle alte cavallerie, del glorioso Vitei primo Rè della China, & del valoroso Jolao, si hà nella persona di Ezonlom, uno ritratto di ottimo Prencipe, & di Capitano perfetto, appresso si acquista notitia di molti paesi, di varii costumi di popoli, di animali, si da terra, & si da acqua, di alberi, di frutti & di simiglianti cose moltissime. Vi si trattano ancora innumerabili quistioni quasi di tutte le scienze più nobili, fatti di arme navali, da terra, astedij, & assalti di varii luoghi, molte giostre razze di cavalli, & i loro maneggi, funerali, trionfi, ragionamenti di soggetti diversi, avenimenti maravigliosi; & altre cose non punto discorre à lettori intendenti. *Verona*, Girol. Discepolo, 1597, *in*-4. *cart.*

10478 Urbano di Giovan BOCCACCIO, opera di nuovo revista da Nicolo GRANUCCI, Lucchese, & con molte diligenze ristampata, & corretta per il medesimo. *Lucca*, Vincentio Busdraghi, 1562, *in*-8. *v. f. d. f. tr.*

Aventures amoureuses sous des noms empruntés de la Fable.

10479 La Circe, di Gio. Batt. GELLI. *Firenze*, Lorenzo Torrentino, 15.. *in*-8. *m. r.*

10480 La medesima, nuovamente accresciuta & riformata. *Fiorenza*, Lorenzo Torrentino, 1550, *in*-8. *m. R. v. ec.*

10481 La Circé de Giovan-Baptista GELLO, mise en franç. par le Seigneur DU PARC. *Lyon*, Rouillé, 1550, *in*-8. *v. f.*

10482 La même, revue par le Seigneur DU PARC, son premier Traducteur. *Paris*, Macé, 1572, *in*-16. *v. f. d. f. t.*

10483 La même, autre traduction. *Paris*, de Luyne, 1681, *in*-12. *v. br.*

10484 La Danae del Nicolo-Maria CORBELLI. *Bologna*, il Longhi, 1670, *in*-12. *cart.*

ROMANS ITALIENS. 283

Aventures amoureuses sous des noms empruntés de l'Histoire sacrée & profane.

10485 La Bersabée, di Ferrante PALAVICINO. *Venet.* Turrini, 1654, *in-12. cart.*

10486 Il Sansone, del medesimo. *Venet.* Turrini, 1654, *in-12. cart.*

10487 La Susanna, del medesimo. *Venet.* Turrini, 1654, *in-12. cart.*

10488 La Beatrice, Principessa di Siria, overo ritratto impareggiabile di virtu, historia romanzata d'Alessandro BORGHETTI. *Lipsia*, Mart. Theod. Heybay, 1697, *in-12. baz.*

10489 Il Demetrio, del Conte Maiolino BISACCIONI. *Venetia*, Sarzina, 1639, *in-12. parch.*

10490 La Faustina, di Ant. LUPIS. *Venet.* Francesco Groppo, 1696, *in-12. parch.*

10491 Delle Fortune d'Erosmando e Floridalba, historia del Conte Prospero BONARELLI della Rovere. *Bologna*, Nicolo Tebaldini, 1642, *in-4. v. m.* (typis ital.)

10492 L'historia & gran prodezze in arme di Don Florisandro, Prencipe di Cantaria, figliuolo del valoroso Don Floresano, Re di Sardegna. *Venet.* Michel Tramezzino, 1550, *in-8. baz.*

10493 La patience de Griselidis, jadis femme du Marquis de Saluces, par laquelle est démonstrée la vraye obédience & honnesteté des femmes vertueuses envers leurs marys, (écrit d'abord en langue toscane par Jeh. BOCACE, trad. en lat. par PETRARQUE.) *Troyes, sans date, in-16. v. f.*

10494 Il Principe Altomiro di Lusitania, del Poliziano MANCINI, de l'Ordine di Toscana di S. Stephano. *Padoa*, Paolo Frambotto, 1641, *in-12. v. f. d. s. t.*

10495 La Regina di Cipro, historia, del Caval. Marc-Ant. NALI. *Padoua*, Sebastiano Sardi, 1653, *in-4. parch.*

10496 La Theseide di G. BOCCACCIO, innamoramento piacevole, & honnesto, di due Giovanni Thebani Arcita & Palemone; d'ottava rima nuovamente ridotta in prosa per Nicolao GRANUCCI di Lucca, aggiuntoui un breve dialogo nel principio e fino dell'opera dilettevole, & vario. *Lucca*, Vincenzo Busdraghi, 1579, *in*-8. *v. f. d. s. t.*

10497 La Théseyde de Jean BOCACE, contenant les belles, chastes & honnestes amours des deux jeunes Chevaliers Thébains, Arcite & Palémon, trad. d'ital. en franç. par le Sr D. C. C. *Paris*, l'Angelier, 1597, *in*-12. *v. f.*

Aventures amoureuses sous des noms imaginaires, par ordre alphabétique.

10498 Adrienne, *ou les aventures de la Marquise de N. N.* trad. de l'ital. par M. D. L. G. *Paris*, veuve David, 1768, 2 *vol. in*-12. *baz.*

10499 Angélina, trad. de l'italien. *Milan*, (*Paris*) 1752, 2 *vol. in*-12. *v. m.*

10500 L'Aristo ò vero sia l'incestuoso Micidiale Innocente, opera di Gasparo VGOLINI dà Rouigo. *Amsterd.* Gulliemo Winzlaick, 1671, *in*-12. *parch.*

10501 Le venture del Cavalier Leandro, historia descritta da Francesco COMENDULI. *Genova*, Bened. Guasco, 1655, *in*-12. *cart.*

10502 La Cardenia di Gio. Battista TORRETTI, seconda impr. *Siena*, Bonetti, 1640, *in*-12. *v. f.*

10503 Il Celidoro di Gio. Battista MOGNALPINA. *Venetia*, Guglielmo Oddoni, 1642, *in*-12. *cart.*

10504 Coralbo Rè, di Gio. Franc. BIONDI, con aggiunta di Carlo BOER. *Venetia*, Vaglierino, 1635, *in*-4. *v. f.*

10505 Il Cretideo, del Gio. Batt. MANZINI. *Viterbo*, Mariano Dietall, 1648, *in*-12. *parch.*

10506 Le Cretidée du MANZINI, trad. par J. BAUDOUIN. *Paris*, Sommaville, 1643, *in*-8. *v. f.*

, # ROMANS ITALIENS.

10507 Le même. *Paris*, de Sommaville, 1644, in-8. *v. m.*

10508 La Dianée, trad. de l'ital. de Gio. Francesco LOREDANO. *Paris*, Sommaville, 1642, *in-8. m. r.*

10509 Elpidio & Alcippe amanti, opera di Vincenzo GRAMIGNI. *Napoli*, Lazaro Scoriggio, 1614, *in-12. cart.*

10510 L'Emidauro di Carlo DELLA LUNA. *Bologna*, Carlo Zenero, 1643, *in-12. cart.*

10511 L'Eromena, opera del Gio. Franc. BIONDI. *Roma*, Mauritio Bona, 1631, *in-4. v. m.*

10512 La medesima. = Il Coralbo, del medesimo. *Venetia*, Pinelli, 1637, *in-4. v. f.*

10513 L'Eromene, mis en notre langue par le Sr D. A. *Paris*, Courbé, 1633, *in-4. v. f.*

10514 La même traduction. *Paris*, Courbé, 1633, 2 vol. *in-8. mar. r.*

10515 Erotée, histoire tragique & amoureuse, par Franç. BOGLIANO, trad. par Mademoiselle ***. *La Haye*, (*Par.*) 1749, *in-12. v. m.*

10516 L'Eugenio, del Ant. RASEA, amore di purità. *Messina*, Jacopo Mattei, 1652, *in-12. cart.*

10517 Fiammetta di BOCCACIO. *Fiorenza*, li heredi di Philippo di Giunta, 1524, *in-8. vél.*

10518 La medesima fiammetta amorosa, nuovamente ricorretta. *Vinegia*, Francesco Bindoni & Mapheo Pasini, comp. 1527, *in-8. v. f. d. f. t.*

10519 La medesima. *Fiorenza*, Bernardo di Philippo di Giunta, 1533, *in-8. vél.*

10520 La medesima, nella qual si contengono i dolori, i litigi, & i piaceri che in amore si prouano, per Tizzone Gaetano DI POFI riformata, & nuovamente stampata, (libri 7.) *Venegia*, Vettore di Rauanni e Compagni, 1534, *in-8. v. éc.*

10521 La medesima, di nuovo corretta & ristampata. *Vinegia*, Gabriel Giolito de Ferrari, 1558, *in-8. v. f. d. f. t.*

10522 La medesima, di nuovo corretta & ristampata,

286   BELLES-LETTRES.

con le postille in margine. *Vinegia*, Gab. Giolito de Ferrari, 1562, *in-12. v. f. d. s. t.*

10523 La medesima, dialogo d'amore e laberinto d'amore. *Venetia*, Zoppini, 1584, *in-12. v. f.*

10524 La medesima, di nuovo ristampata, e riveduta con ogni diligenza, con testi a penna, con postille in margine. *Firenze*, Filippo Giunti, 1594, *in-8. vél.*

10525 La Fiammette amoureuse de J. BOCCACE, contenant, d'une invention gentille, toutes les plainctes & passions d'amour, en italien & trad. en franç. par G. C. D. T. (Gabriel CHAPPUIS, de Tours.) *Paris*, l'Angelier, 1585, *in-12. v. f.*

10526 La même. *Par.* Guillemot, 1609, *in-12. v. m.*

10527 Il Floridoro ò vero historia del Conte di Racalmuto, del M. Gabriele MARTIANO, libri trè. (*Venetia*) Giovan Volcker, 1703, *in-8. parch.*

10528 La Gismonda, del MUTI. *Trevigi*, Giouanni Molino, 1696, *in-12. v. m.*

10529 La Nissena di Francesco CARMENI. *Bologna*, gli H. H. del Dozza, 1647, *in-12. cart.*

10530 La Orestilla, di Girolamo BRUSONI. *Venetia*, Guerigli, 1652, *in-12. v. br.*

10531 La Philena di Nicolo FRANCO, historia amorosa. *Mantoua*, Ruffinelli, 1547, *in-8. v. éc.* (raro.)

10532 Philocolo (cioè libri V di Florio & di Bianzafiore) in lingua volgare tosca composto per el singular Oratore Poeta miser Joanni BOCCATIO da Certaldo, in nel qual soto velamento de amor se contien soto brevita tutta l'humana vita. *Venetia*, Agostino de Zanni da Porteze, 1514, *in-fol. vél.*

10533 Il Philocopo, del medesimo in fino à qui falsamente detto Philocolo, diligentemente da Tizzone Gaetano DI POFI revisto. *Venegia*, Bernard. di Bindoni, 1538, *in-8. v. f. d. s. t.*

10534 Il medesimo Filocolo, di nuovo riveduto, ricorretto, e alla sua vera lezion ridotto, con testi a penna. *Firenze*, Filippo Giunti, 1594, *in-8. v. m.*

10535 Le Philocope, par Jehan BOCCACE, contenant

ROMANS ITALIENS.

l'histoire de Fleury & Blanchefleur, trad. par Adrian Sevin. *Paris*, Janot, 1542, *in-fol. v. m.*

10536 La même trad. *Paris*, Janot, 1542, *in-8. v. f.*
N. B. Le titre & les deux premieres pages font copiées à la main.

10537 La même traduction. *Paris*, le Clerc, 1555, *in-8. v. f.*

10538 Il Polimante di Gio. Francesco Savaro del Pizzo, (libri 5.) *Venetia*, Francesco Stotti, 1651, *in-12. v. m.*

10539 La Rosalinda, del Bernardo Morando, nobile Genovese, spiegata in diece libri. *Venetia*, li Gueriglii, 1655, *in-12. v. f. d. f. t.*

10540 La Rosalinde, imit. de l'ital. *La Haye*, (Par.) 1732, 2 *vol. in-12. v. m.*

10541 Il Principe Ruremondo, del F. Carlo Conti della Lengueglia. *Venetia*, Giacomo Sarzina, 1639, *in-12. cart.*

Aventures amoureuses sous diverses dénominations, par ordre alphabétique.

10542 L'amante disgraziato osia l'avventure del conte E. H. R. scritte da lui medesimo. *Venezia*, Ang. Pasinelli, 1765, *in-8. v. f.*

10543 L'avventuriere osia memorie di Rinaldo Dalisso, scritte da lui medesimo. *Venegia*, P. Colombani, 1761, *in-8. baz.*

10544 La Ballerina onorata, osia memorie d'una figlia naturale del Duca N. V. scritte da le medesima. *Napoli*, Giuf. di Domenico, e Vinc. Manfredi 1755, 2 *vol. in-8. baz.*

10545 Il libro della bella Donna, composto da Messer Federico Luigigni, da Udine. *Venetia*, Plinio-Pietra Santa, 1554, *in-8. cart.*

10546 Il Calloandro fedele Smascherato, da Gio-Ambrosio Marini, nobile Genovese. *Venetia*, Gio-M. Turrini, 1664, 4 *vol. in-32. v. f.*

10547 Il medes. *Venet.* Milocco, 1676, *in-12. baz.*

288 BELLES-LETTRES.

10548 Le Caloandre fidelle, tr. de l'it. d'Ambrosio MARINI, par SCUDERY. *Paris*, Barbin, 1668, 3 *vol. in-8. v. m.*

10549 Le même, autre trad. *Amsterdam*, (Par.) 1740, 3 *vol. in-12. v. m.*

10550 La Cantatrice per disgrazia, osia le avventure della Marchesa N. N. scritte da lei medes. *Napoli*, Franc. di Lieto, 1755, 2 *vol. in-8. baz.*

10551 Il Congresso di Citera, dal Signor ALGAROTTI. *Amsterdamo*, 1746, *in-18. v. f.*

10552 Le Congrès de Cythere, tr. en fr. *Amsterd.* 1749, *in-8. fig. v. f.*

10553 Le même, traduit en françois sur la septieme & derniere édition. *Paris*, Dorez, 1777, *in-12. v. f. d. s. t.*

10554 Les désespérez, histoire héroïque, traduite de Jean-Ambr. MARINI, (par DE LA SERRE.) *Paris*, Prault, 1732, 2 *vol. in-12. v. f.*

10555 Le donne Guerriere, del Franc.-Maria SANTINELLI. *Pesaro*, Gotti, 1647, *in-12. parch.*

10556 La Donzella desterrada, del Gio. Fr. BIONDI, (libri tre.) *Roma*, Maur. Bona, 1632, *in-4. v. m.*

10557 La medesima. *Bologna*, Gio.-Bat. e Gioseppe Coruo, 1645, *in-12. v. f. d. s. t.*

10558 L'Endimiro di Dario GRISIMANI, olim Gio. Maria INDRIS, Seguita il Calloandro. *Venetia*, Liturrini, 1641, *in-8. v. m.*

* Ce roman est une suite du Caloandre du même Auteur, à la tête duquel il s'est déguisé sous les noms de Gio. Maria INDRIS, qui sont l'anagramme de ceux-ci Dario GRISIMANI.

10559 Di Nicolao GRANUCCI di Lucca, l'Eremita, la Carcere, e'l diporto, opera nella quale si contengono nouelle, & altre cose morali; con un breve compendio di fatti più notabili de Turchi, sin'a tutto l'anno 1566, la vita del Tamburlano, di Scanderberg, l'origine de Cavallieri Hospitalari di Gierusalen, & la descrittione dell'Isola di Malta. *Lucca*, Vincent. Busdraghi, 1569, *in-8. v. éc.*

10560

ROMANS ITALIENS. 289

10560 La Gondola à tre remi Paſſatempo Carne-ualleſco di Girolamo BRUSONI. *Venetia*, Heredi di Franc. Storti, 1662, *in*-12. *parch.*

10561 L'intrepida Lombarda di Giov. BONANOME, impreſſione ſeconda. *Milano*, Joſ. Solaro, 1655, *in*-12. *parch.*

10562 L'Italiano fortunato oſia memorie del Sig. Z. Z. ſcritte da lui medeſimo. *Venezia*, Ang. Paſinelli, 1764, *in*-8. *v. f.*

10563 Il corbaccio o ſia Laberinto d'Amore, di Giov. BOCCACCIO, con una epiſtola à Meſſer pino de Roſſi confortatoria del medeſimo autore. *Firenze*, 1525, *in*-8. *v. f. d. ſ. t.* (*v. m*)

10564 Il medeſimo, di nuovo corretto. *Venetia*, N. detto Zopino, 1525, *in*-8. *v. f. d. ſ. t.*

10565 Il medeſimo, di nuovo corretto, & aggiunte le poſtille. *Vinegia*, Gab.-Giol. de Ferrari, 1558, *in*-8. *v. f. d. ſ. t.*

10566 Il Corbaccio, *cioè* Laberinto d'Amore. *Par.* Feder. Morello, 1569, *in*-8. *v. m.*

10567 Il medeſimo Laberinto d'Amore, di nuovo riſtampato & diligentemente corretto, con le poſtille nel margine. *Venetia*, Fabio & Agoſtin Zoppini fratelli, 1584, *in*-12. *v. f. d. ſ. t.*

10568 Il medeſimo Corbaccio, novellamente ſtampato, e con riſcontri di teſti à penna alla ſua vera lezione ridotto. *Firenze*, Filip. Giunti, 1594, *in*-8. *velin.*

10569 Le Labirinthe d'Amour, de Jean BOCACE, autrement *invective contre une mauvaiſe femme*, tr. d'it. en fr. par Fr. DE BELLEFOREST. *Paris*, Ruelle, 1573, *in*-16. *mar. r.*

10570 La Lucidalma, in quattro libri diſtinta, da Gio-Giorgio NICOLINI. *Venetia*, Steffano Curti, 1778, *in*-12. *parch.*

10571 Mémoires & aventures de M. DE ***, tr. de l'it. *Paris*, Prault, 1735, 4 vol. *in*-12. *v. f.*

Tome III. T

10572 La Mouche, *ou* les aventures de Bigand, tr. de l'it. par le Chev. DE MOUHY. *Paris*, Dupuis, 1736 & 1742, 8 tom. 4 vol. *in*-12. *v. m.*

10573 La Regina sfortunata, di Carlo TORRE, libri quattro. *Macerata*, Grifei, 1644, *in*-12. *cart.*

10574 La Semplicita ingannata, di Galerana BARA-TOTTI, (Archangela TARABOTTI, Veneta, religiosa del convento di S. Anna dell'Ord. di S. Bened.) *Leida*, Gio. Sambix, 1654, *in*-12. *v. f.*

10575 L'Uffaro Italiano, cioè le avventure amorose e militari del Conte V.... di K.... accadute nel presente secolo, e scritte da lui medesimo in lingua italiana. *Venezia*, Angiolo Pafinelli, 1762, 2 vol. *in*-8. *baz.*

Romans philosophiques, moraux, &c.

10576 Dialogue très-élégant, *intitulé* : le Peregrin, traictant de l'honneste & pudicque amour, concilié par pure & sincere vertu, tr. de l'it. de Giac. CAVICEO, en fr. par Fr. DASSY, & corrigé par Jehan MARTIN. *Paris*, 1535, *in*-8. *goth. v. m*

10577 L'Amore innamorato, del Ant. MINTURNO. *Venetia*, 1559, *in*-8. *v. f. d. f. t.*

10578 La Camilletta, di GUTTERY, Clugnicese. *Par.* Gul. Giuliano, 1586, *in*-8. *v. éc.*

10579 Il Coraggio feminile, o pur l'ardite venturate verita occulta, di Nadal TRIESTE. *Venetia*, Fr. Viecer, 1643, *in*-12. *parch.*

10580 Dilerafte overo il timido amante, di Nicolò ZOIA, nobile Cretense, (libri III.) *Padova*, Mat. Cadorin, 1657, *in*-16. *v. m.*

10581 La Doppia impiccata, o espositione della necessità all' augustissimo tribunale della Sapienza contro le Raggioni della Doppia. *Orbitello*, Cef. Cefari, 1667, *in*-12. *m. r.*

10582 Dubii amorofi, di Gieronimo VIDA, Justinopolitano. *Venetia*, Gio.-Battista Vaglierino, 1636, *in*-4. *v. br.*

ROMANS ITALIENS.

10583 La favola di Pyti & quella di Periftera, infieme con quella di Anaxarete, nella qual con ragioni affai leggiadre fi perfuade alle donne che debbano effere cortefe à fuoi amatori, da Giov. Fr. BELLENTANI, da Carpi, nuovamente in rime fciolta tradotte & defcritte. *Bologna*, Anf. Giaccarello, 1550, (en vers) *in-*8. *v. f.*

10584 Hypnerotomachie, *ou* difcours du fonge de Poliphile, deduifant comme Amour le combat à l'occafion de Polia, foubz la fiction de quoy l'Auteur monftrant que toutes chofes terreftres ne font que vanité, traite de plufieurs matieres profitables, tr. de l'it. de Fr. COLUMNA, par Jean MARTIN. *Paris*, Jacq. Kerver, 1546, *in-fol. fig. v. f.*

10585 Le Tableau des riches inventions, couvertes du voile des feintes amoureufes qui font repréfentées dans le fonge de Poliphile, dévoilées des ombres du fonge, & fubtilement expofées par BEROALDE DE VERVILLE. *Paris*, Guillemot, 1600, *in-*4. *fig. en bois, v. f.*

10586 Della magia d'amore, compofta dal Signor Guido CASONI, da Serravalle, dialogo primo. *Ven.* Ag. Zoppini, e nepoti, 1596, *in-*4. *v. f. d. f. t.*

10587 Della metamorfofi, cioè trasformazione del virtuofo, libri quattro, di Lorenzo SELVA Marcellino Pi[...]efe, di nuovo riftampati & ricorreti con nuove ag[...]nte. *Firenze*, Giunti, 1583, *in-*8. *v. f. d. f. t.*

10588 La medefima. *Firenze*, Filip. Giunti, 1598, *in-*8. *vél.*

10589 La métamorphofe du vertueux, tiré de l'ital. de Laur. SELVA, mis en fr. par J. BAUDOUIN. *Paris*, Seveftre, 1611, *in-*8. *v. f.*

10590 Le miferie de li Amanti, di M. Nobile Socio. *Vinegia*, Bernard. de Vitali, 1533, *in-*4. *v. f. d. f. t.* (rare.)

10591 La Piacevol notte, & lieto giorno, opera morale, di Nic. GRANUCCI di Lucca. *Venetia*, J. Vidali, 1574, *in-*8. *vel.*

T 2

10592 Squittinio d'Amore, opera academica, di Dõ Agoſt. LAMPAGNANI. *Bologna*, Tebaldini, (1643) *in-12. cart.*

Nouvelles & Contes.

10593 Le Bravvre del Capitano Spavento, divife in molti ragionamenti in forma di dialogo, di Franc. ANDREINI da Piſtoïa, comico Gelofo. *Venetia*, Vicenzo Somaſco, 1607, 2 part. 1 vol. *in-4. v. f.*

10594 Le medeſime. *In Venetia*, Somaſco, 1624, *in-4. v. f. d. ſ. t.*

10595 I Capricci del Bottaio, di Giov.-Bat. GELLI, Fiorentino, riſtampato nuovamente, con alcuni che vi mancavano. *Firenze*, 1549, *in-8. v. f.*

10596 Li medeſimi, nelli quali ſotto dieci ragionamenti morali, fatti tra il corpo & l'anima, ſi difcorre dottamente di quanto deve operar l'huomo, per viver ſempre felice, quieto & contento, opra ſententioſa & dilettevole, nuovamente corretta & emendata, dal R. P. Maeſtro-Livio LEGGE, dell'Ordine di Santo-Agoſtino. *Venetia*, Marco de gli Alberti, 1605, *in-8. v. m.*

10597 Choix d'Hiſtoires, tirées de BANDEL, BELLEFOREST & BOISTUAU, *dit* LAUNAI, & de pluſieurs Auteurs, nouv. édition, par M. FLEUTRY. *Paris*, Baſtien, 1779, 2 vol. *in-12. v. f. ſ. t.*

10598 Delle opere, di M. Giovanni BOCCACCI, cittadino Fiorentino, in queſta ultima impreſſione diligentemente rifcontrate con più eſſemplari, ed alla ſua vera lezione ridotte. *Firenze*, 1723 & 1724, 6 vol. *in-8. v. m.*

CONTINENTE:

Il Filocopo, libri VII. La Fiammetta, libri VII. Urbano. Il Corbaccio, cioe laberintho d'amore. L'Ameto over commedia delle Ninfe Fiorentine. Vita di Dante alighieri. Lettere. Il comento ſopra la commedia di Dante Alighieri, con le annotazione di Anton. Maria SALVINI.

10599 Il Decamerone di Giov. BOCCACCIO, nova-

ROMANS ITALIENS.

mente stampato con tre novelle agiunte. *Venetia*, Bernard. de Viano de Lexona Vercelese, 1525, *in-fol. fig. en bois, vel.*

* Cette édition a été donnée par Nicolo Delfino; elle est dédiée aux Dames, & précédée de la vie & l'épître de l'Auteur: elle est rare.

10600 Il medesimo, nuovamente corretto, & con diligentia stampato. *Firenze*, heredi di Philippo di Giunti, 1527, *in-4. v. éc. d. s. t.*

10601 Il medesimo. *Londra*, Tomm. Edlin, 1725, *in-4. format in-fol. v. m. d. s. t.*

10602 Il medesimo, nuovamente corretto, historiato & con diligenza stampato, (giornate x.) *Vineg.* Pietro de Nicolini da Sabio, 1537, *in-8. v. f.*

10603 Il medesimo, con nuove e varie figure nuovamente stampato e ricorretto per Ant. BRUCIOLI, con la dichiaratione di tutti i vocaboli, detti, proverbii, figure & modi di sono in esso libro ampliati in gran numero per il medesimo, con nuova dichiaratione di piu regole della lingua toscana. *Venetia*, Gab.-Giol. di Ferrari, 1542, *in-4. fig. v. f.*

10604 Il medesimo, di nuovo emendato secondo gli antichi essemplari, per giudicio & diligenza di piu autori, con la diversità di molti testi posta per ordine in margine, & nel fine con gli epitheri dell'Autore, espositione de proverbi & luoghi difficili che nell' opera si contengono. *Vinegia*, G.-Giol. de Ferrari, 1546, *in-4. fig. v. f. d. s. t.*

10605 Il medesimo, di nuovo emendato. *Vinegia*, Gab.-Giolito de Ferrari, 1548, *in-4. v. éc. fig.*

10606 Il medesimo, di nuovo emendato secondo gli antichi essemplari, &c. *Vinegia*, Gab.-Giolito de Ferrari, 1550, *in-4. vel.*

10607 Il medesimo, alla sua intera perfettione ridotto, & con dichiarationi, & avvertimenti illustrato, per Girolamo RUSCELLI, ora in questa terza editione dal medesimo per tutto migliorato. *Venetia*, Vinc. Valgrisi, 1557, *in-4. fig. en bois, v. f. d. s. t.*

T 3

BELLES-LETTRES.

✠ 10608 Il medesimo, ricoretto in Roma, & emendato secondo l'ordine del sacro Conc. di Trento, & riscontrato in Firenze con testi antichi, & alla sua vera lezione ridotto da' deputati di loro Alt. Seren., nuovamente stampato. *Fiorenza*, i Giunti, 1573, *in 4. ve¹.* — 17131

✠ 10609 Il medesimo, di nuovo ristampato e riscontrato in Firenze con testi antichi & alla sua vera lezione ridotto, dal Cavalier Lion. SALVIATI, Deputato dal Gran-Duca di Toscana. *Venezia*, li Giunti, 1582, *in-4. vel.* — 17132

✠ 10610 Il medesimo, di nuovo reformato, da Luigi GROTO, Cieco d'Adria, con le dichiarationi & avvertimenti, di Girolamo RUSCELLI. *Venetia*, Fabio & Agostino Zoppini fratelli, 1590, *in-4.* (*fig. ligneis*) *v. f. d. f. t.* — 17133

Double à vendre ✠ 10611 Il medesimo, si come lo diedero alle stampe gli Giunti, l'anno 1527. *Amst.* (Elzevir,) 1665, *in-12. v. m.*

✠ 10612 Il medesimo, corretto da Paolo ROLLI. *Londra*, 1727, 2 *vol. in-12. v. f. d. f. t.* — 17138

✠ 10613 Il medesimo, tratto dall'ottimo testo scritto, da Fr. d'Amuretto MANELLI, sull'originale dell' Autore, 1761, *in-4. gr. pap. mar. r. lavé & rég.*

Double à vendre ✠ 10614 Il medesimo. *Parigi*, Prault, 1768, 3 *vol. in-12. v. éc. d. f. t.* — 17140

✠ 10615 Le Cameron, autrement *dit* les cent nouvelles, composées en lang. italiene par J. BOCACE, mises en franç. par Laurent DU PREMIER-FAIT. *Paris*, 1534, *in 8. goth. v. f.* — 17145

✠ 10616 Le Decameron, tr. d'it. en fr. par Ant. LE MAÇON. *Paris*, Roffet, 1548, *in-8. v. m.* — 17148

✠ 10617 La même traduction. *Amst.* (Rouen) 1597, 2 *vol. in-16. v. f.* — 17150

✠ 10618 Contes & nouvelles de BOCACE, trad. libre, accordée au goût de ce temps, avec les fig. gravées sur les desseins de Romain DE HOOGE. *Cologne*, Gaillard, 1702, 2 *vol. in-8. fig. v. f.* — 17153

ROMANS ITALIENS. 295

10619 Il Decamerone di Giov. BOCCACCIO, col vocabulario di Lucilio MINERBI, nuovamente stampato & con somma diligentia ridotto. *in-*8. *cart.*
(Ce volume ne contient que la Table du Décameron.)

10620 Annotationi & discorsi sopra alcuni luoghi del Decameron di Giov. BOCCACCIO. *Fiorenza*, i Giunti, 1574, *in-*4. *v. f. d. s. t.*

10621 Istoria del Decamerone di Gio. BOCCACCIO, (cioè l'illustrazione del medesimo,) scritta da Don Maria MANNI. *Firenze*, Anton. Ristori, 1742, *in-*4. *fig. v. éc.*

10622 I Diporti di Gieron. PARABOSCO, ritocchi, megliorati, & aggiunti secondo l'originale dell'Autore. *Vicenza*, Giorg. Greco, 1598, *in-*8. *vel.*

10623 Discours fantastiques de Justin, Tonnellier, tr. de J. B. GELLI, par C. D. K. P. *Lyon*, Baudin, 1575, *in-*16. *v. m.*

10624 Le sei giornate, di Seb. ERIZZO, mandate in luce da Lodov. DOLCE. *Venetia*, Varisco, 1567, *in-*4. *v. m.*

10625 De gli Hecatommithi, overo cento novelle di Giov.-Batt. GIRALDI CINTHIO, nobile Ferrarese, nelle quali si contengono tre dialoghi della vita civile. *Vinegia*, Girol. Scotto, 1566, 2 *vol. in-*4. *v. f. d. s. t.*

10626 Le medesime, nelle quali, oltre le dilettevoli materie, si conoscono moralità utilissime à gli huomini per il ben vivere, & per destare altresì l'intelletto alla sagacità, di nuovo rivedute, corrette & riformate in questa terza impressione. *Vinegia*, Enea de Alaris, 1574, 2 p. 1 *vol. in-*4. *v. f. d. s. t.*

10627 Les cent excellentes nouvelles de J.-B. GIRALDI, conten. plusieurs beaux exemples & histoires, partie tragiques, partie plaisantes & agréables, qui tendent à blâmer les vices, & à former les mœurs d'un chacun, tr. d'it. par Gab. CHAPPUYS, *Paris*, l'Angelier, 1583, 2 *vol. in-*8. *mar. r.*

T 4

BELLES-LETTRES.

10628 L'Hore di recreatione, di Lod. GUICCIARDINI. *In Anversa*, Silvio, 1568, *in-16. v. f.*

10629 Le medesime, rivedute di nuovo, aumentate assai, & ripartite in tre libri, con buon' ordine, dal medesimo Autore. *Anversa*, Pietro Bellero, 1583, *in-8. v. éc.*

10630 Les Heures de recreation & après-dinées de Louys GUICCIARDIN, tr. par Fr. DE BELLEFOREST. *Paris*, Ruelle, 1573, *in-16. v. f.*

10631 Les mêmes. *Anv.* Janssens, 1605, *in-16. v. f.*

10632 Les mêmes, ital. & franç. *Paris*, Guillemot, 1636, *in-12. mar. r.*

10633 Contes & historiettes divertissantes, tirés de GUICHARDIN & autres, avec plusieurs dialogues en ital. & fr., par POMPE. *Paris*, la Caille, 1688, *in-12. v. m.*

10634 Les mêmes, *sous le titre* d'Historiettes divert. deuxieme édition, revue & augmentée, en it. & en fr. *Paris*, Gabr. Huart, 1693, *in-12. v. br.*

10635 Le mariage de Belfegor, nouvelle ital. *Par.* 1664, *in-18. v. m.*

10636 Le Piacevoli notti, di Giov.-Fr. STRAPAROLA, da Caravaggio, nelle quali si contengono le favole con i loro enimmi da dieci donne, & duo Giovanni raccontate, cosa dilettrevole, ne piu data in luce. *Vinegia*, Comin da Trino di Monferrato, 1550 & 1553, 2 *vol. in-8. v. f. d. s. t.*
   (Premiere édit. rare.)

10637 Le medesime. *San-Luca*, San-Bartholomeo, 1551 & 1554, 2 *vol. in-8. v. m.*

10638 Le medesime. *Venetia*, Comin da Trino di Monferrato, 1562, 2 *vol. in-8. v. f. d. s. t.*

10639 Les facécieuses nuicts de Jean-Franç. STRAPAROLE; le premier livre de la trad. de Jean LOUVEAU; le second, de celle de Pierre DE LARIVEY, Champenois, avec une Préface de M. DE LA MONNOYE. *Paris*, Guerin & Boudot, 1726, 2 *vol. in-12. mar. bl.*

ROMANS ITALIENS.

10640 Novelle amorose de' Signori academici incogniti della città di Venezia, raccolte e publicate da Fr. CARMENI, e Gio-Batt. FUSCONI. *Venetia*, gli heredi del Sarzina, 1641, e li Gueriglii, 1643 & 1651, 3 *vol. in-4. v. f. d. f. t.*

10641 Le medesime. *Venetia*, li Guerigli, 1650, 2 *part. 1 vol. in-4. vel.*

10642 Cento novelle scelte da piu nobili scrittori della lingua volgare, con l'aggiunta di cento altre novelle antiche, nelle quali piacevoli, & aspri casi d'amore, & altri notabili avvenimenti si contengono, con gli argomenti à ciascuna novella, per ammaestramento de' lettori al uiuer bene, & con le figure poste & appropriate à suoi luoghi, di nuovo rivedute, corrette & riformate in questa quarta impressione. *Venetia*, gli heredi di Marchio Sessa, 1571, *in-4. fig. vel.*

10643 Le Curiosissime novelle amorose, del Cav. BRUSONI, libri quattro, con nuova aggiunta. *Ven.* Stef. Curti, 1663, *in-12. v. éc.*

10644 Les nouvelles d'Antoine-François GRAZZINI, dit LE LASCA. *Berlin, (Paris)* 1776, 2 *vol. in-8. v. f. d. f. t.*

10645 Libro di novelle, & di bel parlar gentile, nel qual si contengono cento novelle altravolta mandate fuori, da Messer Carlo GUALTERUZZI da fano, di nuovo ricorrette, con aggiunta di quattro altre nel fine, & con una dichiaratione d'alcune delle voci piu antiche. *Fiorenza*, i Giunti, 1572, *in-4. v. f. d. f. tr.*

10646 Il medesimo. *Firenza*, 1724, *in-8. v. m.* *Double à vendre.*

10647 L'Amour dans son Thrône, *ou* nouvelles amoureuses du LOREDAN, trad. par le Sieur DU BRETON. *Paris*, Robinot, 1646, *in-8. m. r.*

CONTENANT:
La force de la jalousie. Les effets de la reconnoissance. Les tromperies d'un masque. Lovian. La Comtesse de Châteauneuf. Eudoxe. Arsinde.

BELLES-LETTRES.

10648 Ducento novelle, del Celio MALESPINI. *Venet.* 1609, *in-4. v. f. d. f. t.*

10649 Novelle di Franco SACCHETTI, Cittadino Fiorentino. *Firenze,* 1724, 2 *vol. in-8. v. m.*

10650 Il Pecorone di Ser GIOVANNI, Fiorentino, nel quale si contengono cinquanta novelle antiche, belle d'inventione & di stile. *Vinegia,* Dom. Farri, 1565, *in-8. v. f. d. f. t.*

10651 Il medesimo, nel quale si contengono quarant'otto novelle. *Trevigi,* Evangelista Dehuchino, 1601, *in-8. v. f.*

10652 Il Pentamerone, del Giov.-Bat. BASILE, overo lo cunto de li cunte trattenimento de li Peccerille, di G.-Alef. ABBATUTIS, novamente ristampato e corrietto. *Napoli,* Antonio Bulifon, 1674, *in-12. v. m.*

10653 Il medesimo, novamente ristampato, e co tutte le zeremonie corrietto. *Napole,* Jennaro Muzio, 1728, *in-12. v. m.*

10654 Il Porto novelle, del Maiolino BISACCIONI. *Venetia,* Storti, 1664, *in-12. baz.*

10655 Raguagli amorosi, di Luca ASSARINO. *Ven.* li Turini, 1642, *in-12. v. m.*

10656 Roderic, *ou le Démon marié, nouv. histor. tr. d'it. en fr. Cologne,* Marteau, 1694, *in-12. v. f.*

10657 Le même, *sous le titre du Démon & la Démone mariez, ou le malheur des Hommes qui épousent de mauvaises Femmes, avec leurs caracteres vicieux, nouv. hist. & mor. tirées des annales de Florence, par* MACHIAVEL. *Rotterdam,* (*Par.*) 1705, *in-12. mar. r.*

10658 Roderic, *ou le Demon marié. Baratropolis,* (*Paris*) 1745, *in-12. v. m.*

10659 I trattenimenti di Scipion BARGAGLI, dove da vaghe donne e da giovanni huomini rappresentati fo... honesti e dilette... givochi, narrate novelle, e cantat... lcune, am... canzonette. *Venetia,* Bernardo Giunti, 1596, ... vel.

ROMANS ITALIENS. 299

Voyages imaginaires & Songes.

10660 Peregrinaggio di tre Giovanni, figliuoli del Re di Serendippo, per opra di Christophoro ARMENO, dalla persiana nell'italiana lingua trapportato. *Venetia*, Mi. Tramezzino, 1557, *in-8. v. éc.*

10661 Le voyage & les aventures des trois Princes de Sarendip, trad. du persan par le Chevalier DE MAILLY. *Paris*, Prault, 1719, *in-12. fig. v. b.*

10662 Mémoires de Gaudentio di Lucca, où il rend compte aux Peres de l'Inquisition de Bologne de tout ce qui lui est arrivé pendant sa vie, & où il les instruit d'un pays inconnu situé au milieu des déserts de l'Afrique, dont les habitans sont aussi anciens, aussi nombreux & aussi civilisés que les Chinois, tr. de l'it. avec des notes de M. RHEDI ; le tout précédé d'une lettre du Secrétaire de l'Inquisition à M. Rhedi, dans laquelle il lui rapporte les motifs qui ont engagé ce tribunal à faire arrêter l'accusé. *Sans nom de Ville*, 1746, 2 *vol. in-*12. *v. m.*

10663 Les mêmes. *Amsterd.* (*Paris*) 1753, 2 *vol. in-*12. (*fig. en camayeux*) *mar. r.*

10664 Il Sogno Paraninfo, istoria Scitica, di Franc. AGRICOLETTI, libri quattro. *Roma*, Girol. Barberi, 1647, *in-*12. *cart.*

10665 Le songe de Bocace, trad. d'it. en fr. (par DE PREMONT.) *Paris*, Charpentier, 1698, *in-*12. *v. m.*

10666 La même traduction. *Amsterdam*, Schelte, 1702, *in-*12. *m. r.*

Romans comiques & satyriques.

10667 Astutie sottilissime di Bertoldo, dove si scorge un Villano accorto, e sagace, il quale dopò vari e strani accidenti à lui intervenuti, alla fine per il suo raro & acuto ingegno vien fatto huomo di corte & regio consigliero, opera nuova, & di grandissimo gusto, di Giulio-Cesare Croce; con figure intagliate in rame. *Ronciglione*, Lodovico Grignani, 1620. = Le Piacevoli, e ridicolose simplicita di Bertoldino, figlivolo del già astuto, & accorto Bertoldo, con le sottili, & argute sentenze della Marcolfa sua madre, e moglie del già detto Bertoldo, opera tanto piena di moralità, quanto di spasso, di Giulio-Cesare Croce, con figur. intagl. in ram. *Ronciglione*, Lod. Grignani, 1620, *in-12. baz.*

10668 Le medesime, Astutie di Bertoldo, con il suo testamento, & altridetti sententiosi, che nel primo non erano. *Trevigi*, Fr. Righettini, 1664, *in-16. v. f. d. s. t.*

10669 Histoire de Bertholde, tr. libre de l'ital. de Julio-Cesare Croci. *La Haye*, (*Par.*) 1752, 2 p. 1 vol. *in-12. v. m.*

10670 Le piacevoli, ridicolose simplicità di Bertoldino, figliuolo del già astuto, & accorto Bertoldo, con le sottili, & argute sentenze della Marcolfa sua madre, e moglie del già detto Bertoldo, opera non tanto piena di moralità quanto di spasso, di Giulio-Cesare Croce. *Vicenza*, Gio-Ant. Remondini, *in-8. parch.*

10671 L'Anima, di Ferrante Pallavicino. *Villa-Franca*, 1643, *in-12. cart.*

10672 La bellezza dell'Anima, del medesimo. *Ven.* Turrini, 1654, *in-12. cart.*

10673 Le Courier desvalisé, tiré de l'ital. de Ginifaccio Spironcini, (Ferrante Pallavicino.) *Ville-Franche*, Guibaud, 1644, *in-12. m. r.*

10674 La Pudicitia schernita, del medesimo. *Ven.* sans date, *in-12. cart.*

10675 La Taliclea, del medesimo, libri quattro. *Ven.* Guerigli, 1660, *in-12. v. m.*

10676 La medesima. *Venetia*, Turrini, 1654, *in-12. cart.*

ROMANS ALLEMANDS.

10677 Les aventures merveilleuses de Don Silvio de Rosalva, trad. de l'allemand (de WIELAND.) Dresde, 1768, 2 vol. in-8. v. m.

10678 Les mêmes. Dresde, 1769, 2 vol. in-8. v. f. d. f. tr.

10679 Contes comiques, trad. de l'allemand, par M. M***. Paris, Fetil, 1771, in-8. v. f. d. f. t.
CONTENANT:
Endymion. Le jugement de Pâris. Junon & Ganymede. Aurore & Céphale.

10680 Le Cosmopolite, ou les contradictions, trad. de l'allem. Sans nom de Ville, 1760, in-8. v. m.

10681 Les Graces & Psyché entre les Graces, trad. de l'allem. de WIELAND, par M. JUNKER. Paris, de Hansy, 1771, in-8. v. m.

10682 Histoire d'Agathon, ou tableau philosophique des mœurs de la Grece, imité de l'allem. de WIELAND. Paris, de Hansy le jeune, 1768, 4 part. 2 vol. in-12. v. m.

10683 Histoire d'un jeune Grec, conte moral, trad. de l'allem. de WIELAND. Leyde, C. de Pecker, 1777, 2 vol. in-8. baz.

10684 Histoire tragique de Pandoste, Roi de Bohême, & de Bellaria sa femme, ensemble les amours de Dorastus & de Faunia, trad. premierement en angl. de la langue bohêm. & de nouveau mis en franç. par L. REGNAULT. Par. Marette, 1615, in-12. m. r.

10685 Usong, histoire orientale, trad. de l'allem. du Baron DE HALLER. Paris, Valade, 1772, in-12. v. f.

10686 Tiel Wliespiegle, de sa vie, de ses faits & merveilleuses tinesses par lui faites, & des grandes fortunes qu'il a eues, lequel par les fallaces ne se laissa tromper, trad. du flamand. Rouen, Besongne, 1701, in-8. v. m.

10687 Histoire de la vie de Tiel Wlespiegle, trad. de l'allem. Amsterd. Marteau, 1703, in-12. v. m.

BELLES-LETTRES.

10688 La jarretiere, trad. de l'allem. par Mademoiselle M. D. M***. *Par.* Dufour, 1769, *in-12. v. m.*

10689 Lieb-rose, *ou* l'épreuve de la vertu, histoire scythe, trad. de l'allem. *Paris*, Delalain, 1770, 3 *part.* 1 *vol. in-12. v. m.*

10690 Louise, *ou* le pouvoir de la vertu du sexe, trad. de l'allem. par JUNKER. *Paris*, de Hansy, 1771, *in-12. v. m.*

10691 Louise de H***, *ou* le triomphe de l'innocence, roman moral, trad. de l'allem. *Abbeville*, L. A. de Vérité, 1778, 2 *part.* 1 *vol. in-12. v. f. d. s. t.*

10692 Mémoires de Mademoiselle de Sternheim, publiés par M. WIELAND, & trad. de l'allem. par Madame ***, (DE LA ROCHE) avec une anecdote allemande du même Auteur. *La Haye*, P. F. Gosse, 1773, 2 *vol. in-12. v. f. d. s. t.*

10693 Le miroir d'or, *ou* les Rois du Chéchian, histoire véritable, trad. de l'allem. de WIELAND. *Neufchâtel*, Société typographique, 1774, 2 *part.* 2 *vol. in-8. v. m.*

10694 Le nouveau Gil Blas, *ou* mém. d'un homme qui a passé par les épreuves les plus dures de la vertu, trad. de l'allem. de M. HERTZBERG, Professeur de Strasbourg, par C. H. NIREL. *Francfort*, 1778, 2 *part.* 1 *vol. in-12. v. f. d. s. t.*

10695 Le nouveau Don Quichotte, imité de l'allem. de M. WIELAND, par Mad. D'USSIEUX. *Bouillon*, 1770, 4 *part.* 2 *vol. in-8. v. m.*

10696 Le nouvel Abaillard, *ou* lettres d'un Singe au Docteur Abadolfs, trad. de l'allemand. (*Par.*) 1763, 2 *part.* 1 *vol. in-12. v. m.*

10697 Les passions du jeune Werther, ouvrage trad. de l'allem. de M. GOETHE, par M. AUBRY. *Paris*, Pissot, 1777, 2 *part.* 1 *vol. in-8. v. f. d. s. t.*

ROMANS ANGLOIS.

Romans relatifs à l'Histoire.

10698 L'Arcadie de la Comtesse de Pembrock, par M. Philippe SIDNEY, Chevalier Anglois, & mise en notre langue par J. BAUDOIN. *Paris*, du Bray, 1624, 3 *vol. in-8. v. f.*

10699 La même. *Paris*, du Bray, 1624 & 1625, 3 *tom.* 4 *vol. in-8. v. m.*

10700 Atlantis de Madame MANLEY, contenant les intrigues politiques & amoureuses de la Noblesse d'Angleterre, & où l'on découvre le secret de la derniere révolution, trad. de l'angl. avec la clef. (*Amst.*) 1714 & 1716, 3 *vol. in-12. mar. r.*

10701 Memoirs of Europe, towards the close of the eighth century, written by Eginardus, Secretary and favourite to Charlemagne, and done into english by the translator of the new Atalantis. *London*, Morphew, 1711, 2 *tom.* 1 *vol. in-8. v. br.*

10702 Secret memoirs, and manners of several persons of quality of both sexes, from the new Atalantis, in Island in the Mediteranean, written originaly in Italian. *London*, Morphew, 1709, 2 *tom.* 1 *vol. in-8. v. br.*

10703 Le Philosophe Anglois, *ou* histoire de Cleveland, fils naturel de Cromwel, trad. de l'angl. par l'Abbé PREVOST. *Utrecht*, (*Par.*) 1736 & 1739, 8 *tom.* 4 *vol. in-12. v. m.*

10704 Le même, nouvelle édit. enrichie de figures. *Lond.* (*Par.*) 1777, 6 *vol. in-12. v. f. d. s. t.*

10705 Le même, tome V^e. *Utrecht*, Neaulme, 1734, *in-12. fig. v. f.*

N. B. Ce V^e volume n'est pas de l'Abbé Prévost; après avoir donné les quatre premiers, il fut assez long-tems sans y travailler, & un Anonyme donna ce V^e volume, ce qui détermina l'Abbé à continuer & à finir son Ouvrage.

BELLES-LETTRES.

10706 Histoire de Rasselas, Prince d'Abissinie, par JHONNSON, trad. de l'angl. par Madame BELLOT. *Paris*, Prault, 1760, *in*-12. *v. m.*

10707 Mémoires du Nord, *ou* histoire d'une famille d'Ecosse, trad. de l'anglois. *Paris*, Merlin, 1766, 2 tom. 1 vol. *in*-12. *v. m.*

10708 Nourjahad, hist. orient. trad. de l'angl. *Paris*, Gauguery, 1769, *in*-12. *v. m.*

Aventures singulieres, & Romans philosophiques & moraux, sous des noms propres, par ordre alphabétique.

10709 Amélie, hist. angl. trad. de l'anglois de FIELDING, par M. DE PUISIEUX. *Paris*, Charpentier, 1762, 4 vol. *in*-12. *v. m.*

10710 La même, traduite par Madame RICCOBONI. *Paris*, Humblot, 1762, 3 part. 1 vol. *in*-12. *v. m.*

10711 Les amours d'Emire & Calisto, *ou* la fatale succession, traduits de l'anglois de M. SEALLY, par C. H. NIREL, L. M., *Londres*, (Par.) 1777, *in*-12. *v. f. d. s. t.*

10712 Arbofléde, histoire angloise. *La Haye*, (Par.) 1741, *in*-12. *v. m.*

10713 Ariana, *ou* la patience récompensée, histoire trad. de l'angl. de M. HAWKESWORTH. *Paris*, Prault, 1757, *in*-12. mar. r.

10714 Les aventures de Joseph Andrews & du Ministre Abraham Adams, trad. de l'angl. de FIELDING. *Londres*, (Paris) 1743, 2 vol. *in*-12. *v. ec.*

10715 L'infortuné François, *ou* aventures du Marq. de Courtanges, trad. de l'angl. *Londres*, (Paris) 1752, *in*-12. mar. r.

10716 Les aventures de M. Loville, trad. de l'angl. par M. ***. *Paris*, Robin, 1765, 4 part. 2 vol. *in*-12. *v. m.*

10717 Le Solitaire Anglois, *ou* aventures merveilleuses de Philippe Quarll, par DORRINGTON, trad. de l'angl. *Paris*, Ganeau, 1729, *in*-12. mar. r.

10718

ROMANS ANGLOIS.

10718 Aventures de Roderik Random, trad. de l'angl. de FIELDING. Londres, (Par.) 1761. 3 vol. in-12. fig. v. m.

10719 Histoire des passions, *ou* aventures du Chevalier Shroop, trad. de l'angl. par TOUSSAINT. La Haye, (Par.) 1751, 2 vol. in-12. v. m.

10720 Les hommes volans, *ou* les aventures de Pierre Wilkins, trad. de l'angl. *Paris*, veuve Brunet, 1763, 3 vol. in-12. fig. v. m.

10721 Le château d'Otrante, histoire gothique, par Horace WALPOLE, trad. de l'angl. par M. E. (EIDOUS.) *Paris*, Prault, 1767, 2 part. 1 vol. in-12. v. m.

10722 Chrysal, *ou* les aventures d'une guinée, hist. angloise. *Paris*, Dufour, 1768, in-12. v. m.

10723 Supplément à Chrysal, trad. de l'angl. par Mylord ALEPH. *Paris*, Dufour, 1769, in-12. v. m.

10724 Evelina, *ou* l'entrée d'une jeune personne dans le monde, ouvrage trad. de l'angl. *Amsterd.* D. J. Changuion, 1779, 3 vol. in-8. v. f. d. f. t.

10725 Henriette, trad. de l'anglois par M.... (*Amst.*) 1760, 4 part. 2 vol. in-8. v. m.

10726 Histoire d'Amyntor & de Thérese, trad. de l'anglois. *Amsterd.* (Par.) 1770, 2 part. 1 vol. in-12. v. m.

10727 Les amans indécis, *ou* histoire de Sir Edouard Balchen, trad. de l'angl. *Paris*, de Hansy, 1769, 3 vol. in-12. v. m.

10728 Histoire de Miss Beville, trad. de l'anglois. *Paris*, de Hansy, 1769, 2 vol. in-12. v. m.

10729 Le procès sans fin, *ou* l'histoire de John Bull, par le Docteur SWIFT, trad. par l'Abbé VELLY. *Londres*, (Par.) 1753, in-12. v. m.

10730 Histoire de M. le Marquis de Cressy, trad. de l'angl. par Madame DE ***, (RICCOBONI.) *Amst.* (Par.) 1758, in-12. v. m.

10731 Histoire de Madame du Bois, trad. de l'angl. *Paris*, Mérigot le jeune, 1769, in-12. v. m.
Tome III. V

BELLES-LETTRES.

10732 Histoire de Lucie Fenton, trad. de l'angl. par M. D. M. *Lond.* (*Paris*) 1770, 3 *vol. in-*12. *v. m.*

10733 L'histoire d'une Femme de qualité, *ou les aventures de Lady Frail,* (en anglois.) *Londres,* Cooper, 1751, *in-*12. *v. m.*

10734 Histoire de Lady Julie Harley, par Madame GRIFFITH, trad. de l'angl. *Amsterd.* D. J. Changuion, 1778, 2 *part.* 1 *vol. in-*8. *v. f. d. s. t.*

10735 Les mœurs du jour, *ou* histoire de William Harrington, revue & retouchée par RICHARDSON, trad. de l'angl. *Amsterd.* Changuion, 1772, 4 *part.* 2 *vol. in-*8. *v. f. d. s. t.*

10736 Hau Kiou choaan, histoire chinoise, trad. de l'angl. *Lyon,* Duplain, 1766, 4 *vol. in-*12. *v. m.*

10737 Histoire de Miss Honora, *ou le vice dupe de lui-même. Paris,* Durand, 1766, 4 *part.* 2 *vol. in-*12. *v. m.*

10738 Histoire de Miss Jenny, trad. de l'angl. par Mad. RICCOBONI. *Paris,* Brocas & Humblot, 1764, 4 *part.* 2 *vol. in-*12. *fig. v. f.*

10739 Histoire de Miss Indiana Danby, trad. de l'angl. par M. DE L*** G***. *Paris,* Panckoucke, 1767, 2 *vol. in-*12. *v. m.*

10740 Histoire de Tom Jones, *ou l'enfant trouvé,* trad. de l'angl. de FIELDING, par M. D. L. P. (M. DE LA PLACE.) *Lond.* (*Par.*) 1750, 4 *tom.* 2 *vol. in* 12. *fig. v. f.*

10741 Thom. Kenbrook, histoire angl. trad. par M. D. L. P. (DE LA PLACE.) *Londres,* (*Par.*) 1754, 2 *part.* 1 *vol. in* 12. *mar. r.*

10742 Les égaremens réparés, *ou* histoire de Miss Louise Mildmay, traduction libre de l'angl. par Mademoiselle MATNÉ DE MORVILLE. *Paris,* J. B. G. Musier fils, 1773, *in-*12. *f. d. s. t.*

10743 Histoire d'Emilie Montague, trad. de l'angl. de Mad. BROOKE, *Paris,* le Jay, 1770, 4 *part.* 2 *vol. in-*12. *v. m.*

10744 Les freres, *ou* histoire de Miss Osmond, trad.

ROMANS ANGLOIS.

de l'angl. par M. DE PUISIEUX. *Paris*, Prault le jeune, 1766, 4 part. 2 vol. in-12. v. m.

10745 Histoire & aventures de Williams Pickle, traduite de l'anglois. *Amsterdam*, (Par.) 1753, 4 vol. in-12. v. m.

10746 Histoire du petit Pompée, *ou* vie & aventures d'un petit chien, (em angl.) *Londres*, Cooper, 1751, in-12. v. m.

10747 La vie & aventures du petit Pompée, trad. de l'angl. par TOUSSAINT. *Londres*, (Par.) 1752, 2 vol. in-12. v. m.

10748 L'Etourdie, *ou* histoire de Miss Betsi Tatless, trad. de l'anglois. *Paris*, Prault, 1754, 4 part. 2 vol. in-12. mar. r.

10749 La victime mariée, *ou* histoire de Lady Villars, trad. de l'angl. par M. A. *Paris*, Mérigot le jeune, 1775, 2 part. 1 vol. in-12. v. f. d. f. t.

10750 Lucy Wellers, hist. trad. de l'angl. (par M. EIDOUS.) *Paris*, Vente, 1766, 2 vol. in-12. v. m.

10751 La nouvelle femme, *ou* histoire de Miss Jenny Westbury, imitée de l'angl. *Paris*, Costard, 1769, 2 part. 1 vol in-12. v. m.

10752 Histoire de Jonathan Wild le Grand, trad. de l'angl. de FIELDING. *Paris*, Duchesne, 1763, 2 tom. 1 vol. in-12. v. m.

10753 Histoire de François Wils, *ou* le triomphe de la bienfaisance, par l'Auteur du Ministre de Wakefield, trad. de l'angl. *Amsterd*. Changuion, 1773, 2 part. 1 vol. in-8. v. f. d. f. t.

10754 La femme malheureuse, *ou* histoire d'Elise Windham, racontée par elle-même dans un voyage de Salisbury à Londres. *Amst*. (Par.) 1771, 2 part. 1 vol. in-12. v. m.

10755 Idalie, *ou* l'amante infortunée, trad. de l'angl. *Amst*. (Lyon) 1770, 2 part. 1 vol. in-12. v. m.

10756 Julie Benson, *ou* l'innocence opprimée, hist. où l'on montre, par des faits authentiques, le danger des passions déréglées & du ressentiment

BELLES-LETTRES.

des femmes, trad. de l'angl. *Rotterd.* Benet & Hake, 1780, 2 part. 1 vol. in-8. v. f. d. f. t.

10757 Maria, *ou* les véritables mémoires d'une Dame illustre par son mérite, son rang & sa fortune, trad. de l'angl. *Par.* Bauche, 1765, 2 v. in-12. v. m.

10758 Mémoires de Miss Sidney Bidulph, extraits de son Journal, & trad. de l'angl. *Amst.* 1762, 3 vol. in-8. v. m.

10759 Les mêmes, *sous le titre de* Mémoires pour servir à l'histoire de la Vertu, extraits du Journal d'une jeune Dame, par l'Abbé Prevost. *Cologne,* (*Par.*) 1762, 4 vol. in-12. v. m.

10760 La destinée, *ou* mém. du Lord Kilmarnoff, trad. de l'angl. de Miss Voodwill, par M. Contant-Dorville. *Paris,* Cl. Hérissant, 1766, 2 part. 1 vol. in-12. v. m.

10761 Mémoires du Chevalier de Kilpar, trad. ou imités de l'angl. de Fielding, par M. D. M. C. D. *Paris,* Duchesne, 1768, 2 vol. in-12. v. m.

10762 Mémoires & aventures de Mademoiselle Moll-Flanders, trad. de l'anglois. *Londres,* Nourse, 1761, in-8. v. m.

10763 Mémoires de Lucie d'Olbery, trad. de l'angl. par Madame de B. G. *Paris,* de Hansy, 1770, 2 vol. in-12. v. m.

10764 Memoires of a woman of pleasure. *London,* G. Fenton, 1749, 2 tom. 1 vol. in-12. m. v.

10765 Il moro d'Haliseo Haivodo inglese. *Fiorenza,* Lorenzo Torrentino, 1556, in-8. baz.

10766 Ophélie, roman, trad. de l'angl. par M. B**. (Madame Bellot.) *Amsterdam,* (*Par.*) 1763, 2 vol. in-12. v. m.

10767 Oronoko, trad. de l'angl. de Mad. Behn, (par M. de la Place.) *Amst.* (*Par.*) 1745, 2 tom. 1 vol. in-8. v. m.

10768 Paméla, *ou* la Vertu récompensée, trad. de l'angl. de Richardson, par l'Abbé Prevost. *Londres,* (*Par.*) 1742, 4 vol. in-12. v. m.

ROMANS ANGLOIS.

10769 Antipamela, *ou* mémoires de M. D***, trad. de l'angl. *Londres*, 1742, *in*-12. *v. m.*

10770 Les Mémoires de Pamela. *Londres*, (*Par.*) 1743, 2 part. 1 *vol. in*-12. *v. m.*

10771 Marianne, *ou* la nouvelle Pamela, trad. de l'angl. *Rotterd. Beman*, 1765, 2 *vol. in*-12. *v. m.*

10772 Solyman & Alména, trad. de l'angl. par M. D. L. F. *Paris, Mérigot*, 1765, *in*-12. *v. m.*

10773 Sophie, *ou* le triomphe des Graces sur la Beauté, imité de l'angl. de Mistriss Charlotte LENNOX. *Paris, veuve Duchesne*, 1770, 2 part. 1 *vol. in*-12. *v. m.*

10774 Le véritable ami, *ou* la vie de David Simple, trad. de l'angl. de M. MUNK. *Amst.* (*Par.*) 1749, 2 *vol. in*-12. *v. m.*

10775 La vie & les aventures de Joseph Thompson, trad. de l'anglois (par DE PUISIEUX.) *Paris, Charpentier*, 1762, 3 *vol. in*-12. *v. m.*

Aventures singulieres & Romans philosophiques & moraux sous diverses dénominations, par ordre alphabétique.

10776 Les aventures de la belle Grecque, trad. de l'angl. de Mylord GUINÉE, *Paris, Lesclapart*, 1742, *in*-12. *v. m.*

10777 Babillard, *ou* le Nouvelliste Philosophe, trad. de l'angl. par A. D. L. C. *Amsterdam*, (*Par.*) 1725, *in*-12. *v. m.*

10778 La campagne, roman, trad. de l'angl. par M. DE PUISIEUX. *Paris, veuve Duchesne*, 1767, 2 *vol. in*-12. *v. m.*

10779 Le Coche, trad. de l'angl. par M. D. L. G. *La Haye*, (*Par.*) 1767, 2 *vol. in*-12. *v. m.*

10780 Les deux orphelines, hist. angl. *Paris, Pillot*, 1769, 2 part. 1 *vol. in*-12. *v. f.*

10781 L'école des maris, trad. de l'anglois. *Paris, le Jay*, 1776, 2 *vol. in*-12. *v. f. d. s. t.*

10782 L'erreur d'un moment, trad. de l'angl. par

BELLES-LETTRES.

Madame ***. *Paris*, Demonville, 1776, *in-12. v. f. d. f. tr.*

10783 L'excurſion, *ou* l'eſcapade, par Mad. BROOKE, trad. de l'angl. *Lauzanne*, Fr. Graſſet, 1778, 2 *part.* 1 *vol. in-*12. *v. m.*

10784 Aventures galantes arrivées dans les principales villes de l'Europe, trad. de l'angl. *Londres*, 1774, *in-*8. *v. f. d. f. t.*

10785 L'homme du monde, roman moral, (par M. MAKENSIE) trad. de l'angl. par M. DE SAINT-ANGE. *Paris*, Piſſot, 1775, 2 *vol. in-*12. *v. f. d. f. t.*

10786 L'homme ſenſible, (par M. BROOK) trad. de l'angl. par M. DE SAINT-ANGE. *Paris*, Piſſot, 1775, *in-*12. *v. f. d. f. t.*

10787 Autre traduction, *ſous le titre de* l'homme & la femme ſenſibles. *Paris*, le Jay, 1775, 2 *part.* 1 *vol. in-*12. *v. f. d. f. t.*

10788 La jeune Fille ſéduite, & le Courtiſan hermite, trad. de l'angl. par M. LE TOURNEUR. *Paris*, le Jay, 1769, *in-*12. *v. f.*

10789 Le Lord impromptu, trad. de l'angl. *Amſterd.* (*Par.*) 1767, 2 *part.* 1 *vol. in-*12. *v. m.*

10790 Mémoires de Mylord ***, trad. de l'angl. par M. D. L. P. (DE LA PLACE.) *Paris*, Prault, 1737, *in-*12. *v. m.*

10791 Le nouveau Pere de famille, trad. de l'angl. (par M. CHARPENTIER.) *Paris*, Nyon, 1768, 2 *part.* 1 *vol. in-*12. *v. m.*

10792 Le point d'honneur, trad. de l'angl. *Paris*, Piſſot, 1770, 3 *tom.* 1 *vol. in-*12. *v. m.*

10793 La recluſe angloiſe, *ou* les deux amies, trad. de l'angl. *Amſt.* (*Lille*) 1770, *in-*12. *v. m.*

10794 Romans trad. de l'anglois. *Amſterd.* (*Par.*) 1761, *in-*8. *v. m.*

CONTENANT:

Lettres d'un Perſan en Angleterre à ſon Ami à Iſpahan. ═ Polidore & Emilie. ═ Agnès de Caſtro.

ROMANS ANGLOIS.

10795 La situation critique, trad. de l'angl. *Paris*, de Hansy, 1770, 4 part. 2 vol. *in*-12. *v. m.*

10796 Le triomphe des Dames, trad. de l'angl. de Myledi P***. Lond. (Par.) 1751, *in*-12. *v. m.*

Romans philosophiques & moraux, en forme de Lettres.

10797 Les amans vertueux, *ou* lettres d'une jeune Dame, écrites de la Campagne à son Amie à Londres, ouvrage trad. de l'angl. *Paris*, J. P. Costard, 1774, 2 part. 1 vol. *in*-12. *v. f. d. s. t.*

10798 L'amitié après la mort, contenant les lettres des Morts aux Vivans, & les lettres morales & amusantes, trad. de l'angl. de Mad. Rowe. *Amst.* Compagnie, 1740, 2 vol. *in*-12. *v. m.*

10799 La famille vertueuse, lettres trad. de l'angl. par De La Bretone. *Paris*, veuve Duchesne, 1767, 4 vol. *in*-12. *v. m.*

10800 Nouvelles lettres angloises, *ou* histoire du Chevalier Grandisson, trad. de l'angl. de Richardson, par l'Abbé Prevost. *Amst. (Par.)* 1755, 8 vol. *in*-12. *mar. r.*

10801 Histoire de Julie Mandeville, *ou* lettres trad. de l'angl. de Madame Brooke, par M. B***. *Par.* Duchesne, 1764, 2 part. 1 vol. *in*-12. *v. f.*

10802 Lettres de Lord Austin de N**, à Lord Humfrey de Dorset son Ami. *Paris*, Gauguery, 1769, 2 part. 1 vol. *in*-12. *v. m.*

10803 Lettres de Myladi Bedfort, trad. de l'angl. par Madame De B. G. *Paris*, de Hansy, 1769, *in*-12. *v. m.*

10804 Lettres de Myladi Juliette Catesby, à Myladi Henriette Campley son amie, par Mad. Riccoboni. *Amst. (Par.)* 1759, *in*-12. *v. m.*

10805 Lettres angloises, *ou* histoire de Miss Clarice Harlove, trad. de l'angl. de Richardson, par l'Abbé Prevost. *Londres*, (*Par.*) 1751 *& suiv.* 12 tom. 6 vol. *in*-12. *v. m.*

V 4

BELLES-LETTRES.

10806 Supplément, *ou* tome VII. *Lyon*, Périsse, 1762, *in*-12. *v. m.*

10807 Lettres illinoises, par J. A. P., Auteur de Clarisse, (RICHARDSON.) *Paris*, Merlin, 1772, *in*·8. *v. f. d. f. t.*

10808 Lettres de Madame Wortley Montague, écrites pendant ses voyages en Europe, en Asie & en Afrique, trad. de l'angl. *Amsterd.* Boitte, 1763, *in*-12. *v. m.*

10809 Les mêmes. *Paris*, Duchesne, 1764, 2 *vol. in*-12. *v. m.*

10810 Les mêmes. *Paris*, Duchesne, 1764—1768, 3 *vol. in*-12. *baz.*

Contes & Voyages imaginaires.

10811 Contes trad. de l'angl. *Paris*, veuve Duchesne, 1774, 2 *part.* 1 *vol. in*-12. *v. f. d. f. t.*

* Ces contes sont tirés d'un Ouvrage périodique anglois intitulé : l'Aventurier, *the Adventurer.*

10812 Les contes des Génies, *ou* les charmantes leçons d'Horam, fils d'Asmar, par Charl. MORELL, trad. de l'anglois. *Amsterd.* Rey, 1766, 3 *vol. in*-12. *fig. v. m.*

10813 Contes persans, trad. de l'angl. par INATULA DE DELHI. *Paris*, Vincent, 1769, 2 *v. in*-12. *v. m.*

10814 Guliane, conte physique & moral, trad. de l'anglois, avec des notes, *Paris*, Hardy, 1770, *in*-12. *v. m.*

10815 Histoire de Rhedy, Hermite du mont Ararat, conte oriental, trad. de l'angl. *Versailles*, le Fevre, 1777, *in*-12. *v. f. d. f. t.*

10816 Julien l'Apostat, *ou* voyage dans l'autre monde, trad. de FIELDING, par KAUFFMAUN. *Paris*, le Jay, 1768, 2 *part.* 1 *vol. in*-12. *baz.*

10817 Le même. *Paris*, le Jay, 1771, 2 *part.* 1 *vol. in*-12. *v. m.*

10818 Les promenades de M. FRANKLY, publiées

ROMANS ANGLOIS. 313

par sa Sœur, trad. de l'angl. Par. (Amst.) 1773, 2 part. 1 vol. in-8. v. f. d. s. t.

10819 La vie & les aventures surprenantes de Robinson Crusoé, contenant entre autres événemens, le séjour qu'il a fait pendant vingt-huit ans dans une Isle déserte, située sur la côte de l'Amérique, près de l'embouchure de la grande riviere Oroonoque, trad. de l'angl. Amsterd. l'Honoré, 1720, 3 vol. in-12. fig. v. m. d. s. t.

10820 Les mêmes. Amsterd. (Par.) 1735, 3 vol. in-12. fig. v. m.

10821 Robinson Crusoé, nouvelle imitat. de l'angl. par M. Feutry. Paris, Panckoucke, 1766, 2 tom. 1 vol. in-12. v. m.

10822 L'Isle de Robinson Crusoé, extraite de l'angl. par M. de Montreille. Paris, Desaint, 1767, in-12. v. m.

10823 Voyages de Gulliver, trad. du Docteur Swift, par l'Abbé des Fontaines. Paris, veuve Coustelier, 1727, 2 tom. 1 vol. in-12. fig. v. f.

10824 Le nouveau Gulliver, ou voyages de Jean Gulliver, fils du Capitaine Gulliver, trad. par l'Abbé D. F. (des Fontaines.) Paris, Clousier, 1730. 2 tom. 1 vol. in-12. v. f.

10825 Voyages de Gulliver, trad. par l'Abbé des Fontaines, nouvelle édit. Paris, J. B. G. Musier, 1772, 2 vol. in-12. fig. v. f. d. s. t.

10826 Les mêmes, autre traduction, augmentée du second voyage de Brobdingnag, & de celui des Sevarambes, avec la clef des voyages précédents. La Haye, Swart, 1741, 3 vol. in-12. mar. r.

10827 Voyage sentimental, par Stern, sous le nom d'Yorick, trad. de l'angl. par M. Frénais. Par. Gauguery, 1769, 2 part. 1 vol. in-12. v. m.

Romans allégoriques, comiques & satyriques.

10828 Mémoires du Chevalier Hazard, trad. de l'ang. Cologne, (Rouen) 1703, in-12. v. m.

10829 La quinzaine angloise à Paris, *ou l'art de s'y ruiner en peu de tems, ouvrage posthume du Docteur* STEARNE, trad. de l'angl. par un Observateur, (le Chevalier DE RUTLIGE.) *Lond.* (*Par.*) 1776, *in*-12. *v. f. d. f. tr.*

10830 Vie & aventures de Sens-commun, hist. allégorique, trad. de l'angl. sur la seconde édit. *Avig.* 1777, *in*-8. *v. f. d. f. t.*

10831 La vie & les opinions de Tristam Shandy, trad. de l'angl. de STERN, par M. FRÉNAIS. *Paris,* Ruault, 1776, 2 vol. *in*-12. *v. f. d. f. t.*

FACÉTIES, PIECES BURLESQUES.

Facéties, Pieces burlesques en latin.

10832 Facetie di POGGIO Fiorentino, historiate, nuovamente ristampate, & con somma diligentia reviste & corrette. *Vinegia,* Francesco Bindoni & Mapheo Pasini Comp. 1547, *in*-8. *fig. v. f. d. f. t.*

10833 Les facéties de POGGE, Florentin, *in*-4. *goth. v. br.*

Lettres *de somme ,* sans titre, reclames, chiffres, 46 feuill.

10834 Contes de POGGE, avec des réflexions. *Amst.* Bernard, 1712, *in*-12. *v. m.*

10835 Margarita Facetiarum ALFONSI, Aragonum Regis, vafrè dicta : proverbia SIGISMUNDI & FRIDERICI III, Roman. Imperatorum. Tropi, sive sales Joan. KEISERSBERG, Concionatoris Argentinensis ; Hermolai BARBARI orationes contra Poëtas ; Marsilii FICINI, Florentini, de sole & lumine opusculum ; facetiæ Adelphinæ, (*sive* Joan. Adelphi MULICHII, Argentinensis.) *Argentinæ,* Joh. Gruninger, 1509, *in*-4. *v. m.*

10836 L. Donatii BRUSONII facetiæ, & exempla ; opus editum operâ & studio Conr. LYCOSTHENIS. *Lugduni,* Vincentius, 1560, *in*-8. *v. f.*

10837 Joci, per Andream ARNAUDUM. *Avignoni,* Jac. Bramereau, 1600, *in*-12. *v. f. d. f. t.*

FACÉTIES.

Facéties, Pieces burlesques en françois.

10838 L'arrivée du brave Toulousain, & le devoir des braves Compagnons de la petite Manicle. *Troyes*, Garnier, 1731, *in-8. v. m.*

10839 L'art de désopiler la rate, *sive de modo c..... prudenter*, en prenant chaque feuillet pour se t..... le d...., entremêlé de quelques bonnes choses, nouvelle édit. revue & augmentée, par J. M. F. A. L. D. C. (par PANCKOUCKE.) *Venise*, (*Rouen*) 178873, 2 *vol. in-12. v. f. d. s. t.*

10840 L'art de désopiler la rate. *Gallipoli*, 175884, 2 *vol. in-12. mar. r.*

10841 Le chasse-ennuy, ou l'honneste entretien des bonnes compagnies, par Louis GARON. *Paris*, Boulanger, 1641, *in-12. v. f.*

10842 La compagnie du voyageur, ou recueil d'histoires, bons-mots & discours plaisans, choisis pour la récréation des ames vertueuses, & pour réjouir les plus mélancoliques. *Sans date, ni nom de Ville*, *in-12. v. m.*

10843 Contes facétieux du Sᵗ GAULARD. *Paris*, Richer, 1608, *in-12. v. m.*

10844 Les contes aux heures perdues du Sᵗ D'OUVILLE, ou recueil de tous les bons-mots, réparties, équivoques, brocards, simplicités, naïvetés, gasconades & autres contes facétieux non encore imprimés. *Paris*, Toussaint Quinet, 1644, 4 *vol. in-8. v.*

10845 L'élite des contes, du même. *Rouen*, Cabut, 1680, 2 *vol. in-12. v. m.*

10846 Nouveaux contes à rire de BOCACE, de D'OUVILLE & autres personnes enjouées. *Paris*, Loyson, 1692, *in-12. cart.*

10847 Nouveaux contes à rire & aventures plaisantes, ou récréations françoises. *Cologne*, 1722, 2 *vol. in-12. fig. v. m.*

10848 Contes nouveaux & divertissans, par Made-

316   BELLES-LETTRES.

moifelle DE B***. *Paris*, Nyon, 1704, *in-*12. *m. r.*

10849 Le courrier facétieux, *ou recueil des meilleures rencontres de ce tems. Lyon*, la Riviere, 1650, *in-*8. *mar. r.*

10850 Le même. *Lyon*, de Ville, 1668, *in-*8. *v. br.*

10851 Les délices joyeux & récréatifs, avec quelques apophtegmes, trad. d'efpagnol en franç. par VERBOQUET le Généreux. *Rouen*, Befongne, 1626, *in-*12. *v. m.*

10852 Les délices, *ou difcours joyeux & récréatifs, avec les plus belles rencontres & propos férieux, tenus par tous les bons cabarets de France,* par VERBOQUET. *Lyon*, Bailly. = Les fubtiles & facétieufes rencontres de J. B., Difciple de Verboquet, par luy practiquées pendant fon voyage tant par mer que par terre. *Lyon*, 1640, *in-*12. *v. f.*

10853 Les mêmes fubtiles & facétieufes rencontres de J. B., Difciple du généreux Verboquet, &c. *Lyon*, 1640, *in-*12. *v. m.*

10854 Difcours d'aucuns propoz ruftiques, facétieux & de finguliere récréation, *ou rufes & fineffes de Ragot, Capit. des gueux,* &c. de Léon LADULFI, Champenois, (Noel DU FAYL, Seign. DE LA HERISSAYE, Gentilhomme Breton.) *Paris*, Groulleau, 1548, *in-*16. *v. f.*

10855 Les mêmes, augment. par luy-même. *Lyon*, de Tours, 1548, *in-*16. *v. f.*

10856 Les mêmes. *Sans nom de Ville*, 1732, *in-*12. *mar. r.*

10857 Les divertiffemens curieux, *ou le thréfor des meilleurs rencontres & mots fubtils de ce temps. Lyon*, Huguetan, 1650, *in-*8. *m. r.*

10858 Les agréables divertiffemens françois, contenant plufieurs rencontres facétieufes de ce temps. *Paris*, le Gras, 1654, *in-*8. *v. m.*

10859 Les agréables divertiffemens, *où fe voyent les entretiens les plus comiques, galants & facétieux de la converfation,* édition augmentée d'un recueil

FACÉTIES.

de plaisantes épitaphes. *Paris*, le Gras, 1664, *in-12. mar. r.*

10860 Les Ecosseuses, *ou les œufs de Pâques*. *Troyes*, veuve Oudot, 1739, *in-12. v. f.*

CONTENANT :

Le Porteur d'iau, *ou les amours de la Ravaudeuse*, comédie en prose.

10861 L'enfant sans soucy, divertissant son pere Roger Bontemps, & sa mere Boute tout cuire. *Villefranche*, 1682, *in-12. v. f.*

10862 L'enfer de la mere Cardine, traitant de la cruelle & horrible bataille qui fut aux enfers entre les Diables & les Macquerelles de Paris aux nôces du portier Cerbérus & de Cardine, avec une chanson sur certaines Bourgeoises de Paris, qui, feignant d'aller en voyage, furent surprises au logis d'une Macquerelle à S. G. D. P. (Saint-Germain-des-Prés.) *Sans date, ni nom d'Imprimeur*, (1598), *in-8.* (très-rare.)

10863 Le facétieux réveille-matin des esprits mélancoliques, *ou remede préservatif contre les tristes*; auquel sont contenues les meilleures rencontres capables de réjouir toutes sortes de personnes, & divertir les bonnes compagnies. *Rouen*, de la Motte, 1656, *in-8. mar. r.*

10864 Le même. *Rouen*, Besongne, 1699, *in-12. cart.*

10865 La feste de MM. les Sauetiers, escripte aux Cuisiniers d'Hesdin, pour faire le festin le jour de leur feste, avec la liste des viandes. *Paris*, 1639, *in-8. mar. r.*

10866 La gallerie des curieux, contenant en divers tableaux les chef-d'œuvres des plus excellens railleurs ⬛⬛⬛ siécle, par Gerard BONTEMPS. *Paris*, Besongne, 1646, *in-8. mar. r.*

10867 La gibeciere de Mome, *ou le thrésor du ridicule*, contenant tout ce que la galanterie, l'hist. facétieuse & l'esprit égayé ont jamais produit de

318   BELLES-LETTRES.

subtil & d'agréable pour le divertissement du monde. Paris, David, 1644, in-8. v. f.

10868 Heures perdues d'un Cavalier François, dans lequel les esprits mélancoliques trouveront des remedes propres pour dissiper cette fâcheuse humeur, par R. D. M. Paris, d'Houry, 1662, in-12. m. r.

10869 Lecture divertissante, *ou recueil d'histoires, bons-mots & discours plaisants.* Sans date, ni nom de Ville, in-12. mar. r.

10870 Lettre écrite à Madame la Comtesse Tâtion; par le Sieur de Bois-flotté, Etudiant en droit fil; ouvrage traduit de l'angl. nouvelle édit. augmentée de plusieurs notes d'infamie, (par M. le Marquis DE BIEVRE.) *Amst.* (Par.) 1770, in-8. fig. v. f. d. s. t.

10871 Lettres de Montmartre, par Jeannot GEORGIN. *Londres*, (Par.) 1750, in-12. mar. r.

10872 Le Momus françois, *ou les aventures divertissantes du Duc de Roquelaure*, par L. R. Cologne, (Par.) 1761, in-12. v. m.

10873 Œuvre contenant la raison de ce qui a été, est & sera, avec démonstrations certaines, selon la rencontre des effects de Vertu, (par Phil. Beroalde DE VERVILLE.) *Chinon*, de l'Imp. de François Rabelais, (sans date) 2 vol. in-12. mar. cit.

10874 Le même. *Sans date*, in-12. v. m.

10875 Le même, avec une dissertation de Bernard DE LA MONNOYE sur ce livre, nouvelle édition, 100070057. (1757) 2 vol. in-12. pap. d'Hol. v. m.

10876 Le même, nouv. édit. Paris, 100070073, 1773, 2 vol. in-12. v. f. d. s. t.

10877 Inventaire universel des Œuvres de TABARIN, contenant ses fantaisies, dialogues, paradoxes, farces, rencontres & conceptions; ouvrage où, parmy les subtilitez Tabariniques, on voit l'éloquente doctrine de MONDOR, ensemble les rencontres, coq-à-l'asne & gaillardises du Baron DE GRATTELARD. *Paris*, 1622, in-12. v. m.

10878 Recueil général des œuvres & fantaisies de

FACÉTIES.

TABARIN, (Valet de Montdor, Vendeur de beaume,) contenant les rencontres, questions & demandes facétieuses, avec leurs responces. *Rouen*, Ferrand, 1632. = Les aventures & amours du Capitaine Rodomont, les rares beautés d'Isabelle, & les inventions folastres de Tabarin, faites depuis son départ de Paris jusqu'à son retour. *Rouen*, Ferrand, 1632, *in-12. v. f.*

10879 Passetems joyeux, contes à rire, & gasconades nouvelles. *Paris*, Morel, 1717, *in-12. mar. r.*

10880 Les priviléges du cocuage. *Cologne*, (Paris) 1698, *in-12. v. f.*

10881 Les mêmes. (*Amst.*) 1712, *in-12. v. m.*

10882 Les quinze joyes de mariage, extraicts d'un vieil exemplaire, escrit à la main, passez sous 400 ans, (mis en lumiere par François DE ROUSSET.) *Rouen*, du Petitval, 1596, *in-12. v. f.*

10883 Les récréations françoises, *ou* nouveau recueil de contes à rire, pour servir de divertissemens aux mélancoliques, & de joyeux entretien dans les cours, les cercles & les ruelles. *Rouen*, Ferrand, 1665, 2 *vol. in-8. v. f.*

10884 Recueil de ces Dames, par le Comte DE CAYLUS. *Bruxelles*, (*Par.*) 1745, *in-12. v. m.*

10885 Nouveau recueil de pieces comiques & facétieuses. *Cologne*, Gaillard, *sans date, in-12. m. r.*

CONTENANT:

Le Courtisan grotesque. Le sot amoureux. Le portraict de la Beauté, de la Laideur, & du Charlatan. L'Orateur grotesque. L'inconstance du tems. L'indigent consolé, *ou* le bonheur des gueux. L'amoureux insensé. Le Guerrier de cuisine. Le noble vilain. Le cloaque de la fortune. Le Mercure charitable, *ou* la guide de la fortune. Priviléges & franchises des Escornifleurs. Les statuts de la Confrérie des mal mariés, *ou* martyrs. Le Secrétaire hypocondriaque, *ou* recueil de lettres, de proverbes & burlesques. Plaisant dialogue des Goguenards. Le parterre des bonnes rencontres. Le bouquet récréatif des contes à rire. Divers discours comiques & autres sujets divertissans.

10886 Le même. *Paris*, Loyson, 1661, *in-12. v. f.*

320 BELLES-LETTRES.

10887 Recueil des pieces du temps pour chasser la mélancolie, & faire passer le temps agréablement, contenant vingt pieces burlesques & facétieuses. La Haye, (Rouen) 1685, in-12.

10888 Roger Bontemps en belle humeur, donnant aux tristes & aux affligés le moyen de chasser leurs ennuis, & aux joyeux le secret de vivre toujours contens, (par DE ROQUELAURE.) Cologne, (Par.) 1731, 2 vol. in-12. v. f.

10889 Le même. Amsterd. (Rouen) 1753, 2 tom. 1 vol. in-12. mar. r.

10890 Le premier Livre de Gaspard DE SAILLANS. Lyon, de la Planche, 1569, in-8. mar. r.

10891 Sermon pour la consolation des Cocus, sermon du Curé de Colignac, prononcé le jour des Rois, & celui du P. Zorobabel, Capucin, prononcé le jour de la Magdelaine. Amboise, (Paris) 1751, in-12. v. f.

10892 Thrésor des récréations, contenant histoires facétieuses & honnestes, &c. tant pour consoler les personnes qui du vent de bize ont esté frappez au nez, que pour récréer ceux qui sont en la misérable servitude du tyran d'Argencourt. Rouen, Ferrand, 1637, in-12. v. f.

10893 Le tombeau de la mélancholie, ou le vray moyen de vivre joyeux, par D. V. G. Paris, Rafflé, sans date, in-8. v. f.

10894 Les tours de Maître Gonin, Paris, le Clerc, 2 tom. 1 vol. in-12. fig. mar. r.

10895 Tours industrieux, subtils & gaillards de la Maltote, avec ce qui se pratique en France, pour parvenir à être Financier au sortir de derrière un carrosse. Lond. (Rouen) 1710, in-12. v. f.

Facéties & Pieces burlesques en espagnol & en italien.

10896 La floresta spagnola, ou le plaisant boccage, contenant plusieurs contes, gosseries, brocards, cassades & graves sentences de personnes de tous estats,

FACÉTIES.

eſtats, trad. par PISSEVIN. Bruxelles, Velpius, 1614, in-8. mar. r.

10897 Dialogue non moins facétieux que de ſubtile invention, (l'homme & le pou) mis en franç. par G. D. L. T. (Guill. DE LA TAYSSONNIERE) avec l'inſtitution du ſerviteur domeſtique, compoſée par le même. Sans date, ni nom de Ville, in-16. cart.

10898 Facezie, motti, buffonnerie & burle, del Piovano ARLOTTO, del GONNELLA & del BARLACCHIA. Firenze, i Giunti, 1568, in-8. vel.

10899 Patron de l'honnête raillerie, ou le fameux ARLOTE, contenant les brocards, bons-mots, agréables tours & plaiſantes rencontres de Piovano ARLOTTO. Paris, Clouſier, 1650, in-8. v. m.

10900 Della ſcelta de motti, burle facetie di diverſi Signori & d'altre perſone private, libri ſei, raccolto da Lodovico DOMENICHI, & da lui ultimamente riformate, con l'aggiunta del ſettimo libro raccolto da diverſe perſone. Fiorenza, i Figliuoli di Lorenzo Torrentino, 1566, in-8. vel.

10901 Le medeſime, con una nuova aggiunta di motti, raccolti da Thomaſo PORCACCHI, & con un diſcorſo intorno a eſſe, con ogni diligentia ricorrette & riſtampate. Vinegia, Aleſſandro de Viano, 1568, in-8. v. f.

10902 Le medeſime, con aggiunta. Venetia, Domenico Farri, 1581, in-8. v. f.

10903 Le medeſime. Venetia, Ugolino, 1599, in-8. mar. r.

10904 Le medeſime, con aggiunta, di nuovo reviſta in Roma, & ripurgata de luoghi infetti. Venetia, Gio. Battiſta Bonfadino, 1609, in 8. v. f.

10905 Facécies & mots ſubtilz d'aucuns excellens eſpritz & très-nobles Seigneurs, en franç. & ital. Lyon, Rigaud, 1582, in-16. v. br.

10906 Le otto Giornate del Fuggilozio di Tomaſo COSTO, ove da otto Gentilhuomini e due donne ſi ragiona delle malizie di femine, e traſcuragini

Tome III.   X

BELLES-LETTRES.

di mariti. Sciocchezze di diversi. Detti argutti. Fatti piaceuoli, e ridicoli. Malvagità punite. Inganni maravigliosi. Detti notabili. Fatti notabili & essemplari. Con molte bellissime sentenze di gravissimi Autori, che tirano il lor senso à moralità. *Venetia*, 1620, *in-8. v. m.*

10907 Givoco piacevole d'Ascanio DE MORI da Ceno, ristampato piu corretto & migliorato da lui; con la giunta d'alcune rime, & d'un ragionamento del medesimo in lode delle donne. *Mantova*, Giacomo Ruffinello, 1580, *in-4. vél.*

10908 Dilettevoli orationi nella morte di diversi animali. *Venetia*, 1604, *in-12. cart.*

10909 Harangues funebres sur la mort de divers animaux, extraictes du toscan, où sont représentés au vif les naturels desdits animaux & les propriétés d'iceux, avec une rhétorique gaillarde, & une élégie (en vers) sur la mort d'un cochon nommé Grongnet, par Claude DE PONTOUX. *Lyon*, Rigaud, 1569, *in-16. baz.*

10910 Regrets facétieux & plaisantes harangues funebres sur la mort de divers animaux, trad. de toscan en franç. par Thierry DETIMOFILLE. *Paris*, Bonfons, 1583, *in-16. mar. r.*

10911 Mondi celesti, terrestri & infernali, de gli Accademici pellegrini, composti dal DONI, mondo piccolo, grande, misto, risibile, imaginativo, de pazzi & massimo inferno, de gli scolari, de malmaritati, delle puttane & ruffiani, soldati & capitani poltroni, dottor cattivi, legisti, artisti de gli vusrai, de poeti & compositori ignoranti. *Vinegia*, Gabriel Giolito de Ferrari, 1562, *in-8. vél.*

10912 Discorso academico in lode del niente di Giuseppe CASTIGLIONE, Palermitano, detto il TRABOCCHEVOLE. *Napoli*, Ottavio Beltrano, 1632, *in-4. cart.*

10913 Nihil sub sole novum, *sive* asserta veritas genuina nihili novâ methodo humanæ vitæ applicata,

FACÉTIES.

auctore Franc. DE LICHT. *Antuerp.* Mart. Binnartius, 1647, *in-12. vél.*

10914 La Sinagoga de gl'ignoranti, di Tomaso GARZONI da Bagnacavallo, nuovamente ristampata, & con somma diligenza da molti errori espurgata. *Venetia*, Giorgio Valentini, 1617, *in-4. cart.*

10915 Le tre sirocchie cicalate di Benduccio RIBOBOLI da Mattelica, fatte da lui in diversi tempi in occasion di Generale Stravizzo nella nobilissima accademia D. C. con la declamazion delle campane. *Pisa*, Francesco delle Dote, 1635, *in-4. v. f. d. s. t.*

Dissertations plaisantes & badines, ou Ouvrages badins sur toutes sortes de matieres.

10916 Franc. VAVASSORIS, Societ. Jesu, dissertatio de libello supposititio. *Parisiis*, Cramoisy, 1653, *in-8. v. f. d. s. t.*

10917 Aresta amorum, gallicè scripta autore MARTIALI ARVERNO, cum erudita Bened. CURTII Symphoriani explanatione latina. *Lugd.* Gryphius, 1538, *in-4. v. br.*

10918 Eadem aresta amorum LII. accuratissimis Benedicti CURTII Symphoriani commentariis, ad utriusque juris rationem, forensiumque actionum usum quàm acutissimè accommodata. *Parisiis*, Car. Angelier, 1555, *in-16. v. f. d. s. t.*

10919 Les arrêts d'amours, avec l'amant rendu Cordelier à l'Observance d'Amours, par MARTIAL D'AUVERGNE, *dit* DE PARIS, accompagnés des commentaires juridiques & joyeux de Benoist DE COURT, donnés par l'Abbé LENGLET DU FRESNOY; derniere édit. corrigée & augmentée de plusieurs arrêts, de notes & d'un glossaire des anciens termes. *Amsterd.* Franç. Changuion, 1731, 2 *vol. in-12. v. éc. d. s. t.*

10920 Practica artis amandi, insigni & jucundissima historia ostensa, cui præterea quæ ex variis Autoribus antehac annexa sunt, alia quædam huic ma-

X 2

BELLES-LETTRES.

teriæ non inconvenientia jam primùm accesserunt, eaque singularia, auctore Hilario DRUDONE. *Amst.* Georg. Trigg, 1651, *in*-12. *v. f. d. s. t.*

Contenta in hoc Volumine :

Historia de Euriale & Lucretia. Literæ amatoriæ HANNIBALIS. Amoris illiciti medela. Phil. BEROALDI declamationes. De clandestinis despensationibus. Quæstiones variæ. De matrimonio literati. Matthæus BOSSUS, de immoderato mulierum cultu. De arte meretriciâ. Joan. Joviani PONTANI dialogus, qui inscribitur Charon. Jodoci KINTHISII Agricolæ, illiciti amoris vera descriptio. De utilitate matrimonii. Carmina varia.

10921 Les demandes d'amours, avecque les responses. = S'ensuyvent plusieurs demandes joyeuses en forme de quolibet, (vers 1490) *in*-4. *goth. v. m.*

Lettres *de somme*, sans réclames, 14 feuill. non chiffrés.

10922 Les oracles divertissans, où l'on trouve la décision des questions les plus curieuses pour se resjouir dans les compagnies, avec un traité curieux & récréatif des couleurs & de leurs blasons, & symboles mysterieux aux armouries, aux livrées & aux faveurs, & des devises & significations d'amour, d'indifférence & de mespris, qui s'expliquent par toutes sortes d'herbes, arbres & fleurs. *Amsterd.* Sambix, 1677, *in*-12. *v. f.*

10923 Code de l'Amour, *ou* les décisions de Cythere. Paris, Mérigot le jeune, 1776, 2 part. 1 vol. *in*-12. *v. f. d. s. tr.*

10924 Code de Cythere, *ou* lit de justice d'Amour. (*Par.*) 7746, (1746) *in*-12. *mar. r.*

10925 Le tribunal de l'Amour, *ou* les causes célebres de Cythere, par le Chevalier DE LA BASTIDE. Cythere, (*Par.*) 1749, 2 part. 1 vol. *in*-12. *v. m.*

10926 La clef des cœurs. *Paris*, J. Bapt. Loyson, 1676, *in*-12. *v. f.* (*v. m.*)

10927 Hippolytus redivivus, id est, remedium contemnendi sexum muliebrem. *Sans nom de Ville*, 1744, *in*-12. *v. f. d. s. t.*

FACÉTIES.

10928 Erycii PUTEANI Comus, *sive* Phagesiposia Cimmeria, somnium. *Lovanii*, Rivius, 1611. = Comus, *ou* banquet dissolu des Cimmériens, songe, trad. en franç. par Nic. PELLOQUIN. *Paris*, Touzard, 1613, *in*-12. *v. f.*

10929 Vinc. OBSOPŒUS, de arte bibendi, lib. IV; & arte jocandi, libri IV; accedunt artis amandi, dansandi practica, item meretricum fides, aliaque faceta. *Lugd. Batav.* 1648, *in*-12. *v. f.*

Aliorum opusculorum quæ in hoc Volumine continenur, tituli :

Historia Euriali & Lucretiæ. Literæ amatoriæ Hannibalis. Amoris illiciti medela. Carmina amatoria. Phil. Beroaldi declamationes. Ant. Arenæ facetiæ.

10930 L'éloge de l'yvresse. *La Haye*, P. Gosse, 1714, *in*-8. *mar. r.*

10931 L'hospital des fols incurables, où sont déduites, de poinct en poinct, toutes les folies & les maladies d'esprit, tant des hommes que des femmes, trad. de l'ital. de Thom. GARZONI, par CLARIER, S^r DE LONGVAL. *Paris*, Julliot, 1620, *in*-8. *v. f. d. s. t.*

10932 Stultitiæ laus Des. ERASMI Rot. declamatio cum comment. Ger. LISTRII & fig. Jo. HOLBENII. *Basileæ*, typis Genathianis, 1676, *in*-8. *v. f.*

10933 ERASME Roterodame, de la déclamation des louanges de follie, stile facessieux & profitable pour congnoistre les erreurs & abus du monde. *Paris*, Galliot Dupré, 1520, *in*-4. *goth. fig. v. f.*

(Ces figures sont gravées en bois, & au bas de chacune il y a une explication en quatre vers.)

10934 L'éloge de la folie, composé en forme de déclamation, par ERASME de Rotterdam, avec quelques notes de LISTRIUS, & les belles figures de HOLBENIUS, le tout sur l'original de l'Académie de Bâle, piece qui représentant au naturel l'homme tout défiguré par la sotise, lui apprend agréablement à rentrer dans le bon sens & dans la raison, trad. en franç. par GUEUDEVILLE. *Leyde*, Pierre Vander Aa, 1713, *in*-12. *fig. mar. r.*

10935 La même traduct. nouv. édit. avec les mêmes figures. *Amsterd.* (*Par.*) 1731, *in*-12. *fig. v. br.*

10936 Le même, nouvelle édit. revue & corrigée sur le texte de l'édition de Bâle, & ornée de nouv. figures. (*Paris*) 1753, *in*-12. *v. m.*

10937 Louanges de la Folie, trad. d'ital. en franç. par J. DU THIER. *Paris*, Barbé, 1566, *in*-12. *v. m.*

10938 La saggia pazzia fonte d'allegrezze, madre de' piaceri, Regina de' belli humori, da Antonio-Maria SPELTA, Poeta Regio, a diffesa delle persone piaceuoli, & a confusione de gli Arcisani, e protomastri, opera morale, di molta curiosita, & in questa seconda impressione dal proprio Autore ricorretta, & aggiontovi la pazziazza bestiale de' mascherati. *Venet.* Marc-Antonio Somasco, 1608. = La dilettevole Pazzia sostegno de' capricciosi, solazzo de' bislacchi, pastura de' bizzeri dal medesimo, aggiuntavi la pazziazza furiori de' fratelli discordi. *Venetia*, Marc-Antonio Somasco, 1609, *in*-8. *v. f.*

10939 La sage folie, fontaine d'allégresse, mere des plaisirs, Reine des belles humeurs, pour la défense des personnes joviales, à la confusion des archisages & protomaestres, trad. de l'ital. d'Antoine-Marie SPELTE, par L. GARON. *Lyon*, Larjot, 1628, 2 *part.* 1 *vol. in*-12. *mar. r.*

10940 La même. *Rouen*, Caillové, 1635, 2 *part.* 1 *vol. in*-12. *v. m.*

10941 La même, *sous le titre de* la sage folie, fontaine d'allégresse, avec la délectable folie, soustien des capricieux, soulas des chagrins, & pasture des bigearres, & la furieuse folie des freres en désunion, trad. du même SPELTE, par J. MARCEL. *Lyon*, Radisson, 1650, *in*-8. *v. m.*

10942 Eloge prononcé par la Folie. *Avignon*, (*Par.*) 1760, *in*-12. *v. f.*

FACÉTIES.

10943 Hier. CARDANI Neronis Encomium. *Amsterd.* Joh. & Cornelius Blaeu, 1640, *in*-12. *vél.*

10944 Eloge de l'Enfer, ouvrage critique, historique & moral. *La Haye*, Pierre Gosse, 1759, 2 *vol.* *in*-12. *v. f.*

10945 Admiranda rerum admirabilium Encomia, *sive diserta & amœna Pallas differens seria sub ludicrâ specie, hoc est, dissertationum ludicrarum necnon amœnitatum Scriptores varii. Noviomagi Batavorum*, Reinerus Smetius, 1676, *in*-12. *v. f.*

In hoc Volumine continentur:

Encomium ovi, Erycii PUTEANI; formicæ Phil. MELANCHTONIS; muscæ, Fr. SCRIBANII; elephantis, Justi LIPSII. Oratio funebris in picam, cujusdem Ital. Testamentum M. Grunnii Corocottæ porcelli, incerti Auctoris. Encomium pulicis, Cœlii CALCAGNINI; pediculi, Dan. HEINSII; podagræ, Hier. CARDANI & Bilibaldi BIRCKHEIMERI; febris quartanæ, Guil. MENAPII; Græcitatis, Jac. GUTHERII; senis, Arturi JONSTONI. Democritus, seu de risu, Erycii PUTEANI. Bellum grammaticale, And. SALERNITANI. Ens rationis, Casp. BARLÆI. Nuptiæ Peripateticæ, ejusdem. Allocutio nuptialis, M. Zuerii BOXHORNII. Encomium luti, M. Ant. MAJORAGII; umbræ, Jani DONSÆ, F.; asini, Joan. PASSERATII; ululæ, Conr. GODDÆI; surditatis, Martini SCHOOCKII; fumi, ejusdem.

10946 Harangues burlesques sur la vie & sur la mort de divers animaux, dédiées à la Samaritaine du Pont-Neuf, par M. RAISONNABLE. *Paris*, Ant. de Sommaville, 1651, *in*-8. *mar. r.*

Contenant principalement:

Eloge de l'asne; du cocq; le ver à-soye & l'éloge de la mouche. Apologie du pou, &c.

10947 Laus ululæ ad conscriptos ululantium Patres & Patronos, authore Curtio JAELE, (vel potiùs Conr. GODDÆO.) *Glaucopoli*, Cæsius Nyctimenius, *sans date*, *in*-12. *cart.*

10948 Eloge de la fievre quarte, trad. du latin de Guillaume MENAPE, par GUEUDEVILLE. ⹀Eloge de la goutte, ouvrage héroïque, historique, &c. par E. COULET. *Leyde*, Théod. Haak, 1728, *in*-12. *v. b.*

328   BELLES-LETTRES.

10949 Eloge de l'afne, par un Docteur de Montmartre. *Paris*, Delaguette, 1769, *in*-12. *v. m.*

10950 Tractatus varii de pulicibus, quorum primus
Opizii Jocoserii differtationem politicam de iis;
fecundus, Jac. Maseni laudem & defenfionem
pulicum; tertius, ejufdem vituperium & damnatio-
nem pulicum; quartus, varia opufcula, alia verfi-
bus latinis, alia lingua germanica fcripta, de pulicibus, *in*-12. *v. br.*

10951 La Mouche. = Le perroquet. = La puce.
= L'araignée, étrennes aux Dames. = Eloge des
Normands, 1747 & 1748, *in*-64. *mar. r.*

10952 Les chats, avec VIII plans & une carte gé-
néal. (par M. de Moncrif.) *Paris*, Gab. Franç.
Quillau fils, 1727, *in*-8. *m. r.*

10953 Lettres philofophiques fur les chats. (*Paris*)
1748, *in*-8. *fig. v. m.*

10954 Hiftoire des rats, pour fervir à l'Hift. univer-
felle. *Ratopolis*, 1737, *in*-8. *fig. v. f.*

10955 Le petit Hérodote, *ou* enterrement des four-
mis, en neuf dialogues, par M. Beryber, avec
une lettre à M. Ouf. *Berlin*, Vofs, 1753, *in*-12. *v. m.*

10956 L'éloge de la chaffe, avec plufieurs aventures
furprenantes & agréables qui y font arrivées, (par
M. le Chevalier de Mailly.) *Paris*, Nyon, 1723,
in-12. *v. f. d. f. t.*

10957 Queftion notable décidée, s'il n'eft rien de
meilleur, ou pire, que la langue, 1617, *in*-12.
v. f. d. f. tr.

10958 La langue, *fuivant la copie de Paris*. *Maef-
tricht*, Jacques Deleffart, 1713, *in*-8. *v. br.*

10959 Le chauve, *ou* le mefpris des cheveux, tiré de
l'Oraifon grecque de Synesius, par Jean Dant,
Albigeois. *Paris*, P. Billaine, 1621, *in*-12. *v. br.*

10960 La nobiliffima anzi, afiniffima compagnia de'
Briganti della Baftina, con l'aggionta dell'eccel-
lenza dell'afino, defcritta & compilata da quattro
Imbaftinati Auttori, l'uno de quali è M. Ragghiante

FACÉTIES.

Basticci, Teforiero dell'afinerie; & l'altro, è M. Cengione Allacciati, Secretaro maggiore di effa compagnia; opera nova, ingegnofa, piacevole, & degna di rifo, da Camillo Scaligeri dalla Fratta. *Torino*, Gio. Francefco Cavallerij, 1598, *in-8. v. br.*

10961 La cotterie des Anti-Façonniers, établie dans L. C. J. D. B. L. S. *Paris*, Charles le Clerc, 1716, *in-12. mar. r.*

10962 L'art de péter. *Westphalie*, Florent Q...., 1751, *in-12. mar. r.*

10963 Le même, essai théori-physique & méthodique, nouvelle édit. augmentée de la fociété des Francs-Péteurs, pour ceux qui defireront y être initiés. *Westphalie*, Florent Q. 1776, *in-12. v. f. d. f. t.*

10964 L'efclavage rompu, *ou* la fociété des francs Péteurs. *Pordépolis*, 1756, *in-12. v. m.*

10965 L'antiquité des Larrons, trad. de l'efpagnol de D. Garcia, par d'Audiguier. *Paris*, du Bray, 1621, *in-.8 v. f.*

10965 * La même. *Paris*, du Bray, 1623, *in-12. cart.*

10966 Effai hiftorique, critique, philologique, politique, moral, littéraire & galant fur les lanternes, leur origine, leur forme, leur utilité, &c. &c. avec quelques notes de l'Editeur & une table des matieres, par une Société de Gens de Lettres. *Dole*, Lacnophile, 1755, *in-12. mar. r.*

10967 Mémoires hiftoriques & galans de l'Académie de ces Dames & de ces Meffieurs; ouvrage rédigé par Antoine-Martin Vadé. *Paris*, Ségaud, 1777 & 1778, 2 *vol. in-8. v. f. d. f. t.*

10968 Mémoires de l'Académie des Sciences, Infcriptions, Belles-Lettres, Beaux-Arts, &c. nouvellement établie à Troyes en Champagne, par M. Grosley. *Liege*, G. Barnabé, 1744, 2 *t.* 1 *v. in-8. m. v. fil. d'or.*

Contenant:

Differtation fur l'ufage de chier dans la rue du Bois, qui eft une des plus grandes de la ville de Troyes. === Réflexions historiques, critiques & morales sur le proverbe : *99 moutons & un Champenois font 100 bêtes.* ⎯ Discours prononcé dans la séance publique du 30 Juillet 1743, jour de l'anniversaire de l'Académie. ⎯ Dissertation sur les écraignes. ⎯ Lettre à M. Hugot, Maître Juré-Crieur de vin & Savetier à Troyes. ⎯ Le banquet des sept Sages renouvellé des Grecs.

PHILOLOGIE.

TRAITÉS DES ÉTUDES.

Introduction à l'Etude de la Littérature.

10969 Petri LAMBECII, Hamburgensis, prodromus historiæ literariæ, & tabula duplex chronographica universalis : accedunt in hac editione præter auctoris iter Cellense & Alexandri FICHETI arcana studiorum methodus, atque idea locorum communium, nunc primùm in lucem editus Wilhelm. LONGII catalogus librorum mss. bibliothecæ Mediceæ, curante Joan.-Alberto FABRICIO, Prof. publ. in Gymnasio Hamb. *Lipsiæ & Francofurti*, Christ. Liebezeit, 1710, *in-fol. baz.*

10970 Burcardi-Gotthelfii STRUVII, supplementa ad notitiam rei litterariæ & usum bibliothecarum : accessit oratio de meritis germanorum in historiam. *Jenæ*, Ern.-Cl. Bailliard, 1710, *in-8. v. f.*

10971 Ejusdem, introductio in notitiam rei litterariæ & usum bibliothecarum, cum ipsius mss. observationibus, & COLERI, LILIENTHALII, KOECHERI, aliorumque notis tam editis quàm ineditis, aucta cura Jo.-Christiani FISCHERI. *Francofurt.* Broenner, 1754, *in-8. v. m.*

10972 Bibliotheca historiæ literariæ selecta, *olim titulo introductionis in notitiam rei litterar.*, cujus primas lineas duxit Burc.-Gottheff. STRUVIUS, post variorum emendationes addidit Joh.-Frid. JUGLER, *Jenæ*, Cuno, 1754, *3 vol. in-8. v. m.*

10973 Aug. GRISCHOUW, introductio in Philologiam generalem, unà cum succincta ac selecta bibliotheca scriptorum philologiæ generalis ac specialis : accedit protheoria Jo-Fr. BUDDEI. *Jenæ*, Bailliar, 1715, *in-8. vel.*

10974 Conradi - Samuelis SCHURZFLEISCHII Polyhistoris, introductio in notitiam scriptorum variarum artium atque scientiarum, ex variis acroasibus & mss. hujus viri collecta & eruta, opera & studio J. C. *Vittembergæ-Saxonum*, Gott.-Henr. Schwarzius, 1736, 2 *vol. in-8. v. m.*

10975 Conspectus Reipublicæ literariæ, *sive* via ad historiam literariam aperta, à Christ.-Aug. HEUMANNO. *Hanoveræ*, Foersterus, 1753, *in-8. v. f.*

10976 Jo.-Aug. ERNESTI, Archæologia literaria. *Lipsiæ*, Fritsch, 1768, *in-8. v. f. d. s. t.*

10977 Dictionnaire de littérature, par M. SABATIER DE CASTRES. *Par.*Vincent, 1770, 3 *v. in-8. v. m.* *Double à vendre*

10978 Jo.-Baptistæ PACIANI, Mutinensis, literarum atque armorum comparatio. *Bononiæ*, Pereg. Bonardus, 1572, *in-4. cart.*

10979 Tractatus novus de armis & literis, quo de præcedentia militis & doctoris affatim disseritur, Jo. LAUTERBACH, in Noscowitz JCto autore, ejusdem disputatio *utrum bona ecclesiastica, vulgò spiritualia dicta, rectè possideantur à Laïcis, necne? Witebergæ*, Georgius Mullerus, *in 4. cart.*

10980 Discorso di Francesco BOCCHI, sopra la lite delle armi, & delle lettere, & à cui si dee il primo luogo di nobiltà attribuire. *Fiorenza*, Giorg. Marescotti, 1580, *in-8. baz.*

10981 Il Viandante, overo della precedenza dell' armi, & delle lettere, di Gabr. ZINANO. *in-8. cart.*

10982 L'Alliance des armes & des lettres, par le Sieur DE TOURNAY. *Paris*, 1648, *in-4. cart.*

10983 Le Mont-Parnasse, *ou* de la préference entre la prose & la poésie, par D. S. *Paris*, de Bresche, 1663, *in-4. v. f. d. s. t.*

10984 Discours sur les lettres & sur les arts. *Par.* ~~Feül. 1760.~~ *in-12. v. m.*

BELLES-LETTRES.
De la maniere d'étudier & d'enseigner.

10985 Idée générale des études, de leur choix, but & regles, avec un état des bibliotheques, & le plan pour en former une curieuse & bien ordonnée. *Amst.* Fr. Chatelain, 1713, *in*-12. *v. br.*

10986 Traité du choix & de la méthode des études, par Cl. FLEURY. *Paris*, Emery, 1724, *in*-12. *v. br.*

10987 Jac. FACCIOLATI, in seminario Patavino stud. Præfecti, orationes x, de optimis studiis; accedunt laudatio funebris, commentariolum de linguâ latinâ & exercitationes aliæ, curante Sigism.-Jac. APINO, Professore Norico. *Lipsiæ*, Petr.-Conr. Monath, 1625, *in*-8. *v. f.*

10988 La méthode d'étudier & d'enseigner chrétiennement & solidement les lettres humaines, par rapport aux lettres divines & aux écritures, par le P. L. THOMASSIN. *Paris*, Muguet, 1681, 3 *vol. in*-8. *v. br.*

10989 Remarques de CREVIER, sur le *Traité des Etudes*, par Rollin. *Paris*, Estienne, 1760, *in*-12. *v. m.*

10990 Cours de belles-lettres, ou Princ. de la littérature, (par l'Abbé BATTEUX.) *Paris*, Desaint & Saillant, 1753, 4 *vol. in*-12. *v. m.*

10991 Essai sur l'étude des Belles-Lettres. *La Haye*, Ant. van Dole & Comp. 1750, *in*-8. *v. m.*

10992 Essai sur l'étude de la Littérature. *Paris*, Duchesne, 1762, *in*-12. *v. m.*

10993 Ecole de la Littérature, tirée de nos meilleurs Ecrivains, par l'Abbé DE LA PORTE. *Par.* Babuty, 1764, 2 *vol. in*-12. *v. m.*

10994 L'enseignement des Belles-Lettres, & la maniere de former les mœurs de la jeunesse, par le P. DE FRAISSINET, de la Doctrine Chrétienne. *Paris*, Desaint, 1768, 2 *vol. in*-12. *v. m.*

10995 Considérations sur quelques abus de l'esprit

PHILOLOGIE.

en matiere de littérature, par DE SAINT-AULAS. *Paris*, V. Delormel, 1756, *in-8. v. m.*

10996 De la connoiſſance des bons Livres, ou examen de pluſieurs Auteurs. *Paris*, Pralard, 1671, *in-12. v. f. d. ſ. t.*

10997 Bibliotheque choiſie, de COLOMIÉS. *La Rochelle*, Savouret, 1682, *in-12. v. f.*

10998 La même, augmentée des notes de BOURDELOT & LA MONNOYE, avec la vie du P. Sirmond, & l'exhortation de TERTULLIEN aux Martyrs, trad. par le même COLOMIÉS. *Paris*, Martin, 1731, *in-12. v. m.*

10999 Nouvelle Bibliotheque choiſie, où l'on fait connoître les bons livres en divers genres de littérature, & l'uſage qu'on en doit faire. *Amſterd.* (*Paris*) 1714, 2 *tom.* 1 *vol. in-12. v. f.*

11000 Bibliotheque curieuſe & inſtructive d'ouvrages anciens & modernes de littérature & des arts, par le P. MENESTRIER. *Trevoux*, Ganeau, 1704, *in-12. v. f.*

11001 Bibliotheque d'un homme de goût, ou avis ſur le choix des meilleurs livres. *Avignon*, Aubanel, 1772, 2 *vol. in-12. v. f. d. ſ. t.*

11002 Nouvelle Bibliotheque d'un homme de goût, ou tableau de la Littérature ancienne & moderne, &c. (par l'Abbé DE LA PORTE.) *Paris*, le Jay. 1777, 4 *vol. in-12. v. m.*

11003 Guil. SALDENI, de libris varioque eorum uſu & abuſu, libri II. *Amſterd.* Boom, 1688, *in-8. v. m.*

11004 Thomæ BARTHOLINI, de libris legendis diſſertationes, & de vana librorum pompa; quas præfatus eſt Joh.-Gerh. MEUSCHEN. *Hagæ-Comit.* Nic. Wildt. 1711, *in-8. v. f. d. ſ. t.*

11005 Franciſci SACCHINI, è Societate Jeſu, de ratione libros cum profectu legendi libellus; acceſſit ejuſdem de vitanda moribus noxia lectione oratio. *Lipſiæ*, hæredes Jo. Groſſii, 1711, *in-8. v. b.*

BELLES-LETTRES.

Des Académies, des Gens de Lettres, &c.

11006 Herm. CONRINGII, de antiquitatibus academicis, dissertationes VII, cum supplementis : recognovit Christop.-Aug. HEUMANNUS, adjecitque bibliothecam historicam academic. *Gottingæ*, 1739, *in*-4. *v. f.*

11007 Observations sur ce que la Religion a à craindre ou à espérer des Académies littéraires, & observ. sur la critique qui s'exerce dans les Académies pour la perfection du style. *Amsterd. (Paris)* 1755, *in*-12. *v. f. d. s. t.*

11008 Bened. MENZINI, de literatorum hominum invidia, nunc primum proditus. *Florent. Jo.-Ant. de Bonardis*, 1675, *in*-8. *cart.*

11009 Christiani LIBERII, Germani ΒΙΒΛΙΟΦΙΛΙΑ, *sive* de scribendis, legendis & æstimandis libris exercitatio parænetica : interserta quædam sunt de plagio litterario, thrasonismo Theologorum, variisque aliis hodiernæ invidiæ litteratorum causis. *Ultrajecti*, Fr. Halma, 1681, *in*-12. *cart.*

Liberius est un nom déguisé ; le véritable Auteur est Seldenus.

11010 Cacocephalus, *sive* de plagiis opusculum, in quo varia plagiorum vitia produntur, & ingenuorum operum jura ex prophanis sacrisque authoribus vindicantur, autore R. P. J. S. (Jac. SALIER.) *Matiscone*, Desaint, 1694, *in*-12. *v. f. d. s. t.*

11011 Fur Academicus, *sive* academia ornamentis spoliata à furibus qui in Parnasso coram Apolline sistuntur, ubi criminis sui accusantur & convincuntur, auctore Dav. ABERCROMBIO. *Amst.* Boom, 1701, *in*-12. *v. b.*

11011 * Petri ALCYONII, Medices legatus, *sive* de exilio libri duo : accessêre Jo.-Pier. VALERIANUS, & Cornelius TOLLIUS, de infelicitate litteratorum, ut & Josephus BARBERIUS, de miseria Poëtarum Græcorum, cum præfatione Jo. Burchardi

PHILOLOGIE.

Menckenii. *Lipsiæ*, Jo.-Fridericus Gleditsch, 1707, *in*-12. *v. f.*

11012 J. B. Menckenii, de Charlatanaria eruditorum declamationes duæ. *Amstelodami*, 1715, *in*-8. *v. f. d. f. t.*

11013 Eædem, cum notis variorum : accessit epistola Seb. Stadelii, de circumforanea literatorum vanitate. *Amst.* 1716, *in*-8. *v. f. d. f. t.*

11014 De la Charlatanerie des Sçavans, par Menken, tr. en fr. *La Haye*, van Duren, 1721, *in*-8. *v. f.*

11015 Critique de la Charlatanerie. *Paris*, veuve Mergé, 1726, 2 *vol. in*-12. *v. f. d. f. t.*

11016 Danielis-Frid. Jani, Schol. Torgaviens. conr. de Fatis dedicationum librorum, dissertatio historica & literaria. *Vitembergæ*, Samuel Hannaverus, 1718, *in*-4. *v. éc.*

11017 Jo.-Justi von Einem, Goettingensis, commentariolus historico-litterarius de fatis eruditionis apud potiores orbis gentes : accedit nova meditatio de necessario ingeniorum delectu. *Magdeburgi*, litteris Siegelerianis, 1735 & 1736, 2 *part.* 1 *vol. in*-8. *cart.*

11018 Antonii-Mariæ Gratiani, Episcopi Amerini, de scriptis invita Minerva, libri xx, nunc primum editi cum adnotationibus Hieronymi Lagomarsini, è Soc. Jesu. *Florentiæ*, ex Typog. ad insigne Apollinis, 1745 & 1746, 2 *vol. in*-4. *v. m.*

11019 Jo.-Christiani Klotzii, Past. prim. & superint. Dioec. Bischoffswerd, de libris auctoribus suis fatalibus liber singularis. *Lipsiæ*, ex officina Langenhemia, 1761, *in*-8. *v. f.*

11020 Querelles littéraires, par l'Abbé Irail. *Par.* Durand ; 1761, 4 *vol. in*-12. *v. m.*

11021 Histoire des troubles & des démêlés littéraires, depuis leur origine jusqu'à nos jours inclusivement. *Paris*, 1779, 2 *vol. in*-8. *v. m.*

11022 L'Homme de lettres, par M. Garnier. *Paris*, Panckoucke, 1764, 2 *part.* 1 *vol. in*-12. *v. m.*

BELLES-LETTRES.

11023 L'Homme de lettres, par le P. Daniel BARTOLI, tr. de l'it. par le P. DE LIVOY. *Paris*, Hérissant, 1769, 3 *vol. in-12. v. m.*

11023 * Soliloques, *ou* conseils à un Auteur, par le Comte de SHAFTESBURY, tr. de l'angl. par M. SINSON. *Paris*, Desventes de la Doué, 1771, *in-8. v. m.*

11023 ** Les mêmes, *sous le titre des Conseils. Londres*, (Par.) 1773, *in-8. v. f. d. s. t.*

11024 De la Littérature & des Littérateurs, suivi d'un nouvel examen de la Tragédie Françoise. *Yverdon*, 1778, *in-8. v. m.*

11025 ΔΟΚΙΜΑΣΤΗΣ, *sive* de librorum circa res theologicas approbatione, Jac. BOILEAU disquisitio historica. *Antuerpiæ*, 1708, *in-16. v. f.*

Traités de la Philologie, Encyclopédie, Polymathie.

11026 De scribenda universitatis rerum Historia, lib. v, authore Christoph. MILÆO, cum indice manuscripto. *Basileæ*, Oporinus, 1551, *in-fol. v. f.*

11027 Trattato di Messer Sebast. ERIZZO, dell'istrumento & via inventrice de gli antichi. *Venetia*, Plinio Pietrasanta, 1554, *in-4. vel.*

11028 La Piazza universale di tutte le professioni del mondo, nuovamente ristampata & posta in luce da Thomaso GARZONI, da Bagnacavallo, con l'aggionta d'alcune bellissime annotationi à discorso per discorso. *Venetia*, Pa. Meietti, 1592, *in-4. v. m.*

11029 Athanasii KIRCHERI, ars magna sciendi, in XII libros digesta, quâ nova & universali methodo per artificiosum combinationum contextum de omni re proposita plurimis & prope infinitis rationibus disputari, omniumque summaria quædam cognitio comparari potest. *Amstel.* Jo. Janssonius à Waesberge, 1669, *in-fol. fig. v. br.*

11030 Dissertatio gradualis de occultatione scientiarum, quam in regia Academia Upsaliensi, ad examen publicum, modeste defert Laurentius-Joan. ARNELL,

ARNELL, Stockolmienſis, anno 1713. *Upſaliæ*, Typis Wernerianis, *in-8. cart.*

11031 Réflexions ſur la grammaire, la rhétorique, la poétique & l'hiſtoire, ou même ſur les travaux de l'Académie Françoiſe, par Fr. SALIGNAC DE LA MOTHE- FÉNÉLON. *Paris*, Coignard, 1716, *in-12. v. f.*

11032 Dan.-Geor. MORHOFII, Polyhiſtor literarius philoſophicus & practicus, cum acceſſionibus Joan. FICKII & Joh. MOLLERI, cui præfationem notitiamque diariorum literariorum Europæ præmiſit Jo. Alb. FABRICIUS. *Lubecæ*, Boeckmanhus, 1747, *2 vol. in-4. v. f.*

11033 Ejuſdem MORHOFII, de legendis, imitandis & excerpendis auctoribus, libellus poſthumus, quem in ſupplementum polyhiſtoris Morhofiani ex accurato quodam manuſcripto luci nunc primum tradit Joh.-Petr. KOHLIUS, *P. P. Hamburgi*, Chriſtian Wilhelm Brandt, 1731, *in-8. cart.*

11034 Jo.-Matth. GESNERI, primæ lineæ Iſagoges in eruditionem univerſalem, nominatim philologiam, hiſtoriam & philoſophiam, in uſum prælectionum ductæ. *Gottingæ & Lipſiæ*, Dan.-Frid. Kublerus, 1756, *in-8. v. éc. fil.*

11035 Lettres ſur l'état préſent des Sciences & des Mœurs, par M. FORMEY. *Berlin*, Haude, 1759, *2 vol. in-8. v. m.*

11036 Recueil d'inſtructions & d'amuſemens littéraires, par M. DE M**. *Amſterd. (Paris)* 1765, *in-12. v. m.*

11037 Recherches ſur l'origine des découvertes attribuées aux modernes, où l'on démontre que nos plus célebres philoſophes ont puiſé la plupart de leurs connoiſſances dans les ouvrages des anciens, & que pluſieurs vérités importantes ſur la Religion ont été connues des Sages du paganiſme, par M. DUTEMS. *Paris*, veuve Ducheſne, 1766— *2 vol. in-8. v. m.*

Tome III.

BELLES-LETTRES.

11038 Les mêmes, seconde édit. considérablement augmentée. *Paris*, veuve Duchesne, 1776, 2 vol. *in*-8. *v. f. d. f. t.*

11039 Recueil de découvertes & inventions nouvelles dans les sciences, les beaux-arts, les arts, les manufactures, fabriques, &c. *Bouillon*, Soc. Typog. 1773, *in*-12. *v. éc.*

11040 Les Hommes rappellés au principe universel de la Science. *Edimbourg*, 1775, *in*-8. *v. f. d. f. t.*

11041 Joan.-A. WOVVER, de Polymathia tractatio. *Basileæ*, Frobenius, 1603, *in*-4. *v. f. d. f. tr.*

11042 Dictionarium polygraphicum, or the Whole Body of arts. *London*, C. Hitch, 1735, 2 *v. in*-8. (en anglois) *v. f.*

11043 L'art d'observer, par Jean SENEBIER, Ministre du S. Evangile, & Bibliothécaire de la République de Geneve. *Geneve*, Cl. Philibert & Bart. Chirol, 1775, 2 vol. *in*-8. *v. m.*

11044 Sommario di tutte le scienze del Domenico DELFINO, nobile Vinitiano, dal quale si possono imparar molte cose appartenenti al vivere humano, & alla cognition di Dio. *Vinegia*, Gab.-Giolito de Ferrari, 1565, *in*-8. *vel.*

11045 Gli ammaestramenti antichi, gia messi insieme, disposti e recati in toscano per F.-Bartol. da sa SAN CONCORDIO, dell'Ordine di FF. Predicatori, & nuovamente purgati, emendati, & illustrati da Orazio LOMBARDELLI Seneze. *Fiorenza*, Giorgio Marescotti, 1585, *in*-12. *v. m.*

11046 Li medesimi. *Firenze*, Dom.-Maria Manni, 1734, *in*-4. *baz.*

11047 Galeotto MARZIO, della varia dottrina, tr. in volgare fiorentino, per Fr. SERDONATI, con breve annotazioni. *Fiorenza*, Filip. Giunti, 1605, *in*-8. *vel.*

11048 Le fondement de l'artifice universel, du Docteur Raymond LULLE, sur lequel on peut appuyer le moyen de parvenir à l'encyclopédie, ou univer-

PHILOLOGIE.

salité des sciences, par un ordre méthodique, plus prompt & plus facile qu'aucun autre qui soit communément reçu, tr. du lat. par R. L. DE VASSY. *Paris*, Ant. Champenois, 1632, *in*-12. *v. m.*

11049 Catalogus omnium librorum magni operis Lulliani proximè publico communicandi. *Moguntiæ*, Joannes Mayerius, 1714, *in*-8. *v. f.*

11050 Aurifodina artium & scientiarum omnium excerpendi solertia, ab Hieremia DREXELIO, e Societate Jesu. *Antuerpiæ*, vidua Joan. Cnobbari, 1641, *in*-24. *v. f. d. f. t.*

11051 L'homme d'un livre, *ou* bibliothèque entière dans un seul petit livre fait exprès, pour les personnes d'esprit, qui ne peuvent avoir ni le tems, ni la commodité, ni même la vie assez longue pour lire des milliers d'Auteurs qui ont écrit sur le gouvernement des Etats, sur le culte des différentes Religions, sur ce qui est arrivé pour les sciences & les arts, & qui pourtant seroient bien aises de n'en pas paroître tout-à-fait ignorans dans la conversation, dont ils trouveront ici la substance rapportée universellement, quoique d'une manière concise, depuis la première année du monde jusqu'à l'an 1715 de J. C. *Leyde*, Theod. Haak, 1718, *in*-12. *v. f.*

11052 L'esprit de l'Encyclopédie, *ou* choix des articles les plus curieux, les plus agréables, les plus piquans, les plus philosophiques de ce dictionnaire. *Paris*, Vincent, 1768, 5 *vol. in*-12. *baz.*

11053 Réflexions d'un Franciscain, avec une lettre préliminaire, adressée à M. ***, Auteur en partie du Diction. encyclop. 1752, *in*-12. *v. f. d. f. t.*

11054 Réflexions d'un Franciscain sur les trois vol. de l'Encyc. *Berlin*, (*France*) 1754, *in*-8. *v. m.*

11055 Nouveau mémoire pour servir à l'histoire des Cacouacs, (par M. MOREAU.) *Amster.* (*Paris*) 1757, *in*-8. *v. m.*

11056 Catéchisme & décisions de cas de conscience

BELLES-LETTRES.

à l'usage des Cacouacs, avec un discours du Patriarche des Cacouacs, pour la réception d'un nouveau disciple. *Cacopolis*, (*Par.*) 1758, *in-8. v. m.*

11057 Eloge de l'Encyclop. & des Encyclopédistes. *La Haye*, (*France*) 1759, *in-8. v. m.*

11058 Justification de plusieurs articles du Dictionnaire encyclopédique, *ou* préjugés légitimes contre Abraham-Joseph de Chaumeix. *Lille*, Panckoucke, 1760, *in-12. v. m.*

11059 Lettres sur l'Encyclopédie, pour servir de supplément aux sept vol. de ce Dictionnaire, par M. l'Abbé SAAS, Chanoine de Rouen. *Amsterd.* (*Rouen*) 1764, *in-8. v. m.*

11060 Questions sur l'encyclopédie, par des Amateurs, (M. DE VOLTAIRE.) (*Geneve*,) 1770, 9 *vol. in-8. m. r.*

11061 Le faux Philosophe démasqué, *ou* mémoires du Sieur Carra, Collaborateur aux supplémens de la grande Encyclopédie de Paris, contre le Sieur Robinet, Editeur desdits supplém. *Bouillon*, Soc. Typogr. 1772, *in-12. v. f. d. s. t.*

11062 Encyclopédie portative, *ou* science universelle à la portée de tout le monde, par un Citoyen Prussien, (M. FORMEY.) *Berlin*, 1758, *in-12. v. m.*

11063 Notionnaire, *ou* mémorial raisonné de ce qu'il y a d'intéressant dans les connoissances acquises depuis la création du monde jusqu'à présent, par M. DE GARSAULT. *Paris*, Guillaume Desprez, 1761, *in-8. fig. v. m.*

11064 Fr.-Xav. MANNHART, Soc. Jesu, bibliotheca domestica bonarum artium ac eruditionis studiosorum usui instructa & aperta, opus seculi nostri studiis ac moribus accommodatum. *Augustæ-Vindelicorum*, Mat. Rieger, 1762, 12 *vol. in-8. v. m.*

11065 Bibliotheque des Artistes & des Amateurs, *ou* tablettes analytiques & methodiques sur les sciences & les beaux-arts, par l'Abbé DE PETITY. *Paris*, P. G. Simon, 1766, 2 *tom.* 3 *v. in-4. fig. v. m.*

PHILOLOGIE. 341

11066 Dictionnaire de l'industrie, *ou* collection raisonnée des procédés utiles dans les sciences & dans les arts, par une société de Gens de Lettres. *Paris*, Lacombe, 1776, 3 *vol. in*-8. *v. f. d. s. t.*

11067 Nouvelle Encyclopédie portative, *ou* tableau général des connoissances humaines, (par M. Roux.) *Paris*, Vincent, 1766, 2 *vol. in*-8. *v. m.*

11068 L'Erudition universelle, *ou* analyse abrégée de toutes les sciences, des beaux-arts & des belles-lettres, par le Baron DE BIELFELD. *Berlin*, (*Lyon*) 1768, 4 *vol. in-*12. *v. m.*

11069 Dictionnaire des gens du monde, hist. littér. critique, moral, physique, milit. politiq. caractéristique & social. *Paris*, J.-P. Costard, 1770, 5 *vol. in*-8. *v. m.*

11070 Dictionnaire des notions primitives, *ou* abrégé raisonné & universel des élémens de toutes les connoissances humaines. *Paris*, J.-P. Costard, 1773, 4 *vol. in*-8. *v. f. d. s. t.*

11071 Encyclopédie élémentaire, *ou* rudiment des sciences & des arts, ouvrage dans lequel on se propose de réunir toutes les connoissances qui peuvent servir à l'éducation d'un jeune homme, par I. M. C. (CROMELIN,) de l'Acad. des Sciences, Arts & Belles-Lettres de Dijon. *Autun*, P. P. Dejussieu, 1775, 3 *vol. in*-12. *fig. v. m.*

11072 Encyclopédie littéraire, *ou* Dictionnaire raisonné & universel d'éloquence & de poésie, par M. C. ***. *Paris*, Costard, 1772, 3 *vol. in*-8. *v. f. d. s. t.*

11073 Idée du Monde, *ou* idées générales des choses dont un jeune homme doit être instruit, avec fig. *Dijon*, L. N. Frantin, 1779, 2 *vol. in-*12. *v. m.*

Y 3

BELLES-LETTRES.
CRITIQUES.
Traités sur la Critique.

11074 De criticis veteribus græcis & latinis differtatio, Henr. STEPHANI. *Par.* 1587, *in*-4. *v. f. d. f. t.*

11075 Joannis CLERICI, ars critica, in quâ ad studia linguarum latinæ, græcæ & hebraïcæ via munitur, veterumque emendandorum, & spuriorum scriptorum à genuinis dignoscendorum ratio traditur, & ejusdem epistolæ criticæ. *Amst.* Georg. Gallet, 1699 & 1700, 3 *vol. in*-8. *v. m.*

Critiques anciens.

11076 ATHENÆI, deipnosophistarum libri XV, (græcè) cum Jac. DALECHAMPII latina versione, necnon ejusdem adnotationibus & emendationibus, editio postrema, juxta Isaaci CASAUBONI recensionem adornata, additis ejusdem variis lectionibus & conjecturis. *Lugduni*, Jo.-Ant. Huguetan, 1657, *in-fol. v. f. d. f. t.*

11077 Auli GELLII, noctes atticæ, cum scholiis Ascensianis in singula capita, collectis fere ex annotatis Ægidii MASERII, Parisiensis, jam tertium à BADIO recognita & aucta. *Parisiis*, idem Ascensius, 1530, *in-fol. cart.*

11078 Eædem, *seu vigiliæ atticæ*, quas nunc primum à magno mendorum numero magnus veterum exemplarium numerus repurgavit; Henrici STEPHANI noctes aliquot Parisinæ, atticis A. GELLII noctibus seu vigiliis invigilatæ; ejusdem H. STEPHANI annotationes in alios GELLII locos prodibunt, cum notis Lud. CARRIONIS, (qui vet. exemplaria contulit) prelo jam traditis. *Par.* Henr. Stephanus, 1585, *in*-8. *v. f. d. f. t.*

11079 Eædem, editio nova, & prioribus omnibus docti hominis curâ multò castigatior. *Amstelodami,* Ludov. Elzevirius, 1651, *in*-12. *v. br.*

PHILOLOGIE.

11080 Eædem. *Amstelodami*, Daniel Elzevirius, 1665, *in*-12. *v. br.*

11081 Eædem, cum notis & emendationibus J.-Fred. GRONOVII. *Lugduni-Batavorum*, Joan. du Vivié, 1687, *in*-8. *v. f.*

11082 Eædem, sicut supersunt, editio Gronoviana, præfatus est & excursus operi adjecit Jo.-Lud. CONRADI. *Lipsiæ*, Gotth.-Theoph. Georgius, 1762, 2 *vol. in*-8. *v. f. d. s. t.*

11083 Les nuits attiques d'Aulu GELLE, traduites pour la premiere fois, accompagnées d'un commentaire, & distribuées dans un nouvel ordre, par M. l'Abbé DE V. *Paris*, Dorez, 1776 & 1777, 3 *vol. in*-12. *v. f. d. s. t.*

11084 MACROBII Aurelii-Theodosii, somnium Scipionis ex Ciceronis libro de republicâ excerptum, libri II, ejusdem saturnalium dierum, libri VII. *Venetiis*, 1492, *in-fol. v. f. d. s. t.*
Typis rotundis, sine titulo, reclamantibus, cum registro.

11085 Ejusdem, somnium Scipionis & saturnalia. *Basileæ*, Joan. Hervagius, 1535, *in-fol. v. f. l. r.*

11086 Ejusdem, in somnium Scipionis, lib. II, saturnaliorum libri VII. *Lugduni*, Seb. Gryphius, 1542, *in*-8. *mar. r.*

11087 Ejusdem opera, accedunt integræ Isaaci PONTANI, Joh. MEURSII, Jac. GRONOVII notæ & animadversiones. *Londini*, T. Dring, 1694, *in*-8. *v. f. d. s. t.*

11088 Eadem quæ extant omnia, diligentissimè emendata, & cum optimis editionibus collata. *Patavii*, excudebat Jos. Cominus, 1736, *in*-8. *v. f. d. s. t.*

Critiques modernes.

Critiques latins.

11089 Adriani TURNEBI, adversariorum lib. XXX. *Parisiis*, Buonius, 1564 & 1573, 3 *tom.* dont 2 *in*-4. & 1 *in-fol.*

11090 Ludovici-Cœlii RHODIGINI, lectionum antiquarum libri xxx, recogniti. *Basileæ*, Ambr. & Aurelius Frobenii fratres, 1566, *in-fol. v. f. l. r.*

11091 Iidem. *Francofurti*, Chr. Gerlachius, 1666, *in-fol. velin.*

11092 Fr. FLORIDI, Sabini, adversùs Stephani Doleti Aurelii calumnias liber, ejusdem ad Jacobum Spiegelium Selestadiensem epistola. *Romæ*, Anton. Bladus Asulanus, 1541, *in-4. v. f. d. s. t.*

11093 Hieronymi MAGII, variarum lectionum, seu miscellaneorum, libri IV, in quibus multa auctorum loca emendantur atque explicantur, & quæ ad antiquitatem cognoscendam pertinent, non pauca afferuntur. *Venetiis*, Jord. Ziletus, 1564, *in-8. v. m.*

11094 Petri VICTORII, variarum lectionum libri XXXVIII, quorum veteribus editionibus addita sunt quædam, pauca variata. *Florentiæ*, Junctæ, 1582, *in-fol. v. f. d. s. t*

11095 Stephani MORINI, Cadomensis M. D. dissertationes octo, in quibus multa sacræ & profanæ antiquitatis monumenta explicantur. *Genevæ*, Jo. Pictetus, 1683, *in-8. v. m.*

11096 Diarium biographicum, in quo scriptores seculi post natum Christum XVII, precipuè juxta annum diemque cujusvis emortualem, concisè descripti magno adducuntur numero, libri itidem eorum, variis linguis consignati, latio recensentur idiomate, confectum ab Henningo WITTE; præmittitur dissertatio de multiplici libri hujus usu; acceditque demùm index juxta auctorum cognomina. *Gedani*, Martinus Hallervordius, 1688, & *Rigæ*, Georg.-Matthæus Nollerus, 1691, 2 tom. 1 vol. *in-4. vel.*

11097 Notitia auctorum antiqua & media, auctore Benjamin HEDERICHE. *Wittemberg.* Zimmermann, 1714, *in-8. v. f.*

11098 Jo. JENSII, ferculum literarium. *Lugd.-Bat.* Sam. Luchtmans, 1717, *in-8. v. f. d. s. t.*

PHILOLOGIE. 345

11099 Henrici VALESII, emendationum libri quinque, & de critica libri 11, nunquam antehac typis vulgati, ejufdem ut & Nic. RIGALTII & Jo. BULLIALDI, diſſertat. de populis fundis : accedunt Henr. VALESII orationes variæ, & Hadr. VALESII oratio de laudibus Ludovici XIV, & Carmina edente Petro BURMANNO, qui præfationem & notas adjecit. *Amſt.* Salomon Schouten, 1740, *in*-4. *v. m.*

Critiques françois.

11100 Le Parnaſſe, *ou* le critique des Poëtes, par DE LA PINELIERE. *Paris*, Quinet, 1635, *in*-8. *v. b.*

11101 L'orvietano per gli Hoggidiani; cioè per quelli, che patiſcono del male dell'Hoggidianiſmo, coſi le chiama l'Autore, ch'è il credero, e pero dolerſi ſempre, il mondo eſſer peggiore hoggidi e più calamitoſo del paſſato, dall'Abbate Don Secondo LANCELLOTTI, Benedittino. *Par.* Theod. Pepingué, 1641, *in*-8. *v. éc.*

11101 * L'hoggidi overo il mondo non peggiore, né più calamitoſo del paſſato, del medeſimo, con alcuni diſcorſi del medeſ. autore, intitolati sfoghi di mente. *Venetia*, li Guerigli, 1658; 2 *vol. in*-8. *v. f.*

11101 ** Farfalloni de gli antichi, hiſtorici notati dal medeſimo, mandati in luce dal ſuo fratello D. Ottavio LANCELLOTTI. *Venetia*, Giac. Sarzina, 1636, *in*-8. *vel.*

11102 Comparaiſon de Pindare & d'Horace, par BLONDEL. *Paris*, Barbin, 1673, *in*-12. *v. f. d. f. t.*

11103 Remarques ſur Virgile & ſur Homere, & ſur le ſtyle poétique de l'Ecrit. Ste, où l'on réfute les inductions pernicieuſes que Spinoſa, Grotius & le Clerc en ont tirées, & quelques opinions particulieres du P. Mallebranche, du Sieur l'Elevel & de M. Simon, par l'Abbé Valentin FAYDIT. *Paris*, Cot, 1705, 2 *vol. in*-12. *v. f.*

11104 La guerre des Auteurs anciens & modernes,

346 BELLES-LETTRES.

avec la Requeste & Arrest en faveur d'Aristote. La Haye, Leers, 1671, in-12. v. f.

11105 Le Parnasse réformé, (par GUERET.) Paris, Osmont, 1674, in-12. m. r.

11106 Le Parnasse assiégé, ou la guerre déclarée entre les philosophes anciens & modernes, par le même. Lyon, Boudet, 1697, in-12. v. f. d. s. t.

11106* Les Auteurs en belle humeur. Amsterdam, l'Honoré, 1723, in-12. v. br.

CONTENANT:

Le Parnasse réformé & la guerre des Auteurs, par le même.

11107 Histoire poétique de la guerre nouvellement déclarée entre les anciens & les modernes. Paris, Aubouin, 1688, in-12. v. f. d. s. t.

11108 Discours sur les Anciens, par DE LONGEPIERRE. Paris, Aubouin, 1687, in-12. v. f. d. s. t.

11109 Parallele des Anciens & des Modernes, en ce qui regarde les sciences & les arts, avec le poëme du siecle de Louis-le-Grand, par PERRAULT. Paris, Coignard, 1688, in-12. v. f.

11110 Caracteres des Auteurs anciens & modernes, & les jugemens de leurs ouvrages, par DE LA BIZARDIERE. Paris, Dupuis, 1704, in-12. v. b.

11111 Entretiens sur les anciens Auteurs, contenant en abrégé leur vie & le jugement de leurs ouvrages, avec plusieurs extraits de leurs écrits. Paris, de Luynes, 1696, in-12. v. f. d. s. tr.

11112 Jo. HARDUINI, ad censuram Scriptorum veterum prolegomena. Londini, Vaillant, 1766, in-8. v. m.

11113 Vindiciæ veterum Scriptorum contra J. Harduinum. Roterod. Leers, 1708, in-12. v. f. d. s. t.

11114 La défense des beaux esprits, contre un Satyrique, par DE LERAC. Paris, Adam, 1675, in-12. v. f. d. s. t.

11115 Jugemens des Savans, sur les principaux ouvrages des Auteurs, par Adrien BAILLET, revus

PHILOLOGIE.

& corrigés par DE LA MONNOYE. *Paris*, Dezallier, 1685, 10 *vol. in-12. v. f.*

11116 Les mêmes, avec l'anti-Baillet. *Paris*, Moette, 1722, & 1730, 8 *vol. in-4. gr. pap. v. f. d. s. t.*

11117 Plan de cet Ouvrage. *Paris*, 1694, *in-12. v. f. d. s. tr.*

11118 Des causes de la corruption du goût, par Madame DACIER. *Paris*, Rigaud, 1714, *in-12. v. f. d. s. t.*

11119 Essais historiq. & philosophiques sur le goût, par CARTAUT DE LA VILLATTE. *La Haye*, de Hondt, 1737, *in-8. baz.*

11120 Essai sur le goût, par Alexandre GERARD, trad. de l'angl. par M. E**, (EIDOUS) avec trois dissertations sur le même sujet, par VOLTAIRE, DE MONTESQUIEU & D'ALEMBERT. *Paris*, Delalain, 1766, *in-12. v. m.*

11121 L'art de sentir & de juger en matiere de goût, (par SERRAN DE LA TOUR.) *Paris*, Pissot, 1762, 2 *vol. in-12. v. m.*

11122 Le chef-d'œuvre d'un Inconnu, poëme, par M. le Docteur Chrisost. MATANASIUS (DE SAINT-HYACINTHE.) *La Haye*, Husson, 1716, *in-8. v. f.*

11123 Le même. *La Haye*, Husson, 1732, 2 *tom.* 1 *vol. in-8. v. f. d. s. t.*

11124 L'Antimathanase, *ou* critique du chef-d'œuvre d'un Inconnu. *Utrecht*, 1729, *in-8. v. m.*

11125 Le Docteur Gélaon, *ou* les ridiculités anciennes & modernes. *Londres*, (Par.) 1737, *in-12. v. m.*

11126 Relation de ce qui s'est passé dans une assemblée tenue au bas du Parnasse, pour la réforme des Belles-Lettres. *La Haye*, (Par.) 1739, *in-12. v. br.*

11127 Mémoires secrets de la République des Lettres par le Marquis D'ARGENS. *Amst.* (*Paris*) 1744, 7 *vol. in-12. v. m.*

11128 Pensées philosophiques & pensées chrétiennes, mises en parallele ou en opposition. *La Haye*, 1746, *in-12. mar. r. d. s. t.*

348 BELLES-LETTRES.

11129 Le Flibustier littéraire. *Londres*, (*Par.*) 1751; in-12. v. f. d. f. t.

11130 Considérations sur les ouvrages d'esprit. *Amst.* (*Par.*) 1758, in-8. pap. d'Holl. v. mar.

11131 De la Bibliomanie. *La Haye*, (*Lyon*) 1761, in-8. v. m.

11132 Considérations sur l'état présent de la littérature en Europe, (par M. l'Abbé AUBRY.) *Lond.* 1762, in-12. v. m.

11133 Les nuits parisiennes, à l'imitation des nuits attiques d'Aulu-Gelle, *ou recueil de traits singuliers, anecdotes, usages remarquables, faits extraordinaires, observations critiques, pensées philosophiques, &c. &c. Paris*, Lacombe, 1769, 2 v. in-8. v. m.

11134 Les nuits angloises, *ou recueil de traits singuliers, d'anecdotes, d'événemens remarquables, de faits extraordinaires, de bizarreries, d'observations critiques, & de pensées philosophiques, &c. propres à faire connoître le génie & caractere des Anglois,* (par C*. D*.) *Paris*, J. P. Costard, 1770, 4 part. 4 vol. in-8. v. m.

11135 Les nuits péruviennes, *ou dictionnaire à la mode, dans lequel on trouve des anecdotes curieuses & des traits d'histoire intéressans. Lima*, (*Par.*) 1771, in-12. v. m.

11136 Le Commentateur amusant, *ou anecdotes curieuses, commentées par l'Ecrivain le plus célèbre de notre siecle.* = Justes plaintes. *Sans date, ni nom de Ville,* in-12. v. m.

11137 Nouvelles observations critiques sur différens sujets de littérature, par CLEMENT. *Paris*, Moutard, 1772, in-8. v. f.

11138 L'homme content de lui-même, *ou l'égoïsme de la Dunciade. Berne*, (*Par.*) 1772, in-8. v. f. d. f. t.

11139 Théorie du Paradoxe, (par l'Abbé MORELLET.) *Amst.* (*Par.*) 1775, in-12. v. f. d. f. t.

11140 Théorie du libelle, *ou l'art de calomnier avec fruit, dialogue philosophique, pour servir de sup-*

PHILOLOGIE. 349

plément à la Théorie du Paradoxe, par M. Linguet. *Amst.* (*Par.*) 1775, *in-*12. *v. f. d. s. t.*

Ouvrages périodiques françois, critiques & littéraires.

11141 Journal des Sçavans, par Hedouville & autres, depuis 1665 jufqu'en 1776 incluf. & années 1779 & 1780, avec la table générale des matieres jufqu'en 1750, par l'Abbé de Claustre, & les fupplémens pour les années 1707, 1708 & 1709. *Paris*, Witte, 1723 & *fuiv.* 107 *vol. in-*4. *v. m.*

11142 Le même, depuis 1665 jufqu'y compris 1777, avec la table génér. alphabétique, depuis 1665 jufqu'en 1753. *Amsterd.* le Grand, 1684 & *fuiv.* 347 *vol. in-*12. *v. f.*

11143 Journal du Journal, *ou* cenfure de la cenfure. *Utrecht*, Elzevir, 1670, *in-*12. *v. f. d. s. t.*

11144 Mercure galant de France, avec les extraordinaires, depuis 1672 jufques & compris 1780. *Paris*, Girard, 1672 & *fuiv.* 1004 *vol. in-*12. *v. m.* Les années 1779 & 1780, broch.

Manquent, Juin 2ᵉ p. 1684. Août 1687, 2ᵉ p. Octobre, Novemb. 1689, 2ᵉ p. Février 1690, jufqu'à Août 2ᵉ p.

Defcription de cet Exempl. & détail des extraordinaires :

Années 1672 = 1674, 6 *vol.* = Relation des campagnes des années 1674 & 1675, en Allemagne, jufqu'à la mort de M. de Turenne. = Relation du combat de Sintzheim, & du paffage du Necre en 1674. = Relation de la campagne de l'année 1675, (par M. Deschamps.) 1 *vol.* = Mém. des deux dernieres campagnes de M. de Turenne en Allemagne, & de ce qui s'eft paffé depuis fa mort, fous le commandement du Comte de Lorge. *Paris*, Barbin, 1678, 1 *vol.* = Relation de ce qui s'eft paffé en Catalogne, avec la fuite. *Paris*, Quinet, 1678, 2 *vol.* = Voyage des Ambaffadeurs de Siam en France, *Paris*, (2ᵉ p. de Septembre 1686) 1 *vol.* = Suite de l'hift. de Mahomet IV, dépoffédé. *Par.* Guerout, (Mai 1688, 2ᵉ p.) = Hiftoire de Soliman III, fervant de IIIᵉ p. à l'hiftoire de Mahomet IV, dépoffédé. *Paris*, Guerout, 1688, (Juin 1688, 2ᵉ p.) = Campagne de Monfeigneur le Dauphin. *Paris*, Guerout, 1688, (Décembre 1688, 2ᵉ p.) = Relation de la bataille donnée

350 BELLES-LETTRES.

auprès de Fleurus, le 1 Juillet 1690, sous les ordres du Maréchal de Luxembourg. *Paris*, Guerout, 1690, (Juillet 1690, 2ᵉ p.) === Relation de la bataille de Neerwinde, gagnée par l'armée du Roi, commandée par le Maréchal de Luxembourg. *Paris*, Brunet, 1693, (Août 1693, 2ᵉ p.) === Journal de la campagne de Piémont, avec le détail de la bataille donnée à la Marsaille le 4 Octobre 1693. *Paris*, Brunet, 1693. (Octobre 1693, 2ᵉ p.) === Etat présent des affaires de l'Europe. *Paris*, Brunet, 1693. (Décemb. 1693, 2ᵉ p.) === Journal de ce qui s'est passé au siege de Namur. *Paris*, Brunet, 1695. (Août 1695, 2ᵉ p.) === Journal du blocus & du siege de la ville & du fort de Landau, de Mantoue, de Crémone, de Nimégue. *Paris*, Brunet, 1702, 4 *vol. in*-12. (suite de 1702.) === Journal du siege de Brisac. *Paris*, Brunet, 1703. (Septembre, 1703, 2ᵉ p.)

11145 Le Mercure reprouvé. *Cologne*, (Par.) 1678, *in*-12. *mar. r.*

11146 Le nouveau Mercure, (depuis Janvier 1708 jusqu'à Mars 1709, & depuis Janvier 1711 jusqu'à Mai.) *Trévoux*, 1708 & *suiv.* 8 *vol. in*-12. *v. br.*

* Ce Journal est rare; il a été inconnu à Struve & à l'Auteur de la Notice latine des Journaux, qui est à la tête du premier tome du Polyhistor de Morhoff. L'Abbé de Clauftre en a parlé comme d'un livre qu'il connoissoit peu, & qu'il n'avoit sûrement pas vu.

11147 Choix des anciens Mercures, avec un extrait du Mercure françois. *Paris*, Chaubert, 108 *tom.* 54 *vol. in*-12. *v. m.*

11148 Le Journal chrestien sur divers sujets de piété, tirez des SS. Peres, avec les éloges des Ecrivains ecclésiastiques, par M. DE M***, (A. DE MARTIGNAC) ouvrage périodique, (depuis le 7 Avril 1685 jusqu'au 16 Juin suivant.) *Paris*, Lambert Roulland, 1685, *in*-4. *cart.*

11149 Mémoires pour l'histoire des Sciences & des Beaux-Arts, *ou* Journal de Trévoux, depuis 1701 jusques & compris Mai 1720, & depuis 1721 jusq. y compris 1775. *Trévoux*, (Par.) 318 *v. in*-12. *v. m.*

11150 Journal des Sciences & des Beaux-Arts, depuis Janvier 1776 jusqu'en 1778, par M. CASTILHON,

PHILOLOGIE. 351

& depuis 1779 & 1780, sous le titre de Journal de Littérature, des Sciences & des Arts, *Paris, Lacombe*, 1776 & *suiv.* 14 *vol. in-*12. *v. m.* & 12 *vol. br.*

11151 L'esprit des Journalistes de Trévoux, (par M. ALLETZ.) *Paris, Dehansy le jeune*, 1771. 4 *vol. in-*12. *v. m.*

11152 Essais de littérature pour la connoissance des livres, par Anthelme DE TRICAUD, depuis 15 Juillet 1702 jusqu'Août 1704, avec plusieurs supplémens. *Paris, Moreau*, 1702 & *suiv.* 5 *v. in-*12. *v. b.*

11153 L'érudition enjouée, ou nouvelles savantes, satyriques & galantes, depuis Juin jusqu'en Octobre 1703. *Paris, Ribou*, 1703, *in-*12. *v. m.*

11154 Journal de Verdun, depuis Juillet 1704 jusqu'à la fin de Décembre 1774, avec la table des matieres jusqu'en 1756 incl. & un supplément, par C. J. (Charles JORDAN.) *Amsterd. le Sincere*, 1704 & *suiv.* 152 *vol. in-*8. *v. m.*

11155 Le pour & contre, ouvrage périodique, (par l'Abbé PREVOST.) *Paris, Didot*, 1723 — 1740, 20 *vol. in-*12. *v. f.*

11156 Nouvelles littéraires, depuis Décembre 1723 jusqu'en Mars 1724. *Paris, le Febvre*, 1723. = Le Secrétaire du Parnasse, au sujet de la Tragédie d'Inès de Castro, par le P. S. F. (GACON, Poëte sans fard) avec la suite. *Paris, Fournier*, 1723, *in-*8. *v. br.*

11157 Bibliotheque des livres nouveaux, Juillet & Août 1726. *Nancy*, 1726, *in-*12. *v. br.*

11158 Le quart-d'heure amusant, depuis Janvier jusqu'en Mai 1727. *Paris, Flahaut*, 1727, *in-*12. *v. m.*

11159 Amusemens du cœur & de l'esprit, ouvrage périodique. *Paris, Didot*, 1734, *in-*12. *v. m.*

11160 Nouveaux amusemens du cœur & de l'esprit. *La Haye*, (Par.) 1737 & 1745, 15 *vol. in-*12. *v. f.*

11161 Les amusemens du cœur & de l'esprit, 1748 & 1749. *Paris, veuve Pissot*, 1748 & *suiv.* 4 *vol. in-*12. *v. f.*

BELLES-LETTRES.

11162 Le Nouvelliste du Parnasse, par l'Abbé Guyot des Fontaines. *Paris*, Chaubert, 1734, 2 vol. in-12. v. m.

11163 Observations sur les écrits modernes, par le même. *Paris*, Chaubert, 1735 — 1743, 34 vol. in-12. v. m.

11164 Jugemens sur quelques ouvrages nouveaux, par le même. *Avignon*, (*Par.*) 1744 — 1746, 11 vol. in-12. v. m.

11165 Le faux Aristarque reconnu, *ou* lettres critiques sur divers ouvrages de l'Abbé des Fontaines. *Amst.* (*Par.*) 1733, in-12. v. br.

11166 Le mérite vengé, *ou* conversations littéraires & variées sur divers écrits modernes, pour servir de réponse à l'Abbé des Fontaines, par le Chevalier de Mouhy. *Paris*, Prault, 1736, in-12. v. m.

11167 Le préservatif, *ou* critique des *Observations sur les écrits modernes.* *La Haye*, (*Paris.*) 1738, in-12. v. br.

11168 Lettre de l'Abbé d'Estrées, Prieur de Neufville à l'Abbé d'Olivet, de l'Académie Françoise, pour servir de réponse à sa derniere lettre au Président Bouhier; *ou* réfutation de ses fausses anecdotes & de ses jugemens littéraires, avec une parodie de sa prosopopée. *Bruxel.* (*Par.*) 1739, in-12. v. f. d. s. t.

11169 Lettres de Madame la Comtesse de ***, sur quelques écrits modernes. *Geneve*, (*Par.*) 1746, in-12. (tome I.) v. m.

11170 Testament littéraire de Pierre-François Guyot, Abbé des Fontaines. *La Haye*, (*Par.*) 1746, in-12. v. m.

11171 Réflexions sur les ouvrages de littérature. *Paris*, Briasson, 1740 — 1742, 12 vol. in-12. v. m.

11172 Les annales amusantes, *ou* mémoires pour servir à l'histoire des amusemens de la nation, en tout genre, premiere suite, contenant depuis Mai jusqu'à Septembre 1741, (*Paris*) 1742, in-12. v. m.

11173 Pharos, *ou* le Lutin, 1748, in-12. v. m.

PHILOLOGIE.

11174 Bibliotheque annuelle & universelle, contenant un catalogue de tous les livres qui ont été imprimés en Europe pendant les années 1748, 1749 & 1750, rangés par ordre de matiere, avec une table alphabétique des noms des Auteurs. *Paris*, P. G. le Mercier, 1751 — 1753, 4 vol. in-12. v. br.

11175 Lettres sur quelques écrits de ce tems, par FRERON, depuis 1749 — 1754. *Geneve*, (*Par.*) 1749 & suiv. 12 vol. in-12. v. m.

11176 Opuscules du même. *Amsterd.* (*Par.*) 1753, 3 vol. in-12. v. m.

11177 L'année littéraire, par le même, depuis 1754 jusques & compris 1780. *Paris*, 1754 & suiv. 207 vol. in-12. v. m.
Manquent les numéros 32 & 34 de l'année 1780.

11178 Revue des feuilles de Fréron. *Londres*, (*Par.*) 1756, 2 tom. 1 vol. in-12. v. m.

11179 La Wasprie, ou l'ami Wasp. *Berne* (*Par.*) 1761, 2 part. 1 vol. in-12. v. m.

11180 Lettres d'une société, ou remarques sur quelques ouvrages nouveaux, tome I. *Berlin*, (*Par.*) 1752, in-12. v. m.
Il n'en a paru que ce Tome.

11181 Journal œconomique, depuis 1751 jusques & compris 1757, in-12. & depuis 1758 jusques & compris 1762, in-8. *Paris*, 1751 & suiv. 28 vol. in-12. & 5 vol. in-8.

11182 Recueil d'affiches, annonces & avis divers, depuis 1751 jusqu'en 1776 incl. *Paris*, 1751 & suiv. 26 vol. in-8. mar. r. & v. m.

11183 Annonces, affiches & avis divers, *dites Affiches de Province*, par MM. MESLÉE, QUERLON, Abbé DE FONTENAY, depuis 1752 jusqu'en 1776 incl. *Paris*, 1752 & suiv. 12 vol. in-4. mar. r. & v. m.

11184 Voyage en l'autre monde, *ou nouvelles littéraires de celui-ci*, (par l'Abbé DE LA PORTE.) *Paris*, 1752, 2 part. 1 vol. in-12. v. m.

11185 Les cinq années littéraires, *ou nouvelles lit-*

Tome III.   Z

354 BELLES-LETTRES.

téraires des années 1748=1752, par M. CLÉMENT. La Haye, de Groot, 1754, 4 vol. in-8. v. m.

11186 Journal étranger, depuis Avril 1754 jusqu'à Novembre, & depuis Janvier 1755 jusques & compris le mois de Septembre 1762. Paris, 1754 & suiv. 45 vol. in-12. v. m.

11187 Lettres sur les ouvrages & œuvres de piété, & Journal chrétien, par l'Abbé JOANNET, depuis 1754, jusques & compris 1762. Paris, Chaubert, 1754 & suiv. 28 vol. in-12. v. m.

11188 Le Conservateur, ou collection de morceaux rares & d'ouvrages anciens & modernes, depuis Novembre 1756 jusq. Décembre 1758, & depuis Janvier 1761 jusq. Décembre incl. Paris, Lambert, 1756 & suiv. 19 vol. in-12. v. m.

11189 Journal encyclopédique, depuis 1756, jusques & compris 1780. Liege, Kints, 200 vol. in-12. dont 192 v. m. & 8 brochés.
Manque Décemb. 2ᵉ v. 1780.

11190 Eloge historique du Journal encyclopédique & de Pierre Rousseau son Imprimeur. Paris, (Liege) 1760, in-12. v. m.

11191 L'Observateur littéraire, par l'Abbé DE LA PORTE, depuis 1758 jusqu'en 1761. Paris, Lambert, 18 vol. in-12. v. m.

11192 Annales typographiques, depuis 1758 jusqu'en 1762 incl. Paris, Vincent, 1760 & suiv. 10 vol. in-8. v. m.

11193 Annales typographiques, ou notice des progrès des connoissances humaines. Paris, Lambert, 1759, in-4. v. m.

11194 Journal de commerce, depuis Janvier 1759, jusqu'à la fin de Décembre 1762. Bruxelles, Vanden Berghen, 1759 & suiv. 24 vol. in-12. v. m.

11195 La feuille nécessaire, contenant divers détails sur les sciences, les lettres & les arts. Paris, Lambert, 1759, in-8. v. m.

11196 Journal des Dames, par Madame DE MAI-

PHILOLOGIE.

SONNEUVE, depuis 1759 jusqu'à Juillet 1768; depuis 1775 jusqu'en 1777, par Madame DE MONTANCLOS; depuis Janvier jusqu'en Juin 1778, par DORAT. *Paris*, 1759 & *suiv*. 47 *vol. in*-12. *v. m. & br.*

11197 Journal villageois, par Jean-Jacques THIBAULT, Mars 1759. *Paris*, Delormel, 1759, *in*-12. *v. m.*

11198 Semaine littéraire, 1759, par une Société de Gens de Lettres. *Paris*, Chaubert, 1759, 4 *vol. in*-12. *v. m.*

11199 Essai d'un nouveau Journal, intitulé : le Littérateur impartial, *ou* précis des Ouvrages périodiques. *Paris*, Vallat la Chapelle, 1760, *in*-12. *v. m.*

11200 Journal ecclésiastique, par M. l'Abbé DINOUART, depuis Octobre 1760 jusqu'en 1769 incl. *Paris*, Barbou, 1760 & *suiv*. 19 *vol. in*-12. *v. m.*

11201 Journal des Journaux, *ou* précis des principaux Ouvrages périodiques de l'Europe, depuis Janvier jusqu'en Avril 1760. *Manheim*, 1760, 2 *v. in*-8.

11202 L'Avant-Coureur, feuille hebdomadaire, où sont annoncés les objets particuliers des sciences & des arts, le cours & les nouveautés des spectacles, & les livres nouveaux en tout genre, depuis 1760 jusqu'en 1773 incl. *Paris*, Lambert, 1760 & *suiv*. 14 *vol. in*-8. *v. m.*

11203 Le Censeur hebdomadaire, par MM. DE CHAUMEIX & D'AQUIN, depuis l'année 1760 jusqu'en 1762. *Par*. Cuissart, 1760 & *suiv*. 13 *vol. in*-8. *v. m.*

11204 Gazette de médecine, depuis 1761 jusqu'en 1762. *Paris*, Grangé, 1761 & *suiv*. 4 *vol. in*-8. *v. m.*

11205 La Renommée littéraire, nouvel ouvrage périodique. *Paris*, Laurent Prault, (1762 & 1763) 2 *vol. in*-12. *v. m.*

11206 Journal de Jurisprudence, année 1763. *Bouillon*, J. Brasseur, 12. *vol. in*-8. *br.*

11207 Catalogue hebdomadaire des livres nouveaux

BELLES-LETTRES.

qui paroissent chaque semaine, depuis 1764 jusqu'en 1779 incl. avec une table alphabétique à la fin de chaque année. *Paris, Despilly, 1764 & suiv.* 16 *vol. in-*8. *v. m.*

11208 Gazette littéraire de l'Europe, depuis Mars 1764 jusqu'en Mars 1766. *Paris, 1764 & suiv.* 8 *vol. in-*8. *v. m.*

11209 Ephémerides du Citoyen, *ou* chronique de l'esprit national, & Bibliotheque raisonnée des sciences, (par M. l'Abbé BAUDEAU) pour 1765, 1767 & 1768. *Paris, Delalain, 1765 & suiv.* 18 *vol. in-*12. *v. m. & baz.*

11210 Journal d'éducation, par M. LE ROUX, depuis 1768 jusqu'à Mars 1769. *Paris, Durand neveu,* 1768, 3 *vol. in-*12. *v. m.*

11211 Bibliographie parisienne, *ou* Catalogue des ouvrages de sciences, de littérature & de tout ce qui concerne les beaux-arts, imprimés tant à Paris que dans le reste de la France, année 1769 & 1770. *Paris, Ruault, 1774,* 6 *t.* 3 *v. in-*8. *v. m.*

11212 Le Porte-feuille hebdomadaire, par M. D'AÇARQ, années 1770 & 1771. *Bruxelles, Boubers,* 1770 & *suiv.* 4 *vol. in-*8. *v. m.*

11212 * Observations sur la Physique, sur l'Histoire naturelle & sur les Arts, par M. l'Abbé ROZIER. *Paris, le Jay, 1772,* 12 *part.* 6 *vol. in-*12. *fig. v. f. d. s. tr.*

11213 La nature considérée sous ses différens aspects, *ou* lettres sur les animaux, les végétaux & les minéraux, ouvrage périodique, (par M. BUCH'OZ) depuis 1773, jusqu'en 1780. *Paris, Lacombe,* 1773 & *suiv.* 23 *vol. in-*12. dont 20 *v. f. d. s. tr.* & 3 *brochés.* (*les 3 volumes br. a trouver*)

11214 Nouvelles Ephémerides économiques, *ou* Bibliotheque raisonnée de l'histoire, de la morale & de la politique, (rédigée par M. l'Abbé BAUDEAU.) *Paris, Didot, 1774 — 1776,* 19 *tom.* 10 *vol. in-*12. *v. m.*

PHILOLOGIE.

11215 Gazette & avant-coureur de littérature des sciences & des arts, contenant toutes les nouvelles de la République des lettres, des analyses claires & précises des édits, ordonnances, déclarations, lettres-patentes, &c. les causes célebres & intéressantes, soit par les faits, soit par les questions, les pieces nouvelles, &c. depuis Janvier jusqu'au 11 Octobre 1774. *Paris*, Panckoucke, *in-8. v. m.*

11216 Journal de politique & de littérature, contenant les principaux événemens de toutes les Cours, les nouvelles de la République des Lettres, &c. depuis le 25 Octobre 1774 jusqu'au 15 Juin 1778, (par M. LINGUET.) *Par.* Panckoucke, 1774 & *suiv.* 11 *vol. in-8. v. m.*

(Cet Ouvrage a cessé à cette époque.)

11217 Analectes critiques (Journal contre M. Linguet.) *Bruxelles*, (*Par.*) 1777, n° 1 = 9. *in-8. br.*

11218 Lettre de M. LINGUET au Roi, (relativement au Journal de politique.) *Bruxelles*, 20 Août 1776. = Requête au Conseil du Roi, pour Me Linguet, Avocat, contre les arrêts du Parlement de Paris des 29 Mars & 4 Février 1775, *in-8. v. f. d. f. tr.*

11219 Autre lettre de M. LINGUET sur ce Journal. *Londres*, 1777, *in-8. mar. r.*

11220 Annales politiques, civiles & littéraires du dix-huitieme siecle, ouvrage périodique, par M. LINGUET. *Londres*, 1777 — 1780, 9 *vol. in-8.* dont 3 *v. m.* & 6 *brochés.*

(Manquent quelques cahiers.)

11221 Collection complette des Œuvres de M. LINGUET, tome I. & Annales politiques &c. nouvelle édit. revue & corrigée, tome I. (*Bruxelles*) 1779 & 1780, 2 *vol. in-8. br.*

11222 Journal de lecture, *ou* choix périodique de littérature & de morale. *Paris*, 1775 & *suiv.* 12 *vol. in-12. v. m.*

BELLES-LETTRES.

11223 L'esprit des Journaux, depuis Janvier 1775 jusqu'au mois d'Août 1780. (Liege) 1775 & suiv. 60 vol. in-12. v. m. & 8 br.

11224 Tableau politique & littéraire de l'Europe, suivi d'une notice des découvertes dans les arts, dans la physique, des singularités de la nature, des désastres, avec une liste des bienfaiteurs, édits, déclarations, ordonnances, &c. pendant l'année 1775, par M. Mayer. Paris, Lacombe, 1777, in-12. v. m.

11225 Journal singe, par M. Piaud, N°. I. Juin 1776. Paris, Cailleau, in-8. v. f. d. s. t.

11226 Journal dédié à Monsieur, ou table générale des Journaux anciens & modernes, contenant les jugemens des Journalistes sur les principaux Ouvrages en tout genre; suivie d'observations impartiales & de planches en taille-douce, ou en couleur, depuis Septembre 1776 jusqu'à Août 1777, par une Société de Gens de Lettres. Paris, C. Demonville, 1776 & 1777, 6 vol. in-12. v. m.

11227 Le Journal françois, par MM. Palissot & Clément, depuis le 15 Janvier jusqu'à Décembre 1777, avec le supplément. Paris, Moutard, 1777, 4 vol. in-8. v. m.

11228 Journal de Paris, depuis 1777 jusqu'en 1780, 8 vol. in-4. dont 4 v. m. & 4 en feuilles.

11229 Journal de l'Agriculture, du commerce, des arts & des finances, Janvier à Mars, Mai, Juin 1778. Paris, Knapen, 5 vol. in-12. br.

11230 Gazetin du comestible, depuis le premier Juin 1778 jusqu'au premier Mai 1780, (c'est-à-dire, depuis le N°. 49 jusqu'à 136), in-8. en feuill. Manque le N°. 125.

11231 Journal militaire, rédigé par une Société d'hommes de Lettres & d'anciens Militaires, depuis Avril 1778 jusqu'au 15 Avril 1779. Paris, La Porte, 1778, 26 cahiers in-8. br.

11232 Journal de Monsieur, par Mad. la Présidente d'Ormoy, depuis Octobre 1778 jusqu'à Septembre 1780. *Paris*, Demonville, 1778 & *suiv.* 5 *vol. in*-12. *v. m.*, l'année 1780 *broch.*

11233 Le Babillard, (ouvrage littéraire commencé en Janvier 1778, jusqu'au 30 Août de la même année, par le Chevalier DE RUDTLIGE.) *Paris*, Jean-Fr. Bastien, 1778, 4 *vol. in*-8. *v. m.* & *br.*

11234 Journal breton, depuis le premier Juin jusqu'au premier Août 1780. *Nantes*, Vatar fils aîné, 5 *cahiers in*-8. *br.*

Critiques hollandois & suisses.

11235 Joannis MEURSII exercitationum criticarum partes II, quorum prima curarum Plantinarum commentarium, secunda animadversionum miscellanearum libros IV complectitur. *Lugduni Batavorum*, Elzevirius, 1599, *in*-8. *v. f.*

11236 Jani RUTGERSII, variarum lectionum lib. VI. *Lugduni Batav.* Elzevir, 1618, *in*-4. *v. éc. d. s. t.*

11237 Samuelis PETITI, Miscellaneorum libri IX. *Parisiis*, Morellus, 1630, *in*-4. *v. f. fil.*

11238 Ejusdem, observationum libri III. *Parisiis*, Morellus, 1641, *in*-4. *v. f.*

11239 Erycii PUTEANI, de anagrammatismo, quæ cabalæ pars est, diatriba: accedit Jo. CARAMUELIS LOBKOWITZII brevissimum totius cabalæ specimen, curâ ac studio Justi-Cœcilii PUTEANI, ejusdem filii. *Bruxellæ*, Mommartius, 1643. = Gotifredi VENDELINI, arcanorum cœlestium lampas, quatuor obvelata hexametris, quatuor annagrammatismis revelata. *Bruxellæ*, Mommartius, 1643, *in*-12. *v. f. d. s. tr.*

11240 Arnoldi GEULINCX Saturnalia, *seu* quæstiones quodlibeticæ in utramque partem disputatæ. *Lugd. Batav.* Henr. Verbiest, 1665, *in*-12. *v. m.*

11241 Jacobi PALMERII, exercitationes in optimos ferè Autores græcos. *Lugd. Batavorum*, Gaasbeeck, 1668, *in*-4. *v. f.*

11242 Gisberti CUPERI observationes, in quibus

& multi Auctorum loci explicantur, emendantur, varii ritus eruuntur, & nummis elegantissimis illustrantur. *Trajecti ad Rhenum*, Elzevir, 1670, *in*-12. *v. f. d. s. tr.*

11243 Antonii BORREMANSII, variæ lectiones, in quibus varia utriusque linguæ Auctorum loca emendantur, explicantur atque illustrantur, ritus prisci eruuntur, & multa non ubique obvia docentur. *Amst.* Boom, 1676, *in*-8. *v. m.*

11244 Petri PETITI, Miscellanearum observationum libri IV. *Trajecti ad Rhenum*, Zyll, 1682, *in*-8. *v. f.*

11245 Antonii BORREMANSII, vesperæ Gorinchemenses, in quibus varia loca, tam Scripturæ sacræ, quàm aliorum Autorum, explicantur, ritus prisci, aliaque non ubivis obvia eruuntur. *Amstelædami*, Henr. & vidua Theodori Boom, 1687, *in*-8. *v. m.*

11246 Jacobi TOLLII fortuita, in quibus, præter critica nonnulla, tota fabularis historia græca, phœnicia, ægyptiaca, ad chemiam pertinere asseritur: sequuntur RONDELLI expositio contra Tollii figuram antiquam, TOLLII oratio de fontibus eloquent. & varia ejus carmina. *Amst.* Janssonius Waesbergius, 1687, *in*-8. *fig. v. f.*

11247 Lamberti Bos, animadversiones ad Scriptores quosdam græcos & latinos. *Franekeræ*, Halma, 1715, *in*-8. *v. f.*

11248 Georgii D'ARNAUD, specimen animadversionum criticarum ad aliquos Scriptores græcos, nominatim Anacreontem, Callimachum, Hephæstionem, Herodotum, Xenophontem & Æschylum. *Amstelæd.* Balthasar Lakeman, 1730, *in*-8. *v. m.*

11249 Hadriani JUNII, animadversiones & observationes variæ, historicæ, chronologicæ, litterariæ, criticæ; ejusdemque commentarium de Coma, innumeris in locis emendatum, & insignibus supplementis locupletatum ex clarissimi viri Autographo, edit. nova. *Hagæ-Comitum*, Joannes van Duren, 1737, *in*-8. *v. f. d. s. t.*

PHILOLOGIE.

11250 Joh. Fred. GRONOVII, lectiones Plautinæ, quibus non tantùm fabulæ Plautinæ & Terentianæ, verùm etiam, Cæsar, Cicero, Livius, Virgilius, Ovidius, aliique Scriptores veteres benè multi egregiè illustrantur, nunc demùm editæ è mss. : accedit vita Auctoris, nunquàm ante typis descripta. *Amst.* Joannes Haffman, 1740, *in-8. v. m.*

11251 Frederici BESSELII, Miscellanea philologico-critica, quibus multa Juris Romani, veterumque Auctorum loca explicantur & illustrantur : accedit vita ex scriptis Auctoris. *Amstelædami*, Waesbergii, 1742, *in-8. v. f.*

11252 Vincentii CONTARENI variæ lectiones, in quibus multi veterum cùm græcorum, tum latinorum Scriptorum loci illustrantur atque emendantur. *Trajecti ad Rhenum*, Vucht, 1754, *in-8. v. éc. d. s. t.*

11253 Quæstiones literariæ, ex bonarum artium, historiæ potissimum universæ, rhetorices, poetices, antiquitatis græcæ & romanæ, item critices latifundiis, selectæ à Christophoro SAXIO. *Trajecti Batavorum*, Schoonhoven, 1767, *in-8. v. f. d. s. t.*

11254 Triga opusculorum criticorum rariorum, in quibus veterum Auctorum loca explicantur, illustrantur & emendantur à Petro AVELLANO & Joanne Maria MATIO. *Trajecti ad Rhenum*, Visch, 1755, *in-8. v. f.*

11255 Miscellaneæ observationes criticæ novæ in Auctores veteres & recentiores, in Belgio collectæ & proditæ. *Amstelædami*, Janss. Waesbergius, 1740 — 1751, 12 *tom.* 4 *vol. in-8. v. m.*

11256 Miscellanearum lectionum, in quibus multi Scriptores aut emendantur aut illustrantur, fasciculus I, auctore Jo. Salom. SEMLERO SALFELDA, Thuringo. *Norimbergæ*, Georgius Lichtenstegerus, 1748 — 1749, *in-8. fig. v. f.*

11257 Georgii-Henrici URSINI, observationum philologicarum liber unus, in quibus de variarum vocum etymis & significationibus varia quædam &

362 BELLES-LETTRES.

de parte grammaticês alterâ, technice dictâ, disputantur; non pauci diversorum Auctorum loci illustrantur, examinantur, nonnulli etiam emendantur; adjecta est ad calcem libri oratio de Ilio capto, adversùs Dionis illam de Ilio non capto, quæ inscribitur Τρωικός. *Ratisponæ*, Joh. Conradus Emmrichs, 1679, *in-8. v. éc.*

11258 Bibliographia juridica & politica, historica, chronolog. & geograph. novissima, *sive conspectus catalog. horum librorum, quotquot currente hoc semi-sæculo, id est, ab anno* 1651, *per universam Europam, in quavis lingua aut novi, aut emendatiores & auctiores typis prodierunt; operâ & studio* Corn. à BEUGHEM. *Amstelæd.* Janss. Waesbergius, 1680, 2 *vol. in-12. vél.*

11259 Ejusdem, Gallia erudita, critica & experimentalis novissima, *seu recensio, non tàm scriptorum & operum, quàm experimentorum aliarumque rerum, notatu dignarum in quavis facultate, quarum summaria in Ephemeridibus eruditorum, ab anno* 1665 *quò cœperunt, usque ad annum* 1687, *recensentur. Amstel.* Abr. Wolfgang, 1683, *in-12. vél.*

11260 Ejusdem, apparatus ad historiam literariam novissimam, quintis conspectibus exhibitus, *seu dispositio harmonica scriptorum, operumque, quorum summaria & contenta in actis & Ephemeridibus eruditorum universæ fermè Europæ exhibentur. Amstel.* Janss. Waesbergii, 1689, 1694, 1699, 1701, 1710. 5 *vol. in-12. v. f. & vel.*

11261 Nouvelles de la République des Lettres, par Pierre BAYLE, depuis Mars 1684 jusq. Avril 1689 incl. & depuis Janvier 1699 jusq. Décemb. 1710. Amst. des Bordes, 1686 & *suiv.* 52 *vol. in-12. v. m.*

11262 Bibliotheque universelle & historique, (par Jean LE CLERC) depuis 1686 jusqu'en 1693 incl. Amst. Waesberge, 1686 & *suiv.* 25 *v. in-12. fig. v. m.*

11263 Bibliotheque choisie pour servir de suite à la Bibliotheque universelle, par le même, depuis

PHILOLOGIE. 363

1703 jusq. 1713, avec la table générale des Auteurs & des matieres. *Amsterd.* Schelte, 1703 & *suiv.* 28 *vol. in-*12. *v. br.*

11264 Bibliotheque ancienne & moderne, par le même, depuis 1714 jusqu'en 1727, avec la table générale des Auteurs & des matieres. *La Haye*, Husson, 1726 & *suiv.* 29 *vol. in-*12. *v. f. d. f. t.*

11265 Le Gazetier menteur, *ou* M. le Clerc convaincu de mensonge & de calomnie, par Pierre BURMAN. *Utrecht*, Water, 1710, *in-*12. *v. f.*

11266 Histoire des ouvrages des Sçavans, par B**** (BASNAGE DE BEAUVAL) depuis Septembre 1687 jusqu'en 1706 incl. & depuis 1708 jusqu'en Juin 1709. *Rotterdam*, Leers, 1687 & *suiv.* 24 *vol. in-*12. *v. f.*

11267 Journal littéraire, depuis Mai 1713 jusqu'en 1737 inclus. *La Haye*, Johnson, 1713 & *suiv.* 24 *vol. in-*12. *v. f.*

11268 Histoire critique de la République des Lettres, tant ancienne que moderne, (par Phil. MASSON.) *Utrecht*, Poolsum, 1715, 13 *vol. in-*12. *v. m.*

11269 Nouvelles littéraires, depuis 1715 jusqu'en Juin 1720. *La Haye*, du Sauzet, 1715, & *suiv.* 11 *vol. in-*12. *v. f.*

11270 L'Europe savante, depuis 1718 = 1720 incl. *La Haye*, Rogissart, 1718., 12 *v. in-*12. *v. f. d. f. t.*

11271 Bibliotheque françoise, *ou* histoire littéraire de la France, depuis 1722 = 1745. *Amst.* Bernard, 1723 & *suiv.* 42 *vol. in-*12. *v. f.*

11272 Mémoires historiques & critiques. *Amsterd.* Bernard, 1722, 2 *vol. in-*12. *v. m.*

11273 Histoire littéraire de l'Europe, depuis Janvier 1726 jusqu'à Décembre 1727. *La Haye*, G. de Merville, 1727, 6 *vol. in-*8. *v. br.*

11274 Bibliotheque raisonnée des ouvrages des Savans de l'Europe, depuis Juillet 1728 = Juin 1753, avec la table. *Amsterd.* Wetsteins, 1728 & *suiv.* 52 *vol. in-*12. *v. br.*

BELLES-LETTRES.

11275 Critique désintéressée des Journaux littéraires & des ouvrages des Savans, depuis Janvier 1730. jusqu'à Septembre incluf. *La Haye*, 1730, 3 vol. *in-*12. *v. br.*

11276 Le Glaneur historique, moral, littéraire & galant, *ou recueil des principaux événemens arrivés dans le courant de cette année; accompagnés de réflexions. On y trouve aussi les pieces fugitives les plus curieuses qui ont paru, tant en vers qu'en prose, sur toutes sortes de sujets, & en particulier sur les affaires du tems, pour les années* 1731, 1732 & 1733, par l'Abbé DE LA VARENNE. *La Haye*, pour l'Auteur, 1731 & *suiv.* 3 *vol. in-*8. *v. f.*

11277 Glaneur françois, (en vers & prose) deuxieme édition. *Paris*, Prault pere, 1736, 15 *part.* 3 *vol. in-*12. *v. m.*

11278 Journal historique de la République des Lettres, depuis Juillet 1732 jusqu'à Décembre 1733. *Leyde*, Théodore Haak, 1732, 3 *vol. in-*8. *v. m.*

11279 Nouvelle bibliotheque, *ou histoire littéraire des principaux écrits qui se publient à la Haye, depuis Octobre* 1738 *jusqu'en Juin* 1744. *La Haye*, Paupie, 1738 & *suiv.* 19 *vol. in-*12. *v. f.*

11280 Le sage Moissonneur, *ou Nouvelliste historique, politique, critique & galant, depuis Janvier* 1741 *jusqu'à Décembre* 1742. *Utrecht*, Etienne Neaulme, 1741 & 1743, 6 *vol. in-*12. *mar. r.*

11281 Bibliotheque impartiale, depuis Janvier 1750 jusqu'à Décembre 1758. *Leyde*, Luzac, 1750 & *suiv.* 18 *vol. in-*12. *v. m.*

11282 Nouvelle bigarure, contenant ce qu'il y a de plus intéressant dans le Mercure de France & autres Journaux. *La Haye*, Gosse, 1753 & 1754, 8 *vol. in-*8. *v. mar.*

11283 Bibliotheque des Sciences & Beaux-Arts, depuis 1754 = Juin 1771. *Paris*, (*Amsterd.*) 1754 & *suiv.* 35 *vol. in-*8. *v. m.*

11284 Le Nouvelliste œconomique & littéraire, depuis

PHILOLOGIE. 365

Juillet 1754 jusqu'en 1759 incl. *La Haye*, Gosse, 1754 & *suiv.* 10 *vol. in-*8. *v. f.*

11285 L'Europe littéraire, ouvrage périodique, depuis Janvier 1762 jusques & compris Juin même année. *Amst.* veuve J. F. Jolly, 6 *tom.* 3 *vol. in-*12. *v. m.*

11286 L'esprit des Journalistes de Hollande les plus célebres, *ou* morceaux de littérature, recueillis dans les Journaux de ce nom; tels que la République des Lettres de Bayle, les Ouvrages des Savans de Basnage, les Bibliotheques de le Clerc, le Journal littéraire, &c.; le tout mis dans l'ordre le plus naturel des matieres, (par M. ALLETZ.) *Paris*, veuve Duchesne, 1778, 2 *vol. in-*12. *v. m.*

11287 Nouveau Journal helvétique, *ou* correspondance littéraire de l'Europe, & principalement de la Suisse, Octobre 1770. *Neufchâtel*, Société typographique, *in-*8. *v. m.*

Critiques italiens.

11288 Gli artificii osservati da Oratio TOSCANELLA, sopra l'orationi di Cicerone, sopra Virgilio, le ode d'Oratio, & le comedie di Terentio, & da lui mescolatamente in esso tessuti. *Venetia*, gli heredi di Marchio Sessa, 1568, *in-*8. *vel.*

11289 De ritratti critici abbozzati, e contornati, da Francesco-Fulvio FRUGONI. *Venetia*, Combi, 1669, 3 *vol. in-*12. *v. f.*

11290 Del Cane di Diogene, opera del medesimo, VII latrati. *Venetia*, Ant. Bosio, 1687 & 1689, 7 *vol. in-*8. *v. m.*

11291 Lo' nfarinato secondo ovvero dello' nfarinato, Accademico della Crusca, risposta al libro intitolato: *Replica di Camillo Peregrino*, nella qual riposta sono incorporato tutte le scritture passate tra detto Pellegrino, e detti academici intorno al'Ariosto e al Tasso, in forma e' ordine di dialogo, con molte difficili, curiose e gravi, e nuove quiſtioni di poeſia e loro diſcioglimenti. *Firenze*, Ant. Padouani, 1588, *in-8. v. f. d. ſ. t.*

11292 Comparatione di Homero, Virgilio e Torquato, & à chi di loro ſi debba la palma nell' heroico poema, del quale ſi vanno anco riconoſcendo i precetti, con dar largo conto de' Poeti heroici, tanto greci quanto latini & italiani, & in particolare ſi fà giuditio del Arioſto, del Paolo BENI. *Padova*, Lor. Paſquati, 1607, *in-4. v. f. d. ſ. t.*

11293 La medeſima. *Padova*, Batt. Martini, 1612, *in-4. vel.*

11294 Tableau des révolutions de la littérature ancienne & moderne, par Ch. DENINA, trad. de l'italien. *Paris*, Desventes de la Doué, 1767. *in-12. v. m.*

11295 Le même. *Paris*, Laporte, 1776, *in-12. v. m.*

11296 Il Giornale de Letterati, per 1668 = 1675, 1677 = 1679. *Roma*, Nic.-Angelo Tinaſſi, 1668 *& ſeq. 3 vol. in-4. mar. r. & parch.*

11297 Il medeſimo, dall'anno 1668 all'anno 1681. *Roma*, Nic.-Ang. Tinaſſi, 1676 *& ſeq. in-4. fig. vel.* (édit. différente.)

11298 Il gran Giornale de Letterati, con le notizie più rimarcabili di quanto giornalmente ſuccederà nella noſtra Europa, fatica impreſa, da Gio.-Pellegrino DANDI, da Forli. *Forli*, Gli Avviſi, 1701 & 1704, *4 part. 1 vol. in-fol. parch.*

11299 Giornale de Letterati d'Italia, dall'anno 1710 all'anno 1727. *Venegia*, Gio-Gabr. Ertz, 1710 *& ſeq. 38 vol. in-12. v. m.*

11300 Giornale de letterati, dall'anno 1771 all' anno 1779. *Piſa*, Agoſtino Pitzorno, 1771 *& ſeq. 31 vol. in-12. v. m. & 5 br.*

11301 Riſpoſta del Cavalliere erudito alle due lettere ſcrittegli dal Padre-Gi.-Ant. BERNARDI, della Compagnia di Gieſu, ſopra i due primi tometti del nuovo Giornale de Letterati d'Italia. *Mantova*, gli eredi dell'Oſanna, 1712, *in-8. cart.*

PHILOLOGIE.

11302 Osservazioni letterarie che possono servir di continuazione al Giornal de Letterati d'Italia, da Scip. MAFFEI. *Verona*, Jac. Vallarsi, 1737 & 1739, 4 vol. *in-*12. *v. m.*

11303 Risposta di Anton.-Fr. GORI, autore del museo Etrusco all' Marchese Scipione Maffei, autore delle osservazioni letterarie publicate in Verona nel IV tomo. *Firenze*, Ant. M. Albizzini, 1739, *in-*12. *cart.*

11304 Lettere Modenesi all'autore della Storia letteraria d'Italia. *In Modena*, gli eredi di Bart. Soliani, 1757, 2 vol. *in-*8. *v. f.*

11305 Alcuni apologetici scritti contra l'autore della Storia litteraria d'Italia. *Napoli*, 1757, 2 *part.* 1 vol. *in-*4. *baz.*

11306 Lettera critica sopra un manoscritto in cera. *Firenze*, 1746, *in-*4. *v. m.*

11307 L'Europa litteraria, Giornale del anno 1772. *Venezia*, Stamperia Fenziana, 12 *part.* 6 vol. *in-*8. *v. br.*

Critiques allemands.

11308 De Lipsii latinitate (ut ipsimet antiquarii antiquarium Lipsii stylum indigitant), Palæstra Henr. STEPHANI, Parisiensis, nec Lipsiomimi, nec Lipsiomomi, nec Lipsiocolacis, multòque minùs Lipsiomastigis. *Francfordii*, 1595, *in-*8. *v. f. d. s. t.*

11309 Christophori-Aug. HEUMANNI, parerga critica, *sive* Hebdomadum criticarum Hebdomas, & glossematum decas: accedit emendatio emendationum aliquot falsarum in V. C. Jo. Clerici arte critica occurrentium, præmissa commentatione de arte critica, subjunctaque dissertatione critica. *Jenæ*, Jo.-Felix Bielckius, 1712, *in-*8. *v. f.*

11310 Acta Eruditorum, ab anno 1682 usque ad annum 1772. *Lipsiæ*, Grossius, 1682 & *seq.* 89 *vol.*
= Supplementa. *Lipsiæ*, Grossius, 1692, 10 *vol.*
= Decennium supplementa & indices. *Lipsiæ*, Gle-

BELLES-LETTRES.

ditchius, 1693 & *feq*. 12 *tom*. 6. *vol*. = Ad nova acta supplementa. *Lipſiæ*, Gleditchius, 1735, 8 *vol*. en tout 113 *vol*. *in*-4. *baz*.

11311 Opuscula omnia actis eruditorum Lipſienſibus inserta, quæ ad universam Matheſim, Phyſicam, Medicinam, Anatomiam, Chirurgiam & Philologiam pertinent; necnon epitomæ ſi quæ materia vel criticis animadverſionibus celebriores, ab anno 1682 ad annum 1740. *Venetiis*, Jo.-Bat. Paſquali, 1740, 7 *vol*. *in*-4. *fig*. *v*. *ſ*. *d*. *ſ*. *t*.

11312 Miſcellanea Lipſienſia nova, ad incrementum ſcientiarum, ab his qui ſunt in colligendis eruditorum novis actis occupati, edente Frider. Otto MENCKENIO, Phil & J. U. Doctore. *Lipſiæ*, 1742 & *ſuiv*. 10 *vol*. *in*-8. *v*. *m*.

11312* Commentarii de rebus in ſcientia naturali & medicina geſtis, cum ſupplementis & indicibus. *Lipſiæ*, Joh. Fridericus Gleditſch, 1752 à 1777, 24 *vol*. *in*-8. *v*. *m*. & 1 *broch*.

11313 Relationes de libris phyſico-medicis, partim antiquis, partim raris, auctore Friderico BOERNERO, Medicinæ Doctore, fasciculus I. *Vitembergæ*, Ahlfeldius, 1756, *in*-8. *v*. *ſ*.

11314 Annales typographiques pour l'Allemagne, depuis Janvier 1761 juſqu'à Mars 1762. *Berlin*, Samuel Pitra, 1761 & 1762, 3 *vol*. *in*-8. *v*. *m*.

11315 Bibliotheque du Nord, ouvrage deſtiné à faire connoître en France tout ce que l'Allemagne produit d'intéreſſant, d'agréable & d'utile dans tous les genres de ſciences, de littérature & d'arts, depuis le premier Janvier 1778 juſqu'en Décembre ſuivant, & Janvier 1780, par la Société patriotique de Heſſe-Hombourg. *Paris*, Quillau, 1778 & *ſuiv*. 12 *tom*. 6 *vol*. *in*-12. *v*. *m*.

11316 Journal littéraire, depuis Septembre 1772 juſqu'en Août 1776, par une Société d'Académiciens. *Berlin*, G. J. Decker, 1772 & 1776, 24 *vol*. *in*-12. *v*. *ſ*. *d*. *ſ*. *t*.

PHILOLOGIE.

11317 Mélange littéraire, ou remarques fur quelques ouvrages nouveaux. *Berlin*, (*Par.*) 1751, *in-12. v. m.*

Critiques anglois.

11318 Censura celebriorum authorum; *sive tractatus in quo varia virorum doctorum de clarissimis cujusque seculi scriptoribus judicia traduntur, collegit & in ordinem digessit* Tho.-Pope BLOUNT. *Genevæ*, de Tournes, 1694, *in 4. v. br.*

11319 Tractatus historico-geographicus, quo Ulyssem & Outinum unum eundemque esse ostenditur, & ex collatis inter se Odyssea Homeri & Edda Island homerizante, Outini fraudes deteguntur, ac, detractâ larvâ, in lucem protrahitur Ulysses, editio nova, aucta & emendata, authore Jona RAMO. *Hafniæ*, Jo.-Christ. Rothius, 1716, *in-8. v. m.*

11320 La Fable des Abeilles, *ou les frippons devenus honnêtes gens, avec le commentaire, où l'on prouve que les vices des particuliers tendent à l'avantage du public*, tr. de l'anglois de MANDEVILLE. *Londres*, 1740, 4 vol. *in-12. v. éc.*

11321 Les contradictions, ouvrage tr. de l'ang. avec des notes. *La Haye*, (*Par.*) 1763, *in-12. cart.*

11322 Miscellaneæ observationes in auctores veteres & recentiores, ab eruditis Britannis, anno 1731 edi coeptæ, cum notis & auctario variorum virorum doctorum, (à Julio 1732 ad Decembrem 1739.) *Amsteldami*, Janss. Waesbergii, 1732 & seq. 10 vol. *in-8.*

11323 Journal pour servir à l'histoire de la République des Lettres en France, depuis 1762 jusqu'à nos jours. *Londres*, John Adamson, 1777—1780, 14 vol. *in-12.* dont 10 v. f. d. s. t. & 4 brochés.

11324 Journal Anglois, contenant les découvertes dans les sciences, les arts libéraux & méchaniques, les nouvelles philosophiques, littéraires, économiques & politiques des trois Royaumes & des Co-

Tome III. A a

370 BELLES-LETTRES.

lonies qui en dépendent, depuis le 15 Octobre 1775 jusqu'au 15 Janvier 1778. *Paris*, Ruault, 1775 & *suiv.*, 7 *vol. in-*8. *v. m.*

OUVRAGES DIVERS DE PHILOLOGIE.

Satyres, Invectives.

11325 Conformité des merveilles anciennes avec les modernes, *ou* Apologie, par Henri ESTIENNE. *Sans nom de Ville*, 1566, *in-*8. *m. bl. d. f. tr.* (édit. contrefaite.)

11326 La même, (avec une table alphabétique des matieres, manuscrite,) bonne édit. mais avec un carton. *Sans nom de Ville*, 1566, *in-*8. *v. f. d. f. t.*

11327 Le Mastigophore, *ou* precurseur du Zodiaque, auquel, par maniere apologétique, sont brisées les brides à veaux de Juvain Solanicques, pénitent repenti, Seigneur de Morddrect & d'Amplademus en partie, du costé de la Moue, trad. du latin en fr. par Victor GREVÉ, Géographe-Microcosmique, (Satyre & invective contre M. Vivian, composée par Ant. FUZY.) *Sans nom de Ville*, 1609, *in-*8. *v. f. d. f. t.*

11328 Satyræ duæ, Hercules tuam fidem, *sive* Munsterus hypobolimæus, (Gasp. SCIOPPIUS adversùs Joseph. Scaligerum,) & virgula divina; his accessit burdonum fabulæ confutatio. *Lugduni-Batavorum*, Elzevier, 1617, *in-*16.

11329 Cràs credo, hodie nihil; *sive*, modus tandem sit ineptiarum, satyra menippæa. *Lugduni-Batav. ex officina Elzeviriana*, 1621, *in-*12. *v. f. d. f. t.*

11330 Le Juvenal François, par Jacq. LE GORLIER, *Paris*, Collet, 1624, *in-*8. *v. f.*

11331 Della Sferza, delle scienze, & de'scrittori; discorsi satirici, di Eugenio RAIMONDI, Bresciano. *Venetia*, Gervasio Annisi, 1640, *in-*12. *baz.*

11332 Le Barbon, par BALZAC. *Paris*, Courbé, 1648, *in-*8. *v. m.*

PHILOLOGIE.

11333 Le Parasite Mormon, hist. comique. *Sans nom de Ville*, 1650, *in*-8. *v. f. d. s. t.*

11334 Elegantiores præstantium virorum Satyræ. *Lugd. Batavorum*, Maire, 1655, 2 *vol. in*-12. *v. f.*

11335 Dédicace critique des Dédicaces, tr. de l'ang. de SWIFT, par ***, (FLINT) Anglois. *Paris*, Barrois, 1726, *in*-12. *v. f.*

11336 Le conte du Tonneau, contenant ce que les sciences ont de plus sublime & de plus misterieux, avec plusieurs autres pieces très-curieuses, par Jon. SWIFT, tr. de l'angl. nouvelle édition, revue & corrigée. *La Haye*, Henri Scheurleer, 1741, 3 *vol. in*-12. *fig. v. m.*

11337 La Mandarinade, *ou hist. comique du mandarinat de l'Abbé de Saint-Martin*, (par PORÉE.) *La Haye*, (*Par.*) 1738, 3 *vol. in* 12. *m. r.*

11338 Le Renard, *ou le Procès des Bêtes*, traduct. enrichie de fig. en taille-douce. *Bruxelles*, Jacq. Panneels, 1739, *in*-8. *m. r.*

11339 Anecdotes critiques, par CHEVRIER. *Londres*, (*Brux.*) *sans date, in*-12. *v. m.*

11340 Almanach des gens d'esprit, par le même. *Londres*, (*Brux.*) 1762, *in*-12. *v. m.*

11341 Le même. *Lond.* Nourse, 1762, *in* 12. *v. m.*

11342 La Cacomonade, (par M. LINGUET.) *Paris*, Cellot, 1767, *in*-12. *v. m.*

11343 Bibliotheque des Petits-Maîtres; *ou mémoires pour servir à l'histoire du bon ton, & de l'extrêmement bonne compagnie.* 1762, *in*-12. *v. m.*

11344 Les Honnêterés littéraires, par M. DE V***, (VOLTAIRE,) 1767, *in*-8. *m. bl.*

11345 Anecdotes critiques & satyriques, par M***. *Londres*, 1771, *in*-8. *v. m.*

11346 Les Sages du Siecle, *ou la raison en délire. Paris*, Costard fils, 1774, 3 *vol. in*-12. *v. f. d. s. t.*

Aa 2

Eloges, Apologies, Défenses, Allégories.

11347 L. APULEI, Madaurensis, apologia, à Jo. PRICÆO recognita & notis atque observ. illustrata; accesserunt antiquitatum fragmenta quædam æri incisa. *Parisiis*, Fevrier, 1635, *in-4. v. f.*

11348 Apologia Jacobi LOCHER, contra poetarum acerrimum hostem Georg. Zingel. = Expurgatio rectoris Ingolstadiensis pro Georg. Zingel, contra invectivam sub velamine apologiæ à Jac. Locher impiè & injustè confictam. *Ingolstadii*, 1505, *in-4. v. f. d. f. t.*

11349 Risposta di Valentino VESPAJO, in difesa di Pietro Carrera, contra l'Apologia di Alessandro Salvio. *Catania*, Giovanni Rossi, 1635, *in-4. cart.*

11350 Multa Mulctræ apologeticon tyronis litterarii (aut. Joan. NAUDIO.) *Florentiæ*, Amator Massa, 1638. = Posthuma Steph. Rod. CASTRENSIS, Lusitani, varietas, à Fr. ejus filio in lucem edita. *Florentiæ*, Amator Massa, 1639, *in-4. v. f. d. f. t.*

11351 Prodromo apologetico alli studi Chircheriani, opera di Gioseffo PETRUCCI, Romano, nella quale con un apparato di saggi diversi, si dà prova dell' esquisito studio ha tenuto il Padre Atan. Chircher, circa il credere all' opinioni de gli scrittori, si de tempi andati, come dé presenti, e particolarmente intorno à quelle cose naturali dell'India, che gli furon portate, ò referte dà quei, che abitarono quelli parti. *Amst.* Janssonio Waesbergii, 1677, *in-4. fig. bazanne.*

11352 La nouvelle Atlantide de Franç. BACON, trad. & continuée, avec des réflexions sur l'institution & les occupations des Académies Françoises, des sciences & des inscriptions, par M. R. *Paris*, Musier, 1702, *in-12. mar. r.*

11353 La République littéraire, *ou* description allégorique & crit. des sciences & des arts, de D.

PHILOLOGIE.

Diego SAAVEDRA Fajardo, trad. de l'esp. *Lausanne*, Graffet, 1770, *in-12. v. m.*

11354 Nouvelle allégorique, *ou histoire des derniers troubles arrivés au Royaume d'Eloquence, par A.* FURETIERE. *Paris*, Lamy, 1658, *in-12. v. m.*

Hieroglyphes, Symboles, Emblêmes, Devises, Enigmes.

Ouvrages grecs & latins.

11355 Ori APOLLINIS Hyeroglyphica græce & latine, cum integris observationibus & notis Joan. MERCERI & David. HOESCHELII, & selectis N. CAUSSINI; curante Joanne-Cornelio DE PAUW, qui suas etiam observationes addidit. *Trajecti ad Rhenum*, Melchior-Leonardus Charlois, 1727, *in-4. v. f. d. f. t.*

11356 Les sculptures *ou gravures sacrées d'ORUS APOLLO, lesquelles il composa lui-même en son langage egyptien,* & PHILIPPE *les meit en grec, tr. du latin en fr. Paris,* Kerver, 1553, *in-16. fig. en bois, m. r.*

11357 ORO APOLLINE, Niliaco, delli segni Hierogliphici, cioè delle significationi di scolture sacre appresso gli Egittii, tradotto in lingua volgare per Pietro VASOLLI, da Finizano. *Vinegia*, Gabriel-Giolito de Ferrari, 1547, *in-8. vel.*

11358 Les Hieroglyphiques de J. P. VALERIAN, vulgairement nommé PIERIUS, autrement commentaires des lettres & figures sacrées des Egyptiens & autres nations, augmentés de deux livres de Cœlius CURIO, tr. par J. DE MONTLYART. *Lyon*, 1615, *in-fol. fig. v. f.*

11359 Ieroglifici, overo commentari delle occulte significationi de gli Egittii, & d'altre nationi, composti per Giov.-Pierio VALERIANO, da Bolzano di Bellune, accresciuti di due libri dal Sig. Celio-Augustino CURIONE, & hora da varii, & eccellenti leterati in questa nostra lingua tradotti & da noi con bellissime figure illustrati. *Venetia*, Gio. Ant. e Giac. de Franceschi, 1602, *in-fol. fig. v. m.*

11360 Characteres Egyptii, hoc est sacrorum, quibus Ægyptii utuntur, simulachrorum accurata delineatio & explicatio, auctore Laurentio PIGNORIO, cum figuris fratrum DE BRY. *Francofurti*, Beckerus, 1608, *in-4. fig. v. b.*

11361 Ejusdem, Mensa Isiaca, qua sacrorum apud Ægyptios ratio & simulacra subjectis tabulis æneis simul exhibentur & explicantur; accessit ejusdem authoris de magna Deorum matre discursus, necnon Ja. Phil. TOMASINI manus ænea, & de vita, rebusque Pignorii dissertatio. *Amst.* Frisius, 1669, *in-4. fig. v. f. d. s. t.*

11362 Athanasii KIRCHERI Obeliscus Pamphilius, hoc est interpretatio obelisci hieroglyphici quem ex veteri Hippodromo Antonini Caracallæ Cæsaris transtulit & erexit Innocentius X, Pont. max. in quo post varia Ægyptiacæ, Chaldaicæ, Hebraicæ, Græcanicæ antiquitatis doctrinæque, quà sacræ, quà profanæ monumenta, veterum tandem theologia, hieroglyphicis involuta symbolis, detecta asseritur. *Romæ*, Grignani, 1650, *in-fol. fig. v. b.*

11363 J. GOROPII BECANI Hispanica, Francica, Gallica, Vertumnus, Hermathema, Hieroglyphica, cum figuris ligneis. *Antuerpiæ*, Christo. Plantinus, 1580, *in-fol. mar. r.*

11364 Hieroglyphica, *sive* antiqua schemata gemmarum anularium, explicata à Fortunio LICETO. *Patavii*, Sardus, 1653, *in-fol. v. f. d. s. tr.*

11365 Lud. SMIDS, pictura loquens, *sive* Heroicarum tabularum Hadriani SCHOONEBOECK enarratio & explicatio. *Amst.* Hadrianus Schooneboeck, 1695, *in-8. fig. v. f. d. s. t.*

11366 Selectorum symbolorum heroicorum centuria gemina, enotata atque enodata à Salomone NEUGEBAVERO, à Cadano, (cum 200 emblemati-

PHILOLOGIE. 375.

bus in æs eleganter incisis, & cum textu impressis.) *Francofurti*, Lucas Gennis, 1619, *in*-8. *fig. v. f. d. f. t.*

11367 Symbolæ litterariæ, opuscula varia, philologica, scientifica, antiquaria, signa, lapides, numismata, gemmas & monumenta medii ævi nunc primùm edita complectentes, cum tabulis ære incisis, duæ decades. *Florentiæ*, ex Imperiali Typographio, 1748—1754, 20 *tom*. 10 *vol. in*-8. *fig. v. m.*

11368 Exercitatio Academica de symbolo hèroico, Italis *Impresa*, Gallis *Devise* dicto, quam eruditorum examini publicè subjiciet Hermannus Breverus, Rigâ-Livonus. *Altdorfii*, Henric. Meyerus, 1686, *in*-4. *v. m.*

11369 Jo.-Jac. Mulleri introductio in artem emblematicam, qua de emblematis natura, singulis causis & partibus constituentibus, pictura, lemmate, utriusque virtutibus ac vitiis, emblematis expositione, quatuor fontibus, similitudine, oppositione, alienatione & allusione, duplici emblematis imitatione, affinibus, symbolo, ænigmate, hieroglyphico, &c. scriptoribus, cùm veteribus tum recentioribus, eorumque judicio, agitur, interspersis variis subinde emblematum speciminibus. *Jenæ*, Johannes Bielkius, 1706. = Orbis emblematibus illuminatus (germanice.) *Leipzig*, Johann. Heinr. Richtern, *sans date*, *in*-8. *v. m.*

11370 Hadriani Junii medici emblemata, (58 ligno incisa, & minio depicta,) ejusdem enigmatum (44) libellus. *Antuerpiæ*, Christ. Plantinus, 1575, *in*-16. *fig. en bois enlum. cart.*

11371 Mundi Lapis Lydius, *sive* vanitas per veritatem falsi accusata & convicta, opera D. Antonii a Burgundia. *Antuerpiæ*, vidua Jo. Cnobbari, 1639, *in*-4. *v. f. d. f. t.*

11372 Enimmi di Caton l'Uticense Lucchese, terza impress. *Venet.* Andr. Poletti, *sans date*, *in*-12. *baz.*

11373 Emblêmes chrestiennes & morales, par Za-

Aa 4

charie HEYNS, (en holland.) *Rotterdam*, Waefberge, 1625, *in-4. fig. cart.*

Ouvrages françois.

11374 Dictionnaire iconologique, *ou* introduction à la connoiffance des peintures, fculptures, médailles, eftampes, par M. D. P. (DE-PREZEL.) *Paris*, de Hanfy, 1756, *in-*12. *v. m.*

11375 Le même. *Paris*, Nyon l'aîné, 1777, *in-*12. *v. m.*

11376 Almanach iconologique ou des arts, pour l'année 1764, orné de figur. avec leurs explications, par GRAVELOT. *Paris*, Lattré, 1764, *in-*16. *m. r.*

11377 Difcours des hieroglyphes Egyptiens, emblêmes, devifes & armoiries, enfemble LIV tableaux hieroglyphiques, pour exprimer toutes conceptions à la façon des Egyptiens, par figures des chofes, avec interprétations des fonges & prodiges, le tout par Pierre LANGLOIS, Sieur DE BEL-ESTAT. *Par.* 1583, *in-*4. *v. f.*

11378 Cinq livres des Hieroglyphiques, où font contenus les plus rares fecrets de la nature, & propriétés de toutes chofes, avec des confidérations & devifes fur chacune d'icelles, par P. DINET. *Paris*, Jean de Heuqueville, 1614, *in-*4. *v. br.*

11379 Recueil d'emblêmes, par J. BAUDOIN. *Par.* Jacq. Villery, 1638, 2 vol. *in-*8. *mar. r.*

11380 L'art des emblêmes, où s'enfeigne la morale par les figures de la fable, de l'hiftoire & de la nature, par le P. MENESTRIER. *Paris*, de la Caille, 1684, *in-*8. *v. f. d. f. t.*

11381 Les emblêmes de Cocrocbrocfroc, *ou* traité de l'œuvre & des mœurs de ce fiecle, fous le nom de la Princeffe Zeremire. *Geneve*, Mandeftras, 1730, *in-*12. *v. m.*

11382 Difcours, *ou* traité des Devifes, où eft mife la raifon & différence des emblêmes, enigmes, fentences & autres; pris & compilé des cahiers

PHILOLOGIE. 377

de Fr. D'AMBOISE, par Adrien D'AMBOISE son fils. *Paris*, Boutonné, 1620, *in-8. v. f.*

11383 Devises royales, par Adrien D'AMBOISE. *Par.* Boutonné, 1621, *in-8. fig. v. f.*

11384 L'art de faire des devises, où il est traité des Hieroglyphiques, symboles, emblêmes, &c. avec un traité des rencontres ou mots plaisans, par H. ESTIENNE, Sieur DES FOSSÉS. *Paris*, Passé, 1645. *in-8. mar. r.*

11385 Devises de M. DE BOISSIERE. *Paris*, Courbé, 1654 & 1657, 2 part. 1 vol. *in-8. fig. v. b.*

11386 Devises héroïques & emblêmes de Claude PARADIN, revues & augm[entées] par Fr. D'AMBOISE. *Paris*, Boutonné, 1[...], *in-8. fig. v. f.*

11387 Symbola heroica Claudii PARADINI, Belliiocensis Canonici, & Gabrielis SYMEONIS, multò quàm antea fideliùs de gallica lingua in latinam conversa, (cum figuris ligneis, & cum textu excusis.) *Antuerpiæ*, Christophorus Plantinus, 1583, *in-12. v. f. d. s. t.*

11388 Devises & emblêmes d'amour moralisez, en prose, avec figures. *Paris*, de Varennes, 1658, *in-8. m. r. d. s. t.*

11389 De l'art des devises, par le P. LE MOYNE. *Paris*, Cramoisy, 1666, *in-4. fig. v. m.*

11390 Philosophie des Images, avec un recueil de devises, & un jugement de tous les ouvrages qui ont été faits sur cette matiere, par le Pere C. F. MENESTRIER, avec les devises des Princes, Cavaliers, Dames, Sçavans, & autres personnages illustres de l'Europe. *Paris*, R. J. B. de la Caille, 1682 & 1683, 2 *vol. in-8. fig. v. f. d. s. t.*

11391 La science & l'art des devises, dressez sur de nouvelles regles, avec six cents devises sur les principaux évenemens de la vie du Roy, & quatre cens devises sacrées, par le même. *Paris*, 1686, *in-8. v. f. d. s. t.*

11392 Histoire de Tersandre, en LXIX devises ou

emblêmes, par M. DE M. S. DE T. *Neufchâtel*, Piftorius, 1703, *in-8°. mar. rouge d. f. t.*

11393 Rebus, *ou* logogryphes, par J. B. OUDRY. *in-4. obl. fig. cart.*

Ouvrages italiens, &c.

11394 Dialogo dell'Imprefe militari & amorofe di P. GIOVIO, Vefcovo di Nucera. *Roma*, A. Barre, 1555, *in-8. v. m.*

11395 Il medefimo, con un ragionamento di Lod. DOMENICHI, nel medefimo foggetto, & le imprefe heroiche & morali ritrovate, da Gab. SYMEONI. *Lione*, Gugl. Roviglio, 1559, *in-4. vél.*

11396 Li medefimi. *Lione*, Guglielmo Rovillio, 1574, *in-8. vel.*

11397 Ragionamento di Lodovico DOMENICHI, nel quale fi parla d'imprefe, d'armi & d'amore. *Milano*, Giovanni-Antonio de gli Antonii, 1559, *in-8. v. f. d. f. t.*

11398 Ragionamento di Paolo GIOVIO, fopra i motti, & difegni d'arme, & d'amore, che communemente chiamano imprefe, con un difcorfo di Girolamo RUSCELLI, intorno allo ſteſſo foggetto. *Venetia*, Giordano Ziletti, 1556, *in-8. v. f. d. f. t.*

11399 Le Imprefe illuſtri, con efpofitioni & difcorfi di Jeron. RUSCELLI. *Venet.* Franc. Rampazetto, 1566, *in-4. v. f. d. f. t. (fig.)*

11400 Le medefime, aggiuntovi nuovamente il quarto libro da Vincenzo RUSCELLI. *Venetia*, Fr. de Frafcheſchi, 1584, *in-4. v. f. d. f. t.*

11401 Imprefe, ftratagemi, & errori militari di Bernardin ROCCA, Piacentino, detto il Gamberello, divife in tre libri, ne quali difcorrendofi con effempi tratti dall'Hiftorie de Greci, & de Romani, s'ha piena cognition de termini, che fi poffono ufar nelle guerre, cofi di terra, come di mare. *Vinegia*, Gabr.-Giol. de Ferrari, 1567, *in-4. vel.*

PHILOLOGIE.

11402 Le medesime. *Vinegia*, Gabr.-Gio. de Ferrari, 1566—1570, 2 *vol. in*-4. *v. f. d. f. t.*

11403 Il Liceo, di Bartol. TAEGIO, dove si ragiona dell'arte di fabricar le imprese conformi à i concetti dell'animo, & si discorre intorno al poetico figmento delle muse. *Melano*, Pao. Gottardo Pontio, 1571. = Dialogo dell'Imprese, del Sig. Torquato TASSO. *Napoli*, Stigliola, (senza anno,) *in* 4. *v. m.*

11404 Imprese nobili & ingeniose di diversi Principi, & d'altri personnaggi illustri nell' arme & nelle lettere, le quali col disegno loro estrinseco, dimostrano l'animo & la buona ò mala fortuna de gli Autori loro, con le dichiarationi in versi, di Lodovico DOLCE, & d'altri, (e con fig. intagliate in rame.) *Venetia*, Girolamo Porro, 1578, *in-fol. v. f. d. f. t.*

11405 Batt. PITTONI, Imprese di diversi Principi, Duchi, Signori, e d'altri personnaggi, & huomini illustri, con stanza, sonetti di Lodov. DOLCE. *Venetiis*, 1566, *in*-4. *fig. v. f. d. f. t.*

11406 Ragionamento di Luca CONTILE, sopra la proprieta delle imprese, con le particolari de gli academici Affidati, & con le interpretationi & croniche. *Pavia*, Girolamo Bartoli, 1574, *in-fol. fig. v. f. d. f. t.*

11407 Imprese illustri di diversi, co i discorsi di Camillo CAMILLI, & con le figure intagliate in rame, di Girolamo PORRO. *Venetia*, Fr. Zilletti, 1586, 2 *part.* 1 *vol. in*-4. *fig. vel.*

11408 La prima parte dell'imprese di Scipion BARGAGLI, riveduta nuovamente & ristampata, con la orazione delle lodi dell'Academie. *Venetia*, Fr. de Franceschi, 1589, *in*-4. *fig. cart.*

11409 Dell' imprese scelte dove trovansi tutte quelle che da diversi autori stampate, si rendon conformi alle regole, & alle principali qualità; stimate da' buon giudizi le migliori in fin qui d'intorno à questo nobilissimo soggetto, per accurata diligenza di Simon BIRALLI raccolte. *Venetia*, Gio. Batt. Ciotti Senese, 1600, *in-4. vel.*

11410 Imprese di tre Academie Partenie con le loro dichiarationi fattevi sopra da tre nobili Academici, raccolte in uno da Gio. Batt. PICCAGLIA. *Milano*, l'herede del Pacifico Pontio, 1603, *in-4. v. éc.*

11411 Iconologia overo descrittione di diverse imagini cavate dall'antichità, & di propria inventione, trovate & dichiarate da Cesare RIPA, di nuovo revista, & dal medesimo ampliata di 400 & più imagini, & di figure d'intaglio adornata. *Roma*, Lepido Facii, 1603, *in-4. fig. v. f. d. s. t.*

11412 La nova iconologia del medesimo, ampliata ultimamente dallo stesso auttore di trecento imagini, e arrichita di molti discorsi pieni di varia eruditione, con nuovi intagli. *Padova*, Pi.-Paolo Tozzi, 1618, *in-4. fig. vel.*

11413 Iconologie, *ou* nouvelle explication de plusieurs images, emblêmes & autres figures hiéroglyphiques des vertus, des vices, des arts, &c. tirée des recherches & des figures de Cesar RIPA, moralisées par J. BAUDOUIN. *Paris*, L. Billaine, 1677, *in-4. fig. v. b.*

11414 Sopra l'impresa de gli Accademici Humoristi, discorso di Girolamo ALEANDRO, detto nella stessa Accademia, l'aggirato da lui in tre lezioni publicamente recitato. *Roma*, Giacomo Mascardi, 1611, *in-4. v. éc.*

11415 Della realtà, & perfettione delle imprese, di Hercole TASSO, con l'essamine di tute le openioni in fino à qui scritte sopra tal'arte. *Bergamo*, Comino Ventura, 1612, *in-4. v. m.*

11416 Parere di Hercole MARISCOTTI, Patricio Bolognese, se i concetti favolosi si debbano ammettere ne i corpi dell' imprese, problemma proposto nell' Academia de' Gelati. *Bologna*, gli heredi di Gio. Rossi, 1613, *in-4. cart.*

PHILOLOGIE.

11417 Delle imprese sacre, con utili e dilettevoli discorsi accompagnate, libro primo, nel quale dopo l'impresa proemiale e suoi discorsi, si dichiara essatamente & con principi filosofici la vera natura delle imprese, e si danno regole per formarle, non solo buone, ma perfettissime, del P. D. P. Aresi, Milanese Chierico regolare. *Verona*, Ang. Tamo, 1615, *in*-4. *v. m.*

11418 Teatro d'Imprese, di Giov. Ferro. *Venetia*, Giac. Sarzina, 1623, 2 *part.* 1 *vol. in-fol. fig. v. m.*

11419 Ombre apparenti nel teatro d'Imprese, di Giov. Ferro, illustrate dal medesimo autore col lume di nuove considerationi. *Venetia*, Giacomo Sarzina, 1629, 2 *part.* 1 *vol. in-fol. vel.*

11420 Imprese dell'Offitioso Accademico Intronato, raccolte da lo sconosciuto Accad. Unito. *Siena*, Ercole Gori, 1629, 2 *vol. in*-4. *fig. v. f. d. s. t.*

11421 Discorso accademico di Marin Bolizza, Gentilhuomo di Cattaro, sopra l'Imprese. *Bologna*, Giac. Monti, 1636. = Trattato di Franc. Caburacci, da Immola, dove si dimostra il vero & novo modo di fare le Imprese, con un breve discorso in difesa dell'Orlando furioso di Lodov. Ariosto. *Bologna*, Gio. Rossi, 1580. = Discorso della natura delle Imprese, & del vero modo di formarle, dell' Andrea Chiocco, Medico Veronese. *Verona*, Angelo Tamo, 1601, *in*-4. *v. m.*

11422 Il medesimo trattato, di Fr. Caburacci. *Bologna*, Gio. Rossi, 1580, *in*-4. *cart.*

11423 La Sfinge enimmi, del Ant. Malatesti, seconda impressione, con nuova aggiunta. *Venet.* Gio.-Batt. Susterla, 1641, *in*-12. *baz.*

11424 Mondo simbolico, formato d'imprese, scelte, spiegate, ed'illustrate, con sentenze, dall'Abbate D. Filip. Picinelli. *Venetia*, P. Baglioni, 1670, *in-fol. fig. v. b.*

11425 La Vergine trionfante & il capricorno scornato del Conte Don Emanuele Tesauro. *Venetia*, Gio-Giacomo Hertz, 1680, *in*-12. *v. m.*

Apophtegmes, Adages, Proverbes, Sentences, &c.

Arabes, Persans & Grecs.

11426 Orientaliana, *ou* bons mots des Orientaux, par Ant. Galland. *Paris*, Brunet, 1708, *in*-12. *v. br.*

11427 Les mêmes. *Paris*, (*Amst.*) 1730, *in*-12. *v. f.*

11428 Mil IIII vingt & quatre demandes, avec les solutions & responses à tous propos, selon le saige Sidrac, *ou* les dits & responses du Prophete Sidrac. *Paris*, Galliot du Pré, 1531, *in*-8. *v. m.*

11429 Les dits des sept Sages, ensemble plusieurs autres sentences latines, extraites de divers bons & anciens Auteurs, avec leur exposicion françoise, par Charles Fontaine. *Lyon*, Citoys, 1557, *in*-8. *mar. r.*

11430 Conseil des sept Sages de Grece, avec le miroir de prudence, le tout mis en françois, avec une briefve & familiere exposition sur chacune authorité & sentence. *Troyes*, Oudot, 1615, *in*-16. *fig. v. br.*

11431 Plutarchi, Chaeronensis, Regum & Imperatorum apophthegmata, Raphaele Regio interprete. (*Parisiis*) Nicolaus Crispinus, (circà 1507) *in*-4. *carton.*

Typis rotundis, fine reclamantibus & ciffris, 44 folia.

11432 Apostemmi di Plutarco, motti arguti piacevoli, e sentenze notabili, così di principi come di filosofi, tradotti in lingua toscana, per Gi.-Bernardo Gualandi, Fiorentino. *Vinegia*, Gabriel-Giolito de Ferrari, 1566, *in*-4. *vel.*

11433 Graecorum recentiorum sententiae, cum graecorum veterum placitis brevis collatio, auctore Benedicto Picteto, S. Theolog. Prof. *Amst.* Dan. Pain, 1700, *in*-8. *v. f.*

PHILOLOGIE. 383

11434 Les Apophtegmes, *ou* bons mots des anciens, tirez de Plutarque, de Diogene Laerce, d'Elien, d'Athenée, de Stobée, de Macrobe, & de quelques-autres, de la traduction de Nic. Perrot d'Ablancourt, avec un traité des stratagêmes & de la bataille des Romains, par Frontin. *Paris*, (*Amsterd.*) 1694, *in*-12. *v. f.*

11435 Cl. Æliani varia historia, græcè & latinè, ad mss. codices recognita & castigata, cum versione Justi Vulteii, & perpetuo commentario Jac. Perizonii. *Lugd. in Batav.* Joh. du Vivier, 1701, 2 *vol. in*-8. *v. f.*

11436 Histoires diverses d'Elien, traduites du grec avec des rem. *Paris*, Moutard, 1772, *in*-8. *pap. d'Holl. gr. pap. v. f. d. s. t.*

11437 I quatuordici libri di Eliano, di varia historia, tradotti dal greco in italiano per Giac. Laureo. *Vinetia*, Bartholomeo Cesano, 1550, *in*-8. *velin.*

11438 Antigoni Historiarum mirabilium collectanea, græcè & latinè, cum notis Joan. Meursii. *Lugd.-Bat.* Elzevir, 1619, *in*-4. *v. f.*

Latins.

11439 Valerius Maximus, (*seu* dictorum factorumque memorabilium libri ix,) cum selectis variorum observationibus & nova recensione A. Thysii. *Lugduni-Batavorum*, Fr. Hackius, 1660, *in*-8. *v. f. d. s. t.*

11440 Valere-Maxime, tr. en fr. (par Claveret.) *Paris*, Compagnie, 1665, *in*-12. *v. f.*

11441 Valerio-Maximo, in volgare tradotto. *Venetia*, Aug. de Taie da Portese, 1509, *in-fol.. vel.*

11442 Il medesimo, tradotto di latino in toscano da Giorgio Dati. *Roma*, Ant. Blado, 1539, *in*-8. *v. f. d. s. t.*

11443 La medesima traduzione. *Venetia*, Michele Tramezzino, 1547, *in*-8. *vel.*

384 BELLES-LETTRES.

11444 La medesima. *Venetia*, Domen. & Gio-Bat. Guerra, fratelli, 1564, *in*-8. *vel.*

11445 VALERIUS MAX. Exempla quatuor & viginti nuper inventa ante caput de ominibus, (libri IX.) *Venetiis*, in Ædibus Aldi, & And. Soceri mense Octobri, 1514, *in*-8. *v. m.*

11446 Adagiorum opus D. ERASMI, per eumdem recognitum & locupletatum. *Basileæ*, Joan. Frobenius, 1526, *in-fol. baz.*

11447 Apophtegmes, cueilliz par Didier ERASME, translatez de latin en françois par l'Esleu MACAULT. *Lyon*, Bonhomme, 1549, *in*-16. *m. r.*

11448 Apophthegmatum ex optimis utriusque linguæ scriptoribus, per Conradum LYCOSTHENEM, Rubeaquensem collectorum, loci communes, ad ordinem alphabeticum redacti. *Lugduni*, Ant. Vincentius, 1556, *in*-8. *v. m.*

11449 Théatre du Monde, où il est fait un ample discours des miseres humaines, composé en latin, par P. BOAYSTEAU, surnommé LAUNAY, puis tr. par lui-même en françois. *Lyon*, Cl. Morillon, *in* 16. *v. m.*

11450 Le même, avec un brief discours de l'excellence & dignité de l'homme. *Rouen*, Guil. Mulot, *in*-16. *mar. r.*

François.

11451 Les divers propos mémorables des nobles & illustres hommes de la Chrestienté, par Gil. CORROZET. *Paris*, Gil. Corrozet, 1557, *in*-8. *mar. r.*

11452 Les mêmes. *Lyon*, Rigaud, 1579, *in*-16. *v. m.*

11453 Les mêmes. *Rouen*, Lescuyer, 1583, *in*-16. *v. m.*

11454 Adages & proverbes de SOLON DE VOGE, recueillis par Jean LE BON, *dit* L'HÉTROPOLITAIN. *Paris*, Bonfons, *sans date*, *in*-16. *v. f.*

11455 Anthologie, *ou* recueil de discours notables tirés de divers bons Autheurs Grecs & Latins, par Pierre BRESLAY. *Paris*, Poupy, 1574, *in*-8. *v. m.*

11456

PHILOLOGIE.

11456 Tréfor des Sentences dorées, dicts, proverbes & dictons communs, reduits felon l'ordre alphabetic, avec le bouquet de philofophie morale, reduict par demandes & refponfes, par Gab. MEURIER. *Lyon*, d'Ogerolles, 1577, *in-16. m. r.*

11457 Le même. *Paris*, Bonfons, 1582, *in-24. v. f.*

11458 Recueil de plufieurs nouvelles plaifantes, apophtegmes & récréations diverfes, faict en franç. par Ant. TYRON. *Anvers*, Huyffens, 1596, *in-16. fig. mar. bleu.*

11459 Honnefte paffe-temps, recueilli des faits & propos de plufieurs Princes, Philofop. & Hommes feignalés de ce temps. *Paris*, Hulpeau, 1608, 2 p. 1 vol. *in-12. mar. r.*

11460 Les Œuillets de récréation, où font contenues fentences, advis, exemples, & hiftoires très-agréables, pour toutes fortes de perfonnes qui defirent de lire chofes curieufes, ès deux langues franç. & efpag. par Ambrofio DE SALAZAR. *Rouen*, Morront, 1614, *in-12. v. f. d. f. t.*

11461 Le tableau des merveilles du monde, contenant les ftratagêmes & rares leçons des hommes illuftres, & autres perfonnes fignalées de l'Univers, recueillis par P. BOITEL, Sieur DE GAUBERTIN. *Paris*, de la Ruelle, 1617, *in-8. m. r.*

11462 Le chaffe-ennuy, *ou l'honnefte entretien des bonnes compagnies*, par Louis GARON. *Paris*, Cl. Grifet, 1633, *2 vol. in-12. v. m.*

11463 Apophtegmes, *ou la récréation de la jeuneffe, contenant plus de 600 belles & facétieufes rencontres, parfemés de fentences & de dits memorables*, par Pierre RAYOT. *Witenberg*, Hartmann, 1660, *in-12. v. m.*

11464 L'Hiftoire ingénieufe, *ou l'eflite des beaux traits d'efprit, tant anciens que modernes*, par I. R. *Paris*, Joffet, 1663, *in-8. v. f. d. f. t.*

11465 Hiftoires plaifantes & ingénieufes, recueillies de plufieurs bons Auteurs, Grecs, Latins, Efpa-

Tome III. Bb

gnols & Franç. *Paris*, Joffet, 1673, *in-4. v. f.*

11466 Remarques, *ou* réflexions critiques, morales & historiques, sur les plus belles & les plus agréables pensées qui se trouvent dans les ouvrages des Auteurs anciens & modernes, par L. BORDELON. *Paris*, Arnoul Seneuse, 1690, *in-12. v. b.*

11467 Pensées ingénieuses des anciens & des modernes, par le P. BOUHOURS. *Paris*, Brunet, 1707, *in-12. v. f. d. s. t.*

11468 Réponses spirituelles de plusieurs grands hommes de ce siecle, avec des contes agréables, & un sermon en l'honneur du dieu Bacchus. *Colog.* Marteau, 1705, *in-12. mar. r.*

11469 Le Compagnon sage & ingénieux, anglois & françois, *ou* recueil de l'esprit des personnes illustres, tant anciennes que modernes, contenant leurs sentences, pensées nobles, bons mots, aventures, &c. par BOYER. *Londres*, Nicholson, 1707, *in 8. v. br.*

11470 Le même. *Londres*, Midwenter, 1741, *in-8. baz.*

11471 Théâtre du monde, où, par des exemples tirés des Auteurs anciens & modernes, les vertus & les vices sont mis en opposition, par M. RICHER. *Paris*, Saillant, 1775, 2 *vol. in-8. fig. v. f. d. s. t.*

11472 Les illustres proverbes, nouveaux & histor. expliquez par diverses questions curieuses & morales, en forme de dialogues. *Paris*, Pepingué, 1665, 2 *vol. in-12. v. f.*

Italiens & Espagnols.

11473 Elegantissime sentenze & aurei detti di diversi eccellentissimi antiqui savi cosi greci, come latini, raccolti da Nicolo LIBURNIO, aggiuntovi molti ornati & arguti motti de piu boni authori, in volgar tradotti da Marco CADAMOSTO, da Lodi. *Venetia*, Gabriel-Gioli di Ferrarii, 1543, *in-8. v. f. d. s. t.*

PHILOLOGIE.

11474 Le medesime. *Vinegia*, Gabriel-Giol. de Ferrari, 1545, *in-*8. *v. f. d. s. t.*

11475 Proverbii de Meſſer Antonio CORNAZANO, in facecia, & Luciano de aſino aureo vulgari & iſtoriati, novamente ſtampati. *Venetia*, N. Zopino e Vinc. Compagno, 1523, *in-*8. *fig. v. f. d. s. t.*

11476 Ragionamenti varii di Lorenzo CAPELLONI, ſopra eſſempii, con accidenti miſti, ſeguiti, & occorſi, non mai veduti in luce. *Genova*, Marc-Ant. Bellone, 1576, *in-*4. *v. f. d. s. t.*

11477 Treſor de vertu, où ſont contenues toutes les plus nobles & excellentes ſentences & enſeignemens de tous les premiers Auteurs, Hebreux, Grecs & Latins, pour induire un chacun à bien & honneſtement vivre, (en it. & en franç.) *Lyon*, Temporal, 1555, *in-*16. *mar. r.*

11478 Le même. *Paris*, Caveiller, 1556, *in-*18. *v. f.*

11479 Bonne réponſe à tous propos, auquel eſt contenu nombre de proverbes & ſentences joyeuſes de pluſieurs matieres, deſquelles par honneſteté on peut uſer en toute compagnie, (en it. & en fr.) *Lyon*, Rigaud, 1567, *in-*18. *m. r.*

11480 Proverbes divertiſſans du Sieur JULLIANI, enſemble les récréations du même Auteur, contenant divers contes à rire, (en it. & en fr.) *Paris*, Loyſon, 1659, *in-*8. *v. f.*

11481 Les abus du monde, où ſont décrites les tromperies qui ſe pratiquent ordinairement parmi les mortels, tr. de l'eſp. de LOUBAYSIN DE LA MARQUE, par F. DE ROSSET. *Paris*, Touſſ. du Bray, 1619, *in-*12. *v. m.*

11482 Apophtegmes, nouvellement traduicts d'eſp. en fr. par VERBOQUET le généreux. *Rouen*, Béſongne, 1625, *in-*12. *v. m.*

Bons-Mots & Livres en ana.

11483 Des bons mots & des bons contes, de leur uſage, de la raillerie des anciens, de la raillerie

& des railleurs de notre tems. *Lyon*, Amaulry, 1693, *in-12. mar. r.*

11484 Réflexions, pensées & bons mots qui n'ont point encore été donnés, par PEPINOCOURT. *Par.* de Luyne, 1696, *in-12. mar. r.*

11485 Les Malades en belle humeur, *ou lettres divertissantes*, écrites de Chaudray, avec un grand nombre de bons mots, epigrammes, coutumes, traits d'érudition, &c. *Paris*, Mic. Brunet, 1697, *in-12. v. br.* prose & vers.

11486 Elite des bons mots & des pensées choisies, recueillis des plus célebres Auteurs, & principalement des livres en ana. *Amsterdam*, Desbordes, 1704, *in-12. mar. r.*

11487 Le même, & autres pieces, tant en prose qu'en vers, augmentés. *Amsterdam*, Mortier, 1731, 2 *vol. in-12. v. m.*

11488 Entretiens, *ou amusemens sérieux & comiques*, par DUFRESNY, nouv. édit. *Amst.* (*Rouen*) 1705, *in-12. v. m.*

11489 Les mêmes. *Paris*, veuve Barbin, 1707, *in-12. v. br.*

11490 Les mêmes. *La Haye*, Vaillant, 1719, *in-8. v. b.*

11491 Les mêmes, en angl. & en franç. *La Haye*, Vaillant, 1719, *in-8. v. b.*

11492 Recueil de bons mots des anciens & des modernes. *Paris*, Brunet, 1709, *in-12. v. f.*

11493 Le passe-tems agréable, *ou nouveau choix de bons mots, de pensées ingénieuses, de rencontres plaisantes, de gasconnades, & de quelques histoires galantes, le tout avec des réflexions*. *Rotterdam*, Hofhout, 1715, *in-12. v. m.*

11494 Heures perdues du Chevalier de Rior. *Paris*, veuve de Courbes, 1715, *in-12. v. m.*

11495 Les mêmes. *Amst.* 1716, *in-12. v. m.*

11496 Melange amusant de saillies d'esprit, & des traits hist. des plus frappans, par LE SAGE. *Par.* Prault, 1743, *in-12. v. m.*

PHILOLOGIE. 389.

11497 Bibliotheque amusante & instructive, contenant des anecdotes intéressantes & des histoires curieuses, tirées des meilleurs Auteurs, deuxieme édition. *Paris, Duchesne, 1755, 3 vol. in-12. m. r.*

11498 Nouveaux amusemens sérieux & comiques, *ou* l'art de suppléer à l'esprit par la mémoire, pour servir de supplément à la bibliotheque instructive & amusante. *Paris, veuve Duchesne, 1776, in-12. v. m.*

11499 Ressources contre l'ennuy, *ou* l'art de briller dans les conversations, par M. ALLETZ. *Paris, veuve Duchesne, 1766, 2 vol. in-12. v. m.*

11500 Amusement curieux & divertissant, propre à égayer l'esprit, *ou* fleur de bons mots, contes à rire, &c. recueillis par D***. *Paris, Langlois, 1770, in-12. v. m.*

11501 Aménités littéraires, & recueil d'anecdotes. *Paris, Vincent, 1773, 2 vol. in-8. v. f. d. s. t.*

11502 Calendrier récréatif, *ou* choix d'anecdotes curieuses & de bons mots. *Paris, veuve Duchesne, 1774, in-24. v. f. d. s. tr.*

11503 Le fruit de mes lectures, *ou* pensées extraites des auteurs profanes, relatives aux différens ordres de la société, accompagnées de quelques réflexions, (par D. JAMIN.) *Paris, Jean-François Bastien, 1775, in-12. v. m.*

11504 Traits d'esprit, bons mots & saillies ingénieuses, propres à orner la mémoire, recueillis des meilleurs Ecrivains, tant anciens que modernes, avec des réflexions morales, adaptées aux sujets les plus intéressans. *Paris, veuve Duchesne, 1777, in-12. v. f. d. s. t.*

11505 Mémorial d'un Mondain, nouvelle édition, revue, corrigée & augmentée, contenant des anecdotes, des fragmens de lettres, depuis 1749 jusqu'en 1758, des réflexions & quelques mémoires, par Maxim. Comte DE LAMBERG. *Geneve, 1777, 2 vol. in-8. avec des pl. grav. v. m.*

Bb 3

BELLES-LETTRES.

11506 Ana, *ou* bigarrures calotines. *Paris*, J.-B. de la Mefle, 1730 & 1733, 4 *p.* 1 *v. in*-12. *v. f.*

11507 L'efprit d'ADDISSON, *ou* les beautés du fpectateur, du babillard & du gardien, confiftant principalement dans une collection des feuilles de M. Addiffon, avec un précis de fa vie, tr. de l'ang. par M. J. P. A. *Yverdon*, Soc. Litt. & Typog. 1777, 3 *vol. in*-8. *v. f. d. f. t.*

11508 Arliquiniana, *ou* bons mots, hiftoires plaifantes & agréables, recueillis des converfations d'Arlequin. *Paris*, Florentin & Pierre de Laulne, 1694, *in*-12. *mar. r.*

11509 Bolœana. *in*-12. *fans front. v. m.*

11510 Penfées de Milord Bolingbroke, fur différens fujets d'hiftoire, de philofophie, de morale, &c. *Paris*, Prault fils, 1771, *in*-12. *v. f.*

11511 Les penfées de Jacques-Benigne BOSSUET, *ou* choix de ce qu'il y a de plus édifiant, de plus éloquent & de plus fublime dans les écrits de cet Orateur, fur la religion & la morale, par M****. *Bouillon*, 1778, *in*-12. *v. m.*

11512 Génie de M. DE BUFFON, par M***. *Paris*, Panckoucke, 1778, *in*-12. *v. f. d. f. t.*

11513 L'efprit de M. le Marquis DE CARACCIOLI. *Liege*, 1763, *in*-12. *v. m.*

11514 Carpenteriana, *ou* recueil de penfées, bons mots de CHARPENTIER. *Paris*, Moriffet, 1741, *in*-12. *v. br.*

11515 Efprit, faillies & fingularités du P. CASTEL. *Paris*, Vincent, 1763, *in*-12. *v. m.*

11516 Chevræana. *Paris*, Delaulne, 1697 & 1700, 2 *vol. in*-12. *v. br.*

11517 Penfées diverfes, par Etienne CŒUILHE. *Par.* Merigot fils, 1751, *in*-12. *mar. r.*

11518 Ducatiana, *ou* remarques de LE DUCHAT fur divers fujets d'hiftoire & de littérature, recueillies dans fes mff. & mifes en ordre par M. F***. *Amfter.* Humbert, 1738, 2 *vol. in*-8. *v. f.*

PHILOLOGIE.

11519 L'esprit de FONTENELLE, ou recueil de pensées, tirées de ses ouvrages. La Haye, (Paris) 1744, in-12. v. m.

11520 Fureteriana, ou les bons mots & les remarques de FURETIERE. Paris, Guillain, 1696, in-12. v. b.

11521 Pensées détachées de Mad. GUIBERT. Paris, Couturier fils, 1771, in-12. v. f. d. s. t.

11522 Huetiana, ou pensées diverses de HUET. Par. Estienne, 1722, in-12. v. br.

11523 Pensées philosophiques, morales, critiques, littéraires & politiques de M. HUME. Par., veuve Duchesne, 1767, in-12. v. m.

11524 Le génie de M. HUME, ou analyse de ses ouvrages. Paris, Vincent, 1770, in-12. v. f.

11525 Esprit de LEIBNITZ, ou recueil de pensées choisies, extraites de toutes ses œuvres, latines & françoises. Lyon, Jean-Marie Bruyset, 1772, 2 vol. in-12. v. m.

11526 Longueruana, ou recueil de pensées, de discours & de conversations, de Louis DUFOUR DE LONGUERUE. Berlin, (Paris) 1754, 2 vol. in-12. mar. r.

11527 Le même. Paris, Jean-Fr. Bastien, 1773; 2 tom. 1 vol. in-12. v. m.

11528 Esprit de MARIVAUX, ou analectes de ses ouvrages, précédés de sa vie. Paris, veuve Pierres, 1769, in-8. v. f.

11529 Maupertuisiana. Hambourg, 1753, in-8. v. m.

11530 Menagiana. Paris, Delaulne, 1693, in-12. v. m.

11531 Menagiana, ou les bons mots & remarques critiques, &c. de MENAGE. Paris, Delaulne, 1715, 4 vol. in-12. v. f.

11532 Anti-Menagiana, où l'on cherche ces bons mots, cette morale, ces pensées judicieuses, & tout ce que l'affiche du Menagiana nous a promis. Paris, d'Houry, 1693, in-12. v. br.

11533 L'esprit des Monarques philosophes MARC.

BELLES-LETTRES.

AURELE, JULIEN, STANISLAS & FREDERIC. Paris, Vincent, 1764, in-12. v. f.

11534 L'esprit de MONTAIGNE. Berlin, (Paris) 1753, 2 vol. in-12. m. r.

11535 Génie de MONTESQUIEU. Amsterd. (Paris) 1758, in-12. v. m.

11536 L'esprit de la MOTHE-LE-VAYER, par M. DE M. C. D. S. P. D. L. (Par.) 1763, in-12. v. m.

11537 Naudæana & Patiniana, ou singularités remarquables, prises des conversations de NAUDÉ & PATIN. Paris, Delaulne, 1701, in-12. mar. r.

11538 Pensées du Comte d'OXENSTIRN sur divers sujets, avec ses réflexions morales, revues par M. D. L. M. La Haye, (Par.) 1742, 2 t. 1 v. in-12. v. f.

11539 Parrhasiana, ou pensées diverses sur des matieres de critique, d'histoire, &c. par Theodore PARRHASE, (Jean LE CLERC.) Amst. Schelte, 1701, 2 vol. in-8. v. br.

11540 L'esprit de Guy PATIN. Amsterd. (Paris) 1709, in-12. v. br.

11541 Perroniana, sive excerpta ex ore Card. PERRONII, per Fratres PUTEANOS. Genevæ, Columesius, 1667, in-8. v. b.

11542 Plagiairiana, contenant divers principes émanés du trésor de la vérité, recueillis par S*** N***. Amst. Changuion, 1735, in-8. v. m.

11543 Poggiana, ou la vie, le caractere, les sentences & les bons mots de POGGE, avec son hist. de Florence. Amst. Humbert, 1720, 2 vol. in-8. mar. r.

11544 Polissoniana, ou recueil de Turlupinades, quolibets, rebus, &c. avec les équivoques de l'homme inconnu, & la liste des plus rares curiosités, (connu sous le nom du Bacha-Bilboquet.) Amst. (Rouen) 1722. = Le jargon, ou l'abregé de l'argot réformé, comme il est à présent en usage parmi les bons pauvres. Rouen, Jean-Baptiste Besongne, in-12. v. m.

PHILOLOGIE. 393

11545 Pensées de POPE, avec un abrégé de sa vie, par M***. *Paris*, Grangé, 1766, *in*-12. *v. m.*

11546 Pensées de l'Abbé PRÉVÔT, précédées de l'abrégé de sa vie. *Paris*, Desaint, 1764, *in*-12. *v. m.*

11547 Les pensées de Jean-Jacq. ROUSSEAU, Citoyen de Geneve. *Amst.* (*Par.*) 1763, *in*-12. *v. m.*

11548 Saintevremoniana, *ou* recueil de diverses pieces curieuses, avec des pensées, des traits d'histoire & des remarques de S. EVREMONT. *Amst.* Mortier, 1701, *in*-8. *v. f. d. s. t.*

11549 Esprit de SAINT-RÉAL. *Paris*, Vincent, 1768, *in*-12. *baz.*

11550 Scaligeriana, *sive* excerpta ex ore Jos. SCALIGERI. *Genevæ*, Columesius, 1666, *in*-8. *v. f.*

11551 Scaligerana, Thuana, Perroniana, Pithoeana & Colomesiana, *ou* remarques hist. critiques, morales & littéraires de Jos. SCALIGER, J. Aug. DE THOU, le Cardinal DU PERRON, Fr. PITHOU, & P. COLOMIÉS, par DESMAIZEAUX. *Amsterd.* Clovens, 1740, 2 *vol. in*-12. *v. b.*

11552 Esprit de Mademoiselle DE SCUDERY. *Paris*, Vincent, 1766, *in*-12. *v. m.*

11553 Sevigniana, *ou* recueil de pensées ingénieuses, &c. tirées des lettres de Madame DE SEVIGNÉ. *Paris*, 1756, *in*-12. *v. m.*

11554 Le même. *Paris*, Desaint, 1768, *in*-12. *v. m.*

11555 Sorberiana, *sive* excerpta ex ore Sam. SORBIERE ; accedunt Franc. GRAVEROL epistola de vita & scriptis Sam. Sorbière, & Joan.-Bapt. COTELIER, tùm epulæ ferales, *sive* fragmenti Marmoris Nemausini explanatio. *Tolosæ*, Colomyez, 1694, *in*-12. *v. b.*

11556 Valesiana, *ou* pensées critiques, historiques, &c. d'Adr. VALOIS, recueillies par DE VALOIS, son fils. *Paris*, Delaulne, 1694, *in*-12. *v. b.*

11557 Vasconiana, *ou* recueil des bons mots & pensées les plus plaisantes, & des rencontres les plus vives des Gascons. *Paris*, Brunet, 1708, *in*-12. *v. f.*

11558 Esprit de VOLTAIRE. *Paris*, 1759, *in-8. v. m.*
11559 Les pensées de VOLTAIRE. (*Avign.*) 1765, 2 part. 1 *vol. in-*12. *v. f.*

POLYGRAPHES.

Orientaux & Grecs.

11561 Mélanges de littérature orientale, traduits de différens manuscrits turcs, arabes & persans, par M. CARDONNE. *Paris*, Hérissant, 1770, 2 *vol. in-*12. *v. m.*

11562 Icones PHILOSTRATI, PHILOSTRATI junioris Icones, ejusdem Heroica, descriptiones CALLISTRATI, ejusdem vitæ sophistarum græcè. *Florentiæ*, Philippus Junta, 1517, *in-fol. v. f.*

* Editio rara, J. Alb. Fabricio incognita, sed à Maïttairio memorata.

Typis nitidis, sine cifris, litteris initialibus, parvis tantùm indicantibus, cum registro.

11563 Images, *ou* tableaux de platte peinture des deux PHILOSTRATES, & les statues de CALLISTRATE, mis en fr. par Blaise DE VIGENERE, & représentés en taille-douce avec des épigrammes sur chacun d'iceux, par Thomas Sieur D'EMBRY. *Paris*, Cramoisy, 1637, *in-fol. fig. mar. rouge.*

11564 Suite de Philostrate, par Blaise DE VIGENERE. *Paris*, l'Angelier, 1597, *in-*4. *v. f. d. s. t.*

11565 PHLEGONTIS Tralliani opuscula, græcè & latinè, cum notis Joan. MEURSII. *Lugd.-Batav.* Elzevir, 1620, *in-*4. *v. f.*

Latins.

11566 POGGII, Florentini, opera varia. *Argentinæ*, Jo. Knoblochus, 1510, *in-fol. v. f. d. s. t.*
Typis rotundis, sine reclamantibus.

11567 Ejusdem opera. *Argentinæ*, Joh. Schot, 1513, *in-fol. v. br.*
Typis rotundis, sine reclamantibus.

POLYGRAPHES.

11568 Georgii VALLÆ, de expetendis & fugiendis rebus. *Venetiis*, Aldus, 1501, 2 *vol. in-fol. v. f.*

Ad calcem, typis capitalibus, Venetiis, in ædibus Aldi Romani, impensâ ac studio Joannis-Petri Vallæ filii, pientiss. mense Decembri M. D. I.

Typis rotundis, sine cisfris, reclamantibus, litteris initialibus, parvis indicantibus, majoribus tamen in hoc exemplari depictis, cum registro.

11569 Nicolai DE CUSA, Cardinalis, opera. *Basileæ*, Henr. Petrus, 1565, *in-fol. v. f.*

11570 Omnia opera Des. ERASMI, cum præfatione Beati RHENANI. *Basileæ*, Frobenius, 1535 & 1542, 9 *vol. in-fol. v. f. d. s. t.*

11571 Vie d'Erasme, par DE BURIGNY. *Paris*, Debure, 1757, 2 *vol. in-12. v. m.*

11572 Sentimens d'Erasme, conformes à ceux de l'Eglise Catholique, sur tous les points controversés, par J. RICHARD. *Cologne*, le Jeune, 1688, *in-8. v. f. d. s. t.*

11573 Critique de l'*Apologie d'Erasme*, de l'Abbé Marsolier, par *****. *Paris*, Jombert, 1719, *in-12. v. m.*

11574 Miscellanea ex diversis historiographis, oratoribus, & poetis, diligenti admodum labore excerpta, quibus varii hominum mores, exempla, proprietates, nomenclaturæque brutorum, avium, piscium, arborum, sylvarum, &c. continentur, his & Deorum quæ aut antiquitate, aut raritate, aut scitu digna videbantur adjecta sunt. *Parisiis*, (circà 1520) *in-4. cart.*

11575 Henrici-Cornelii AGRIPPÆ, ab Nettesheym, juris utriusque ac Med. Doct., opera. *Lugduni*, apud Beringos fratres, 3 *vol. in-8. v. f. d. s. t.*

Sans date, lettres rondes.

11576 Ejusdem, de incertitudine & vanitate omnium scientiarum & artium liber, & de nobilitate & præcellentia fœminei sexûs; ejusdemque supra viri-

396 BELLES-LETTRES.

lem eminentia, libellus. *Hagæ-Comitum*, Adrianus Ulacq, 1653, *in-*12. *v. f. d. f. t.*

11577 Déclamation sur l'incertitude, vanité & abus des sciences, tr. du latin de Henry-Corn. AGRIPPA. *Sans nom de Ville*, Jean Durand, 1582, *in-*8. *v. f. d. f. t.*

11578 Paradoxe sur l'incertitude, vanité & abus des sciences, tr. de latin de Henry-Corn. AGRIPPA, 1608, *in-*12. *v. m.*

11579 Arrigo-Corn. AGRIPPA, della vanita delle scienze, tr. per Lod. DOMENICHI. *In Venetia*, 1549, *in-*8. *v. m.*

11580 La medesima traduzione. *Venetia*, 1552, *in-*8. vel.

11581 Petri BEMBI, opuscula. *Lugduni*, Seb. Gryphius, 1532, *in-*8. *v. f.*
De culice Vergiliana, & Terentii fabulis; de imitatione; de Ætnâ; de Ducibus Urbini; Epistolæ.

11582 Ejusdem, opera, quæcumque usquam prodierunt. *Basileæ*, Thomas Guarinus, 1567, 3 tom. 2 vol. *in-*8. *v. f.*

11583 Commentariorum Urbanorum Raphaelis VOLATERRANI, octo & trigenta libri. Item œconomicus XENOPHONTIS, ab eodem latio donatus. *Lugduni*, Sebast. Gryphius, 1552, *in-fol. v. m.*

11584 JOANNIS Saresberiensis Policraticus, *sive de nugis Curialium, & vestigiis Philosophorum*, libri octo. *Lugduni-Batavorum*, Franc. Raphelengius, 1595, *in-*8. *v. f. d. f. t.*

11585 Livre premier des antiquités perdues, & si au vif représentées par G. PANCIROL, qu'on en peut tirer grand profit de la perte, accompagné d'un second des choses nouvellement inventées & auparavant incognues, trad. tant de l'it. que du latin en franç. par Pierre DE LA NOUE. *Lyon*, Gaudion, 1617, *in-*12. *v. m.*

11586 Lilii-Gregorii GYRALDI opera omnia, complectentia historiam de diis gentium, Musis & Hercule, rem nauticam, sepulcralia, & varios sepeliendi ritus, historia Poetarum græcorum & latinorum, Kalendarium romanum & græcum cum libello de annis, mensibus, ac insuper alea, quæ omnia tabulis æneis & nummis, partim commentario Joan. Faes, & animadvers. hactenus ineditis Pauli Colomesii, exhibet Joan. Jensius. *Lugd.-Batav.* Hackius, 1696, 2 tom. 1 vol. *in-fol. v. m.*

11587 Octavii Ferrarii, electorum libri duo : accesserunt epistolæ & inscriptiones. *Patavii*, Frembotti, 1679, *in-4. v. m.*

11588 Justi Lipsii, opera omnia postremum ab ipso aucta ac recensita. *Antuerpiæ*, Balthasar Moretus, 1637, 4 vol. *in-fol. v. br.* — Double à Vendre

11589 Jos.-Justi Scaligeri, Julii Cæsaris filii opuscula varia, antehac non edita. *Parisiis*, Hadr. Beys, 1610, *in-4. v. f.*

11590 Christophori Besoldi dissertationes singulares. I. De veræ philosophiæ fundamento; II. de novo orbe conjectanea; III. de Comitibus & Baronibus Imperii Germanico-Romani; IV. de jure & imperio imperialium civitatum; V. de jure imperialium civitatum in immutanda religione; VI. de ordine equestri libero, imperioque immediatè subjecto. *Tubingæ*, Johan.-Alexander Cellius, 1619, *in-4. v. m.*

11591 Christophori Besoldi dissertationes philologicæ : accedit Frid. Heinii dissertatio de probatione quæ olim per ignem & aquam cùm ferventem tum frigidam fieri solebat. *Tubingæ*, Eberhardus Wildius, 1620, *in-4. v. f.*

11592 Marsilii Ficini, Florentini, medici atque theologi, opera & quæ in lucem nunc primùm prodiêre omnia, omnium artium & scientiarum majorumque facultatum multipharia cognitione refertissima, unà cum gnomologia, hoc est sententiarum ex iisdem operibus collectarum farragine copiosissima. *Basileæ*, 1561, 2 vol. *in-fol. v. f. d. s. t.*

11593 Barnabæ BRISSONII opera minora varii argumenti, recensuit, emendavit, variis adnotationibus instruxit Albertus-Dietricus TREKELL. *Lugd.-Batav.* Phil. Bonck, 1749, *in-fol. v. f.*

11594 Leonis ALLATII, opusculorum græcorum & latinorum vetustiorum & recentiorum, libri duo, edente Bartholdo NIHUSIO. *Coloniæ Agrippinæ*, Jodocus Kalcovius, 1653, *in-8. v. f.*

11595 Balth. BONIFACII historia ludicra. *Bruxellæ*, Joan. Mommartus, 1656, *in-4. v. b.*

11596 Geor. PASCHII, Gedanienfis, de novis inventis, quorum accuratiori cultui facem prætulit antiquitas, tractatus, editio secunda, priore quarta parte auctior. *Lipsiæ*, heredes Johan. Grossii, 1700, *in-4. v. br.*

11597 Gerardi-Joannis VOSSII opera omnia. *Amst.* Janss. Waesbergii, 1701, 6 vol. *in-fol. v. f.*

11598 Jul.-Joannis, Andreæ, & Hugonis fratrum GUIIONIORUM, opera varia. *Divione*, Philibertus Chavance, 1658, *in-4. v. f. d. f. t.*

11599 Jo. Chrift. SAGITTARII otium Jenense, hoc est, variarum observationum ac commentationum philologicarum ac philosophicarum, potissimum autem historicarum, in academia Salana, cùm professorem historiarum & poëses ageret, cum cura confectarum, liber singularis. *Jenæ*, Jo. Bielden, 1671, *in-4. v. f.*

11600 Johannis PEARSONII opera posthuma, chronologica, &c. de serie & successione primorum Romæ Episcoporum dissertationes duæ, quibus præfiguntur annales PAULINI, & lectiones in acta apostolorum, singula edenda curavit, & novis additionibus auxit H. DODWELLUS, cujus etiam accessit de eadem successione usque ad annales Cyprianicos dissertatio singularis. *Londini*, Roycroft, 1688, *in-4. v. m.*

11601 Miscellanea italica erudita, collegit Gaudentius ROBERTUS, Carmelitanus. *Parmæ*, Joseph.

ab Oleo, 1691 & 1692, 5 vol. in-4. v. br.

11602 Henrici Kornmanni opera curiosa. *Francofurti ad Mœnum*, ex Officinâ Genschiana, 1694, 1696, 2 vol. in-8. v. br.

<small>Miracula vivorum. ⎯ Miracula mortuorum. ⎯ Templum naturæ historicum. ⎯ De naturâ & miraculis elementorum. Quæstiones de virginum statu ac jure. ⎯ De lineâ amoris. ⎯ De triplici annulo.</small>

11603 Pauli Colomesii opera, theologici, critici, & historici argumenti, curante Jo. Alberto Fabricio. *Hamburgi*, Christianus Liebezeit, 1709, in-4. v. m.

11604 Mathiæ Zimmermanni Florigelium philologico-historicum, aliquot myriadum titulorum cum optimis Authoribus qui de quavis materia scripserunt, quarum præcipuæ tractantur adhibitâ re nummariâ & gemmariâ : cum diatriba de eruditione eleganti comparanda. *Misenæ*, Guntherus, 1687 — 1689, 2 tom. 1 vol. in-4. v. m.

11605 Isaaci Vossii, variarum observationum liber. *Londini*, Rob. Scott, 1685, in-4. v. f.

11606 Syntagma variarum dissertationum, quas viri doctissimi (Thomas Reinesius, Herm. Conringius, Joan. Jonsenius, Joan. Wandalinus, Georg. Ericus Phaletranus, Christianus Daumius, And. Rivinus, Christ.-Frider. Franckenstein) elucubrârunt; ex Museo Joan.-Georgii Grævii. *Ultrajecti*, Guill. Vande Water, 1702, in-4. baz.

11607 And. Christ. Eschenbach, Dissertationes academicæ, varia antiquæ sapientiæ rituumque gentilium argumenta exponentes; accedunt ejusdem orationes binæ, altera de imminente barbarie litterarum declinanda, altera in funere Car. Welseri, *Noribergæ*, Wolfg. Michael, 1705, in-8. v. f.

11608 Joannis Clerici, Philosophiæ & S. linguæ Amstelodami Professoris, vita & opera ad annum 1711, Amici ejus opusculum, Philosophicis Clerici operibus fubjiciendum, (cui adjunctæ funt Joan. Georgii GRÆVII & Ezech. SPANHEMII ad Joan. Clericum epiftolæ. *Amftelod.* Joan. Lud. de Lorme, 1711, *in*-12. *v. m.*

11609 Thefaurus variæ eruditionis ex Scriptoribus potiffimùm fæculi XVI & XVII collectus, curante Burcardo Gotth. STRUVIO; acceffit ejufdem differtatio de jure bibliothecarum, (*feu Bibliotheca antiqua publicata Jenæ, anno* 1705 & 1706.) *Jenæ*, Joan. Felix Bielckius, 1710, 2 *vol. in*-4. *baz.*

11610 Hadriani RELANDI differtationes mifcellaneæ. *Trajecti ad Rhenum,* Guil. Broedelet, 1706—1708, 3 *vol. in*-8. *v. m.*

11611 Jacobi PERIZONII opufcula minora, orationes atque differtationes varii & præftantioris argumenti continentia. *Lugduni Batav.* Joh. Arnold. Langerak, 1740, 2 *vol. in*-8. *v. f.*

11612 Chriftophori CELLARII differtationes academicæ varii argumenti, curâ & ftudio Jo. Georg. WALCHII, cum differtatione de ejufdem Auctoris vitâ & fcriptis. *Lipfiæ,* Jo. Ludov. Gleditfchius, 1712, *in*-8. *v. f.*

11613 Blafii CARYOPHILI Neapolitani, differtationum mifcellanearum, pars prima. *Romæ,* Francifc. Gonzaga, 1718, *in*-4. *fig. vél.*

11614 Samuelis WERENFELSII opufcula theologica, philofophica & philologica. *Bafileæ,* Joh. Ludov. Kœnig, 1718, *in*-4. *v. br.*

11615 Eadem, editio altera. *Lauzannæ,* Marc. Mich. Boufquet, 1739, 2 *vol. in*-4. *v. br.*

11616 Joannis-Petri LUDEWIG opufcula mifcella, (juridica, hiftorica, philofophica, &c.) ab Auctore multis acceffionibus aucta, & junctim edita. *Halæ-Magdeburgicæ,* 1720, 2 *vol. in*-fol. *v. m.*

11617 Petri CUNÆI orationes argumenti varii, ejufdemque alia latina opufcula, fatyra menippea, Juliani Cæfares, & refponfum in caufa poftliminii, cum quibufdam epiftolis; Chriftophorus CELLA-

RIUS

rius notas & obfervationes adjecit : accedunt Aug. BACHNERI œconomiæ in quinque priores orationes, & Adolfi Verftii, aliorumque laudationes funebres. *Lipfiæ*, M. G. Weidmannus, 1720, *in-*8. *v. f. d. f. tr.*

11618 Joh. Georg. WALCHII parerga academica, ex hiftoriarum atque antiquitatum monimentis collecta. *Lipfiæ*, Jo. Fried. Gleditfchius, 1721, *in-*8. *v. f.*

11619 Chriftiani-Gotlib. SCHWARZII, Profeff. publ. in Acad. Altorfina, mifcellanea politioris humanitatis, in quibus vetufta quædam monimenta & variorum fcriptorum loca illuftrantur : accedit nominatim Metii VOCONII Oratio, Tacito Augufto dicta, & nunc è codice mff. recognita. *Norimbergæ*, Wolfgangus-Mauricius Endterus, 1721, *fig. in-*4. *cart.*

11620 Eadem, 1721. = Jo. Georgii ECCARDI epiftola de numis quibufdam explicatu difficilioribus. *Lipfiæ*, Jo. Frider. Gleditfchius, 1722. = Nummus aureus antiquus atque perrarus, Othonum, feu probabile eft, ejufque facrorum ac myfteriorum figna & indicia exhibens ; è Mufeo Nicolai KEDERI, cum hujufce commentatione editus. *Lipfiæ*, Jo. Freder. Gleditfchius, 1722. = Nummi aliquot diverfi ex argento præftantiffimi nempè decem Olai Sueci : unus Anondi Carbonarii, ac unus Haquini Rufi Sueciæ Regum, nec unius Suenonis bifida barba Daniæ Regis, à Nicolao KEDERO in apricum prolati. *Lipfiæ*, Jo. Freder. Gleditfchius, 1706. = De argento runis, *feu* literis gothicis, infignito, quod delineatum in Camden. Britannia, fententia Nicol. KEDERI. *Lipfiæ*, Jo. Freder. Gleditfchius, 1703. = Runæ in nummis vetuftis diu quæfitæ, tandemque ibidem feliciter inventæ, *feu* de nummis runicis commentatio Nic. KEDERI. *Lipfiæ*, Jo. Freder. Gleditfchius, 1704, *in-*4. *vél.*

11621 Joan. STRAUCHII opufcula juridico-hiftorico-philologica, edentibus Conrado-Fred. REINHARDO & Carol. Gottlieb. KNORRIO. *Francof. & Lipfiæ*,

Tome III. Cc

BELLES-LETTRES.

Joan. Christoph. Krebsius, 1727, *in-4. v. f. d. f. t.*

11622 Amœnitates litterariæ, quibus variæ observationes, scripta, item quædam anecdota & rariora opuscula exhibentur, editæ à J. G. SCHELORNIO. *Francofurti*, 1730 & 1731, 14 *vol. in-8. v. m.*

11623 Meletemata Theorunensia, *seu* dissertationes varii argumenti ad historiam maximè Polon. & Prussicam, politicam, physicam, rem nummariam ac litterariam spectantes, collectæ curante Petro JAENICHIO. *Thorunii*, Johan. Nicolaus, 1731, 3 *vol. in-8. v. m.*

11624 Ferdinandi RUZII quæ extant opera, Emanuelis MARTINI, Alonensis Decani, studio emendata, & correcta, à Bernardo-Andreâ LAMA iterùm recognita ac recensita. *Venetiis*, Joan. Bapt. Abrizzi, 1734, *in-4. v. m.*

11625 Joannis-Nicolai HERTII commentationes atque opuscula de selectis & rarioribus ex jurisprudentiâ universali, publicâ, feudali & romanâ, necnon germanicâ argumentis; ex mss. Autoris, edidit & locupletavit Joh. Jac. HOMBERGK. *Francof. ad Mœnum*, Joh. Benias Andreæ, 1737, 2 *v. in-4. v. f. d. f. t.*

11626 Jani-Vincentii GRAVINÆ opera, *seu* originum juris civilis libri III, quibus accedunt de Romano Imperio liber, ejusque orationes & opuscula latina; recensuit & adnotationibus auxit Gottfridus MASCOVIUS. *Lipsiæ*, Gleditschius, 1737, *in-4. v. m.*

11627 Commentationes historicæ & criticæ Jo. Dan. SCHOEPFLINI. *Basileæ*, Joan. Henricus Deckerus, 1741, *in-4. gr. pap. v. f.*

11628 Christophori-Augusti HEUMANNI dissertationum sylloge. *Gottingæ*, Jo. Guil. Schmid, 1743, *in-8. v. m.*

11629 Jo. Petri MAFFEJI, Bergomatis, è Societate Jesu, opera omnia latinè scripta, nunc primùm in unum corpus collecta, variisque illustrationibus exornata: accedit Maffeji vita Petro-Antonio SERASSIO

POLYGRAPHES. 403

auctore Bergomi, Petrus Lancellottus, 1747, 2 vol. in-4. v. f.

11630 M. Theop. Ludolph. Münteri parerga historico-philologica. *Gottingæ*, Jo. Guill. Schmid, 1749, in-8. v. br.

11631 Christiani-Gottlieb. Buderi Συμμικτα obfervationum & opufculorum ex monimentis, diplomatibus ac Scriptoribus fide dignis erutarum. *Jenæ*, Jo. Frider. Schill, 1756, in-8. pap.

11632 Recueil de differtations fur différentes matieres, & principalement fur la Théologie, la Jurifprudence, les Sciences, les Belles-Lettres, l'Hiftoire & les Antiquités, 10 vol. in-4. br.

François.

11633 Œuvres de Madame Helisenne de Crenne. *Paris*, Groulleau, 1560, in-16. v. br. d. f. t.
CONTENANT:
Les angoiffes douloureufes qui procédent d'amours. == Les épitres familieres & invectives. == Le fonge d'Helifenne.

11634 Œuvres de Bernard Palissy, revues fur les exemplaires de la Bibliotheque du Roi, avec des notes, par MM. Faujas de Saint-Fond & Gobet. *Paris*, Ruault, 1777, in-4. v. éc. d. f. t.
* Exemplaire avec l'épitre dédicatoire adreffée à M. Franklin, qui a été fupprimée, & qu'on ne trouve dans prefque aucun autre.

11635 Recepte par laquelle tous les hommes de la France pourront apprendre à multiplier & augmenter leurs threfors; item, une philofophie néceffaire à tous les habitans de la terre; item, le deffein d'un jardin délectable & utile; item, ordonnance d'une ville imprenable, par le même. *La Rochelle*, Berton, 1563, in-4. v. m.

11636 Moyen de devenir riche, & maniere véritable par laquelle tous les hommes de la France pourront apprendre à multiplier & augmenter leurs

Cc 2

BELLES-LETTRES.

trésors & possessions, par le même. *Paris*, Fouet, 1636, *in-*8. *v. m.*

11637 Opuscules françoises des HOTMANS. *Paris*, veuve Math. Guillemot, 1616. = Trois divers traités de Jean HOTMAN : de la providence divine, des progrès de l'ame raisonnable, des diverses occupations des hommes, seconde édition, *1595*, *in-*8. *v. f. d. f. t.*

11638 Bigarures & touches du Seigneur DES ACCORDS, (Est. TABOUROT) avec les apophtegmes du Sr GAULARD, & les escraignes Dijonnoises. *Rouen*, du Mesnil, 1640, *in-*8. *v. f.*

11639 Les escraignes Dijonnoises, recueillies par le Sr DES ACCORDS. *Paris*, Richer, 1608, *in-*12. *v. m.*

11640 Essais de Michel DE MONTAIGNE, nouvelle édit. enrichie du nom des Auteurs citez, & de la version de leurs passages, avec la vie de l'Auteur. *Paris*, August. Courbé, 1652, *in-*fol. *v. f.*

11641 Les mêmes, avec les notes de Pierre COSTE. *Paris*, (*Trévoux*) 1725, 3 vol. *in-*4. *gr. pap. v. f.*

11642 Eloge historique de Michel de Montaigne, & dissertation sur sa religion, par D. DEVIENNE, Bénédictin. *Paris*, Crapart, 1775, *in-*12. *v. f. d. f. t.*

11643 Les diverses leçons d'Antoine DU VERDIER, Sr DE VAUPRIVAZ, troisieme édit. augment. d'un sixieme livre. *Lyon*, Barthelemi Honorati, 1584, *in-*8. *v. m.*

11644 Les mêmes, augm. en cette tierce édit. *Paris*, Nic. Bonfons, 1584, *in-*16. *mar. r.*

11645 Les mêmes, cinquieme édit. augmentée de trois discours. *Tournon*, Cl. Michel, 1616, *in-*8. *v. f.*

11646 Diverses leçons de Loys GUYON, Sr DE LA NAUCHE, divisées en XIII livres, seconde édit. augm. *Lyon*, Cl. Morillon, 1610, 3 vol. *in-*8. *v. f.*

11647 Gemelles, *ou* pareilles recueillies de divers Auteurs, par Pierre DE SAINT-JULIEN. *Lyon*, Ch. Pesnot, 1584, *in-*8. *mar. r.*

POLYGRAPHES.

11648 Discours philosophiq. de PONTUS DE TYARD. Paris, l'Angelier, 1587, in-4. mar. citr.

CONTENANT:

Solitaire premier, ou disc. des Muses & de la Fureur poétique. == Solitaire second, ou discours de la Musique. == Mantice, ou discours de la vérité de la divination, par l'Astrologie. == Le premier & second curieux, ou discours de la nature du monde & de ses parties. == Sceve, ou disc. du temps, de l'an & de ses parties.

11649 La Gazette françoise, par Marcellin ALLARD. Paris, Chevallier, 1605, in-8. v. m.

11650 Les jours & les nuicts du S^r DE LA FONTAN. Paris, Ch. Sevestre, 1606, in-12. mar. r.

11651 Le cabinet de Minerve, auquel sont plusieurs singularitez, figures, tableaux antiques, recherches saintes, remarques sérieuses, observations amoureuses, &c. par Beroalde DE VERVILLE. Paris, Guillemot, 1596, in-12. v. m.

11652 Les pensées du solitaire. Paris, Courbé, 1632, 2 vol. in-8. v. br.

11653 Questions théologiques, physiques, morales & mathématiques, composées par le P. M. (le Pere MERSENNE.) Paris, H. Guenon, 1634, in-12. cart.

11654 Essai des merveilles de nature & des plus nobles artifices, par René FRANÇOIS, Préd. du Roi. Paris, Jacq. Dugast, 1646, in-8. v. m.

11655 Paradoxes, ou les opinions renversées de la pluspart des hommes, livre non moins profitable que facétieux, par le Docteur Incognu. Rouen, Jacq. Caillové, 1638, in-12. mar. r.

11656 Nouveau recueil des pieces les plus agréables de ce tems, ensuite des jeux de l'inconnu, & de la maison des jeux. Par. Nic. de Sercy, 1644, in-8. v. m.

11657 Recueil de pieces en prose les plus agréables de ce tems, par divers Auteurs. Paris, Ch. de Sercy, 1658, in-12. v. f.

11658 Recueil de pieces en prose les plus agréables de ce tems, composées par divers Auteurs. Orléans, 1660 & 1661, 4 vol. in-12. m. r.

11659 Recueil de Pieces nouvelles de ce tems, 1674, in-12. v. m.

11660 Mêlange de divers Problêmes. *Paris*, Auguſt. Courbé, 1647, in-12. v. f. d. ſ. t.

11661 Œuvres mêlées de feu E. DE MOLINIER, Prêtre & Docteur en Théologie. *Toloſe*, Arn. Colomiez, 1651, in-8. mar. r.

11662 Divers opuſcules tirez des Mémoires d'Antoine LOISEL, Avocat en Parlement, auxquels ſont joints quelques Ouvrages de Bapt. DU MESNIL, Avocat Général, de Pierre PITHOU & de pluſieurs autres, le tout recueilly par A. JOLY. *Paris*, veufve J. Guillemot, 1652, in-4. v. f. d. ſ. t.

11663 Les Œuvres de BALZAC. *Paris*, Thom. Jolly, 1665, 2 vol. in-fol. v. f.

11664 Œuvres diverſes du même, (contenant des diſcours en proſe.) *Paris*, Thomas Jolly, 1664. = Le Barbon. *Paris*, 1664, in-12. mar. r.

11665 Entretiens du même. *Rouen*, 1660, in-12. m. r.

11666 Apologie pour Balzac, par F. OGIER. *Paris*, Billaine, 1663, in-12. mar. r.

11667 Œuvres de Franç. DE LA MOTHE LE VAYER. *Paris*, Aug. Courbé, 1656, 2 vol. in-fol. v. m.

11668 Les mêmes. *Paris*, Louis Billaine, 1669, 15 vol. in-12. v. f.

11669 Converſations ſur divers ſujets, (par André SOUBRON.) *Paris*, Cl. Barbin, 1680, 2 vol. in-12. mar. r.

11670 Œuvres diverſes du P. RAPIN. *Amſt.* Wolfgang, 1686, 2 vol. in-12. v. f. d. ſ. t.

CONTENANT:

Comparaiſons des grands Hommes de l'antiquité qui ont le plus excellé dans les Belles-Lettres, ſavoir : de Démoſthène & de Cicéron, d'Homere & de Virgile, de Thucydide & de Tite-Live, de Platon & d'Ariſtote. = Réflexions ſur l'éloquence, la poétique, l'hiſtoire & la philoſophie, avec le jugement qu'on doit faire de leurs principaux Auteurs.

11671 Comparaiſon de Thucydide & de Tite-Live.

POLYGRAPHES.

par le même. *Par.* Muguet, 1681, *in-*12. *v. f. d. f. t.*

11672 Le retour des pieces choisies, *ou* Bigarrures curieuses. *Emmerick*, veuve de Renouard Varius, 1687, 2 *tom.* 1 *vol. in-*12. *v. f.*

11673 Questions de la Princesse de la Guiche, Duchesse d'Angoulême, avec les responses, par PONTIER. *Paris*, G. Cavelier, 1688, *in-*12. *v. f. d. f. t.*

11674 Œuvres posthumes de César VICHARD, Abbé de SAINT-RÉAL. *Paris*, Cl. Barbin, 1693, 3 *vol. in-*12. *v. f. d. f. t.*

11675 Les mêmes. *Paris*, Chaubert, 1730, 5 *vol. in-*12. *v. f.*

11676 Diversités curieuses en plusieurs lettres. *Paris*, Urbain Coustellier, 1697, 2 *vol. in-*12. *v. br.*

11677 Diversités curieuses, pour servir de récréation à l'esprit. *Amsterd.* And. de Hoogenhuysen, 1699, 7 *vol. in-*12. *v. f.*

11678 Bibliotheque volante, ou élite de pieces fugitives, par J. G. J. D. M. *Amst.* Dan. Pain, 1700, 2 *vol. in-*12. *v. br.*

11679 Œuvres posthumes du Chevalier DE MERÉ: de la vraie honnêteté; de l'éloquence & de l'entretien, de la délicatesse dans les choses & dans l'expression, le commerce du monde. *Paris*, Jean & Mich. Guignard, 1700, *in-*12. *v. br.*

11680 Mélange critique de littérature, par M.***. *Amsterd.* (*Par.*) 1701, *in-*12. *v. br.*

11681 Œuvres de Henry LE BRET. *Montauban*, Fr. Descauffat, 1702, *in-*12. *baz.*

CONTENANT:

Abrégé de l'histoire de Naples; du Duché de Milan. ⸺ Récit de ce qu'a esté & de ce qu'est présentement Montauban. ⸺ 3ᵉ & 4ᵉ promenades de Tempé, ou Mém. historiq. tant de l'anc. Gaule & de la France, que de la général. & intendance de Montauban. ⸺ Discours touchant la superstition & l'abus de l'horoscope.

11682 Amusemens de l'Automne. *Paris*, P. Ribou, 1702, 3 *part.* 1 *vol. in-*12. *v. m.*

Cc 4

BELLES-LETTRES.

11683 Pieces fugitives d'histoire & de littérature, anciennes & modernes. *Paris*, Cot, 1704 & 1705, 2 vol. in-12. v. br.

11684 Cent questions & réponses sur différens sujets, par l'Abbé BORDELON. *Paris*, Urb. Coustellier, 1704, 2 vol. in-12. v. f.

11685 Réponse aux questions d'un Provincial, par Pierre BAYLE. *Rotterd.* Reinier Leers, 1704 & 1707, 5 vol. in-8. v. f.

11686 Promenades de LE NOBLE. *Amsterd.* (Rouen), 1705, 2 vol. in-12. v. f.

11687 Fragmens d'histoire & de littérature. *La Haye*, (Par.) 1706, in-12. v. br.

11688 Bibliotheque critique, *ou recueil de diverses pieces critiques, publiées par* DE SAINJORE, (Rich. SIMON,) *qui y a ajouté quelques notes*. *Amst.* 1708 & 1710, 4 vol. in-12. v. f. d. s. t.

11689 Mélanges d'hist. & de littérature, par VIGNEUL DE MARVILLE, (Bonavent. D'ARGONNE.) *Paris*, Prudhomme, 1713, 3 vol. in-12. v. f.

11690 Les mêmes. *Paris*, Prudhomme, 1725, 3 vol. in-12. v. br.

11691 Mémoires littéraires, par S. D. L. R. G. *La Haye*, Levier, 1716, in-8. tom. I.
(Il n'y a pas eu de suite.)

11692 Mémoires de littérature, par M. DE S***, (DE SALLENGRE.) *La Haye*, du Sauzet, 1717, 2 vol. in-8. v. br.

11693 Continuation des mémoires de littérature & d'hist. de Sallengre, par le P. DESMOLETZ. *Paris*, Simart, 1726—1731, 11 vol. in-12. v. br.

11694 Nouveau recueil de pieces fugitives d'histoire & de littérature, par ARCHIMBAUD. *Par.* Lamesle, 1717, 2 vol. in-12. v. br.

11695 Recueil de diverses pieces sur la philosophie, la religion naturelle, l'histoire, les mathématiques, par LEIBNITZ, CLARKE, NEWTON, publié par

POLYGRAPHES.

DESMAIZEAUX. *Amsterd.* H. du Sauzet, 1720, 2 *vol. in*-12. *v. f.*

11696 Recueil de pieces sérieuses, comiques & burlesques. (*Amst.*) 1721, *in*-12. *v. m.*

11697 Mémoires sur divers genres de littérature & d'histoire. *Paris*, le Febvre, 1722, *in*-12. *v. br.*

11698 Œuvres de SAINT-EVREMONT. *Lond.* (*Par.*) 1725, 7 *vol. in*-12. *v. br.*

11699 Dissertation sur les Œuvres meslées de Saint-Evremond, par DUMONT. *Paris*, le Clerc, 1698, *in*-12. *v. f. d. s. t.*

11700 Apologie des Œuvres de M. de Saint-Evremont, *Paris*, J. Collombat, 1698, *in*-12. *v. m. d. s. t.*

11701 Vie de Charles de Saint-Denis, Sr de Saint-Evremont, par DESMAISEAUX. *Sans date ni nom de Ville, in*-4. *gr. pap. v. f.*

11702 La même. *La Haye* (Rouen) 1711, *in*-12. *v. f. d. s. tr.*

11703 Mélanges de littérature tirés des Lettres manuscrites de CHAPELAIN. *Paris*, Briasson, 1726, *in*-12. *v. br.*

11704 Essais hebdomadaires sur plusieurs sujets intéressans, par DUPUY. *Paris*, Et. Ganeau, 1730, *in*-12. *v. br.*

11705 Recueil de pieces d'histoire & de littérature. *Par.* Chaubert, 1731 & 1738, 2 *v. in*-12. *v. f. d. s. t.*

11706 Recueil de pieces d'histoire & de littérature. *Paris*, Chaubert, 1738, 4 *tom.* 2 *vol. in*-12. *v. f.*

11707 Singularités historiques & littéraires, par Dom LYRON. *Paris*, Didot, 1734 & 1740, 4 *vol. in*-12. *v. f.*

11708 Mémoires du Marquis D'ARGENS, avec quelques lettres sur divers sujets. *Londres*, (*Trévoux*) 1735, *in*-12. *v. f. d. s. t.*

11709 Nouveaux mémoires pour servir à l'histoire de l'esprit & du cœur, par le Marquis D'ARGENS & Mademoiselle COCHOIS. *La Haye*, Fréd. Henri Scheurleer, 1745—1746, 2 *vol. in*-12. *m. r.*

BELLES-LETTRES.

11710 Les mêmes, *sous le titre d*'Histoire de l'esprit & du cœur. *La Haye*, (Rouen) 1755, *in*-12. *v. m.*

11711 Recueil de divers écrits sur l'amour & l'amitié, la politesse, la volupté, les sentimens agréables, l'esprit & le cœur. *Paris*, veuve Pissot, 1736, *in*-12. *v. f.*

11712 Mémoires historiques, politiques, critiques & littéraires, par AMELOT DE LA HOUSSAYE. *Amst.* (Par.) 1737, 3 *vol. in*-12. *v. m.*

11713 Dissertations mêlées sur divers sujets importans & curieux. *Amsterd.* J. F. Bernard, 1740, 2 *vol. in*-8. *v. m.*

11714 Amusemens littéraires, *ou* correspondance politique, historique, philosop. critique & galante, par DE LA BARRE DE BEAUMARCHAIS. *La Haye*, van Duren, 1741, 2 *vol. in*-12. *v. m.*

11715 Détails curieux sur différens sujets de littérature, article premier, Plagiat. *Paris*, Prault pere, 1741, *in*-12. *v. m.*

11716 Le perroquet, *ou* mêlange de diverses pieces intéressantes pour l'esprit & le cœur. *Francfort-sur-le-Mein*, Fr. Varentrape, 1742, 2 *vol. in*-12. *m. r.*

11717 Œuvres mêlées de M. Remond DE SAINT-MARD. *La Haye*, (Par.) 1742, 3 *vol. in*-12. *v. f.*

11718 Les mêmes. *Amsterd.* (Par.) 1749, 5 *vol. in*-12. *v. m.*

CONTENANT:

Dialogues des Dieux. = Lettres galantes & philosophiq. = Histoire de Mademoiselle D***. = Poétique prise dans ses sources. = Réflexions sur la fable, l'églogue & l'élégie.

11719 Variétés, *ou divers écrits, par* M. D* S⸹ H***, (THEMISEUIL DE SAINT-HIACYNTHE.) *Amsterd.* (Paris) 1744, (en prose & en vers) *in*-12. *v. m.*

11720 Recueil A jusqu'à & Z. *Fontenoy*, (Paris) 1745 & 1762, 24 *vol. in*-12. *v. m.*

11721 Œuvres diverses de l'Abbé Nicol. GEDOYN. *Paris*, Debure l'aîné, 1745, *in*-12. *v. f.*

11722 Œuvres de Madame la Marquise DE LAMBERT,

POLYGRAPHES.

avec un abrégé de sa vie, nouv. édit. *Paris*, veuve Ganeau, 1748, 2 *vol. in-12. v. f. d. s. t.*

CONTENANT:

Ses différens traités & discours. — Lettres diverses. — Avis d'une Mere à son Fils & à sa Fille.

11723 Pensées diverses, *ou réflexions sur divers sujets*, par Ange GOUDAR. *Paris*, Prault, 1748, *in-12. v. m.*

11724 Essais sur divers sujets de littérature & de morale, par l'Abbé TRUBLET. *Paris*, Briasson, 1749, 4 *vol. in-8. gr. pap. v. m.*

11725 Réflexions de Mademoiselle ***, Comédienne Françoise. *Paris*, Delaguette, 1750, *in-12. v. m.*

11726 Le Vendangeur, *ou recueil d'événemens rares & singuliers, d'aventures galantes, de nouvelles secretes & publiques, de morale, de politique & de littérature, avec des réflexions sur chaque sujet, pour servir à l'histoire de nos jours.* La Haye, Ant. van Dole, 1750, *in-12. v. m.*

11727 Le nouveau magazin françois, *ou bibliotheque instructive & amusante*, par Madame L. P. (LE PRINCE) DE BEAUMONT. *Londres*, Changuion, 1750, 3 *vol. in-8. v. m.*

11728 Pensées diverses. *Copenhag.* 1751, *in-12. v. m.*

11729 Les mêmes, septieme édition, *Paris*, (*Amst.*) 1753, *in-12. v. m.*

11730 Mémoires historiques, critiques & littéraires, par BRUYS. *Paris*, J. Th. Hérissant, 1751, 2 *vol. in-12. v. m.*

11731 Les Œuvres de M. DE MAUPERTUIS. *Lyon*, freres Bruyset, 1753, 2 *vol. in-12. v. f. d. s. t.*

11732 Mélanges historiques & philologiques, par MICHAULT. *Paris*, Nic. Tilliard, 1754, 2 *vol. in-12. mar. bl.*

11733 Amusemens philosophiques & littéraires de deux amis, (par M. le Comte DE TURPIN.) *Paris*, Prault l'aîné, 1754, *in-12. baz.*

BELLES-LETTRES.

11734 Les mêmes. *Paris*, Desaint & Saillant, 1756, *in-12. mar. r.*

11735 Nouveau porte-feuille historique & littéraire, par M. BRUZEN DE LA MARTINIERE, publié par M. R. D. M. A. D. S. P. *Amsterd.* J. Schreuder, 1755, *in-12. m. r.*

11736 L'abeille, *ou recueil de philosophie, de littérature & d'hist.* La Haye, (Lyon) 1755, *in-8. v. m.*

11737 Œuvres mêlées de M. le Chevalier DE LA B***. *Berg-op-Zoom,* (Par.) *in-12. v. m.*

11738 Recueil de différentes choses, par le Marquis DE LASSAY. *Lauzanne,* (Par.) 1756, 4 *vol. in-8. format in-4. v. m.*

11739 Le même. *Lauzanne,* (Par.) 1756, 4 *vol. in-8. v. br.*

11740 Nouveaux Mémoires d'histoire, de critique & de littérature, par l'Abbé D'ARTIGNY. *Paris,* Debure, 1749 & 1[...] 7 *vol. in-12. v. m.*

11741 Les amusemens [des] Gens d'esprit. *Amst.* (Par.) 1756, *in-12. mar.*

11742 Les mêmes. *Berlin,* (Paris) 1762, *in-8. v. m.*

11743 Maximes & réflexions nouvelles sur la littérature, & sur les meilleurs Auteurs anciens & modernes. *Paris,* J. F. Bastien, 1773, *in-12. v. m.*

11744 Dissertations historiques, politiques & littéraires, par l'Abbé Comte DE GUASCO. *Tournay,* veuve D. Varlé, 1756, 2 *vol. in-8. v. m.*

11745 Œuvres posthumes de M. DE ***, (GLATIGNY.) *Lyon,* Fr. Duplain, 1757, *in-8. v. m.*

11746 Les pensées errantes, avec quelques lettres d'un Indien, par Madame DE ***. *Paris,* Hardi, 1758, *in-12. v. f.*

11747 Œuvres diverses de l'Abbé OLIVA, Bibliothecaire de M. le Prince de Soubise. *Paris,* Martin, 1758, *in-8. fig. v. m.*

11748 Mon radotage & celui des autres, recueilli par un Invalide retiré du monde, pendant son carnaval. *Bagatelle,* 1759, *in-12. v. m.*

POLYGRAPHES. 413

11749 Entendons-nous, ouvrage posthume de M. GOBBE-MOUCHE. *Aux Boulevards*, in-8. v. f. d. f. t.

11750 Mélanges de littérature, d'histoire & de philosophie, (par D'ALEMBERT.) *Amsterd.* (*Lyon*) 1759, 5 vol. in-12. v. f.

11751 Mélanges de littérature, de morale & de politique, par M. DE VATTEL. *Neufchâtel*, 1760, in-8. v. m.

11752 Mon chef-d'œuvre, *Berlin*, Arnaud Wever, 1762, in-8. cart.

11753 Variétés philosophiques & littéraires. *Paris*, Duchesne, 1762, in-12. v. m.

11754 Œuvres du Philosophe bienfaisant, (STANISLAS, Roi de Pologne.) *Paris*, 1763, 4 vol. in-8. gr. pap. m. r.

11755 Œuvres de M. l'Abbé COYER. *Londres*, (*Par.*) 1764, 2 vol. in-12. v. m.

CONTENANT:
Bagatelles morales. — Dissert. sur différens sujets. — Disc. sur la satyre contre les Philosophes. — Noblesse commerçante. — Développement & défense du système de la Noblesse commerçante.

11756 Recueil de pieces détachées, par Madame RICCOBONI. *Paris*, Humblot, 1765, in-12. v. m.

11757 Récréations historiques, critiques, morales & d'érudition, avec l'histoire des fous en titre d'office, par M. D. D. R. (M. DREUX DU RADIER.) *Paris*, Robustel, 1767, 2 vol. in-12. v. m.

11758 Variétés d'un Philosophe provincial, par M. CH. le jeune. *Paris*, Dehansy, 1767, in-12. v. m.

11759 Recueil d'Opuscules littéraires, avec un discours de Louis XIV au Dauphin, publiés par un Anonyme, (l'Abbé D'OLIVET.) *Amsterd.* Van-Harrevelt, 1767, in-12. v. m.

11760 Mélanges d'histoire & de littérature, de jurisprudence littéraire & de critique, par TERRASSON. *Paris*, veuve Simon & fils, 1768, in-12. v. m.

CONTENANT:
Histoire de l'Hôtel de Soissons. — Dissert. sur l'enceinte

BELLES-LETTRES.

de Paris, par Philippe AUGUSTE. ⹀ Indécences des anciens Commentateurs de Droit. ⹀ Differt. fur la vieille; fur les Loix Rhodiennes; fur un texte hébreu de l'Exode. ⹀ Vie de Cujas & de fes Filles.

11761 Variétés littéraires, (par M. l'Abbé ARNAULD & SUART.) Paris, Lacombe, 1768 & 1769, 4 vol. in-12. v. m.

11762 Paradoxes moraux & littéraires. Amft. 1768, in-12. v. m.

11763 La promenade utile & récréative de deux Parifiens, en cent foixante-cinq jours, (par DE BRUSSEL.) Paris, Vente, 1768, 2 vol. in-12. v. m.

11764 Recueil philofophique & littéraire de la Société typographique de Bouillon. Bouillon, 1769 & fuiv. 5 vol. in-12. v. m.

11765 Nouveaux mélanges de littérature, d'hiftoire & de philofophie d'un Centenaire. (Paris) 1769, in-8. v. m.

11766 Récréations littéraires, ou penfées choifies fur différens fujets, avec un effai fur la trahifon, par M. L. Paris, Dufour, 1769, in-12. v. m.

11767 Variétés férieufes & amufantes, par M. SABLIER. Paris, Mufier fils, 1769, 4 v. in-12. v. m.

11768 Le Diogene moderne, ou le Défapprobateur, fur différens fujets de littérature, de morale & de philofophie, par CASTILHON. Bouillon, 1770, 2 vol. in-8. v. m.

11769 L'Ambigu littéraire. Paris, 1770, in-12. v. m.

CONTENANT:

Difc. fur l'étude de la philofophie. ⹀ Penfées libres d'un jeune Militaire. ⹀ Le pfycometre. ⹀ Les faveurs, conte. ⹀ Idée des progrès de la philofophie en France. ⹀ Idée de la gravure, &c.

11770 Le porte-feuille d'un Philofophe, ou mélange de pieces philofophiques, politiques, critiques, fatyriques & galantes. Cologne, P. Marteau, 1770, 6 vol. in-8. v. m.

11771 Opufcules de feu M. ROLLIN. Paris, Fr. Eftienne, 1771, 2 vol. in-12. v. m.

POLYGRAPHES. 415

11772 Les pensées d'OBJOIS. *Paris*, Couturier, 1772, *in*-12. *v. f. d. s. t.*

11773 Œuvres de M. D***. *Amsterd.* (Bouillon) 1772, 6 *vol. in*-8. *v. f. d. s. t.*

11774 Œuvres de M. THOMAS. *Paris*, Moutard, 1773. 4 *vol. in*-8. *v. f. d. s. t.*

CONTENANT:

Essai sur les éloges. === Eloge du Maréchal de Saxe; de d'Aguesseau, de Duguay-Trouin; de Sully; de Descartes; de Louis, Dauphin de France. === Essai sur le caractere, les mœurs & l'esprit des femmes dans les différens siecles.

11775 Le porte-feuille amusant, *ou* nouv. variétés littéraires. *Paris*, Costard, 1773, *in*-12. *v. f. d. s. t.*

11776 Pensées sur différens sujets, par un ancien Militaire. *Langres*, Jean Bonnin, 1773, *in*-8. *v. m.*

11777 L'homme de Lettres & l'homme du monde, par M. DE ****. *Orléans*, Couret de Villeneuve le jeune, 1774, *in*-12. *v. m.*

11778 Œuvres complettes de C***. *Londres*, Jean Nourse, (*Bruxelles*) 1774, 3 *vol. in*-12. *baz.*

11779 Œuvres de M. LINGUET. *Londres*, (*Rouen*) 1774, 6 *vol. in*-12. *v. f. d. s. t.*

CONTENANT:

Du plus heureux gouvernement, *ou* parallele des constitutions politiques de l'Asie avec celles de l'Europe, servant d'introduction à la Théorie des Loix civiles. === Théorie des Loix civiles, nouvelle édit. revue, corrigée & augmentée. === Du pain & du bled.

11780 Mes rêves, (sur M. Linguet & d'autres Ecrivains; sur la Bretagne & d'autres provinces; sur la littérature & les armes; sur la gloire; sur l'étude de la haute antiquité; sur quelques points militaires, politiques & moraux; sur quelques romans & contes allégoriques & philosophiques.) *Amst.* (*Bruxelles*) 1772, *in*-12. *v. f. d. s. t.*

11781 Antilogies & fragmens philosophiques, *ou* collection méthodique des morceaux les plus curieux & les plus intéressans sur la religion, la philosophie, les sciences & les arts, extraits des écrits de la phi-

416 BELLES-LETTRES.
losophie moderne. *Paris*, Vincent, 1774 & 1775, 4 vol. *in*-12. *v. f. d. f. t.*

11782 Les mêmes, *sous le titre d'Esprit des livres défendus. Par.* Nyon l'aîné, 1777, 4 *v. in*-12. *v. m.*

11783 Mêlanges historiques, politiques, critiques & philosophiques, par M. DUCROT. *Paris*, d'Houry, 1774, 2 vol. *in*-8. *v. f. d. f. t.*

11784 Les loisirs du Chevalier DÉON DE BEAUMONT, sur divers sujets importans d'administration, pendant son séjour en Angleterre. *Amsterd.* 1774, 13 vol. *in*-8. *v. f. d. f. t.*

11785 Variétés littéraires, galantes, &c. (par M. DE BASTIDE.) *Paris*, Monory, 1774, 2 part. 1 vol. *in*-8. *v. f. d. f. t.*

11786 Temple de Mémoire, *ou visions d'un solitaire. Paris*, Ruault, 1775, *in*-8. *v. f. d. f. t.*

11787 Œuvres mêlées de Madame LE PRINCE DE BEAUMONT, extraites des Journaux & feuilles périodiques qui ont paru en Angleterre pendant le séjour qu'elle y a fait. *Maestricht*, J. E. Dufour, 1775, 6 vol. *in*-12. *v. f. d. f. t.*

11788 Mêlange d'Ouvrages hist. & critiques, par M. B***. *Geneve*, 1775, 4 vol. *in*-8. *v. m. d. f. t.*

11789 Mêlanges littéraires & philosophiques, par M. FERRY. *Paris*, 1775, *in*-8. *cart.*

11790 Œuvres badines & morales de M. ******, (CAZOTTE), contenant : Olivier ; le conte du plaisir ; le conte du Pelerin ; le Lord impromptu, nouvelle romanesque ; le Diable amoureux, nouv. espagnole. *Paris*, Esprit, 1776, 2 *v. in*-8. *v. f. d. f. t.*

11791 Diversités galantes & littéraires. *Paris*, Dorez, 1777, 2 vol. *in*-12. *v. f. d. f. t.*

11792 Œuvres de Blaise PASCAL, (recueillies par M. l'Abbé Bossut.) *La Haye*, (*Par.* Nyon l'aîné) 1779, 5 vol. *in*-8. *v. f. d. f. t.*

11793 Mêlange de traductions de différens ouvrages grecs, latins & anglois, sur des matieres de politique, de littérature & d'histoire, par l'Auteur de la

POLYGRAPHES.

la Traduction d'Eschyle, (M. le Marquis DE POM-
PIGNAN.) *Paris*, Nyon l'aîné, 1779, *in-8. v. m.*

11794 Mélanges tirés d'une grande bibliotheque, par
M. CONTANT D'ORVILLE. *Paris*, Moutard, 1779
& suiv. 4 *vol. in-8. v. f. d. s. t.*

Espagnols, &c.

11795 Les diverses leçons de P. MESSIE, mises en
françois par Claude GRUGET. *Paris*, Est. Groulleau, 1552, *in-4. v. br.*

11796 Les mêmes, revues & augm. de la Ve partie,
& de trois dialogues touchant la nature du soleil,
de la terre & des météores. *Paris*, Bonsons, 1584,
3 *vol. in-16. v. m.*

11797 Les mêmes, avec trois dialogues dudit Auteur,
contenant variables & mémorables histoires, revues
& augmentées par Ant. DU VERDIER, S^r DE VAU-
PRIVAZ. *Lyon*, Barth. Honorati, 1584, *in-8. v. m.*

11798 Les mêmes, quatrieme édition, augmentée de
quatre dialogues & d'un septieme Livre. *Tournon*,
Cl. Michel, 1616, *in-8. v. f.*

11799 Hexameron, *ou six journées*, conten. plusieurs
doctes discours sur aucuns poincts difficiles en diverses sciences, avec maintes histoires notables & non
encores ouyes, fait en hespagnol par Antoine TOR-
QUEMADE, & mis en franç. par Gab. CHAPPUYS.
Paris, Philippe Brachonier, 1583, *in-16. v. f.*

11800 Giardino di fiori curiosi in forma di dialogo,
diviso in sei trattati, nel quale si trattano alcune
materie di humanità, filosofia, teologia, geografia,
cosmografia & altre cose curiose, & piacevoli,
composto per Antonio di TORQUEMADA, & tradotto di spagnuolo in italiano per Celio MALES-
PINA. *Vinegia*, Altobello Salicato, 1591, *in-4. vel.*

11801 Il medesimo. *Venetia*, Pietro Bertano, 1612,
in-8. v. m.

Tome III.   D d

Italiens.

11802 Il Tesoro di BRUNETTO, Latino Firentino, Precettore del divino Poeta Dante, nel qual si tratta di tutte le cose che à mortali se appartengono. *Vinegia*, Marchio Sessa, 1533, *in-8. vél.*

11803 Prose antiche di DANTE, PETRARCHA & BOCCACCIO, & di molti altri nobili & virtuosi ingeni, nuovamente raccolte. *Fiorenza*, il Doni, 1547, *in-4. vél.*

11804 Tutte le opere di Giovan-Giorgio TRISSINO. *Verona*, Jacopo Vallarsi, 1729, 2 tom. 1 vol. *in-fol. v. éc.*

11805 Paradossi, cioè sententie fuori del comun parere, separate in due libri, da M. O. L. M. detto il Tranquil. *Lione*, Gioanni Pullon da Trino, 1543, *in-8. v. f.*

11806 Li medesimi, novellamente venuti in luce. *Vinegia*, 1543, *in-8. v. br.*

11807 Li medesimi. *Vinegia*, 1544, *in-8. v. f. d. f. t.*

11808 Li medesimi. *Venetia*, 1545, *in-8. m. r.*

11809 Confvtatione del libro de Paradossi, nvovamente composta, & in tre orationi distinta, *in-8. v. br.*

11810 Prose di Agnolo FIRENZUOLA, Fiorentino. *Fiorenza*, Bernardo di Giunta, 1548, *in-8. m. r.*

11811 Le medesime. *Fiorenza*, Lorenzo Torrentino, 1552, *in-8. mar. r.*

11812 Opere del Cardinale Pietro BEMBO, ora per la prima volta tutte in un corpo unite. *Venezia*, Francesco Hertzhauser, 1729, 3 vol. *in-fol. c. m. v. f. d. f. t.*

11813 Le occorrenze humane, per Nicolo LIBURNIO composte. *Vineg.* figliuoli di Aldo, 1546, *in-8. vél.*

11814 Ragionamenti familiari di diversi Autori. *Vinegia*, Nicol. da Sabbio, 1550, *in-8. v. m.*

11815 Tutte le lettioni di Giov. Batt. CELLI, fatte

POLYGRAPHES.

da lui nella Academia Fiorentina. *Firenze*, 1551, in-8. *vél.*

11816 La Zucca, le cicalamenti, baie, chiachiere del Doni. *Vinegia*, Francesco Marcolini, 1551, in-8. *fig. v. f. d. s. t.*

11817 La Zucca del medesimo, divisa in cinque libri di gran valore, sotto titolo di poca consideratione; il ramo, di chiacchiere, baie & cicalamenti, i fiori, di pesserotti, grilli & farfalloni, le foglie, di disceria, fauole & sogni; i frutti, acerbi, marci & maturi, & il seme; di chimere, & castegli in aria. *Venetia*, Francesco Rampazetto, (1565) in-8. *v. f. d. s. t.*

11818 I Marmi del medesimo. *Vinegia*, Franc. Marcolini, 1552, in-4. *fig. vél.*

11819 I medesimi, cioè ragionamenti introdotti à farsi da varie conditioni d'huomini, à luoghi di honesto piacere in Firenze. *Venetia*, Gio. Battista Bertoni, 1609, in-4. *fig. v. f. d. s. t.*

11820 Discorsi di Giov.-Battista Giraldi Cinthio, nobile Ferrarese, intorno al comporre de i romanzi, delle comedie, e delle tragedie, e di altre maniere di poesie. *Vinegia*, Gabr. Giolito de Ferrari & Fratelli, 1554, in-4. *vél.*

11821 Quattro lezzioni di M. Annibale Rinuccini. *Firenze*, Lorenzo Torrentino, 1561, in-8. *vél.*

11822 Problêmes de Jerôme Garimbert, trad. de tuscan en françois par J. Louveau. *Lyon*, Guill. Rouille, 1559, in-8. *mar. r.*

11823 Le sei Giornate del Alfonso di Fonte, nelle quali oltre le materie di filosofia, s'ha piena cognitione delle scienze, astronomia & astrologia : dell'anima & della notomia del corpo humano, nuovamente di lingua spagnuola tradotte dal S. Alfonso Vlloa. *Vinegia*, Domenico Farri, 1567, in-8. *vel.*

11824 Precetti necessarii, overo Miscellane; parte in capi, parte in alberi, sopra diverse cose pertinenti alla grammatica, retorica, topica, loica, poetica,

hiſtoria & altre facoltà, opera d'Oratio Toscanella, di nuovo riſtampata. *Vinegia*, Lodovico
Avanzo, 1567, *in-*4. *v. m.*

11825 Il Liceo di Bartolomeo Taegio, dove ſi ragiona dell'ordine delle Academie & della nobilta,
libro primo. *Melano*, Girardo di Comaſchi, 1572,
*in-*4. *v. f. d. ſ. t.*

11826 Les doctes & ſubtiles réponſes de Barthelemy
Tægio, trad. d'ital. par Ant. du Verdier. *Lyon*,
Barth. Honorat, 1577, *in-*16. *mar. r.*

11827 Ragionamenti varii di Lorenzo Capelloni,
ſopra aſſempii : con accidenti miſti, ſeguiti & ac-
corſi, non mai veduti in luce. *Genova*, Marc-Ant.
Bellone, 1576, *in-*4. *v. f. d. ſ. t.*

11828 Diſcorſi del Conte Annibal Romei, Gentilhuomo Ferrareſe, diviſi in cinque giornate ; nelle
quali, tra dame e cavaglieri ragionando, ſi tratta :
della belezza, dell'amor humano, dell'honore,
dell'ingiuſtitia del combatter alla macchia, del modo
di trattar le paci, & accommodar tutte le querele,
della nobiltà, delle richezze, e della precedenza
dell'arme e delle lettere, con le riſpoſte à tutti i
dubbii che in ſimili materie proponer ſi ſogliono.
Venetia, Franceſco Ziletti, 1585, *in-*4. *v. ec.*

11829 Li medeſimi. *Ferrara*, Vittorio Baldini, 1586,
*in-*4. *v. f. d. ſ. t.*

11830 Li medeſimi. *Venetia*, Pietro Miloco, 1619,
*in-*8. *vél.*

11831 La ſemaine, ou ſept journées du Conte Han-
nibal Romei, Gentilhomme Ferrarois, auxquelles
entre Dames & Chevaliers diſcourans, ſe traitte :
(de la beauté, de l'amour humain, de l'honneur,
de l'iniquité du duel, de la nobleſſe, des richeſſes,
de la précédence des armes & des lettres,) avec la
réponſe ſur toutes les difficultés qui ſe peuvent pro-
poſer en ſemblables matieres ; trad. d'ital. en franç.
par le Sᵗ Dupré, Gentilhomme Normand. *Paris*,
Gilles Robinot, 1595, *in-*8. *baz.*

POLYGRAPHES.

11832 Discorsi del Alessandro SARDO; della bellezza & nobilita; della poesia di Dante; de i precetti historici; delle qualita; del generale; del terremoto: di nuovo posti in luce. *Venetia*, i Gioliti, 1586, *in*-8. *v. m.*

11833 Opere di Tomaso GARZONI da Bagnacavallo, cioè il theatro de' varii, & diversi cervelli mondani; la Sinagoga de gli ignoranti, & l'hospitale de' pazzi incurabili, nuovamente ristampate & corrette. *In Serravalle di Venetia*, Roberto Meglietti, 1605, *in*-4. *v. éc.*

11834 Théâtre des divers cerveaux du monde, auquel tiennent place, selon leur degré, toutes les manieres d'esprits & humeurs des hommes, tant louables que vicieuses, déduites par discours doctes & agréables, traduit d'italien de GARZONI, par G. C. D. T. (Gab. CHAPUIS de Tours.) *Paris*, Houze, 1586, *in*-16. *v. m.*

11835 Il serraglio de gli stupori del mondo, di Tomaso GARZONI da Bagnacavallo, diviso in diece appartamenti, secondo gli vari & amirabili oggetti, cioè di mostri, prodigii, prestigii, sorti, oracoli, sibile, sogni, curiosita astrologica, miracoli in genere, e maraviglie in spetie; narrate dà più celebri Scrittori, e descritte dà più famosi Historici, e Poeti, le quali tal hora occorrono, considerendosi la loro probabilità, overo improbabilità, secondo la natura; opera arrichita di varie annotationi dal M. R. P. D. Bartolomeo GARZONI, suo Fratello, Prelato di Santo Ubaldo d'Ugubbio. *Venetia*, Ambros. & Bartolomeo Dei fratelli, 1613, *in*-4. *vél.*

11836 Lettioni dell'estatico insensato, recitate da lui publicamente in diversi tempi nell'Academia de gli insensati di Perugia, nuovamente poste in luce. *Perugia*, P. Jacomo Petrucci, 1588, *in*-4. *v. f. d. s. t.*

11837 Tutte le opere del R. M. Gioseffo ZARLINO, ch'ei scrisse in buona lingua italiana già separatamente poste in luce: hora di nuovo corrette, accresciute & migliorate, infieme riftampate: contenente principalmente l'inftitutioni harmoniche. *Venetia*, Franc. de Francefchi, 1589, 2 *v. in-f. v. éc. d. f. t.*

11838 Le due Giornate della ninfa over del Diletto & delle Mufe, di Gabriele ZINANO. *Reggio*, Hercoliano Bartholi, 1590, *in-8. cart.*

11839 Due lezzioni di Benedetto VARCHI, nella prima delle quali fi dichiera un fonnetto di Michel-Agnolo Buonarotti: nella feconda fi difputa quale fia piu nobile arte la fcultura e la pictura. *Fiorenza*, Torrentino, 1549, *in-4. mar. r.*

11840 Lezzioni del medefimo. *Fiorenza*, Filippo Giunti, 1590, *in-4. v. f.*

11841 Tre trattati d'ALBERTANO, Giudice da Brefcia; il primo della dilezion d'iddio, e del proffimo, e della forma dell'onefta vita: fecondo della confolazione, e de' configli: il terzo delle fei maniere del parlare, fcritti da lui in lingua latina, dall'anno 1235 in fino all'anno 1246; e traflati ne' medefimi tempi, in volgar fiorentino; riveduti con piu tefti à penna e rifcontri con lo fteffo tefto latino, dallo'nferigno Accademico della Crufca. *Firenze*, i Giunti, 1610, *in-4. v. f. d. f. t.*

11842 Profe del Signor Aleffandro GUARINI, Gentilhuomo Ferrarefe, Accademico Intrepido. *Ferrara*, Vittorio Baldini, 1611, *in-4. v. m.*

11843 Difcorfi del Sig. Con. Guidobaldo BONARELLI, Accademico intrepido, in difefa del doppio amore della fua Celia. *Ancona*, Marco Salvioni, 1612, *in-4. vel.*

11844 Varietà di penfieri d'Aleffandro TASSONI, divifa in IX parti, nelle quali per via di quifiti, con nuovi fondamenti e ragioni, fi trattano le più curiofe materie naturali, morali, civili, poetiche, iftoriche, e d'altre facolta, che foglian venire in difcorfo fra Cavalieri, e Profeffori di lettere. *Modona*, gli eredi di Gio.-Maria Verdi, 1613, *in-4. vel.*

11845 Dieci libri di penfieri diverfi del medefimo,

ne' quali si tratano le piu curiose materie naturali, morali, civili, poetiche, istoriche & d'altre facoltà, che soglian venire in discorso fra Cavalieri, e Professori di lettere; aggiuntovi nuovamente il decimo libro del paragone de gl'ingegni antichi, e moderni, e la confutazione del moto della terra, con altri varii quisiti: corretti, ampliati, e arricc'hiti in questa terza impressione per tutto dall'Autore. *Carpi*, Girolamo Vaschieri, 1620, *in-4. vél.*

11846 L'arte de Cenni, con le quale formandosi favella visibile, si tratta della muta eloquenza, che non è altro che uno facondo silentio, di Giovanni BONIFACCIO. *Vicenza*, Grossi, 1616, *in-4. v. f. d. f. tr.*

11847 Opuscoli di Vincenzo GRAMIGNA. *Firenze*, Pietro Cecconcelli, 1620, *in-4. v. f.*

11848 Fantasie varie del medesimo, publicate da Marc'Antonio FOPPA. *Roma*, nella Stamperia della rev. Camera Apost. 1628, *in-4. v. f. d. f. t.*

11849 Discorsi & corsi di penna di Giovanni FINETI, Oratore eloquentissimo, & vita sua. *Venetia*, Pietro Farri, 1621, *in-4. v. f.*

11850 Prose vulgari di Agostino MASCARDI. *Venetia*, Bartolomeo Fontana, 1630, 2 *part.* 1 *vol. in-4. v. m.*

11851 Orazioni & altre prose del Signor Giov. Bat. di Lorenzo STROZZI. *Roma*, Lodouico Grignani, 1635, *in-4. vel.*

11852 Il novissimo passatempo, politico, istorico & economico di Eugenio RAIMONDI, Bresciano, ordinato sotto a i suoi proprij capi, unita si vede tutta la morale filosofia che negl'antichi e moderni Scrittori sparsa si leggeva. *Venetia*, i Bertani, 1639, *in-4. vél.*

11853 Opuscoli del Scipione AMMIRATO. *Firenze*, Amador Massi, 1640, 3 *vol. in-4. vél.*

11854 Prose alla moda di Vegetio-Agrippino PIS-

BELLES-LETTRES.

SENI. *Fiorenza*, nella Stamperia Maffi e Landi, 1641, *in*-12. *v. f.*

CONTINENTE:

Genoclea. — Salomone. — Il Falcone. — Tarquinio superbo. — Contro la bellega. — Contro gli avari. — Contro la corte. — Orazione. — Contro li bigiaetti accademici.

11855 Sfogamenti d'ingegno di Pier. Francesco MINOZZI. *Venezia*, Turrini, 1641, *in*-12. *v. f.*

11856 Caprices héroïques du LOREDANO, trad. par CHATEAUNIERES DE GRENAILLE. *Paris*, Anth. Robinot, 1644, 2 *vol. in*-8. *v. m.*

11857 Le stuore di Gio CORONA, tessute di varia eruditione sacra, morale e profana. *Roma*, Manelfo Manelfi, 1646, *in*-4. *v. m.*

11858 Pareri accademici di D. Alessio LESMI. *Bologna*, Giacomo Monti, 1647, *in*-12. *cart.*

11859 Prose di Giovanni CIAMPOLI, Segretario de' Brevi di Gregorio XV & Urbano VIII. *Venetia*, Zaccaria Conzatti e Fratelli, 1661, *in*-12. *baz.*

11860 Il Cannocchiale Aristotelico o' sia, idea dell' arguta & ingeniosa elocutione che serve à tutta l'arte oratoria, lapidaria & simbolica, esaminata co' principii del divino Aristotele, dal Conte D. Emmanuele TESAURO, quarta impressione, accresciuta dall'Autore di due novi trattati, cioè de' concetti predicabili & de gli emblemi. *Roma*, Guglielmo Hallé, 1664, *in*-8. *vél.*

11861 Il medesimo. *Torino*, Bartolomeo Zavatta, 1670, *in*-fol. *v. m.*

11862 Il medesimo. *Venetia*, Steffano Curti, 1678, *in*-4. *vél.*

11863 Opere scelte di Ferrante PALAVICINO. *Villafranca*, 1666, *in*-12. *v. f. d. s. t.*

11864 Le stuore overo trattenimenti eruditi del Padre Gio. Stefano MENOCHIO, della Comp. di Giesu. *Venetia*, Paolo Baglioni, 1675, 6 part. 3 vol. *in*-4. *v. m.*

11865 Opere del Padre Paolo SARPI, del Ordine

POLYGRAPHES.

de' Servi. *Venetia*, Roberto Meietti, 1676 & 1677, 5 vol. in-12. v. m.

11866 Le medesime. *Helmstat*, Jacopo Mulleri, 1750, 2 tom. 1 vol. in-fol. g. pap. v. f.

11867 Lezioni accademiche d'Evangelista TORRICELLI, Matremarico del Ferdinando II, Gran-Duca di Toscana. *Firenze*, Jacopo Guiducci, 1715, in-4. vel.

11868 Prose fiorentine, raccolte dallo SMARRITO, Accademico della Crusca. *Firenze*, Santi Franchi, 1716 — 1728, 10 tom. 9 vol. in-8. v. f.

11869 Prose de gli Arcadi. *Roma*, Antonio de Rossi, 1718 & 1754, 4 vol. in-8. parch.

11870 Raccolta d'opuscoli scientifici e filologici di Angelo CALOGIERA. *Venezia*, Cristoforo Zane, 1728 à 1774, 77 vol. in-12. baz.

11871 Nuova raccolta di opuscoli di Gian-Vincenzo GRAVINA. *Napoli*, Giovan. di Simone, 1741, in-12. baz.

11872 Opuscoli volgari e latini del Conte Matteo EGIZIO. *Napoli*, Angelo Vocola, 1751, in-4. baz.

11873 Prose di Michel-Giuseppe MOREI, Custode generale d'Arcadia dette in diverse Accademie. *Roma*, Antonio de' Rossi, 1752, in-8. v. m.

11874 Opuscoli di Autori Siciliani. *Catania*, Gioachimo Pulejo, 1758 — 1760, 3 vol. in-4. v. m.

11875 Prose volgari di F. Gian. Lorenzo BERTI, Agostiniano. *Firenze*, Andrea Bonducci, 1759, in-4. baz.

11876 Opere del Conte ALGAROTTI. *Livorno*, 1764 & 1765, 8 vol. in-8. v. m.

11877 Dell'opere toscane di Fr. Girolamo DA SIENA, dell'Ordine Romitano di Santo Agostino, publicate, e di osservazioni storiche e critiche accresciute, da Fr. Ildefonso DI SAN LUIGI, Carmelitano scalzo. *Firenze*, Gaet. Cambiagi, 1770 — 1775, 6 vol. in-8. v. f. d. f. t.

BELLES-LETTRES.

Allemands, &c.

11878 Mélanges amusans, récréatifs & satyriques de littérature allemande, trad. librement de RABENER, par M. N. L. F. *Paris*, Costard, 1776, 4 part. 2 vol. *in-*12. *v. m.*

11879 Excerptum Polonicæ litteraturæ hujus atque superioris ætatis, Auctore Jo. Dan. Andr. JANOZKI, Bibliothecæ Zaluscianæ Præfecto. *Uratislaviæ*, Guil. Theoph. Kornius, 1764, 4 *t.* 1 *v. in-*8. *v. f. d. s. t.*

Anglois.

11880 Œuvres mêlées du Chevalier TEMPLE. *Utrecht*, (*Rouen*) 1693, 2 vol. *in*-12. *v. br.*

11881 Recueil de quelques pieces de M. STEELLE, trad. de l'angl. *Amsterd.* David Mortier, 1714, *in*-8. *v. br.*

11882 Traité des dissentions entre les Nobles & le Peuple dans les Républiques d'Athènes & de Rome, &c. l'art de ramper en poësie, & l'art du mensonge politique, trad. de l'anglois de SWIFT. (*Par.*) 1733, *in*-12. *v. m.*

11883 Le grand mystere, ou l'art de méditer sur la garderobe, par le même. Pensées hasardées sur les études, la grammaire, la rhétorique & la poétique, par G. L. LE SAGE. *La Haye*, 1729, *in*-12. *v. br.*

11884 Lettres historiques & philologiques du Comte D'ORRERI, sur la vie & les ouvrages de Swift. *Paris*, Lambert, 1753, *in*-12. *v. m.*

11885 Lettres sur l'enthousiasme de Mylord SHAFTES-BURY, avec sa vie, trad. de l'angl. par M. LACOMBE. *Lond.* (*Paris*) 1761, *in*-12. *v. m.*

11886 Mélanges de littérature angloise, par Madame B***. *Paris*, Prault fils, 1759, 2 *part.* 1 *vol. in*-8. *v. m.*

11887 Œuvres philosophiques de M. HUME, conten. l'histoire naturelle de la religion, trad. de l'angl. avec un examen critique & philosophique de cet

POLYGRAPHES. 427

ouvrage. Differtations fur les paffions, fur la tragédie, fur la regle du goût, trad. de l'angl. *Amſterd.* (*Lyon*) 1759, 2 *tom.* 1 *vol. in-8. v. m. baz.*

11888 La vie de David Hume, écrite par lui-même, trad. de l'angl. *Londres, (Par.)* 1777, *in-8. v. m.*

11889 Expofé fuccinct de la conteftation entre M. Hume & J. J. Rouffeau. *Londres, (Par.)* 1766, *in-12. v. m.*

11890 Précis pour J. J. Rouffeau, en réponfe à l'expofé fuccinct de M. Hume. *Sans nom de Ville,* 1767, *in-12. v. m.*

11891 Plaidoyer pour & contre J. J. Rouffeau & D. Hume. *Paris, du Four,* 1768, *in-12. v. m.*

11892 Les vrais Quakers, *ou les exhortations, harangues & prédictions des vrais Serviteurs du Seigneur Dieu à un méchant Frere, fpécialement au fujet de fes maximes fur le luxe & de fes perfécutions contre un Frere dans le malheur; ouvrage pofthume, à la fuite duquel on a joint le parallele le plus curieux de deux célebres Littérateurs; & plufieurs pieces critiques, morales & philofophiques, fous le titre de Correfpondance entre un Oncle & fon Neveu.* Londres, 1771, *in-8. v. f. d. f. t.*

11893 Collection Britannique, *ou recueil de morceaux choifis en tous genres, trad. ou extraits de l'angl.* Amfterd. (1763) 2 *vol. in-12. v. m.*

11894 Anecdotes & pieces mêlées, trad. de l'angl. *La Haye, Hoffman,* 1763, *in-8. v. m.*

11895 Variétés angloifes. *Londres, (Avignon)* 1770, *in-12. v. f.*

DIALOGUES ET ENTRETIENS.

Grecs & Latins.

11896 LUCIANI dialogi aliquot, per D. ERASMUM verfi, ac Nicolao Busco, Ducenfi, fuccinctis pariter & eruditis fcholijs explanati, recens per eundem diligenter recogniti. *Parifiis,* Joan. de Harfy, 1531, *in-8. m. bl.*

11897 I dilettevoli dialogi, le vere narrationi, le facete epistole di LUCIANO, Philosopho, di greco in volgare nuovamente tradotte & historiate. *Vineg.* Nicolo di Aristotile detto Zoppino, 1525, *in-8. vel.*

11898 Li medesimi. *Vinegia*, Francesco Bindoni & Mapheo Pasini Compagni, 1527, *in-8. fig. v. f. d. s. t.*

11899 Li medesimi. *Venegia*, Bernardin Bindon, 1543, *in-8. fig. v. f. d. s. tr.*

11900 I medesimi, tradotti per M. Nicolo DE LONIGO, & historiate & di nuovo accuratamente reviste & emendate, (con fig.) *Venetia*, Giovanni de Farri, 1541, *in-8. v. m.*

11901 Des. ERASMI, Roterod. colloquia nunc emendatiora. *Amst.* ex officina Elzevir. 1662, *in-12. v. br.*

11902 Eadem, cum notis variorum, accurante Corn. SCHREVELIO. *Lugd. Batavorum*, Hackius, 1664, *in-8. v. f. d. s. t.*

11903 Les entretiens familiers d'ERASME, trad. par CHAPPUZEAU. *Paris*, Louis Billaine, 1662, *in-12. v. br.*

11904 I dialoghi di Polidoro VERGILIO, tradotti per Francesco BALDELLI, della pacienza & del frutto di quella, della vita perfetta, della verità & della bugia, de' prodigij. *Vinegia*, Gab. Giolito di Ferrari, 1550, *in-8. vel.*

11905 Benedicti ACCOLTI, Aretini, dialogus de præstantia virorum sui ævi. *Parmæ*, hæredes Marii Vignæ, 1692, *in-8. v. m.*

11906 Pasquillus Ecstaticus, non ille prior, sed totus plane alter, auctus & expolitus; cum aliquot aliis sanctis pariter & lepidis dialogis Cœlii-Secundi CURIONIS. *Genevæ*, J. Girardus, 1544, *in-8. v. f.*
(Edition très-belle & très-rare.)

François.

11907 Cymbalum mundi, *ou* dialogues satyriques sur différens sujets, par Bonaventure DES PERIERS, avec une lettre critique dans laquelle on fait l'histoire, l'analyse & l'apologie de cet ouvrage, par Prosper MARCHAND. *Amsterd.* (*Trévoux.*) 1732, *in*-12. *v. f.*

11908 Les dialogues de Loys LE CARON, sur différentes matieres de philosophie & de morale. *Paris*, Sertenas, 1556, *in*-8. *v. m.*

11909 Les dialogues de feu Jacques TAHUREAU, où les vices d'un chacun sont repris fort asprement, pour nous animer davantage à les fuir, & suyvre la vertu. *Lyon*, P. Rigaud, 1602, *in*-16. *v. f. d. s. t.*

11910 Dialogue de la mode & de la nature, seconde édition. 1662, *in*-12. *v. m.*

11911 Hexameron rustique, ou les six journées passées à la campagne entre des personnes studieuses, (par LA MOTHE LE VAYER.) *Amst.* Jacq. le jeune. 1671, *in*-12. *v. f.*

11912 Cinq dialogues à l'imitation des Anciens, par Oratius TUBERO. *Mons*, Paul de la Fleche, 1671, *in*-12. *v. f. d. s. tr.* (*la mothe le Vayer.*)

CONTENANT:

De la philosophie sceptique. ══ Le banquet sceptique. La vie privée. ══ Des rares & eminentes qualités des aînes de ce temps. ══ De la diversité des religions.

11913 Les entretiens familiers des animaux parlans, où sont découverts les plus importans sujets de l'Europe, dans la conjoncture de ce temps, avec la clef. *Amst.* de Wit, 1672, *in*-12. *v. m.*

11914 Dialogue des animaux. *Paris*, Ribou, 1703, *in*-12. *v. f. d. s. t.*

11915 Dialogues des animaux, ou le bonheur. *Berlin*, Pitra, 1763, *in*-12. *v. m.*

11916 Nouveaux dialogues des morts, par DE FONTENELLE, troisieme édit. *Paris*, Blageart, 1683, 2 *tom.* 1 *vol. in*-12. *v. f.*

11917 Jugement de Pluton sur les deux parties des *Nouveaux dialogues des morts*. *Paris*, Mich. Brunet, 1703, *in*-12. *v. br.*

11918 Nouveaux dialogues des Dieux, pour le diver-

430   BELLES-LETTRES.

tissement de Monseigneur le Duc de Bourgogne; (par le Sieur Scion, D. M.) *Paris, P. Aubouin, 1686, in-12. v. f.*

11919 Césarion, *ou entretiens divers*, (par l'Abbé de Saint-Réal.) *Paris, Cl. Barbin, 1684, in-12. v. f. d. s. t.*

11920 Dialogues satyriques & moraux, par M. Petit. *Lyon, Amaulry, 1687, in-12. v. f. d. s. t.*

11921 Les Philosophes à l'encan, dialogues, par l'Abbé Bordelon. *Par. Musier, 1690, in-12. v. f.*

11922 Caractères naturels des hommes, en cent dialogues, par le même. *Bruxelles, Léonard, 1692, in-12. v. f. d. s. t.*

11923 Lucien en belle humeur, *ou nouvelles conversations des morts. Amsterd. Ant. Michiels, 1694, 2 vol. in-12. v. m.*

11924 La métamorphose des Dieux Mome & Mercure, dialogue, par le Chevalier d'Aboundous. *Cologne, (Par.) 1694, in-12. v. m.*

11925 Livre sans nom, divisé en cinq dialogues. *Paris, M. Brunet, 1695, in-12. v. br.*

11926 Dialogues des vivans, avec une relation des Champs-Elisées, par le même. *Paris, Prault, 1717, in-12. v. br.*

11927 Les Solitaires en belle humeur, entretiens recueillis des papiers de feu le Marquis de M.*** *Paris, (Amst.) 1725 — 1736, 3 vol. in-12. v. br.*

11928 Dialogues critiques & philosophiques, par l'Abbé de Chartelivry. *Amsterd. Bernard, 1730, in-12. v. f. d. s. t.*

11929 Journée calotine, en deux dialogues. *Moropol. (Par.) 1732, in-8. v. m.*

11930 Le monde fou, préféré au monde sage, en XXIV promenades de trois amis, nouvelle édit. augm. de deux lettres. *Amst. (Lauzanne) 1733, 2 vol. in-8. v. m.*

11931 Dialogue du curieux Eraclite, représenté à trois

DIALOGUES. 431

personages, à sçavoir, Démocrite, Héraclite & la Déesse Sibylle Cumene. (*Sans frontisp.*) *in-8. v. br.*

11932 Nouveaux dialogues des morts. (Par.) 1753, 2 *vol. in-12. v. m.*

11933 Dialogues moraux, suivis de l'hist. d'un Baron Picard, par M. DE C***. Paris, (1768) 2 part. 1 *vol. in-12. v. m.*

11934 Dialogues moraux d'un Petit-Maître philosophe & d'une Femme raisonnable, & histoire d'un Baron Picard. Lond. (Par.) 1774; *in-12. v. f. d. f. t.*

11935 L'Ombre de Colardeau aux Champs-Elisées, & autres choses venant de l'autre monde, mise au jour par l'Auteur du Théâtre de Famille. Paris, le Jay, 1776, *in-8. cart.*

11936 Raisons naturelles & morales de toutes choses qui tombent ordinairement en devis familiers. Lyon, Rigaud, 1586, *in-16. cart.*

11937 La maison des Jeux, où se trouvent les divertissemens d'une compagnie, par des narrations agréables, & par des jeux d'esprit & autres entretiens d'une honneste conversation. Paris, de Sercy, 1642, *in-8. velin.*

11938 La même, par C. D. M. S. Paris, Sommaville, 1657, 2 *vol. in-8. mar. r.*

11939 Les entretiens galans d'Aristipe & d'Axiane, contenant le langage des Têtons & leur panégyrique; le dialogue du Fard & des Mouches; d'un grand miroir & d'un miroir de poche; du masque & des gands, avec plusieurs autres galanteries. Par. Cl. Barbin, 1664, *in-12. mar. r.*

11940 Les entretiens du Luxembourg, sur l'utilité de la promenade & sur un voyage fait depuis peu en Flandres, par M. DE R. H. Paris, Louis Billaine, 1666, *in-12. v. m.*

11941 Les entretiens d'Ariste & d'Eugene, par le P. BOUHOURS. Paris, Cramoisy, 1673, *in-12. v. f. d. f. tr.*

11942 Sentimens de Cléante, sur les *Entretiens d'A-*

riste & d'Eugene, par Jean BARBIER DAUCOUR,
Paris, le Monnier, 1671, *in-*12. *mar. r.*

11943 Lettres sur les dialogues d'Eudoxe & Philanthe, *ou sur la Maniere de penser du P. Bouhours.*
Paris, Cramoisy, 1688, *in-*12. *mar. r.*

11944 Considerazioni sopra un libro francese intitolato : *la maniere de bien penser dans les Ouvrages d'esprit*, divise in sette dialogi, ne quali s'agitano alcune quistioni, rettoriche e poetiche, e si difendono molti passi di Poeti e di Prosatori Italiani, condannati dall'Autore Francese. *Bologna*, Constantino Pizarri, 1703, *grand in-*8. *vél.*

11945 Ragionamento di Biagio GAROFALO, in difesa delle considerazioni sopra il libro *della maniera di ben pensare*, ove si stabiliscono gli argomenti di esse considerazioni, e si dichiarano varj luoghi d'Autori Greci à torto impugnati, impressione seconda, con una lettera latina nel medesimo suggetto. *Roma*, Francesco Gonzaga, 1709, *in-*8. *v. m.*

11946 Lettere di diversi Autori in proposito delle considerazioni del marchese Giovan-Gioseffo ORSI, sopra il famoso libro francese intitolato : *La maniere de bien penser dans les Ouvrages d'esprit. Bologna*, Costantino Pizarri, 1707, *in-*4. *v. f. d. s. t.*

11947 Tre lettere di Francesco BOTTAZZONI, Bolognese, all' Signor Bernardo Trevisano, Nobile Veneto, alle quali ha datta occasione una scrittura critica divulgatasi ultimamente col titolo di *Lettera toccante le considerazioni sopra l'arte di ben pensare.*
Padova, Giuseppe Corona, 1707, *in-*8. *vél.*

11948 Osservazioni critiche di Girolamo BARUFFALDI, Ferrarese, nelle quali esaminandosi la lettera toccante le considerazioni del marchese Gian-Giuseppe Orsi, sopra la *maniera di ben pensare ne componimenti*, scritta da un Accademico ****, al Sig. Conte di **** l'anno 1705, si trattano varij argomenti rettorici, poetici & altri, che appartengono alla filosofia, alle belle lettere, & ad altre

facoltà

DIALOGUES. 433

facoltà scientifiche. *Venezia*, Gio. Gabbriello Ertz, 1710, *in-8. vél.*

11949 Entretiens galans. *Paris*, Ribou, 1681, 2 *vol. in-12. mar. r.*

11950 L'entretien des bonnes compagnies, par DES FONTAINES. *Paris*, Muſier, 1700, *in-8. v. m.*

11951 Entretiens des Caffés de Paris, & les différens qui y ſurviennent, par M. le C. DE M***. *Trévoux*, Ganeau, 1702, *in-12. v. f. d. ſ. t.*

11952 Entretiens ſur divers ſujets d'hiſtoire, de politique & de morale, par l'Abbé DE GAREMBOURG. *Paris*, Florentin Delaulne, 1704, *in-12. v. br.*

11953 Entretiens littéraires & galans, avec les aventures de Palmerin & de Thamire, par DU PERRON DE CASTERA. *Paris*, veuve Piſſot, 1738, 2 *vol. in-12. v. m.*

11954 Entretiens nocturnes de Mercure & de la renommée au jardin des Thuileries, par Madame DE GOMEZ. *Paris*, Leclerc, 1731, *in-12. v. br.*

11955 Les Thuilleries (en quatre entretiens.) *Paris*, Clément, 1741, *in-12. v. m.*

Espagnols & Italiens.

11956 Trois dialogues de Pierre MESSIE, touchant la nature du ſoleil, de la terre & de toutes choſes qui ſe font & apparoiſſent en l'air. *Paris*, Morel, 1571, *in-8. v. m.*

11957 Dialoghi di Pietro MESSIA, tradotti nuovamente di ſpagnuolo in volgare, da Alfonſo D'ULLOA. *Venetia*, Plinnio Pietraſanta, 1557, *in-4. vel.*

11958 Dialogós de Apacible entretenimiento, por Gaſpar-Lucas HIDALGO. *Bruſſellas*, Roger Velpius, 1610, *in-12. v. f.*

11959 Dialogi di Antonio BRUCIOLI. *Vinegia*, Gregorio de Gregori, 1526, *in-fol. v. ſ. d. ſ. t.*

11960 Dialogi del medeſimo, della naturale philoſophia humana. *Venetia*, Aleſſandro Brucioli, 1545.

Tome III.   E e

BELLES-LETTRES.

= Dialogi del medesimo, della morale philosophia. *Venetia*, Barth. Zanetti, 1538, *in-4. vél.*

11961 Dialogi piacevoli di Nicolo FRANCO. *Venet.* Joannes-Giolitus de Ferrariis, 1539, *in-8. vél.*

11962 I medesimi. *Vinegia*, Gabriel Giolito de Ferrari, 1545, *in-8. vél.*

11963 I medesimi. *Venegia*, Gabriel Giolito, 1554, *in-12. mar. cit.*

11964 I medesimi, espurgati da Girol. Gioannini DA CAPUGNANO. *Venetia*, Pietro Farri, 1609, *in-8. vélin.*

11965 Dialogo del medesimo, dove si ragiona delle Bellezze. *Casale di Monferrato*, Giovan Antonio Guidone, 1542, *in-4. v. f. d. s. t.*

11966 I dialogi di Speron SPERONE. *Vinegia*, Figliuoli di Aldo, 1542. = Lettere del medesimo, 1605, *in-8. v. f. d. s. t.*

11967 I medesimi, nuovamente ristampati, & con molta diligenza riveduti & corretti. *Vinegia*, Figl. di Aldo, 1543, *in-8. v. f. d. s. t.*

11968 I medesimi. *Vinegia*, Figliuoli di Aldo, 1552, *in-8. vel.*

11969 I medesimi. *Vinegia*, Giglio, 1558, *in-8. v. f. d. s. tr.*

11970 I medesimi, à quali sono aggiunti molti altri non più stampati, & di più l'apologia de i Primi. *Venetia*, Roberto Meietti, 1596, *in-4. vél.*

11971 I medesimi. *Venetia*, Roberto Meietti, 1596, *in-4. mar. r.*

11972 Les dialogues de Speron SPERONÉ, trad. en françois par Claude GRUGET. *Paris*, Groulleau, 1551, *in-8. mar. r.*

11973 Dialogi del GELLO. *Fiorenza*, Doni, 1546, *in-4. baz.*

11974 Dialoghi della vita & morte, composti per Innocentio RINGHIERI. *Bologna*, Anselmo Giaccarello, 1550, *in-8. vél.*

11975 Ragionamenti di Paolo CHAGGIO, di Palermo,

DIALOGUES.

ne quali egli introduce tre suoi amici, che naturalmente discorrono intorno à una uaga fontana, in ueder se la uita cittadinesca sia più felice, del uiuer solitario fuor le città, e nelle uille. *Venetia*, al segno del Pozzo, 1551, *in-8. cart.*

11976 Dialogi di Messer Alessandro LIONARDI, della inventione poetica, & insieme di quanto alla istoria & all'arte oratoria s'appartienne, & del modo di finger la favola. *Venetia*, Plinio Pietrasanta, 1554, *in-4. vél.*

11977 Il Cesano, dialogo di Claudio TOLOMEI, nel quale da più dotti huomini si disputa del nome, col quale si dee ragionevolmente chiamare la volgar lingua. *Vinegia*, Gab. Giolito de Ferrari & Fratelli, 1555, *in-4. vél.*

11978 La villa dialogo di Bartolomeo TAEGIO. *Melano*, Francesco Moscheni, 1559, *in-4. vél.*

11979 Dialogo pio & speculativo, con diverse sentenze latine & volgari, di Gabriel SYMEONI, Fiorentino. *Lione*, Guglielmo Roviglio, 1560, *in-4. v. f. d. s. t.*

11980 Due dialogi di Giovanni-Andrea GILIO da Fabriano, nel primo de quali si ragiona de le parti morali e civili appertenenti a letterati Cortigiani, & ad ogni Gentil'huomo, e l'utile che i Principi cavano da i Letterati. Nel secondo si ragiona de gli errori de Pittori circa l'historie; con molte annotationi fatte sopra il giuditio di Michelangelo, & altre figure, tanto de la vecchia, quanto de la nova Cappella: & in che modo vogliono esser dipinte le sacre imagini, con un discorso sopra la parola urbe, città &c. e qual sia la vera città. *Camerino*, Ant. Gioioso, 1564, *in-4. vél.*

11981 La civil conversatione del Sig. Stefano GUAZZO, Gentilhuomo di Casale di Monferrato, divisa in quattro libri. *Brescia*, Tomaso Bozzola, 1574, *in 4. vél.*

11982 Dialoghi piacevoli del medesimo, dalla cui

potranno non folo gli huomini, ma ancora le donne raccogliere diverfi frutti morali & fpirituali. *Venetia*, Gio. Ant. Bertano, 1586, *in*-4. *v. f. d. f. t.*

11983 I medefimi. *Venetia*, Gio. Ant. Bertano, 1586, *in*·4. *v. f. d. f. t.*

11984 L'eris d'amore, dialogo, di Don Pietro-Paolo Porro. *Milano*. Paolo-Gottardo Pontio, 1575, *in*-4. *v. f.*

11985 Dialogues philofophiques, italiens-françois, touchant la vie civile, trad. de J. B. Giraldi par Gabr. Chappuis, avec le texte à côté. *Paris*, l'Angelier, 1583, *in*-12. *v. m.*

11986 Il Lafca dialogo: Crufcata ouuer Paradoffo d'or-mannozzo rigogoli: riuifto e ampliato da Panico Granacci, Cittadini di Firenze, e Accademici della Crufca, nel quale fi moftra che non importa che la ftoria fia vera, e quiftionafi per incidenza alcuna cofa contra la poefia. *Firenze*, Domenico Manzani, 1584, *in*-8. *v. f.*

11987 Il Caftiglione, overo dell' arme di nobilta, dialogo del Signor Pietro Gritio da Jefi, nuova-mente pofto in luce da Antonio Beffa Negrini. *Mantova*, Francefco Ofanna, 1587, *in*-4. *v. m.*

11988 Dell'ammogliarfi piacevole contefa frà i due moderni Taffi, Hercole, cioè & Torquato, Gen-tilhuomini Bergamafchi, quegli dando a vedere la felicità de' maritati; & quefti all'incontro, che beati fiano dimoftrando quarta editione. *Bergamo*, Co-mino Ventura, in-4. *v. m.*

11989 I medefimi, quarta editione. *Bergamo*, Comino Ventura, 1600, *in*-4. *v. f. d. f. t.*

11990 Hercole Difenfore d'Homero, dialogo, del Ciro Spontone, nel quale oltre ad alcune nobi-liffime materie, fi tratte de' tiranni, delle congiure contro di loro, della magia naturale, & dell'officio Donnefco. *Verona*, Girolamo Difcepolo, 1595, *in*-8. *v. m.*

DIALOGUES. 437

11991 Dialoghi morali, di Gio. Batt. CLARIO. *Venet.* Gio. Batt. Ciotti, 1608, *in-8. vél.*

11992 Dialoghi di Lodovico DOMENICHI. *Vinegia*, Gabr. Giolito de Ferrari, 1662, *in-8. v. f. d. f. t.*

Allemands & Anglois.

11993 Entretiens des Ombres aux Champs-Elisées sur divers sujets d'histoire, de politique & de morale, trad. de l'allem. par Valentin JUNGERMAN. *Amsterd.* Uytwerf, 1723, 2 *vol. in-*12. *v. f.*

11994 Socrate en délire, *ou* dialogues de DIOGENE de Synope, trad. de l'allem. de WIELAND. *Dresde,* 1772, *in-8. v. f. d. f. t.*

11995 Dialogues des morts, trad. de l'angl. par DE JONCOURT. *La Haye,* P. de Hondt, 1760, *in-8. v. m.*

11996 L'Hôpital des foux, dialogue, trad. de l'angl. *Paris,* Jorry, 1765, *in-8. gr. pap. v. m.*

ÉPISTOLAIRES.

Traités du Style épistolaire.

11997 Del Secretario di Franc. SANSOVINO, lib. VII, nel quale si mostra & insegna il modo di scriver lettere acconciamente & con arte, in qual si voglia sogetto. *Venetia,* gli Heredi di Vincenzo Valgrisi, 1580, *in-8. vél.*

11998 Del Buon Segretario, libri tre, di Angelo INGEGNERI. *Roma,* Guglielmo Faciotto, 1594, *in-*4. *v. f. d. f. t.*

11999 Il Segretario, dialogo di Battista GUARINI, nel qual non sol si tratta dell[...] del Secretario, & del modo del compor lettere, [...] sono sparsi infiniti concetti alla retorica, alla loica & alle morali pertinenti. *Venetia,* Ruberto Megietti, 1594, *in-*4. *v. f. d. f. tr.*

12000 Il Secretario, opera di Giulio-Cesare CAPUCCIO, Napolitano, ove quanto conviene allo scriver familiare, insieme col primo volume di lettere dell'

E e 3

isteſſo Autore; in queſta terza editione accreſciuto, & emendato. *Venetia*, Nicolò Moretti, 1597, 2 part. 1 vol. in-8. vél.

12001 Giardino de ſcrittori, di Marc'Antonio Rossi, nel quale ſi vede il vero modo di ſcriver faciliſſimamente tutte le ſorte di lettere, che al preſente ſono in uſo, & che ſono neceſſarie ad ogni qualità di perſona, con un alfabeto di majuſcole antich. Rom. fatte per ragion di geometria. *Roma*, Marc'Antonio, 1598, in-4. obl. fig. v. f. d. ſ. tr.

12002 L'idea del Segretario, da Bartolomeo Zucchi, rappreſentata in un trattato dell' imitatione, e nelle lettere di Principi e d'altri Signori, dal medeſimo Sig. Zucchi in queſta terza editione accreſciuta & abbellita. *Vinetia*, la Comp. Minima, 1606, 5 part. 2 vol. in-4. vél.

12002* L'idea di varie lettere uſate nella Segretaria d'ogni Principe & Signore, con diverſi principii, concetti, e fini di lettere e miſſive, & con una breve regola dell'ortografia nella lingua volgare, di nuovo reviſta e corretta dall'Autore; aggiontovi di nuovo altre, in diverſi generi; & altri nuovi concetti di Cornellio P. Tacito: con varii ſopraſcritti, & ſubſcrittioni da darſi à diverſi perſonnaggi, ſecondo l'uſo più commune della Corte romana di D. Benedetto Pvcci, Monaco Camaldoleſe. *Venetia*, Bernardo Giunti, 1612, in-4. vél.

12003 Le buone feſte & altre lettere di complimenti miſti non più ſtampate, & hora poſta in luce da Sebaſtiano Bonomi. *Bologna*, Gio. Batt. Bellagamba, 1613, in-4. cart.

12003* Lettres ſur toutes ſortes de ſujets, avec des avis ſur la maniere de les écrire, & des réponſes ſur chaque eſpece de lettres, par de Vaumoriere. *Paris*, Jean & Michel Guignard, 1706, 2 vol. in-12. v. f.

12004 Modeles de lettres ſur différens ſujets. *Lyon*, P. Bruyſet-Ponthus, 1761, in-12. v. m.

ÉPISTOLAIRES.

12005 Le nouveau Secrétaire de la Cour, contenant une instruction pour se former dans le style épistolaire, le cérémonial des lettres & les regles de bienséance qu'il faut observer dans les lettres que l'on écrit, avec les titres dont on qualifie toutes sortes de personnes, &c. *Paris*, Samson, 1768, 2 *vol. in*-12. *v. f.*.

12005 * Lettres choisies des Auteurs François les plus célebres, pour servir de modele aux personnes qui veulent se former dans le style épistolaire; précédées des regles à observer dans les divers genres de sujets sur lesquels on a occasion d'écrire, & du cérémonial qui est en usage, (par M. ALLETZ.) *Paris*, Guillin, 1768, 2 *vol. in*-12. *baz*.

Lettres en grec.

12006 PHALARIDIS & BRUTI epistolæ, his præfixa epistolarum conscribendarum methodus, græcè & latinè. *Parisiis*, Hyeronymus Commelinus, 1597, *in*-8. *v. f. d. s. t.*

12007 Epistolæ PHALARIDIS, Agrigentinorum Tyranni, *seu*, ut Politianus sentit, LUCIANI: (&, ut ad calcem legitur, quas à Luciano sumptis, è Phalaridis vitâ ac moribus, argumentis scriptas esse putavit Politianus.) *Parisiis*, Regnault Chaudiere, *in*-4. *cart.* (imparf. trois feuillets à moitié déchirés.)
Typis rotundis, sine reclamantibus & registro.

12008 Epîtres de PHALARIS & d'ISOCRATE, avec le Manuel d'ÉPICTETE, trad. du grec en franç. savoir, les Epîtres de PHALARIS, par Claude GRUGET; celles d'ISOCRATE, par Loys DE MATHA; le Manuel d'ÉPICTETE, par Ant. DU MOULIN. *Anvers*, Christ. Plantin, 1558, *in*-12. *mar. r.*

12009 L'epistole di PHALARIDE, Tiranno de gli Agrigentini, tradotte in lingua volgare italiana. *Vinegia*, Gab. Giolito de Ferrari, 1545, *in*-8. *v. m.*

12010 Le medesime. *Vinegia*, Gab. Giol. de Ferrari, 1549, *in*-8. *vel.*

E e 4

12011 Lettere del gran MAHUMETO, Imperadore de' Turchi, scritte a diversi Re, Principi, Signori e Republiche, con le risposte loro; ridotte nella volgar lingua da Lodovico DOLCE, insieme con le lettere di FALARIDE, Tiranno de gli Agrigentini. *Vinegia*, Gab. Giolito de Ferrari, 1563, *in-8. vel.*

12012 BRUTI Epistolæ e græco in latinum conversæ, incerto autore. *Lutetiæ*, Christop. Wechel, 1528. = Descriptio partium & succincta utilitatum elucidatio quadrantis cujusdam universalis, quidem & æque facilis cum vulgato astrolabio, *sive* planisphærio commoditatis, Orontio FINEO, Delphinate autore. *Lutetiæ-Parisiis*, Nic. Savetier, 1527, *in-8. v. f. d. f. t.*

12013 THEMISTOCLIS Epistolæ græcè & latinè, interprete CARYOPHILO, Archiepiscopo Iconiensi; recensuit & notis illustravit Christianus SCHOETTGENIUS. *Lipsiæ*, Vidua Frommanni, 1710, *in-8. v. f. d. f. tr.*

12014 ARISTÆNETI Epistolæ, cum emendationibus ac conjecturis Josiæ MERCERI, Jo. Cornelii DE PAUW, &c. necnon ineditis antehac J. TOLLII, Jacobi-Philippi D'ORVILLII, Lud.-Gaspari VALCKENARII, aliorumque, curante Friderico-Ludovico ABRESCH, qui suas lectiones addidit. *Zwollæ*, Joan. Car. Royaards, 1749, *in-8. v. f. d. f. t.*

12015 Lettres galantes d'ARISTENETE, traduites du grec. *Rotterdam*, (Par.) 1695, *in-12. v. br.*

12016 Les mêmes, avec celles d'ALCHIPHRON, trad. du grec. *Londres*, Compagnie, 1739, *in-12. v. m.*

12017 Lettres d'ASPASIE, tr. du grec. *Amst.* (Paris) 1756, *in-12. mar. r.*

Auteurs Latins anciens.

12018 M. T. CICERONIS, ad familiares Epistolæ, interpretatione & notis illustravit Philibertus QUARTIER, in usum Delphini. *Parisiis*, Thierry, 1685, *in-4. v. m.*

ÉPISTOLAIRES.

12019 Eædem, ex recensione J. G. GRÆVII, cum ejusdem animadversionibus auctis, & notis integris P. VICTORII, Pauli MANUTII, Hier. RAGAZONII, D. LAMBINI, F. URSINI, necnon selectis Jo. Fr. GRONOVII, & aliorum. *Amst.* P. & J. Blaeu, 1693, 2 vol. *in-*8. *velin.*

12020 Le Epistole famigliari di CICERONE, trad. di nuovo, e quasi in infiniti luoghi corrette, da Aldo MANUTIO. *Venetia*, Aldo, 1563, *in-*8. *vel.*

12021 Le Lettere familiari latine del medesimo, e d'altri Auttori, commentate in lingua volgare toscana da Giovanni FABRINI, da Fighine, con ordine che in volgare e commento del latino & il latino del volgare, ambedue le lingue dichiarandosi l'una con l'altra, di nuovo ristampate, & con somma diligenza ricorrette, & aggiuntevi alcune annotationi ne i margini che illustrano grandemente il testo, ci sono ultimamente aggiunte da Filippo VENUTI da Cortona, l'osservationi da esprimere tutte le parole, & concetti volgari latinamente, secondo l'uso di Cicerone. *Venetia*, Sessa, 1629, *in-fol. v. f.*

12022 Epistola ad Augustinum Mapheum, per Bartholomeum SALICETUM, Bononiensem & Ludovicum REGIUM, Corneliensem; M. T. CICERONIS Epistolæ ad Brutum, ad Q. C. fratrem, libri tres; ad Octauium; ad T. P. Atticum. T. P. Attici vita per Cornelium NEPOTEM; Pomponii LÆTI Epigramma ad Augustinum Maffeum; alia Epistola ad Augustinum Maffeum, per Ludovicum REGIUM, Corneliensem. (*Romæ*) *in-fol. v. f.*

Typis rotundis & nitidis, sine reclamantibus, ciffris, litteris initialibus majoribus, parvis tantùm indicantibus, in hoc tamen exemplari depictis majoribus, cum registro.

12023 I modi piu communi con che ha scritto CICERONE le sue Epistole, secondo i generi di qualle, con altre cose, raccolti da M. Oratio TOSCANELLA. *Vinegia*, Bolognino Zaltieri, 1559, *in-*4. *cart.*

12024 Locutioni dell'Epistole di Cicerone scielte da Aldo MANUTIO. *Venetia*, 1573, *in-8. vel.*

12025 Lettres de CICERON à M. Brutus, & de M. Brutus à Ciceron, tr. par l'Abbé PREVOST. *Paris*, Didot, 1744, *in-12. v. f.*

12026 M. Tullii CICERONIS Epistolarum libri xvj, ad T. Pomponium Atticum, ex recensione Joan. Georg. GRÆVII, cum ejusdem animadversionibus, & notis integris Petri VICTORII, Paulli MANUTII, Leonardi MALESPINÆ, D. LAMBINI, Fulvii URSINI, Sim. BOSII, Fr. JUNII, Auf. POPMÆ, necnon selectis Seb. CORRADI, IS. CASAUBONI, Joan.-Fred. GRONOVII, & aliorum. *Amstelædami*, Blaeu, 1684, 2 *vol. in-8. velin.*

12027 Lettres de CICERON à Atticus, traduites par César VISCHARD DE S. RÉAL. *Paris*, Barbin, 1691, 2 *vol. in-12. m. r.*

12028 Les mêmes, avec des remarques, par L. MONGAULT. *Paris*, Delaulne, 1714, 6 *vol. in-12. v. f.*

12029 La même traduct., nouv. édit. revue & corr. *Paris*, (Liege) 1775, 4 *vol. in-12. v. f. d. s. t.*

12030 L'Epistole di CICERONE ad Attico, fatte volgare da Matteo SENAREGA. *Vinegia*, Figliuoli di Aldo, 1555, *in-8. velin.*

12031 PLINII SECUNDI Epistolarum libri X, Panegyricus Trajano dictus, & de viris illustribus in re militari, & in administranda republica. SUETONII TRANQUILLI, de claris grammaticis & rhetoribus. Julii OBSEQUENTIS, prodigiorum liber. *Venetia*, Aldus, 1518, *in-8. v. f. d. s. t.*

12032 Iidem, cum notis IS. CASAUBONI, Jani GRUTERI, H. STEPHANI, Augusti BUCHNERI, Casp. BARTHII, Joh.-Fred. GRONOVII, selectissimisque Joh.-Mariæ CATANÆI, RITTERSUSII, & aliorum, insertis suo loco commentariis Franc. BALDUINI, Cunr. RITTERSUSII, & Gerh.-Jo.

ÉPISTOLAIRES. 443

Vossii, recensiti à Joan. Veenhusio. *Lugduni-Bat.* Hackius, 1669, *in*-8. *v. f. d. f. t.*

12033 Les Lettres de Pline le Conful, par De La Mesnardiere. *Paris*, de Sommaville, 1643, *in*-12. *v. f. d. f. tr.*

12034 Epiſtole di G. Plinio, di Fr. Petrarca, del Pico della Mirandola, & d'altri excellentiſſimi huomini, trad. per Lod. Dolce. *Vin. Gab.-Gio.* de Ferrari, 1548, *in*-8. *vel.*

12035 Epiſtres de L. Annæe Seneque, Philoſophe très-excellent, tr. en franç. avec le Cléandre, *ou* de l'honneur & de la vaillance, par M. de Pressac, ſeconde édition. *Paris*, Guill. Chaudiere, 1586, *in*-8. *v. f. d. f. t.*

12036 L'Epiſtole di Senecca, ridotte nella lingua toſcana, per il Doni. *Vinegia*, Aurelio Pincio, 1549, *in*-8. *vél.*

12037 Volgarizzamento dell' epiſtole, del medeſimo, e del trattato della Providenza di Dio. *Firenze*, Gio-Gaetano Tartini, 1717, *in*-4. *baz.*

12038 Q. Aurelii Symmachi Epiſtolarum libri decem, cum D. Ambrosii nonnullis. *Venetia, Lugd.-Batav.* Wingendord, 1653, *in*-12. *m. r.*

Auteurs Latins modernes.

12039 Lettres d'Heloïse à Abaillard. *Amſt.* (*Rouen*) 1693, *in*-12. *v. m.*

12040 Les mêmes, & Reſponſes d'Abailard à la Lettre d'Héloïſe. *Amſterdam,* (*Rouen*) 1693 & 1695, *in*-12. *v. m.*

12041 Hiſtoire des amours & infortunes d'Abelard & d'Eloïſe, par N. F. Dubois, avec la traduct. des lettres qu'ils s'écrivirent l'un à l'autre. *La Haye,* van Dole, 1711, *in*-12. *v. m.*

12042 Leonardi Bruni Arretini Epiſtolarum libri VIII, ad fidem codd. mſſ. ſuppleti & caſtigati, & pluſquam XXXVI Epiſtolis, quæ in editione quoque Fabriciana deerant, locupletati, recensente Laurentio Mehus, qui Leonardi vitam scripsit, Manetti & Poggii orationes præmisit, indices, animadversiones, præfationemque adjecit, librumque nonum, ac decimum in lucem protulit; accessêre ejusdem Epistolæ Populi Florentini nomine scriptæ, nunc primum ex codd. mss. in lucem erutæ. *Florentiæ*, Joseph. Rigaccius, 1731, 2 *vol. in-*8. *v. f. d. s. t.*

12043 Epistolæ familiares Joan.- Ant. Campani, clarissimi oratoris, per Josephum Horlennium, ex opere ejus epistolari diligenter selectæ. *Coloniæ*, ex edibus Quentelianis, 1516, *in-*4. *got. cart.*

Typis vulgo *de somme* dictis, sine reclamantibus, ciffris, registro, 20 folia complectens.

12044 Caroli Fernandi, Brugensis, Musici Regii, ad Robert. Gaguinum, Ministrum generalem Ord. S. Trinit. Epistolæ familiares. *Sans date, in-*4. *cart.*

Typis rotundis, sine titulo, reclamantibus, ciffris, litteris initialibus, parvis indicantibus, majoribus tamen depictis, 28 folia complectens.

12045 Joannis Tritemii Epistolarum familiarium libri duo. *Haganoæ*, Brubachius, 1536, *in-*4. *v. m.*

12046 Epistolæ parœmiales ac morales, P.- Fausti Andrelini, Foroliviensis, poetæ atque oratoris, ab Joanne Arboreo Laudunensi, multis modis abstersæ, & commentariis illustratæ. *Par.* Jod. Badius Ascensius, *in-*4. *cart.*

12047 Joannis Raullin Epistolæ. *Parisiis*, Parvus, 1521, *in-*4. *v. f.*

12048 Petri Delphini, Veneti, sacræ Eremi prioris, ac totius Camaldulensis præpositi generalis, Epistolæ CCXLII, quæ ineditæ desiderantur, ex mss. Camaldulensibus eruit Mabillonius. *in-fol.* (deest titulus) *m. bl.*

12049 Des. Erasmi, Rot. Epistola ad quosdam impudentissimos gracculos. (*Sine anno*) *in-*8. *v. f. d. s. t.*

Cette apologie est adressée aux Docteurs de Louvain; elle a été faite pour répondre à une imputation que dans ses Colloques il y a plusieurs endroits plus qu'hérétiques.

ÉPISTOLAIRES. 445

12050 Epistolarum Petri DE VINEIS libri VI: his accessit hypomnena de fide, amicitia & observantia Pontificum Romanorum erga Imperatores Germanicos. *Basileæ*, Quecus, 1566, *in-8. v. f.*

12051 Epistolæ Gullielmi BUDEI, latinè & græcè. *Basileæ*, Badius, 1522. = De literarum ludis recte aperiendis liber Joan. STURMII. *Argentorati*, Rihelius, 1538. = Georg. AGRICOLÆ, de bello adversus turcam suscipiendo. *Basileæ*, Froben, 1538. = XENOPHONTIS succincta ars locupletandi, & regendi rem familiarem. *Parisiis*, Chaudiere, 1521, *in-4. v. f.*

12052 Gullielmi BUDÆI Epistolarum latinarum libri V, cum adnotationibus in singulas fere Epistolas. Græcarum item lib. I. BASILII item magni epistola de vita in solitudine agenda, per BUDÆUM latinè facta. *Lutetiæ*, Badius Ascensius, 1531, *in-fol. v. f.*

12053 Epistre de G. BUDE, sur les choses qui lui sembloient principalement estre dignes de réformation en son temps, tr. en fr. *Sans nom de Ville*, 1562, *in-8. v. f. d. f. t.*

12054 Epistolæ Petri MARTYRIS, cui accesserunt Epistolæ Ferdinandi DE PULGAR, latinæ pariter atque hispanicæ, cum tractatu hispanico de viris Castellæ illustribus. *Amsterodami*, Elzevir, 1670, *in-fol. v. f. d. f. t.*

12055 Jani PARRHASII liber de rebus per Epistolam quæsitis: adjuncta est Francisci CAMPANI quæstio Virgiliana. *Parisiis*, Henricus Stephanus, 1567, *in-8. v. f. d. f. t.*

12056 De quæsitis per Epistol., lib. III, Aldi MANUTII Pauli F. Aldi N. *Venetiis*, 1576, *in-8. cart.*

12057 Petri BEMBI Epistolæ omnes quotquot extant. *Absque anni & urbis indicatione*, *in-8. v. f.*

12058 Jacobi SADOLETI Epistolarum libri sexdecim, & ejusdem vita, per Anto. FLOREBELLUM. *Lugduni*, Gryphius, 1554, *in-8. v. m.*

12059 Gregorii CORTESII, Mutinensis Cardinalis, Epistolarum familiarium liber, ejusdem tractatus adversus negantem B. Petrum Apostolum fuisse Romæ. *Venetiis*, Franc.-Franciscius Senensis, 1573, *in*-4. *v. f. d. f. t.*

12060 Joannis JUSTINIANI Epistolæ, ejusdem de divo Nicola, Smyrnæ Pontifice, sermo; item, de Maximiliano Bohemiæ Rege, commentariolus. *Basileæ*, Oporinus, 1554, *in*-16. *v. m.*

12061 Rogeri ASCHAMI Epistolarum libri IV, accessit Joan. STURMII ad Aschamum anglosque alios eruditos Epistolæ. *Oxoniæ*, Lichfield, 1703, *in*-8. *v. m.*   18824

12062 Epistolæ Philippi MELANCTHONIS, quibus accesserunt Th. MORI & Lud. VIVIS Epistolæ. 18831 *Londini*, Flesher, 1642, *in-fol. v. f. d. f. t.*

12063 Petri VICTORII Epistolæ, orationes, & de 18819 laudibus Joannæ Austriacæ. *Florentiæ*, Junctæ, 1586, *in-fol. v. f. d. f. t.*

12064 Josephi SCALIGERI Epistolæ. *Lugd.-Batav.* Elzevir, 1627, *in*-8. *v. f.*   18822

12065 Cælii CALCAGNINI, Ferrariensis, Epistolarum 18826 criticarum & familiarium libri XVI. *Ambergæ*, ex Officina Schonfeldiana, 1608, *in*-8. *v. m.*

12066 Dominici BAUDII Epistolæ & orationes. *Lugd. Batav.* Maire, 1636, *in*-12. *v. m.*   18829

12067 Eædem. *Amst.* Elzevir, 1654, *in*-12. *v. br.* 18830

12068 QUIRINI KUHLMANNI Epistolæ duæ, prior de arte magna sciendi, *sive combinatoria*; posterior de admirabilibus quibusdam inventis, è Lugduno-Batavâ Romam transmissæ, cum responsoria Athanasii KIRCHERI. *Lugd. Bat.* Lothus de Haes, 1674, *in*-8. *v. f. d. f. t.*

12069 Gulielmi CAMDENI, & illustrium virorum ad eumdem Epistolæ, cum appendice varii argumenti: accesserunt annalium regni Regis Jacobi, apparatus & commentarius de antiquitate, dignitate, & officio comitis Marescalli Angliæ, præmit-

ÉPISTOLAIRES. 447

ntur Camdeni vita, scriptore Thoma Smitho. *Londini*, Richardus Chriswell, 1691, *in-4. v. m.*

12070 Epistolæ Reineri Neuhusii. *Amst.* Waesberge, 1678, *in-12. v. f.*

12071 Hugonis Grotii Epistolæ quotquot reperiri potuerunt. *Amst.* Blaeu, 1687, *in-fol. v. f. d. s. t.*

12072 Rolandi Maresii Epistolarum Philologicarum libri duo, cum aliquot amicorum ad eum epistolis. *Parisiis*, Edm. Martin, 1655, *in-8. v. br.*

12073 Gabr. Naudæi Epistolæ. *Genevæ*, Widerhold, 1667, *in-12. v. f. d. s. t.*

12074 Tanaquilli Fabri Epistolæ. *Salmurii*, Desbordes, 1674, 2 *vol. in-4. v. éc. d. s. t.*

12075 Lettres de J. de Vicquefort, avec les réponses de G. Barlée, en fr. & en lat. *Amsterd.* Gallet, 1696, *in-12. v. br.*

12076 Les mêmes, en fr. seulement. *Utrecht*, Broodelet, 1712, *in-12. baz.*

12077 Marquardi Gudii, & doctorum virorum ad eum, itemque Claudii Sarravii Epistolæ, curante Pet. Burmanno. *Ultrajecti*, Halma, 1697, *in-4. v. f.*

12078 Isidori Clarii, ex monacho Parmensis Monasterii Episcopi fulginatis Epistolæ ad amicos, ex autographo descriptæ à D. Mauro Piazzio, Abbate ejusdem Monasterii, & Monachi; accedunt duo opuscula aliàs seorsim edita, de modo divitiis adhibendo, ad eos qui à communiori Ecclesiæ sententia discessère adhortatio ad concordiam. *Mutinæ*, Ant. Capponi, 1705, *in-4. v. m.*

12079 Jac. Tollii Epistolæ itinerariæ, recensitæ curâ & studio Henr.-Christ. Henninii. *Amstel.* Oosterwyk, 1714. = Ejusdem Jac. Tollii, insignia itinerarii italici, quibus continentur antiquitates sacræ. *Trajecti ad Rhenum*, Halma, 1696, *in-4. fig. v. m.*

12080 Christ.-Ang. Heumanni Poecile, *sive* Epistolæ miscellaneæ ad literatissimos ævi nostri viros;

accedit appendix exhibens dissertationes argumenti rarioris. *Halæ*, in officina Rengeriana, 1722 — 1729, 3 *vol. in-*8. *cart.*

12081 Gregorii MAJANSII, antecessoris Valentini, Epistolarum libri sex. *Valentiæ*, Ant. Bordazar de Artazu, 1732. *in-*4. *v. m.*

12082 Emmanuelis MARTINI, Ecclesiæ Alonensis decani, Epistolarum libri XII; accedunt auctoris nondum defuncti vita à Gregorio MAJANSIO conscripta, necnon præfatio Petri WESSELINGII. *Amstelod.* J. Westenius, 1738, 2 *tom.* 1 *vol. in-*4. *v. m.*

12083 Francisci BARBARI, & aliorum ad ipsum Epistolæ. *Brixiæ*, Rizzardi, 1741 & 1743, 2 *vol. in-*4. *gr. pap. v. m.*

12084 Lini Colucii Pierii SALUTATI Epistolæ ex cod. mss. nunc primum in lucem editæ à Josepho RIGACCIO, Bibliopola Florentino, & scholiis illustratæ. *Florentiæ*, Joannes-Baptista Bruscagli, 1741, 2 *vol. in-*8. *v. f. d. s. t.*

12085 Thesaurus epistolici LACROZIANI, edidit Jo. L. UHLIUS. *Lipsiæ*, Gleditschius, 1742 & 1746, 3 *vol. in-*4. *v. f.*

12086 Decas Epistolarum, quas desumptis plerumque earum argumentis ex Vaticanæ bibliothecæ mss. ad eam lustrandam de more quot annis Brixia accedens solivagas antea emiserat ejusdem præfectus, Cardinalis Bibliothecarius, Ang.-Maria QUIRINI. (*Romæ*, 1743,) *in-*4. *fig. v. m.*

12087 Ejusdem Epistolæ quotquot latino sermone is edidit, quæque seu seorsim, seu in decades distributæ antea vagabantur, eas omnes collegit & digessit Nicol. COLETI. *Venetiis*, Sebast. Coleti, 1756, *in-fol. v. f. d. s. t.*

12088 Commercii epistolaris Uffenbachiani selecta, variis observationibus illustravit, vitamque B. Zac. Conr. AB UFFENBACH præmisit J. G. SCHELHORNIUS. *Ulmæ*, Gaus, 1753 & *seq.* 5 *vol. in-*8. *v. m.*

Collections

ÉPISTOLAIRES.

Collection de Lettres en latin.

12089 Theodori PRODROMI, DANTIS Alighierii, Fr. PETRARCHÆ, Galeacii VICECOMITIS, Ant. DE TARTONA, Coluccii SALUTATI, Leonardi ARETINI, Caroli ARETINI, PORCELLI, Joa. MANZINI de Motta & Jacobi SADOLETI, Epistolæ, ex codd. mss. nunc primum vulgatæ. *Romæ*, ex Typographia Palladis, 1754, *in-8. baz.*

12090 Epistolæ obscurorum virorum ad Ortuinum Gratium; accesserunt epistola Benedicti PASSAVANTII, ad Petrum Lysetum, & la Complainte de Pierre LYSET, sur le trespas de son feu néz. *Lond.* Clements, 1710, *in-12. v. f.*

12091 Sylloges Epistolarum à viris illustribus scriptarum, collecti per P. BURMANNUM. *Leidæ*, Luchtmans, 1727, 5 *vol. in-4. gr. pap. v. f.*

12092 Epistolæ diversi argumenti, maximam partem à variis, ad Lucam Lossium, Lycei apud Luneburgenses pro-rectorem, & post eum ab aliis ad alios exaratæ, collectæ per Adamum-Henr. LACKMANNUM, qui dissertationem de multiplici eruditorum studio epistolis hactenus impenso præmisit. *Hamburgi*, vidua Christoph. Felgineri, 1728, *in-8. v. m.*

12093 Clarorum Venetorum, Belgarum & Germanorum, ad Ant. Magliabechium, nonnullosque alios Epistolæ, ex autographis in Biblioth. Magliabechiana, quæ nunc publica Florentinorum est, adservatis descriptæ. *Florentiæ*, ex Typographia ad insigne Apollinis, 1745 & 1746, 5 *vol. in-8. v. m.*

Lettres en françois.

12094 Nouveau recueil de lettres des Dames, tant anciennes que modernes, par C. D. G. *Paris*, Touss. Quinet, 1642, 2 *vol. in-8. mar. r.*

12095 Les Lettres de François RABELAIS, écrites pendant son voyage d'Italie, mises en lumiere,

Tome III. F f

avec des observations historiques, par MM. DE SAINTE-MARTHE, & un abrégé de la vie de l'Auteur; édition nouvelle, augmentée de plusieurs remarques. *Bruxelles*, François Foppens, 1710, *in*-8. *v. f. d. s. t.*

12096 Les Lettres d'Estienne PASQUIER. *Paris*, Abel l'Angelier, 1586, *in*-4. *v. m. d. s. t.*

12097 Les mêmes. *Lyon*, Frellon, 1607, 1 tom. 2 vol. *in*-16. *v. m.*

12098 Lettres de François DE MALHERBE. *Paris*, de Sommaville, 1645, *in*-12. *v. br.*

12099 Les Lettres & occupations de Jean DUSIN. *La Rochelle*, Haultin, 1602, *in*-8. *v. f. d. s. t.*

12100 Lettres amoureuses & morales des beaux-esprits de ce temps, enrichies de discours, de harangues, de consolations, de complaintes, & de rares devis & singuliers, recueillies & augmentées par F. DE ROSSET. *Paris*, Sam. Thiboust, 1620, *in*-8. *v. f.*

12101 Lettres de GOMBAULD. *Paris*, Courbé, 1647, *in*-8. *v. br.*

12102 Lettres de VOITURE. *Amsterdam*, 1654, *in*-12. *mar. citron.*

12103 Lettres choisies du même, dans lesquelles il a répandu le plus d'agrémens, par sa maniere fine & délicate de louer les grands, & par son galant badinage. *Paris*, V. Duchesne, 1779, *in*-12. *v. m.*

12104 Lettres familieres de BALZAC à Chapelain. *Leiden*, Elsevier, 1656, *in*-12. *v. f. d. s. t.*

12105 Les mêmes. *Par.* Courbé, 1659, *in*-12. *m. r.*

12106 Lettres diverses du même. *Par.* Jolly, 1664, 2 vol. *in*-12. *mar. r.*

12107 Lettres choisies du même. *Paris*, Billaine, 1674, *in*-12. *mar. r.*

12108 Lettres du même à Conrard. *Par.* Billaine, 1677, *in*-12. *mar. r.*

12109 Lettres familieres de CONRARD à Félibien. *Paris*, Billaine, 1681, *in*-12. *v. f. d. s. t.*

ÉPISTOLAIRES.

12110 Lettres galantes, billets tendres, & réponses de M. GIRAULT D. S. (DE SAINVILLE.) *Paris*, Nic. le Gras, 1683, *in-12. v. br.*

12111 Lettres d'ARNAULD D'ANDILLY, *Paris*, le Gras, 1696, *in-12. v. f. d. f. t.*

12112 Lettres du Chevalier DE MERÉ. *Paris*, 1689, 2 *vol. in-12. v. f. d. f. t.*

12113 Lettres choisies de LA RIVIERE, publiées par MICHAULT. *Par. Debure*, 1751, 2 *vol. in-12. v. m.*

12114 Lettres de la Reine de Suede (CHRISTINE) & de quelques autres personnes, (recueillies par Paul COLOMIEZ.) *Sans date ni nom de Ville*, *in-12. v. m.*

12115 Lettres secretes de la même, (recueillies par M. LACOMBE.) *Geneve*, Cramer, 1761, *in-12. v. m.*

12116 Nouvelles Lettres & autres Œuvres de M. LE PAYS, ou suite des amitiez, amours & amourettes. *Paris*, Charles de Sercy, 1699, 2 *vol. in-12. v. br.*

12117 Portrait de l'Autheur des amitiés, amours & amourettes, (le Pays.) *Paris*, de Sercy, 1664, *in-12. v. m.*

12118 Lettres de GODEAU, Evêque de Vence, sur divers sujets. *Paris*, Ganeau, 1713, *in-12. v. f. d. f. t.*

12119 Lettres familieres de BOILEAU DESPRÉAUX & BROSSETTE, par CIZERON-RIVAL. *Lyon*, de Losrios, 1770, 3 *vol. in-12. v. m.*

12120 Recueil des Lettres de Jean RACINE. *Paris*, *in-12. v. f.*

12121 Lettres de respect, d'obligation & d'amour, de BOURSAULT. *Paris*, Girard, 1683, *in-12. v. f.*

12122 Lettres nouvelles du même, accompagnées de fables, de contes, d'épigrammes, &c. *Paris*, le Breton, 1709, 3 *vol. in-12. v. f.*

12123 Les mêmes. *Paris*, le Breton, 1722, 2 *vol. in-12. v. f.*

12124 Lettres & Préfaces de DE LA CHAMBRE. *Sans date ni nom de Ville*, *in-12. v. f. d. f. t.*

Ff 2

BELLES-LETTRES.

12125 Lettres diverses. *Sans date*, in-12. *v. f. d. f. t.*

12126 Lettres choisies de BAYLE, avec des remarques, (par Prosper MARCHAND.) *Rotter.* Fritsch, 1714, 3 *vol. in*-12. *v. f.*

12127 Lettres du même, publiées sur les originaux, avec des remarques, par M. DESMAISEAUX. *Amst.* 1729, 3 *vol. in*-12. *v. m.*

12128 Nouvelles Lettres du même. *La Haye*, van Duren, 1739, 2 *vol. in*-12. *v. br.*

12129 Lettres familieres, instructives & amusantes, sur divers sujets, par BORDELON. *Paris*, Cavelier, 1725, 2 *vol. in*-12. *mar. r.*

12130 Lettres choisies de SIMON, par BRUZEN DE LA MARTINIERE. *Amsterdam*, Mortier, 1730, 4 *vol. in*-12. *v. f.*

12131 Lettres critiques, où l'on voit les sentimens de Richard Simon sur plusieurs ouvrages nouveaux, publiées par un Gentilhomme Allemand. *Basle*, Christ. Wackerman, 1699, *in*-12. *v. f. d. f. t.*

12132 Lettres choisies d'Esprit FLECHIER, avec une relation des fanatiques du Vivarez, & des réflex. sur les différens caracteres des hommes. *Paris*, Estienne, 1715, 2 *vol. in*-12. *v. f.*

12133 Lettre contenant une critique des mœurs du siecle & des réflexions sur des matieres de religion & de politique. *Amst.* (Paris) 2 *vol. in*-12. *v. m.*

12134 Lettres Moscovites. *Konisberg*, 1736, *in*-8. *v. f.*

12135 Lettres Saxonnes. *Berlin*, Compagnie, 1738, 2 *tom.* 1 *vol. in*-12. *v. f.*

12136 Lettres critiques. *Londres*, (Lausanne) 1739, 2 *vol. in*-12. *mar. r.*

12137 Caprices d'imagination, *ou* lettres sur différens sujets d'histoire, de morale, de critique, d'histoire naturelle, &c. *Paris*, Briasson, 1740, *in*-12. *v. m.*

12138 Lettres familieres du Président DE MONTESQUIEU. *Paris*, Vincent, 1767, *in*-12. *v. m.*

12139 Lettres diverses de M. le Chevalier D'HER***,

ÉPISTOLAIRES. 453

par DE FONTENELLE. *Amsterdam*, P. Mortier, 1687, 2 part. 1 vol. *in*-12. *v. f.*

12140. Lettres choisies de Simon TYSSOT DE PATOT. *La Haye*, Roguet, 1727, 2 vol. *in*-12. *v. f.*

12141 Lettres morales & critiques sur les différens états & les différentes occupations des hommes, par le Marquis D'ARGENS. *Amst.* M. C. le Cène, 1737, *in*-8. *v. m.*

12142 Lettres philosophiques & critiques, par Mademoiselle Co*** (COCHOIS) avec les réponses de M. d'Arg. (le Marquis D'ARGENS.) *La Haye*, P. de Hondt, 1744, *in*-12. *mar. r.*

12143 Lettres Juives, *ou* correspondance philosophique & critique entre un Juif voyageur en différens Etats de l'Europe, & ses correspondans en divers endroits, (par le Marquis D'ARGENS) nouvelle édition, augmentée de nouvelles Lettres & de quantité de remarques. *La Haye*, (*Paris*) 1754, 8 vol. *in*-12. *mar. r.*

12144 Correspondance historique, philosophique & critique, entre Ariste, Lisandre & quelques autres amis, pour servir de réponse aux Lettres Juives. *La Haye*, Ant. van Dole, 1737, 3 vol. *in*-8. *v. m.*

12145 Le Papillon, *ou* Lettres Parisiennes, ouvrage qui contiendra tout ce qui se passera d'intéressant, de plus agréable & de plus nouveau dans tous les genres. *La Haye*, Ant. van Dole, 1746, 4 vol. *in*-8. *v. m.*

12146 Lettres philosophiques sur les physionomies, par l'Abbé PERNETTI. *La Haye*, (*Rouen*) 1748, *in*-12. *v. éc.*

12147 Les mêmes, troisième édition, augmentée. *La Haye*, (*Lyon*) 1760, *in*-8. *baz.*

12148 Lettres de J. B. ROUSSEAU, sur différens sujets. *Geneve*, (*Par.*) 1749, 5 vol. *in*-12. *v. m.*

12149 Lettres à Fillis. *Fribourg en Suisse*, aux dép. de la Compagnie, 1749, *in*-8. *pap.*

Ff 3

BELLES-LETTRES.

12150 Lettres anonymes. *Leyde*, (*Paris*) 1750, *in*-12. *baz*.

12151 Lettres de NINON DE LENCLOS au Marquis de Sévigné. *Amsterdam*, (*Paris*) 1750, 2 *part.* 1 *vol. in*-16. *m. r.*

12152 Lettres sur la galanterie des jeunes gens de Paris, par M. D. *Lond.* (*Par.*) 1750, *in*-12. *v. m.*

12153 Lettres Siamoises, *ou* le Siamois en Europe, *Paris*, 1751, *in*-12. *v. m.*

12154 Lettres anonymes, 1754, *in*-12. *mar. r.*

CONTENANT:

Lettres d'un Inconnu à son Ami. === Lettres de Julie à Ovide. === Lettres de Julie à Clitandre. === Lettres galantes & morales, avec les réponses.

12155 Lettres orientales d'ABEN-ZAÏD, trad. par Bern. DE VALABREGUE. *Paris*, 1754, *in*-12. *m. r.*

12156 Les Femmes, *ou* Lettres du Chevalier de K*****, au Marquis de ***. *La Haye*, (*Paris*) 1754, *in*-8. *m. r.*

12157 Lettres de Madame DU MONTIER à sa fille, avec les réponses, (par Madame LE PRINCE DE BEAUMONT.) *Lyon*, Bruyset Ponthus, 1756, *in*-12. *v. m.*

12158 Les mêmes. *Lyon*, Bruyset Ponthus, 1767, 2 *vol. in*-12. *v. m.*

12159 Lettres semi-philosophiques du Chev. DE ***. *Amst.* (*Paris*) 1757, 3 *p.* 1 *v. in*-12. *v. m.*

12160 Petites Lettres sur de grands Philosophes, par M. PALISSOT DE MONTENOY. *Paris*, 1757, *in*-12. *v. m.*

12161 Lettres de M***, par le Marq. DE MEZIERES. *Paris*, Bauche, 1760, *in*-12. *m. r.*

12162 Lettres sur différens sujets. *Avignon*, (*Par.*) 1760, *in*-12. *v. m.*

12163 Lettres trouvées dans les papiers d'un pere de famille. *Paris*, Charpentier, 1763, *in*-12. *v. m.*

12164 Lettre de l'Homme civil à l'Homme sauvage,

ÉPISTOLAIRES. 455

(par M. Marin.) *Amsterdam*, (*Paris*) 1763, in-8. *v. m.*

12165 Lettres écrites de la Montagne, par Jean-J. Rousseau. *Amsterdam*, Rey, 1764, 2 part. 1 vol. in-8. *m. r.*

12166 Les mêmes. *Amsterdam*, Rey, 1764, 2 vol. in-8. *v. m.*

12167 Lettres d'un jeune homme. *La Haye*, (*Par.*) 1765, in-12. *v. f.*

12168 Lettres secrettes de Voltaire, publiées par L. B. (La Beaumelle.) *Geneve*, (*Amsterdam*) 1765, in-8. *v. m.*

12169 Lettre du même à l'Académie Françoise, lue dans cette Académie le 25 Août 1776. *Geneve*, in-8. *v. f. d. f. t.*

12170 La même, (deuxieme édition. *Paris*,) in-8. *v. f. d. f. tr.*

12171 Lettres d'Amabed, &c. traduites par l'Abbé Tamponet, (M. de Voltaire.) (*Geneve*), in-8. *v. m.*

12172 Lettres chinoises, indiennes & tartares, à M. Paw, par un Bénédictin, (D. Pernetty,) avec plusieurs autres pieces intéressantes. *Paris*, (*Geneve*) 1776, in-8. *v. f. d. f. t.*

12173 Lettres récréatives & morales sur les mœurs du temps, à M. le Comte de ***, par l'Auteur de la Conversation avec soi-même, (M. de Caraccioli.) *Paris*, Nyon, 1767, 2 vol. in-12. *baz.*

12174 Lettres d'un Philosophe sensible, publiées par M. de la Croix. *Paris*, Durand, 1769, in-12. *v. m.*

12175 Lettres variées de Mademoiselle de S. Fils à Madame de Rocbel, par Madame de M***. *Paris*, Vente, 1770, 2 vol. in-12. *v. m.*

12176 Lettres aux Gascons, sur leurs bonnes qualités, leurs défauts, leurs ridicules, leurs plaisirs comparés avec ceux des habitans de la Capitale, & les héroïdes de Gabrielle de Vergy & du Comte

F f 4

de Fayel, par M. MAILHOL. *Toulouse*, Dupleix, 1771, *in*-12. *v. m.*

12177 Mes vacances, *ou* Lettres à un Etudiant. *Francfort sur l'Oder*, Charles-Théophile Strans, 1774, *in*-8. *v. m.*

12178 Lettres sur divers sujets, par Madame D* L* F***, (DE LA FITTE.) *La Haye*, Pierre-Frederic Gosse, 1775, *in*-8. *v. m.*

Lettres en espagnol & en italien.

12179 Delle Lettere di S. Don Antonio di GUEVARA, Vescovo di Mondogneto, tradotte dal S. Domin. DI CATZELU. *Vinegia*, Gab.-Giolito de Ferrari, 1558, 2 *vol. in*-8. *vel.*

12180 Epistres dorées, & discours salutaires de Dom Ant. DE GUEVARE, Evêque de Mondenedo, tr. d'espagnol en françois par le Seigneur DE GUTERY, Medecin, ensemble la révolte que les Espagnols firent contre leur jeune Prince l'an 1520, & l'issue d'icelle, avec un traicté des travaux & privileges des galeres, du même Autheur, trad. d'italien en françois. *Paris*, Olivier de Harsy, 1573, *in*-8. *v. m.*

12181 Lettere de diversi eccellentissimi Signori à diversi huomini scritte, libro primo. (typis italicis) *in*-8. *cart.*

12182 Lettere volgari di diversi nobilissimi huomini, & eccellentissimi ingegni, scritte in diverse materie. *Vinegia*, figliuoli di Aldo, 1542.=Lettere de diversi eccellentissimi Signori à diversi huomini scritte, raccolte da Francisco SANSOVINO. 1542, *in*-8. *vel.*

12183 Lettere volgari di diversi nobilissimi huomini, & eccellentissimi ingegni, scritte in diverse materie, nuovamente ristampate, & in piu luoghi corrette. *Vinegia*, figliuoli di Aldo, 1545 & 1548, 2 *vol. in*-8. *v. f. d. s. t.*

12184 Le medesime. *Vinegia*, Aldus, 1546, & in

EPISTOLAIRES. 457

casa di figliuoli di Aldo, 1548 & 1564, 3 *vol.* ✠
in-8. *v. f. d. s. t.*

12185 Le medesime. *Vinegia*, 1554, 2 *vol. in*-8. ✠
v. f. d. s. tr.

12186 De le Lettere di tredici huomini illustri libri tragedici, (raccolte da Thom. PORCACCHI.) *Venetia*, 1554, *in*-8. *v. f. d. s. t.*

12187 Le medesime, nelle quali sono duoi libri di diversi altri Auttori, & il fiore di quante belle-lettere, che fin hora si sono vedute; con molte del BEMBO, del NAVAGERO, del FRACASTORO, del MANUTIO, & di altri famosi Auttori, non piu date in luce. *Venetia*, Fr.-Lor. da Turino, 1560, *in*-8. *v. f.*

12188 Le medesime. *Venetia*, Giorgio del Cavalli, 1565, *in*-8. *vel.*
N. B. Le titre est à la main.

12189 Pistolotti amorosi, (raccolte del DONI.) *Vin.* Franc. Marcolini, 1554, *in*-8. *v. f. d. s. t.*

12190 Li medesimi, per ogni sorte generatione di brigate, con alcune altre lettere d'amore di diversi Autori. *Vinegia*, Gabr.-Giolito de Ferrari, 1558, *in*-12. *v. f. d. s. t.*

12191 Lettere facete & piacevoli di diversi grandi huomini & chiari ingegni, raccolte per Dion. ATANAGI, & hora la prima volta poste in luce. *In Venetia*, Bolognino Zaltieri, 1561 & 1575, 2 *vol. in*-8. *v. f. d. s. t.*

12192 Delle Lettere amorose di due nobilissimi intelletti, libri due, ne quale leggendosi una historia continuata d'un amor fervente di molti anni tradue fedelissimi amanti. *Venetia*, Franc. Rampazetto, 1564, *in*-8. *vel.*

12193 Delle Lettere amorose de diversi huomini, libri nove, nelle quali si leggono nobilissimi & leggiadri concetti, in tutte le materie correnti ne'casi d'amore, da i più eccellenti ingegni de' tempi nostri scritte, & per la maggior parte non più stam-

458 BELLES-LETTRES.

pate, ò vedute. *Venetia*, gli heredi di Aleſſandro Griffi, 1587, *in-8. v. f.*

12194 Della nuova ſcielta di Lettere di diverſi nobiliſſimi huomini & eccellentiſſimi ingegni, ſcritte in diverſe materie, fatta da tutti i libri s'in'hora ſtampati, con un diſcorſo della commodita dello ſcrivere, di Bernardino PINO. *Venetia*, 1574, 4 vol. *in-8. v. f. d. ſ. t.*

12195 Lettere di principi, le quali o ſi ſcrivono da principi o a principi, o ragionano di principi, di nuovo ricorrette, & ſecondo l'ordine de tempi accommodate. *Venetia*, Franceſco Ziletti, 1581, 3 vol. *in-4. vel.*

12196 Raccolta di Lettere di diverſi principi & altri ſignori, che contengono negotii & complimenti in molte gravi & importantiſſime occorrenze, fatta da Paolo Emilio Marco BRUNI. *Vinegia*, Pi. Duſinelli, 1595 *in-4. vél.*

12197 Lettere di M. Pietro ARETINO, libri IV, editione ſeconda. *In Venetia*, Fr. Marc. da Forli, 1542 à 1550, 4 vol. *in-8. v. f. d. ſ. t.*

12198 Le medéſime. *Parigi*, il Maeſtro, 1609, 6 vol. *in-8. v. br.*

12199 Lettere di Partenio ETIRO, (Pietro ARETINO.) *Venetia*, Marco Ginammi, 1637, *in-8. vel.*

12200 Le piſtole vulgari di M. Nicolo FRANCO. *Venetia*, Ant. Gardane, 1539, *in-fol. v. m.*

12201 Le medéſime. *Venetiis*, Ant. Gardane, 1542, *in-8. v. f. d. ſ. t.*

12202 Lettere volgari di Aldo MANACCI al Sig. Lodov. Riccio. *Roma*, Santi, 1592, *in-4. vel.*

12203 Il primo libro delle Lettere di N. MARTELLI. *Fiorenza*, 1546, *in-4. vel.*

12204 Lettere di Antonio MINTURNO. *Vineggia*, Girol. Scoto, 1549, *in-8. v. f.*

12205 Divine Lettere di Marſilio FICINO, tradotte in lingua toſcana per Felice FIGLIUCCI. *Vinegia*,

ÉPISTOLAIRES. 459

Gabriel-Giol. de Ferrari, 1546 — 1548, 2 vol. in-8. velin.

12206 Lettere amorose di Girol. PARABOSCO, con alcune altre di nuovo aggiunte. *Vinegia*, Gabr.-Giolito de Ferrari, 1551, in-8. baz. rouge.

12207 Quattro libri delle Lettere amorose di M. Girol. PARABOSCO, di nuovo ordinatamente ampliate & ricorrette, per Thom. PORCACCHI. *Vinegia*, G. Giol. de Ferrari, 1567, 2 t. 1 v. in-12. v. f. d. s. t.

12208 Lettera di Girolamo RUSCELLI, à Girolamo Mutio, in difesa delle Signorie. *Vinegia*, al Segno del Pozzo, 1551, in-8. cart.

12209 Lettere di M. Hor. BRUNETTO. *In Vinegia*, 1548, in-8. v. f. d. s. t.

12210 Delle Lettere di M. Pietro BEMBO, seconda impressione. *Vineg.* Gualtero Scotto, 1551—1552, 2 tom. 4 vol. in-8. v. f. d. s. t.

12211 Le medesime, seconda impressione. *Vinegia*, Gualtero Scotto, 1552, 4 vol. in-8. v. f. d. s. tr.

12212 Le medesime, da diversi Re, & Principi, & Cardinali, & altri huomini dotti scritte; primo volumine, di nuovo stampato, riveduto & corretto per Franc. SANSOVINO. *Venetia*, Francesco Sansovino & Compagni, 1560, in-8. vel

12213 Lettere del MUTIO Justinopolitano. *Vinegia*, Gabr.-Gio. de Ferrari, 1551, in-8. vel.

12214 Lettere catholiche del medesimo, distinte in quattro libri. *Venetia*, Gio.-Andrea Valvassori, detto Guadagnino, 1571, in-4. vel.

12215 Tre libri de Lettere volgari, di Paolo MANUTIO. *Venetia*, Aldus, 1556, in-8. v. f. d. s. t.

12216 Cherebizzi di M. And. CALMO; cioè discorsi piacevoli. *Vinegia*, Domenico de Farri, 1559. = Supplemento delle medesimi. *Vinegia*, Joan.-Bat. Bertachagnio, 1552. = Il residuo delle Lettere facete & piacevolissime amorose, sotto molte occasioni de inammoramenti, con cinquanta stanze al proposito dell'opera, per il medesimo. *Vinegia*, Domenico Farri, in-8. v. f. d. s. t.

12217 Delle Lettere di Claudio TOLOMEI, lib. sette. *Vinegia*, Gab.-Giol. de Ferrari, 1547, in-4. vel.

12218 Le medesime, con nuova aggiunta ristampate, & con somma diligenza ricorrette. *Vinegia*, Gabr. Giolito de Ferrari, 1558, in-8. v. f. d. s. t.

12219 Le medesime. *Vinegia*, Domenico & Corn. de Nicolini, 1559, in-8. vel.

12220 Delle Lettere di Luca CONTILE. *Pavia*, Girolamo Bartoli, 1564, 2 vol. in-8. vel.

12221 Delle Lettere del Sig. Gioseppe PALLAVICINO, da Varrano, libri tre. *Venetia*, Fr. Rampazetto, (1566), in-8. vel.

12222 Lettere familiari a diversi della S. Veronica FRANCA. 1580, in-4. v. f. d. s. t.

12223 Lettres subtiles & facétieuses de Cæsar RAO, d'Alexan, Ville d'Otrante, trad. d'ital. en franç. par G. CHAPPUIS, Tourrangeau. *Lyon*, A. Tardif, 1584, in-16. v. f.

12224 Les mêmes. *Rouen*, Claude le Villain, 1609, in-12. v. br.

12225 Lettere familiari del commendatore Annibal CARO. *Vinetia*, Aldo Manutio, 1574, 2 tom. 1 vol. in-4. vel.

12226 Le medesime. *Venetia*, Giunti, 1581, 2 tom. 1 vol. in-4. mar. citron.

12227 Lettere di Bernardo TASSO, di nuovo ristampate. *Vinegia*, Gabr.-Giolito de Ferrari, 1560 & 1562, 2 vol. in-8. v. f. d. s. t.

12228 Le medesime, di nuovo ristampate, rivedute & corrette con molta diligenza. *Venetia*, Fabio & Agostino Zoppini fratelli, 1582, in-8. v. m.

12229 Lettere del S. Diomede BORGHESI, (parties II & III.) *Venetia*, Franc. de Francefchi, 1584, in-4. velin.

12230 Lettere di Girolamo CATENA. *Roma*, Jacopo Ruffinelli, 1589, in-8. vel.

ÉPISTOLAIRES.

12231 Lettere familiari di Gio-Battista LEONI, di nuovo riſtampate & ricorrette. *Venet.* Gio-Battiſta Ciotti Seneſe, 1593, 2 part. 1 vol. in-4. v. f. d. ſ. t.

12232 Lettere di Battiſta GUARINI, da Agoſtino MICHELE raccolte. *Venetia,* Gio.-Battiſta Ciotti, 1593, in-4. vel.

12233 Delle Lettere familiari del Sign. Torquato TASSO, nuovamente raccolte, e date in luce lib. primo. *Bergamo,* Comino Ventura e Compagni, 1588, in-4. velin.
* Il n'y a que le premier livre de cette édition.

12234 Il Secretario & il primo volume delle Lettere familiari, del medeſimo, nuovamente riſtampate, *Venetia,* Giac. Vincenti, 1592, in-8. v. f.

12235 Lettere del medeſimo, non piu ſtampate. *Bologna,* Bart. Cochi, 1616, in-4. vel.

12236 Le Lettere di Gio.-Franc. PERANDA, diviſe in due parti. *Venetia,* Gio.-Battiſta Ciotti, 1601, in-4. velin.

12237 Le medeſime, in queſta ſeſta impreſſione ricorrette, & ridotte ſotto capi per ordine. *Venet.* Bernardo Giunti, 1610, in-8. m. r.

12238 Lettera piacevole dell'Arſiccio intronato in proverbi. *Siena,* Piet. Bertelli, 1610, in-8. cart.

12239 Lettere in vari generi à Principi e ad altri del Sig. Co. Proſpero BONERELLI della Rovere, con alcune diſcorſive intorno al primo libro de gli annali di Cornelio Tacito, con aggiunta del medeſimo, all' Elezione degli Ambaſciadori, & al modo di vivere in corte, & altre non piu date in luce. *Fiorenza,* Am. Maſſi, 1641, in-4. v. f. d. ſ. t.

12240 Delle Lettere del Sig. Vincenzo ARMANNI, ſcritte à nome proprio. *Roma,* Jacomo Dragondelli, 1663 & 1664, 3 vol. in-4. v. f. d. ſ. t.

12241 Lettere italiane di Fra-Paolo SARPI, Religioſo dell'Ordine de Servi, ſcritte da lui al Signor dell'Iſola Groſlot, dopo 1607, fino al 1618, vi

BELLES-LETTRES.

ne fono ancora alcune altre fcritte da lui ſteſſo al Signor Gillot. *Verona*, 1673, *in*-12. *v. m.*

12242 Lettere ſcientifiche, ed erudite del Conte Lorenzo MAGALOTTI. *Firenze*, Tattini e Franchi, 1721, *in*-4. *mar. r.*

12243 Lettere di Fra-Guittone D'AREZZO, con le note. *Roma*, Ant. de Roſſi, 1745, *in*-4. *mar. r.*

12244 Lettere di Apoſtolo ZENO, Cittadino Veneziano, nelle quali ſi contengono molte notizie attenenti all'iſtoria letteraria de ſuoi tempi, e ſi ragiona di libri, d'iſcrizioni, di medaglie, e d'ogni genere d'erudita antichità. *Venezia*, P. Valvaſenſe, 1752, 3 *vol. in*-8. *v. m.*

12245 Lettres intéreſſantes du Pape Clement XIV, (GANGANELLI) traduites de l'italien & du latin (par M. CARACCIOLI,) nouvelle édit. exactement revue, corrigée, augmentée de la traduction des paſſages latins, & ornée d'une nouvelle planche en taille-douce. *Paris*, Lotin le jeune, 1776 — 1777, 3 *tom.* 4 *vol. in*-12. *v. f. d. ſ. t.*

Lettres en allemand & en anglois.

12246 Lettres choiſies de GELLERT, trad. de l'allem. par M. HUBER, précédées de l'éloge de l'Auteur, ſuivies de quelques lettres de M. RABENER, & des avis d'un Pere à ſon Fils, en l'envoyant à l'Univerſité, par GELLERT. *Leipſig*, héritiers Weidmann, 1770, *in*-8. *v. f. d. ſ. t.*

12247 Vie & lettres du même, trad. de l'allem. par Madame D. L. F***, (DE LA FITE.) *Utrecht*, J. Schonhoven & Compagnie, 1775, 3 *part.* 2 *vol in*-8. *v. m.*

12248 Les mêmes. *Utrecht*, J. van Schonhoven & Comp. 1775, 3 *vol. in*-8. *v. m.*

12249 Lettres ſur différens ſujets, écrites pendant le cours d'un voyage par l'Allemagne, la Suiſſe, la France méridionale & l'Italie, en 1774 & 1775,

ÉPISTOLAIRES. 463

avec des additions & des notes plus nouvelles concernant l'Histoire naturelle, les Beaux-Arts, l'Astronomie & d'autres matieres, par Jean BERNOULLI. *Berlin*, G. J. Decker, 1777, 2 *tom.* 1 *vol. in-8. v. m.*

12250 Lettres égyptiennes & angloises. *Amst.* Wetstein, 1742, *in-8. mar. r.*

12251 Lettres de Myledi Goods BERRYS & du Chevalier HYNSON, trad. de l'angl.; *ou réflexions différentes de celles des Moralistes du tems. Amsterd.* (Par.) 1759, *in-12. v. m.*

12252 Lettres de Miss Elizabeth AURELI, petite-Niece du célebre Docteur Swift, trad. de l'angl. *Amst.* Comp. 1765, *in-8. v. m.*

12253 Lettres écossoises, trad. de l'angl. par M. VINCENT. *Paris*, veuve Duchesne, 1777, 2 *part.* 1 *vol. in-12. v. f. d. s. t.*

12254 Lettres d'un Ecclésiastique & de sa Fille, écrites de la Campagne à son Fils à Londres, trad. de l'angl. *Lausanne*, Fr. Grasset, 1778, *in-8. v. r.*

12255 Lettres d'un Voyageur Anglois. *Londres*, (Par.) 1779, *in-8. v. m.*

ADDITIONS.

7796 * Philippica seconda di M. T. C. (Marco-Tulio CICERONE) tradotta in volgare per Giov. GIUSTINIANO. *Venetia*, Venturino, 1538, *in-8. v. f. d. s. tr.*

8325 * Les époux malheureux, *ou* histoire de M. & Madame de la Bedoyere, écrite par un Ami, (M. D'ARNAUD.) *Avignon*, (Par.) 1745, 2 *tom.* 1 *vol. in-12. v. m.*

8372 * Histoire Galante de Madame, & de M. le Comte de Guiche. (*Amsterd.*) *in-12. mar. r.*

BELLES-LETTRES,

8422 * Histoire de M. de Vaubrun, écrite par lui-même, recueillie & mise en ordre par M. P. Gas-CHIGNARD. Paris, J. F. Bastien, 1772, 2 part. 1 vol. in-12. v. f. d. f. t.

9085 * Melchukina, ou anecdotes secretes & historiques. Amst. (Par.) 1736, in-12. mar. r.

9202 * Mémoires de M. de Saint-Martin, Sr de Chassonville, écrits par lui-même. La Haye, Jean Neaulme, 1743, in-8. m. r.

Fin du Tome III.

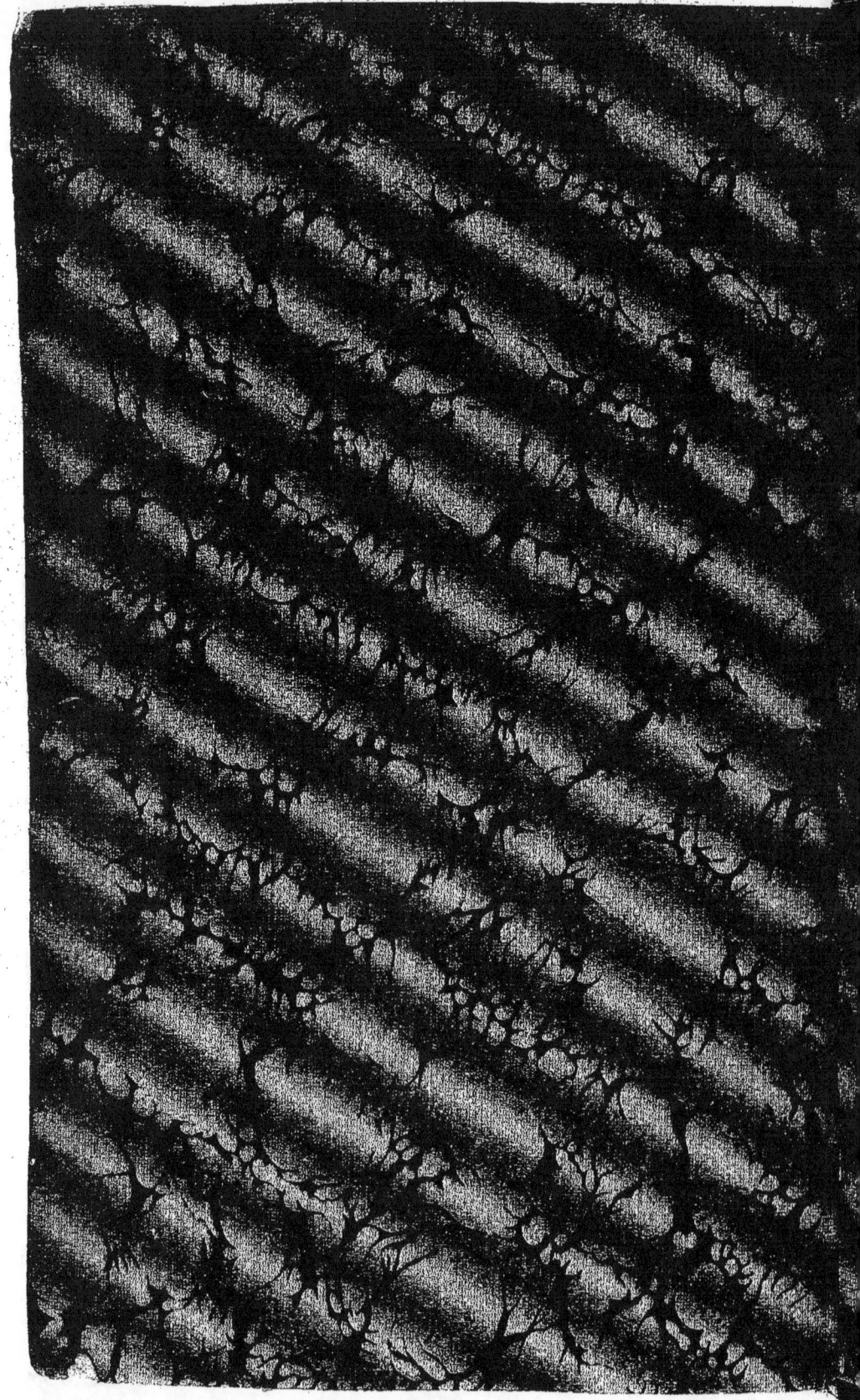

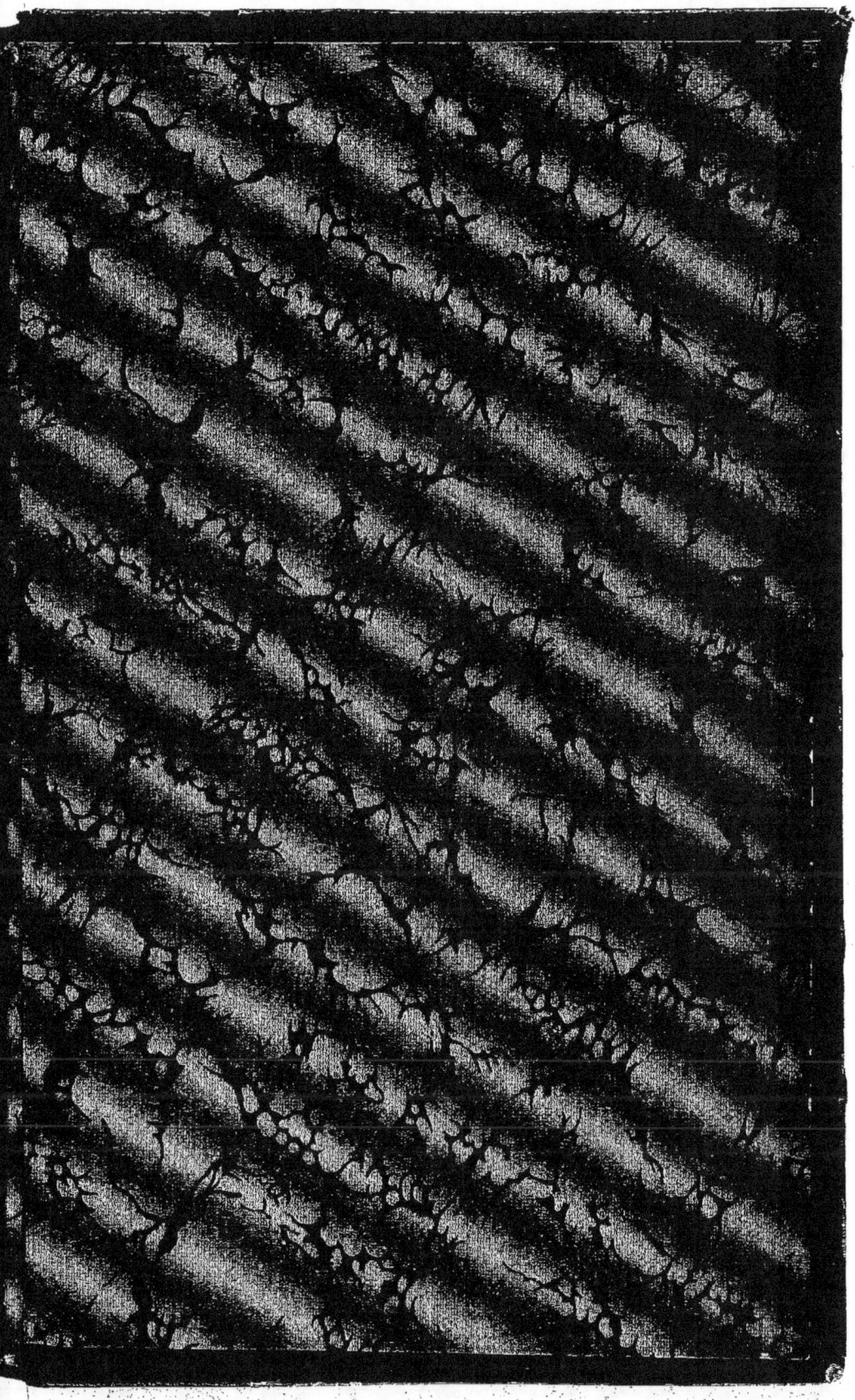

www.ingramcontent.com/pod-product-compliance
Lightning Source LLC
Chambersburg PA
CBHW050237230426
43664CB00012B/1730